"博学而笃志,切问而近思。"
(《论语》)

博晓古今,可立一家之说;
学贯中西,或成经国之才。

复旦博学·复旦博学·复旦博学·复旦博学·复旦博学·复旦博学

作者简介

洪远朋，1935年10月25日生于江苏如皋。复旦大学经济学院教授，博士生导师。历任复旦大学经济系系主任、经济学院院长、经济学院学位委员会主席、复旦大学理论经济学博士后流动站站长、国家社科基金学科组成员、中国《资本论》研究会副会长、全国综合性大学《资本论》研究会名誉会长、复旦大学泛海书院院长、《世界经济文汇》编委会主任、中国社会科学院马克思主义研究院特聘研究员等。主要研究领域：《资本论》、社会主义经济理论、经济理论比较研究、利益理论与实践。主要著作和教材有：《政治经济学入门》、《〈资本论〉难题探索》、《新编〈资本论〉教程》（1—4卷）、《通俗资本论》、《社会主义政治经济学新论》、《价格理论的发展与社会主义价格形成》、《经济理论的轨迹》、《合作经济的理论与实践》、《经济利益理论与实践丛书》（8本）、《共享利益》、《经济理论的过去、现在和未来》、《新时期利益关系丛书》（12本）、《论〈资本论〉》、《论利益》、《论价值》以及2017年出版的《〈资本论〉纵横谈》。参编教材和著作有：《政治经济学教材》、《我的经济观》以及福建人民出版社2017年出版的《对〈资本论〉若干理论问题争论的看法》等60多部，以及论文300多篇，曾多次获国家级、省部级教学和研究成果奖。

1984年为国家教委特批教授，1989年与蒋学模、伍柏麟教授合作的《政治经济学课程的教学改革》获普通高等学校优秀教学成果国家级特等奖，1990年获国家级有突出贡献的中青年专家，1992年起享受国务院颁发的政府特殊津贴，1992—1993年度被列为英国剑桥国际传记中心的世界名人录，收入《国际传记辞典》第23版。2012年6月荣获上海市2009—2011年度上海市高校系统"老有所为"精英奖，2012年10月荣获上海市第十一届哲学社会科学学术贡献奖。2014年获世界政治经济学会颁发的马克思经济学奖。

博学·经济学系列

ECONOMICS SERIES

《资本论》教程简编

（第二版）

洪远朋 主编

严法善　副主编
马 艳

复旦大学出版社

内容提要

本书力图尊重原著，按照《资本论》的本来面貌，以提要的方式全面简要明了地介绍主要内容，并尽量将《资本论》中的主要结论和有关精辟论述原文引出。为了使读者对《资本论》有一个整体的全面了解，本书不但对《资本论》第1—4卷作了总介绍，而且每一卷分别有总的介绍，每一篇有简介，各章都有概述。为了帮助读者复习和思考，并注意密切联系当代经济生活的实际和理论发展的动向，本书在书末附录有复习思考题和研究参考题。本书既可做高校经济等专业高年级学生和研究生的教材，也可供广大青年学生和干部，以及经济工作者阅读、参考。

编写说明

自1988—1992年由我主编联合全国40多所院校60多位从事《资本论》教学和研究的同志集体编写和审定出版了一套4卷本的《新编〈资本论〉教程》(以下简称《教程》),近140万字。这套《新编〈资本论〉教程》出版以后,得到多方面的鼓励和鞭策,全国许多高等院校为了本科生和专业研究生学习和研究的需要,纷纷要求继续加印这套《教程》。但是,考虑到这套教程编写和已经出版多年了,加上原来篇幅过大,简单加印已经不行了,经与复旦大学出版社以及其他有关同志商量,决定在原教程的基础上重新编写一本《〈资本论〉教程简编》(以下简称《简编》),以适应《资本论》教学和研究的需要。

要将原来近140万字的《教程》浓缩为不到60万字的《简编》是一件不容易的事情。这本《简编》力求保持原《教程》的主要特色。为了使读者对《资本论》有一个整体的了解,《简编》不但对《资本论》第1—4卷作了总介绍,而且,每一卷分别有总的介绍,每一篇有简介,各章有概述。《简编》仍然力图尊重原著,按照《资本论》的本来面貌以提要的方式简要介绍主要内容,并尽量将《资本论》中的主要结论和有关精辟论述原文引出。

《简编》由于篇幅的关系不得不作了大量割爱。(1)《资本论》中属于经济学说史的部分基本上删节了,因此《资本论》第4卷除了保留总介绍外,主要内容都删节了。实际上,《资本论》的教学主要是1—3卷。(2)《资本论》中马克思的主要理论与西方经济学比较研究的部分也删节了,有兴趣的同志可以参见由我主编出版的《经济理论比较研究》。(3)值得研究和探讨的问题也删节了,为启发思考,《简编》附录3列出了一些研究参考题,有兴趣的同志可详见我撰写的《〈资本论〉难题探索》。

这本《简编》由我和复旦大学经济学院严法善教授和上海财经大学经济学院马艳教授负责编改。我们不会忘记原来为《教程》作过贡献的单位和编写者，《简编》附录4专门列了原《教程》的编写成员名单和编写单位。

《简编》的引文，凡引自《资本论》第1—4卷的，均以《马克思恩格斯全集》第23卷、第24卷、第25卷、第26卷的版本为准。各卷引文引自本卷相应版本的，在引文后只注页码，如第1卷引自《马克思恩格斯全集》第23卷的，只注(第×页)。如果第1卷引自《资本论》其他各卷的，在引文后要注卷次和页码，如(第2卷，第25页)，以此类推，引自其他著作的，则在页末注明书名和页码。

复旦大学出版社副总编辑徐惠平、责编谢同君等为《简编》的出版付出了艰辛的劳动，特此感谢。

洪远朋

目　录

《资本论》总介绍 …………………………………………………… 1
 一、《资本论》的产生和传播 …………………………………… 1
 二、《资本论》的伟大意义 ……………………………………… 8
 三、《资本论》的对象、体系和方法 …………………………… 14
 四、怎样学习《资本论》 ………………………………………… 17
 五、《资本论》研究的发展态势 ………………………………… 21

第 1 卷　资本的生产过程

《资本论》第 1 卷介绍 ……………………………………………… 31
 一、《资本论》第 1 卷的对象和中心 …………………………… 31
 二、《资本论》第 1 卷的结构 …………………………………… 32
 三、《资本论》第 1 卷的方法 …………………………………… 33
 四、《资本论》第 1 卷的地位和意义 …………………………… 34
《资本论》第 1 卷的序言和跋 ……………………………………… 36

第一篇　商品和货币

简介 …………………………………………………………………… 40

第一章 商品 ·· 42
　（一）商品的两个因素：使用价值和价值（价值实体，价值量）······· 43
　（二）体现在商品中的劳动的二重性 ······················· 46
　（三）价值形式或交换价值 ······························ 49
　（四）商品的拜物教性质及其秘密 ························ 56
第二章 交换过程 ·· 61
第三章 货币或商品流通 ···································· 67
　（一）价值尺度 ··· 68
　（二）流通手段 ··· 70
　（三）货币 ··· 75

第二篇　货币转化为资本

第四章 货币转化为资本 ···································· 81
　（一）资本的总公式 ····································· 82
　（二）总公式的矛盾 ····································· 85
　（三）劳动力的买和卖 ··································· 87

第三篇　绝对剩余价值的生产

简介 ·· 91
第五章 劳动过程和价值增殖过程 ···························· 93
　（一）劳动过程 ··· 93
　（二）价值增殖过程 ····································· 96
第六章 不变资本和可变资本 ······························· 100
第七章 剩余价值率 ······································· 103
　（一）劳动力的剥削程度 ································ 103
　（二）产品价值在产品相应部分上的表现 ·················· 104
　（三）西尼耳的"最后一小时" ····························· 105
　（四）剩余产品 ·· 106

第八章　工作日 ······ 107
　（一）工作日的界限 ······ 108
　（二）对剩余劳动的贪欲。工厂主和领主 ······ 109
　（三）在剥削上不受法律限制的英国工业部门 ······ 110
　（四）日工和夜工。换班制度 ······ 110
　（五）争取正常工作日的斗争。14世纪中叶至17世纪末叶关于延长工作日的强制性法律 ······ 110
　（六）争取正常工作日的斗争。对劳动时间的强制的法律限制。1833—1864年英国的工厂立法 ······ 111
　（七）争取正常工作日的斗争。英国工厂立法对其他国家的影响 ······ 111
第九章　剩余价值率和剩余价值量 ······ 113

第四篇　相对剩余价值的生产

简介 ······ 117
第十章　相对剩余价值的概念 ······ 119
第十一章　协作 ······ 124
第十二章　分工和工场手工业 ······ 128
　（一）工场手工业的二重起源 ······ 128
　（二）局部工人及其工具 ······ 129
　（三）工场手工业的两种基本形式——混成的工场手工业和有机的工场手工业 ······ 129
　（四）工场手工业内部的分工和社会内部的分工 ······ 130
　（五）工场手工业的资本主义性质 ······ 132
第十三章　机器和大工业 ······ 134
　（一）机器的发展 ······ 135
　（二）机器的价值向产品的转移 ······ 136
　（三）机器生产对工人的直接影响 ······ 138
　（四）工厂 ······ 140

（五）工人和机器之间的斗争 …………………………………… 140
　　（六）关于被机器排挤的工人会得到补偿的理论 ……………… 141
　　（七）工人随着机器生产的发展而被排斥和吸引。棉纺织业的
　　　　　危机 …………………………………………………………… 143
　　（八）大工业所引起的工场手工业、手工业和家庭劳动的革命 … 144
　　（九）工厂法（卫生条款和教育条款）。它在英国的普遍实行 …… 145
　　（十）大工业和农业 ……………………………………………… 146

第五篇　绝对剩余价值和相对剩余价值的生产

简介 ……………………………………………………………………… 150
第十四章　绝对剩余价值和相对剩余价值 …………………………… 151
第十五章　劳动力价格和剩余价值的量的变化 ……………………… 155
　　（一）工作日的长度和劳动强度不变（已定），劳动生产力可变 …… 155
　　（二）工作日和劳动生产力不变，劳动强度可变 ………………… 156
　　（三）劳动生产力和劳动强度不变，工作日可变 ………………… 156
　　（四）劳动的持续时间、劳动生产力和劳动强度同时变化 …… 157
第十六章　剩余价值率的各种公式 …………………………………… 159

第六篇　工　　资

简介 ……………………………………………………………………… 162
第十七章　劳动力的价值或价格转化为工资 ………………………… 164
第十八章　计时工资 …………………………………………………… 168
第十九章　计件工资 …………………………………………………… 170
第二十章　工资的国民差异 …………………………………………… 172

第七篇　资本的积累过程

简介 ……………………………………………………………………… 175

导言 …………………………………………………………………… 177

第二十一章 简单再生产 ……………………………………… 178

第二十二章 剩余价值转化为资本 …………………………… 182

（一）规模扩大的资本主义生产过程。商品生产所有权规律
转变为资本主义占有规律 ……………………………… 182

（二）政治经济学关于规模扩大的再生产的错误见解 ……… 186

（三）剩余价值分为资本和收入。节欲论 …………………… 186

（四）几种同剩余价值分为资本和收入的比例无关但决定
积累量的情况：劳动力的剥削程度；劳动生产力；所
使用的资本和所消费的资本之间差额的扩大；预付
资本的量 …………………………………………………… 188

（五）所谓劳动基金 …………………………………………… 191

第二十三章 资本主义积累的一般规律 ……………………… 192

（一）资本构成不变，对劳动力的需求随积累的增长而增长 … 192

（二）在积累和伴随积累的积聚的进程中资本可变部分相对
减少 ………………………………………………………… 193

（三）相对过剩人口或产业后备军的累进生产 ……………… 195

（四）相对过剩人口的各种存在形式。资本主义积累的一般
规律 ………………………………………………………… 198

（五）资本主义积累一般规律的例证 ………………………… 199

第二十四章 所谓原始积累 …………………………………… 200

（一）原始积累的秘密 ………………………………………… 200

（二）对农村居民土地的剥夺 ………………………………… 201

（三）15世纪末以来惩治被剥夺者的血腥立法。压低工资的
法律 ………………………………………………………… 201

（四）资本主义租地农场主的产生 …………………………… 202

（五）农业革命对工业的反作用。工业资本的国内市场的形成
……………………………………………………………… 202

（六）工业资本家的产生 ……………………………………… 202

（七）资本主义积累的历史趋势 ……………………………… 203

第二十五章　现代殖民理论 ………………………………………… 205

第 2 卷　资本的流通过程

《资本论》第 2 卷介绍 ………………………………………………… 209
　　一、《资本论》第 2 卷的研究对象 …………………………… 210
　　二、《资本论》第 2 卷的体系 ………………………………… 211
　　三、《资本论》第 2 卷的方法 ………………………………… 212
　　四、《资本论》第 2 卷的地位和意义 ………………………… 213
《资本论》第 2 卷序言 …………………………………………… 218

第一篇　资本形态变化及其循环

简介 ………………………………………………………………… 224
第一章　货币资本的循环 ………………………………………… 227
　　（一）第一阶段　$G—W$ ……………………………………… 227
　　（二）第二阶段　生产资本的职能 …………………………… 229
　　（三）第三阶段　$W'—G'$ …………………………………… 231
　　（四）总循环 …………………………………………………… 233
第二章　生产资本的循环 ………………………………………… 236
　　（一）简单再生产 ……………………………………………… 237
　　（二）积累和规模扩大的再生产 ……………………………… 239
　　（三）货币积累 ………………………………………………… 240
　　（四）准备金 …………………………………………………… 240
第三章　商品资本的循环 ………………………………………… 242
第四章　循环过程的三个公式 …………………………………… 245
第五章　流通时间 ………………………………………………… 250
第六章　流通费用 ………………………………………………… 253

（一）纯粹的流通费用 ………………………………… 253
（二）保管费用 ………………………………………… 255
（三）运输费用 ………………………………………… 257

第二篇 资本周转

简介 ………………………………………………………… 260
第七章 周转时间和周转次数 ……………………………… 264
第八章 固定资本和流动资本 ……………………………… 266
　（一）形式区别 ………………………………………… 266
　（二）固定资本的组成部分、补偿、修理和积累 ……… 269
第九章 预付资本的总周转周转的周期 …………………… 274
第十章 关于固定资本和流动资本的理论。重农学派和亚当·斯密
　……………………………………………………………… 277
第十一章 关于固定资本和流动资本的理论。李嘉图 …… 279
第十二章 劳动期间 ………………………………………… 281
第十三章 生产时间 ………………………………………… 284
第十四章 流通时间 ………………………………………… 287
第十五章 周转时间对预付资本量的影响 ………………… 289
　（一）劳动期间等于流通期间 ………………………… 290
　（二）劳动期间大于流通期间 ………………………… 291
　（三）劳动期间小于流通期间 ………………………… 291
　（四）结论 ……………………………………………… 292
　（五）价格变动的影响 ………………………………… 292
第十六章 可变资本的周转 ………………………………… 294
　（一）年剩余价值率 …………………………………… 294
　（二）单个可变资本的周转 …………………………… 297
　（三）从社会的角度考察的可变资本的周转 ………… 298
第十七章 剩余价值的流通 ………………………………… 300
　（一）简单再生产 ……………………………………… 301

（二）积累和扩大再生产 …………………………………… 303

第三篇　社会总资本的再生产和流通

简介 ……………………………………………………………… 306
第十八章　导言 ………………………………………………… 310
　　（一）研究的对象 ………………………………………… 310
　　（二）货币资本的作用 …………………………………… 312
第十九章　前人对这个问题的论述 …………………………… 314
第二十章　简单再生产 ………………………………………… 315
　　（一）问题的提出 ………………………………………… 315
　　（二）社会生产的两个部类 ……………………………… 317
　　（三）两个部类之间的交换：Ⅰ($v+m$)和Ⅱc的交换 …… 319
　　（四）第Ⅱ部类内部的交换。必要生活资料和奢侈品 …… 320
　　（五）货币流通在交换中的媒介作用 …………………… 323
　　（六）第Ⅰ部类的不变资本 ……………………………… 325
　　（七）两个部类的可变资本和剩余价值 ………………… 326
　　（八）两个部类的不变资本 ……………………………… 327
　　（九）对于亚当·斯密、施托尔希和拉姆赛的回顾 …… 328
　　（十）资本和收入：可变资本和工资 …………………… 328
　　（十一）固定资本的补偿 ………………………………… 330
　　（十二）货币材料的再生产 ……………………………… 332
　　（十三）德斯杜特·德·特拉西的再生产理论 ………… 334
第二十一章　积累和扩大再生产 ……………………………… 335
　　（一）第Ⅰ部类的积累 …………………………………… 336
　　（二）第Ⅱ部类的积累 …………………………………… 338
　　（三）用公式来说明积累 ………………………………… 339
　　（四）补充说明 …………………………………………… 347

第3卷 资本主义生产的总过程(上)

《资本论》第3卷介绍 ·· 351
  一、《资本论》第3卷的研究对象 ································ 351
  二、《资本论》第3卷的中心 ·· 353
  三、《资本论》第3卷的结构和重点 ································ 355
  四、《资本论》第3卷的地位和意义 ································ 357
《资本论》第3卷序言 ·· 361

第一篇 剩余价值转化为利润和剩余价值率转化为利润率

简介 ·· 364
第一章 成本价格和利润 ··· 366
第二章 利润率 ·· 370
第三章 利润率和剩余价值率的关系 ······························ 373
第四章 周转对于利润率的影响 ···································· 378
第五章 不变资本使用上的节约 ···································· 380
  （一）概论 ·· 380
  （二）靠牺牲工人而实现的劳动条件的节约 ·················· 382
  （三）动力生产、动力传送和建筑物的节约 ··················· 383
  （四）生产排泄物的利用 ·· 383
  （五）由于发明而产生的节约 ······································ 383
第六章 价格变动的影响 ··· 384
  （一）原料价格的波动及其对利润率的直接影响 ············ 384
  （二）资本的增值和贬值、游离和束缚 ························· 385
  （三）一般的例证：1861—1865年的棉业危机 ·············· 387
第七章 补充说明 ·· 388

第二篇 利润转化为平均利润

简介	390
第八章 不同生产部门的资本的不同构成和由此引起的利润率的差别	392
第九章 一般利润率（平均利润率）的形成和商品价值转化为生产价格	394
第十章 一般利润率通过竞争而平均化。市场价格和市场价值。超额利润	399
第十一章 工资的一般变动对生产价格的影响	405
第十二章 补充说明	406

第三篇 利润率趋向下降的规律

简介	409
第十三章 规律本身	410
第十四章 起反作用的各种原因	413
第十五章 规律的内部矛盾的展开	415
（一）概论	415
（二）生产扩大和价值增殖之间的冲突	416
（三）人口过剩时的资本过剩	418
（四）补充说明	420

第四篇 商品资本和货币资本转化为商品经营资本和货币经营资本（商人资本）

简介	424
第十六章 商品经营资本	426
第十七章 商业利润	429

第十八章　商人资本的周转。价格 ················· 433
第十九章　货币经营资本 ···························· 437
第二十章　关于商人资本的历史考察 ············· 439

第五篇　利润分为利息和企业主收入。生息资本

简介 ··· 443
第二十一章　生息资本 ······························ 445
第二十二章　利润的分割。利息率。"自然"利息率 ······ 448
第二十三章　利息和企业主收入 ··················· 451
第二十四章　资本关系在生息资本形式上的外表化 ····· 455
第二十五章　信用和虚拟资本 ······················ 457
第二十六章　货币资本的积累，它对利息率的影响 ····· 460
第二十七章　信用在资本主义生产中的作用 ······ 462
第二十八章　流通手段和资本。图克和富拉顿的见解 ····· 466

第3卷　资本主义生产的总过程(下)

第五篇　利润分为利息和企业主收入。生息资本(续)

第二十九章　银行资本的组成部分 ················· 472
第三十章　货币资本和现实资本。Ⅰ ·············· 475
第三十一章　货币资本和现实资本。Ⅱ(续) ······ 479
第三十二章　货币资本和现实资本。Ⅲ(续完) ······ 481
第三十三章　信用制度下的流通手段 ············· 484
第三十四章　通货原理和1844年英国的银行立法 ····· 487
第三十五章　贵金属和汇兑率 ······················ 490
　(一)金贮藏的变动 ····························· 490

（二）汇兑率 ································· 492
第三十六章　资本主义以前的状态 ················· 494

第六篇　超额利润转化为地租

简介 ··· 498
第三十七章　导论 ······························· 501
第三十八章　级差地租：概论 ····················· 507
第三十九章　级差地租的第一形式（级差地租Ⅰ） ··· 510
第四十章　级差地租的第二形式（级差地租Ⅱ） ····· 517
第四十一章　级差地租Ⅱ——第一种情况：生产价格不变 ··· 520
第四十二章　级差地租Ⅱ——第二种情况：生产价格下降 ··· 522
第四十三章　级差地租Ⅱ——第三种情况：生产价格上涨。结论 ··· 524
第四十四章　最坏耕地也有级差地租 ··············· 528
第四十五章　绝对地租 ··························· 530
第四十六章　建筑地段的地租。矿山地租。土地价格 ··· 535
第四十七章　资本主义地租的产生 ················· 538
　　（一）导论 ································· 538
　　（二）劳动地租 ····························· 539
　　（三）产品地租 ····························· 540
　　（四）货币地租 ····························· 541
　　（五）分成制和农民的小块土地所有制 ········· 542

第七篇　各种收入及其源泉

简介 ··· 546
第四十八章　三位一体的公式 ····················· 548
第四十九章　关于生产过程的分析 ················· 553
第五十章　竞争的假象 ··························· 558
第五十一章　分配关系和生产关系 ················· 563

第五十二章　阶　　级 ………………………………………… 567
《资本论》第 3 卷增补 …………………………………………… 569
　　（一）价值规律和利润率 …………………………………… 570
　　（二）交易所 ………………………………………………… 573

第 4 卷　剩余价值理论

《资本论》第 4 卷介绍 …………………………………………… 577
　　一、关于《资本论》第 4 卷的标题 ………………………… 577
　　二、《资本论》第 4 卷的出版情况 ………………………… 578
　　三、关于《资本论》第 4 卷在中国的传播 ………………… 579
　　四、《资本论》第 4 卷的体系 ……………………………… 580
　　五、《资本论》第 4 卷的方法 ……………………………… 581
　　六、《资本论》第 4 卷的理论意义 ………………………… 582
　　七、《资本论》第 4 卷对社会主义的科学预见 …………… 583
　　八、《资本论》第 4 卷对社会主义政治经济学体系的启示 … 585
《资本论》第 4 卷第一册简介 …………………………………… 587
《资本论》第 4 卷第二册简介 …………………………………… 593
《资本论》第 4 卷第三册简介 …………………………………… 598
附录 1　《资本论》第 1—3 卷阅读重点 ………………………… 604
附录 2　《资本论》第 1—3 卷复习题 …………………………… 605
附录 3　《资本论》第 1—3 卷研究参考题 ……………………… 609
附录 4　《新编〈资本论〉教程》(1—4 卷)编写单位和编写成员 ……… 613

《资本论》总介绍

《资本论》是马克思的主要著作,是马克思用毕生精力创作出来的一部伟大的科学的巨著。全书共 4 卷,4 690 多页,300 多万字。《资本论》一出版就被誉为"工人阶级的圣经",它是无产阶级进行社会主义革命和社会主义建设的强大武器。在开始学习这部巨著之前,我们先对《资本论》作一个总的介绍。

一、《资本论》的产生和传播

这里扼要论述《资本论》产生的历史背景、《资本论》的写作和出版过程,以及《资本论》在全世界和中国的传播。

《资本论》产生的历史背景

《资本论》的产生不是偶然的,也不是个人苦思冥想的结果。它的产生是有一定历史背景的。《资本论》产生的历史背景,可以概括为三句话:是时代的产物,是经验的总结,是斗争的结果。

1.《资本论》是时代的产物,是资本主义时代的产物。它是在资本主义发展时期,无产阶级和资产阶级之间的阶级斗争展开的情况下,适应无产阶级革命斗争的需要而产生的。

资本主义高度发展的结果,使资本主义生产方式的生产社会化和生产资料私人占有制之间的矛盾充分暴露出来。随着资本主义基本矛盾的尖锐化,无产阶级与资产阶级之间的阶级斗争也日益激化。19 世纪 30 年代,法国里昂纺织工人在世界工人运动史上,第一次揭开了反对资产阶级的光辉的一页。接着,英国和德国也相继发生了宏伟的工人运动。英国掀起了著名的无产阶级宪章运动,德国爆发了西里西亚纺织工人起义。在这样的历史年代里,无产阶级反对资产阶级的斗争,虽然已经从经济斗争转为政治斗争,但是,这时的无产阶级还缺乏对自己历史使命的科学认识。无产阶级反对资产阶级的斗争,迫切地需要科学的革命理论来指导。马克思的《资本论》就是在这样的社会历史条件下,适应这一历史要求而产生的。所以说,《资本论》是时代的产物。

2.《资本论》是经验的总结,是无产阶级革命运动经验的总结。恩格斯说:"马克思首先是一个革命家。以某种方式参加推翻资本主义社会及其所建立的国家制度的事业,参加赖有他才第一次意识到本身地位和要求,意识到本身解放条件的现代无产阶级的解放事业。——这实际上就是他毕生的使命。"①马克思首先是革命家,是世界无产阶级革命运动的伟大导师,是国际工人协会的创始人之一。马克思在进行巨大的理论创造撰写《资本论》的同时,亲自参加国际工人运动,同西欧各主要资本主义国家的工人运动保持着密切的联系,领导国际工人协会的斗争。马克思的整个理论活动是服务于无产阶级解放斗争事业的,他把理论活动同无产阶级的革命斗争实践有机地联系在一起。在实际斗争中,马克思用科学的方法总结了无产阶级长期进行阶级斗争的丰富经验,把它们概括为指导无产阶级革命的学说。马克思总结的无产阶级斗争的经验,包括经济方面的斗争,就凝结在《资本论》中。所以,《资本论》又是无产阶级斗争经验的总结。

3.《资本论》是斗争的结果,是在批判地继承英国古典政治经济学,及与资产阶级庸俗经济学作斗争中产生的。马克思吸收了古典经济学的科学成分,抛弃了它的庸俗成分,在经济理论领域中进行了伟大的彻底的变革,从而创立了为无产阶级服务的科学的革命的经济学说。

同时,马克思又对资产阶级庸俗政治经济学作了无情的斗争。在斗争中建立了无产阶级政治经济学。马克思曾对他亲近的朋友说过:我创立一个历史法庭,对每个人论功行赏。所以,《资本论》的副标题是"政治经济学批判"。这就是说,它是在分析、批判资产阶级和小资产阶级政治经济学的

---

① 《马克思恩格斯全集》第19卷,第375页。

斗争中产生的。

《资本论》的写作和出版过程

马克思为《资本论》用了40年的辛勤劳动,接着恩格斯又用了10年时间来续成由于马克思的逝世而中断的事业。他们两人前后一共用了50年时间,克服了各种难以想象的困难才出版了这部巨著。

1. 马克思为什么要研究政治经济学?马克思在大学时期本来是学法律的,但他把主要学习时间用在哲学和历史上。后来,他在实际生活和斗争中遇到了大量的经济问题。例如,1842—1843年,马克思担任《莱茵报》主编期间,遇到要对物质利益问题发表意见的难事;如莱茵省议会关于林木盗窃和地产分析的讨论;莱茵省总督就摩塞尔农民状况同《莱茵报》展开的官方论战;以及关于自由贸易和保护关税的辩论等问题,这些现实斗争促使马克思研究政治经济学。

2. 马克思研究政治经济学和写作《资本论》的过程。从1843年底到1883年3月,马克思用了40年的时间从事《资本论》的研究与写作。根据整个工作的进展过程,这40年大体可以分为以下3个阶段。

(1) 搜集材料,写政治经济学的笔记和手稿。这一阶段从时间上说,由1843年10月底开始到1858年5月底告一段落,共15年,是为政治经济学著作的写作做准备的阶段。由于时断时续,这些笔记和手稿包括三部分,这就是1843—1847年的读书笔记,1850—1853年的读书笔记和1857—1858年的经济学手稿。

(2) 写作和出版《政治经济学批判》。这一阶段从1858年6月初开始到1863年8月止,共5年时间。在搜集了大量资料和定下了纲要之后,马克思就动手写作了。马克思当时计划这部著作的书名叫《政治经济学批判》,并且打算分6册出版。第一分册谈商品和货币,相当于现在的《资本论》第1卷第一篇。第一分册于1859年1月写完,6月出版。第一分册写完后,马克思立即着手第二分册《资本论》的整理和写作。在写作过程中,马克思对政治经济学又作了大量的研究工作,写下了1861—1863年的经济学手稿,并在写这个手稿的过程中改变了计划,决定了以《资本论》为书名,而以《政治经济学批判》作为副题,出版他的全部经济学著作。1861—1863年经济学手稿也就成了《资本论》的第一个手稿。

(3) 修改和出版《资本论》。从 1863 年 8 月开始,马克思动手对 1861—1863 年经济学手稿进行整理,到 1865 年年底,写出了《资本论》的第二个手稿。从 1866 年 1 月 1 日开始,对《资本论》第 1 卷进行誊清和加工,1867 年 4 月 2 日完成,1867 年 9 月《资本论》第 1 卷德文版在德国汉堡出版发行。从 1867 年 8 月开始到 1883 年,马克思着手对《资本论》以下各卷进行整理和修改,这项工作未完成,马克思就去世了。但是,直到他最后坐在书桌前的椅子上停止了心脏的跳动时,在他面前的书桌上还放着正在修改的《资本论》的原稿。

3. 马克思在写作《资本论》中是怎样与各种困难作斗争的? 马克思写作《资本论》是在非常困难的情况下进行的,他除了要经常与欧洲各国资产阶级政府和反动学者在政治上、精神上加给他的迫害和诬蔑进行斗争外,还要不断与贫困和疾病作斗争。马克思以真正的革命英雄主义和顽强刻苦的精神,克服了重重困难,才达到了预期的目的。

马克思在写作《资本论》时,遇到哪些困难呢?

(1) 繁忙的工作。马克思在写作《资本论》时还担负着第一国际的领导工作。马克思在给恩格斯的一封信中说:"除写书以外,国际协会也占去了我们许多时间,因为实际上我是它的首脑。"[①]另一封信又说:"工作实在太忙了,一方面要完成我的书,另一方面国际协会简直占去了我的全部时间。"[②]马克思正确处理好了领导革命斗争和写作《资本论》的关系。他亲自领导了革命斗争,又完成了《资本论》的写作任务。马克思经常说:"我们在为争取八小时工作制而斗争,可是我们自己的工作时间却往往两倍于此。"[③]

(2) 贫困的折磨。马克思在写作《资本论》过程中经济上非常困难,经常饭也吃不上,债主逼债更是门庭若市。有时,稿子写好了连寄给出版商的邮费都拿不出。马克思在写货币理论时给恩格斯的一封信中说:"未必有人会在这样缺货币的情况下来写关于货币的文章。"[④]有时,家里东西当

---

① 《马克思恩格斯全集》第 31 卷,第 102 页。
② 《马克思恩格斯全集》第 31 卷,第 112 页。
③ 《回忆马克思恩格斯》第 121 页。
④ 《马克思恩格斯(资本论)书信集》,第 141 页。

光了,连出门的外衣也没有。马克思在50岁生日的日子感叹地说:"苦干半个世纪了,可还是一个穷叫花子。"①《资本论》第1卷的出版,马克思的生活也没有改善。有一次他对二女婿保尔·拉法格说:"《资本论》甚至将不够偿付写作时所吸的雪茄烟烟钱。"②

(3) 疾病的侵袭。经济上的烦恼和繁重的写作任务,使马克思经常生病。不是牙痛,就是头痛;先是肝病,后是胆病;生了疖子,又得感冒。但是,马克思仍不顾自己的身体健康,日夜苦战,通宵达旦,像匹马一样地工作着。《资本论》有些篇章是在病痛的折磨和债主每天登门逼债的情况下写成的。身体越是差,马克思越是加紧写作。1867年4月10日马克思说:"我一直在坟墓的边缘徘徊。因此,我不得不利用我还能工作的每时每刻来完成我的著作,为了它,我已经牺牲了我的健康、幸福和家庭。……如果我没有全部完成我的这部书(至少是写成草稿)就死去的话,我的确认为自己是不实际的。"③

4. 恩格斯是怎样续成马克思的事业的? 马克思逝世后,恩格斯毫不犹豫地放下了自己多年的研究工作,担负起整理《资本论》遗稿及其出版的重任。恩格斯在开始整理《资本论》第2卷手稿时已经63岁,年老多病和繁重的革命活动使他的工作遇到很大困难。因为当时还活着的人中,只有恩格斯一个人能够辨认马克思的手稿,恩格斯为了使工人阶级早日读到这部著作,当身体较好时,他就经常通宵不停地抄写马克思遗留下来的手稿。由于劳累病倒了,医生禁止他工作,他就请了一位助手,白天躺在沙发上口述手稿,由助手记录下来,晚上整理加工,这样,经过辛勤的劳动,《资本论》第2卷于1885年9月出版,第3卷于1894年出版。列宁指出:"整理这两卷《资本论》,是一件很费力的工作。奥地利社会民主党人阿德勒说得很对:恩格斯出版了《资本论》第2卷和第3卷,就是替他的天才的朋友建立了一座庄严宏伟的纪念碑,在这座纪念碑上他无意中也把自己的名字不可磨灭地铭刻上去了。的确,这两卷《资本论》是马克思和恩格斯两人

---

① 《马克思恩格斯全集》第32卷,第76页。
② 《回忆马克思恩格斯》第3页。
③ 《马克思恩格斯全集》第31卷,第543页。

的著作。"[①]

恩格斯在《资本论》第3卷出版的第2年,1895年就逝世了,他没有来得及把第4卷整理好。恩格斯在临死之前,曾委托考茨基整理原稿,作为第4卷出版。但是,考茨基没有按照恩格斯的打算和手稿的内容出版,而是把第4卷作为一部与《资本论》平行的独立著作,单独命名为《剩余价值学说史》,分作3卷,其中第2卷又分作两册,分别在1904年、1905年和1910年出版。考茨基对手稿的结构,特别是第2卷,按照自己的理解重新作了安排。1954—1961年苏联重新整理出版了第4卷手稿,命名为《剩余价值理论》。新版本基本上以马克思的手稿次序为依据。但是,第4卷的章节标题大部分是由俄文版编者拟定的。1956—1962年出版了该书德文新版本,1962—1964年则作为《马克思恩格斯全集》俄文第二版第26卷(共分3册)出版。

《资本论》的传播

《资本论》第1卷出版后,资产阶级使用了沉默的阴谋,妄图扼杀这部伟大著作。粉碎这一阴谋的重担主要落在恩格斯的身上,恩格斯为《资本论》第1卷写了一系列书评,迫使资产阶级的辩护士一个个跳出来攻击和诽谤《资本论》,但结果与其愿望相反,《资本论》更广泛地传播开来。

1. 资产阶级对《资本论》沉默的围墙是怎样被冲破的。资产阶级反对《资本论》的第一手法是沉默。马克思在第二版跋中就曾讲到,资产阶级最初妄图用沉默置《资本论》于死地。为了粉碎资产阶级的阴谋,马克思和恩格斯向当时资产阶级及其御用学者进行了顽强的斗争。当时,恩格斯提出了一个巧妙的战略计划,用各种不同的方式在不同特点的报刊上发表评论文章,来介绍《资本论》的内容,阐明马克思经济理论的历史意义。恩格斯在一系列书评中,用了"迂回"、"反激"等战术,尽量挑逗资产阶级学术界,对《资本论》张开嘴巴,他甚至用资产阶级的观点对《资本论》进行抨击。1867年9月11日,恩格斯写信给马克思,建议"为了推动事情,我是否需要从资产阶级的观点对书进行抨击?"9月21日,马克思答复说:"你从资产阶

---

① 《列宁选集》第1卷,第92页。

级观点对书进行抨击的计划是最好的作战方法。"①恩格斯出色地完成了这个任务,冲垮了资产阶级用来包围《资本论》的这堵"沉默"的围墙,使《资本论》很快广泛传播开来。

2.《资本论》在全世界的传播。《资本论》第 1 卷的出版,受到各国工人阶级的欢迎。国际工人协会及其各个支部的机关报和民主报刊,都向马克思表示热烈祝贺,并用德文、法文、英文刊载了第一版的序言。1868 年国际布鲁塞尔代表大会还作出关于《资本论》的专门决议,论述它的巨大意义,并要求译成各种文字广为传播,于是各种译本纷纷出版。《资本论》第 1 卷的第一个外文译本,是 1872 年在俄国彼得堡出版的俄译本,以后法(1872—1875 年)、意(1886 年)、英(1887 年)等国陆续出版了法、意、英文译本。

《资本论》出版后,销售很快,第 1 卷很快就出了第二版,一直出到第四版。外文译本也很畅销,如《资本论》英文本,"销路好得惊人,连该书的出版人对自己的业务都赞叹不已"。(第 15 页)各国的社会主义者和进步学者都在积极翻译和出版《资本论》,工人们都在学习讨论和宣传《资本论》。对《资本论》的广泛传播,特别是在工人中的广泛传播,马克思十分满意,他说:"《资本论》在德国工人阶级广大范围内迅速得到理解,是对我的劳动的最好的报酬。"(第 15 页)

恩格斯逝世以后,据不完全统计,《资本论》至少有 140 多种版本。目前,《资本论》在世上流行的版本,第 1 卷以德文 1890 年的第四版为基础,第 2 卷以德文 1893 年第二版为基础,第 3 卷以德文 1894 年第一版为基础,第 4 卷,原来用考茨基编的版本,现在用苏联编的版本。

3.《资本论》在中国的传播。在中国历史上,第一个著文提到马克思和《资本论》的是蔡尔康。他在 1899 年《万国公报》上发表的文章中曾讲到马克思著有《资本论》一书。1902 年和 1903 年,梁启超在《新民丛报》上,1903 年,马君武在《译书汇编》上,都多次提到马克思和《资本论》的观点。中国第一个较详细地介绍《资本论》内容的人是朱执信。1906 年,他写了《德意志社会革命家小传》一文,其中约有 300 字具体评介了《资本论》的理论。到了 1919 年以后,李大钊在《我的马克思主义观》和《马克思的经济学说》

---

① 《马克思恩格斯〈资本论〉书信集》,第 233 页。

两篇文章中,正确地谈到《资本论》的基本思想。1920年10月在上海出版的《国民》月刊第2卷第三号上刊载了一篇《资本论》自叙,就是《资本论》第1卷德文版的序言。最早的中译本,是1930年上海昆仑书店出版的陈启修的译本,其次是1932年北京出版的两种译本,一个是国际学社出版的王慎明、侯外庐的译本,另一个是东亚书局出版的潘冬舟的译本。此外,还有1934年上海商务印书馆出版的吴半农的译本。以上都是第1卷,有的只是第1卷的一部分。1938年才由上海读书出版社出版了郭大力、王亚南的全译本。1953年这个译本作了一些修改,由人民出版社出版,1963年年底又出了这个译本的修订第二版。从1972年起又出了中共中央马克思、恩格斯、列宁、斯大林著作编译局的全译本。现在,我国这两个译本同时在国内发行。

二、《资本论》的伟大意义

《资本论》的出版是国际共产主义运动史上一个重要的里程碑,具有划时代的意义。它不仅是尚处在资本主义统治下的无产阶级求解放的指路明灯,而且是已经取得解放的无产阶级进行社会主义革命和社会主义建设的强大武器。

> 《资本论》是马克思主义的百科全书

《资本论》概括了马克思主义的三个重要组成部分,完成了政治经济学的伟大变革,具有高度的科学性,巨大的理论意义。

1. 《资本论》首先是一部伟大的政治经济学著作,是无产阶级革命运动的基本原理。在马克思以前已经有了政治经济学,不过那是资产阶级的政治经济学。资产阶级古典政治经济学,在资本主义上升时期,曾经有过一些成就,比如他们的代表人物斯密和李嘉图已经提出了劳动价值论。但是,由于时代特别是阶级的局限性,他们从资产阶级的偏见出发,把资本主义视为一种永恒的绝对的社会制度。因此,资产阶级政治经济学在科学上不可能有全面系统的发展。和资产阶级政治经济学相反,马克思坚定地站在无产阶级立场上,通过《资本论》揭示了资本主义经济运动的规律,揭露了资本主义制度剥削本质,得出了资本主义一定要灭亡、社会主义必然会胜利的革命结论，从而创立了马克思主义政治经济学，使无产阶级革命斗争有了有力的理论武器。所以，有了马克思的《资本论》，政治经济学才真正获得科学的地位，政治经济学才成为无产阶级的科学。

2. 《资本论》还是一部光辉的哲学著作，是唯物史观的典范，是活的辩证法。马克思主义哲学就是辩证唯物主义和历史唯物主义。《资本论》从头到尾都是以辩证唯物主义为指导的，从头到尾贯串了辩证唯物主义的方法。列宁在《哲学笔记》中说："虽说马克思没有遗留下《逻辑》（大写字母的），但他遗留下《资本论》的逻辑，应当充分地利用这种逻辑来解决当前的问题。在《资本论》中，逻辑、辩证法和唯物主义的认识论（不必要三个词，它们是同一个东西）都应用于同一门科学，而唯物主义则从黑格尔那里吸取了全部有价值的东西，并且向前推进了这些有价值的东西。"①

从历史唯物主义来看，《资本论》的出版使唯物史观得到了证明。唯物史观是马克思发现的。早在1845年春，马克思就对唯物史观作了明确的表述，但是当时提出的唯物史观仍然是一种假设，还没有得到具体的证明。《资本论》出版后，情况不同了。列宁指出："自从《资本论》问世以来，唯物主义历史观已经不是假设，而是科学地证明了的原理。"②"既然运用唯物主义去分析和说明一种社会形态已经取得如此辉煌的成果，那么，十分自然，历史唯物主义已不再是什么假设，而是经过科学检验的理论了；十分自然，这种方法也必须应用于其余各种社会形态，虽然这些社会形态尚未经过专门的实际研究和详细分析。"③

可见，《资本论》实际上也是马克思给我们留下的一部具体的哲学巨著。

3. 《资本论》又是一部叙述科学社会主义的基本的主要的著作。我们知道剩余价值学说作为一条红线贯串于整个《资本论》，而马克思剩余价值学说的建立，使社会主义从空想变成了科学。恩格斯指出："关于剩余价值来源问题的解决，是马克思著作的划时代的功绩。它使社会主义者早先像

---

① 《列宁全集》第38卷，第357页。
② 《列宁选集》第1卷，第10页。
③ 《列宁选集》第1卷，第13页。

资产阶级学者一样在深沉的黑暗中探索的经济领域,得到了明亮的阳光的照耀。科学的社会主义就是从此开始,以此为中心发展起来的。"①所以,列宁说:《资本论》又是"叙述科学社会主义的基本的主要的著作"②。

由此可见,《资本论》是马克思主义的百科全书,是马克思主义理论的基本阵地,要掌握马克思主义的基本原理,就要学习马克思的主要著作——《资本论》。

> 《资本论》是"工人阶级的圣经"

《资本论》是工人阶级反对资本主义剥削制度的强大武器,具有巨大的革命意义。它不仅为工人阶级指出了社会主义革命胜利的必然性,而且为无产阶级指出了解放的道路。

为什么说《资本论》为无产阶级指出了社会主义革命胜利的必然性呢?马克思在序言中说:"本书的最终目的就是揭示现代社会的经济运动规律。"(第11页)这里所说的现代社会的经济运动规律就是资本主义经济的运动规律。《资本论》通过对资本主义生产方式剥削实质的充分揭露,揭示了资本主义产生、发展和灭亡的规律,论证了资本主义制度一定灭亡,社会主义一定胜利的历史必然性,从而使无产阶级充分认识自己的历史使命和前进方向。

为什么说《资本论》为无产阶级指出了解放的道路呢?这是因为,《资本论》是马克思站在无产阶级立场上用血和火的文字写成的。它强烈地揭露了资产阶级残酷剥削的罪行,说明无产阶级和资产阶级的矛盾是无法调和的,无产阶级只有通过社会主义革命才能推翻资产阶级的统治获得彻底的解放。

所以,在马克思逝世以前,《资本论》已经被看成"工人阶级的圣经"。马克思逝世后,许多国家社会主义革命的胜利,都是《资本论》科学真理具体实践的光辉典范。现在,《资本论》仍然是尚处在资本主义统治下的无产阶级求解放的指路明灯。

---

① 《反杜林论》第201页。
② 《列宁选集》第1卷,第50页。

《资本论》仍然是分析当代资本主义的理论基础

《资本论》的革命性质引起了资产阶级的恐惧和仇恨,他们从《资本论》出版时起,就千方百计地加以诋毁和诬蔑。到了帝国主义阶段,他们又借口《资本论》的理论只适用于资本主义的自由竞争阶段,而不适用它的垄断阶段,攻击《资本论》在帝国主义阶段已经过时。

我们认为,《资本论》在帝国主义阶段并没有过时。

1. 资本主义的两个阶段本质一样,《资本论》没有过时。从资本主义生产方式的发展阶段来说,现在已经发展到垄断资本主义阶段,确实与马克思当时自由竞争阶段有所区别。两者始终不过是整个资本主义的历史过程的两个不同发展阶段,尽管它们在个别的、局部的方面发生了某些变化,但它们的经济基础,仍然是资本主义的生产关系。这个根本的性质没有变。列宁说:"帝国主义是作为一般资本主义基本特性的发展和直接继续而成长起来的。"①所以,《资本论》的理论对分析帝国主义仍然有效。

2.《资本论》中分析资本主义制度的许多重要原理,对分析帝国主义仍然适用。例如:(1)资本主义生产的实质、目的和动力是榨取剩余价值,仍然是揭露帝国主义剥削本质的武器。所不同的是,在自由竞争阶段,剩余价值表现为平均利润,在垄断阶段表现为垄断高额利润;(2)资本主义的再生产过程,一直通过周期性的经济危机的巨大破坏而自发调整。到了垄断阶段,不仅没有失效,而且进一步恶化。(3)无论是自由竞争阶段还是帝国主义阶段,资本主义的基本矛盾仍然是生产社会化和生产资料私人所有制之间的矛盾。(4)资本主义社会的主要矛盾仍然是无产阶级和资产阶级之间的矛盾。(5)资本主义一定要灭亡,社会主义必然胜利是不以人们意志为转移的客观规律,帝国主义是垂死的资本主义。

3.《资本论》本身在不少地方论证了自由竞争向垄断过渡的原理以及关于垄断的若干原理。例如,第1卷第二十四章揭示了垄断成了资本主义生产方式的桎梏;第3卷第二十七章揭示了垄断和金融贵族的产生;第3卷第五十章分析了垄断价格的问题,等等。

所以,《资本论》仍然是分析当代帝国主义的准绳,这就是说,《资本论》的

---

① 列宁:《帝国主义是资本主义的最高阶段》,第79页。

基本理论在帝国主义阶段并没有过时。但是,《资本论》的学习并不能代替对当代帝国主义问题的研究。《资本论》出版100多年了,资本主义的本质并没有变。但是,局部的质变还是有的。列宁根据马克思主义的原理,研究19世纪末20世纪初资本主义的新发展,写了《帝国主义是资本主义的最高阶段》,发展了马克思主义。《帝国主义是资本主义的最高阶段》出版以来又80多年了,资本主义世界又起了很大变化。特别是第二次世界大战以来,国家垄断资本主义、国际垄断等有了很大的发展,我们必须从资本主义现实出发,把学习《资本论》和研究当代资本主义新情况结合起来,发现新情况,研究新问题,做出新的理论概括,进一步丰富和发展马克思主义。

《资本论》是发展社会主义经济的指路明灯

《资本论》主要是揭示资本主义经济运动规律的,对社会主义经济的发展有没有作用呢?有人认为《资本论》在社会主义社会已经过时。我们说,《资本论》不仅是无产阶级进行社会主义革命的强大思想武器,而且也是无产阶级进行社会主义建设,发展社会主义经济的重要指针。

1.《资本论》主要是揭示资本主义经济运动规律的,但是马克思在揭示资本主义经济运动规律的同时,常常用对比的方式,还科学地揭示了社会主义经济运动的一系列客观规律。正确地掌握和运用马克思揭示的社会主义经济的客观规律,对发展社会主义经济有直接的指导意义。那么,《资本论》中对社会主义经济有哪些直接提示呢?例如:(1)马克思在《资本论》中强调社会主义必须建立在生产力高度发展的物质基础上。社会主义必须高度发展生产力,建立强大的物质基础(第1卷,第649页)。(2)社会主义必须实行生产资料公有制(第1卷,第95页、第832页)。(3)劳动时间的社会有计划的分配,调节着各种劳动职能同各种需要的适当的比例(第1卷,第96页)。(4)社会主义生产仍然要分为生产资料生产和消费资料生产两大部类(第1卷,第95页)。(5)社会主义仍然有剩余劳动,要增加积累(第3卷,第925页、958页、第990页)。(6)社会主义必须实行按劳分配,(第1卷,第96页;第2卷,第397页)。(7)社会主义要加强经济核算(第2卷,第152页)。(8)社会主义要实行教育与生产劳动相结合(第1卷,第530页)。

2.《资本论》在揭示资本主义经济运动规律的同时,不仅直接揭示了社会主义经济运动的一系列规律,而且揭示了人类社会普遍适用的经济规律。在社会主义社会,正确掌握和运用《资本论》揭示的人类社会经济发展的普遍规律,对于发展社会主义经济也有重大的指导意义。例如:

(1) 生产关系一定要适合生产力发展的规律(作为《资本论》前身的《政治经济学批判》序言中作了简明的概括);

(2) 劳动生产率不断增长的规律(第3卷,第290—291页);

(3) 农业是国民经济基础的规律(第3卷,第713页、第885页);

(4) 人类的任何生产活动都需要协作(第1卷,第362页、第368页);

(5) 企业管理是社会化大生产的客观要求(第1卷,第362页、第367页);

(6) 任何社会为了保证社会再生产的顺利进行,都必须有储备(第2卷,第163页)。

3. 《资本论》对商品经济也就是市场经济一般的论述,如商品的两因素、生产商品的劳动的二重性、货币的本质和职能、价值规律、商品流通、货币流通等方面的论述,对于研究社会主义市场经济具有重要的意义。

4. 马克思在《资本论》中揭示了资本主义经济运动的许多规律,资本主义社会的这些特有经济规律,是不能机械地搬运到社会主义经济中来的。但是,资本主义某些特有的经济规律,如果抛弃掉它的资本主义的性质和目的,对于发展社会主义经济也有借鉴作用。例如:(1)第1卷第五章关于生产过程二重性的分析,对于社会主义生产过程的分析,对于社会主义基本经济规律的论证有重要意义;(2)第1卷第十四章关于生产劳动与非生产劳动的分析,对于分析社会主义的生产劳动与非生产劳动有重要意义;(3)第1卷第四篇关于资本主义社会生产力发展阶段的分析,对于我们研究社会主义社会如何提高劳动生产率有重要意义;(4)第2卷第一和第二篇关于资本循环和周转的理论,对于社会主义企业加强企业管理、经济核算和加速资金周转有重要意义;(5)第2卷第三篇关于再生产理论的一系列基本原理,对社会主义经济仍然是适用的;(6)第3卷第一篇至第三篇关于平均利润和生产价格的理论,对于研究社会主义的利润和价格形成有重要意义;(7)第3卷第六篇关于地租和农业的理论,对于社会主义农业集体经济的研究、土地问题的探讨和农产品价格的制定都有重要意义。

由上可见,《资本论》在社会主义社会并没有过时,它的基本原理对社会主义经济建设仍然具有重要的意义。当然,社会主义经济发展的规律主要应该从社会主义的实践中去总结、去概括。马克思设想过社会主义,也作了不少科学的预见。但是,马克思没有看到过社会主义,没有社会主义建设的实践,不可能完全解决社会主义经济建设中的所有问题。而且,马克思当时对社会主义的预见与现在的情况也不完全一致。例如,马克思原来设想的社会主义是单一的社会所有制,没有商品、价值、货币,但是,现在我国实行社会主义市场经济体制还有不同的所有制,都有商品、价值和货币,与马克思的设想并不完全一样。所以,我们要背靠马列,面对现实,既不能否认《资本论》中的基本原理,也不能把这些原理当作教条,不顾实际情况生搬硬套。

【《资本论》是改造世界观的强大动力】《资本论》不仅是我们进行社会主义革命和社会主义建设,改造客观世界的武器,而且是我们改造主观世界的武器。

1.《资本论》通过对资本主义生产方式的解剖,揭示了人类社会发展的一般规律,得出了资本主义必然灭亡,共产主义一定会实现的科学论断,对于我们建立共产主义的人生观具有重大意义。

2.《资本论》深刻地揭露了资本主义剥削的罪恶,使我们认清资产阶级的本性,懂得什么是剥削,什么是压迫,从而激励我们更好地为建设社会主义而辛勤劳动。

3.《资本论》还可以提高我们的识别能力,可以使我们分清:什么是社会主义,什么是资本主义;什么是马克思主义、什么是"左"的或"右"的错误观点和资产阶级错误理论。

综上所述,《资本论》具有巨大的理论意义和现实意义。

三、《资本论》的对象、体系和方法

【《资本论》的研究对象和目的】关于《资本论》的研究对象和目的,马克思在第一版序言中指出:"我要在本书研究的是资本主义生产方式以及和它相适应的生产关系和交换关系"

(第1卷,第8页)。"本书的最终目的就是揭示现代社会的经济运动规律。"(第1卷,第11页)这就是说,《资本论》的研究对象是资本主义的生产关系,目的是揭示资本主义关系发生、发展和灭亡的规律。

《资本论》研究资本主义生产关系不是孤立进行的,它是在生产力和生产关系、经济基础和上层建筑的矛盾运动中研究生产关系。

《资本论》的研究对象是生产关系,这就告诉我们,马克思主义政治经济学研究的对象是生产关系。

《资本论》的中心和结构　　一般都认为《资本论》是3卷,实际上还应该加一个第4卷《剩余价值学说史》。马克思在第一版序言中指出:"这个著作第2卷将探讨资本的流通过程(第二册)和总过程的各种形式(第三册),第3卷即最后一卷(第四册)将探讨理论史。"(第1卷,第12页)马克思在1866年10月13日给库格曼的信中写道:"全部著作为以下几部分:第一册资本的生产过程。第二册资本的流通过程。第三册总过程的各种形式。第四册理论史。"[①]可见,《剩余价值学说史》是作为《资本论》的一个组成部分的。

整个4卷《资本论》以剩余价值为中心贯串全书,是一个不可分割的整体。恩格斯说过:"马克思的整本书都是以剩余价值为中心的。"[②]

第1卷"资本的生产过程"中心是分析剩余价值的生产问题。

第2卷"资本的流通过程"中心是分析剩余价值的实现问题。

第3卷"资本主义生产的总过程"中心是分析剩余价值的分配问题。

第4卷"剩余价值理论"中心是分析剩余价值的理论史。

整个4卷《资本论》中心突出、结构严密、逻辑的顺序和历史的顺序基本一致,是一个非常完整的科学体系。

马克思在《资本论》中建立的严整的科学的政治经济学资本主义部分的体系,对政治经济学社会主义部分体系的建立具有巨大的指导意义。现在,国内外已经有一些政治经济学社会主义部分的著作在尝试运用《资本论》的体系。

[①] 《马克思恩格斯〈资本论〉书信集》第204页。
[②] 恩格斯:《反杜林论》,第210页。

>《资本论》的方法

1. 《资本论》的基本方法是唯物辩证法。马克思在《资本论》第二版跋中,在引证了考夫曼的一段话后指出:"这位作者先生把他称为我的实际方法的东西描述得这样恰当,并且在考察我个人对这种方法的运用时又抱着这样的好感,那他所描述的不正是辩证方法吗?"(第1卷,第23页)

《资本论》的方法,不仅是辩证的,而且是唯物的。马克思说:"我的辩证方法,从根本上来说,不仅和黑格尔的辩证方法不同,而且和它截然相反。在黑格尔看来,思维过程即他称为观念而甚至把它变成独立主体的思维过程,是现实事物的创造主,而现实事物只是思维过程的外部表现。我的看法则相反,观念的东西不外是移入人的头脑并在人的头脑中改造过的物质的东西而已。"(第1卷,第24页)

辩证法不崇拜任何东西,按其本质来说,它是批判的和革命的。

2. 《资本论》的研究方法和叙述方法。《资本论》的研究方法,简单说来,就是从具体到抽象,从复杂到简单,从现象到本质。马克思指出:"研究必须充分地占有材料,分析它的各种发展形式,探寻这些形式的内在联系。"(第1卷,第23页)

《资本论》的叙述方法,是从抽象到具体、从本质到现象、从简单到复杂。马克思《资本论》的叙述方法是由抽象到具体,但这并不意味着《资本论》叙述资本主义经济运动规律是从抽象而不是从实际出发。列宁曾经指出:"《资本论》不是别的,正是把堆积如山的实际材料总结为几点概括的、彼此紧相联系的思想。"①

3. 典型分析和抽象法。《资本论》是研究资本主义生产关系产生、发展和灭亡的一般规律,但在具体分析上是典型分析法。马克思说:"到现在为止,这种生产方式的典型地点是英国。因此,我在理论阐述上主要用英国作为例证。"(第8页)还说研究资本主义社会必须从分析商品开始,这些都充分体现了典型分析方法。

研究经济关系,从现象到本质,从特殊到一般的分析过程,必须运用抽象的方法。马克思指出:"分析经济形式,既不能用显微镜,也不能用化学

---

① 《列宁全集》第1卷,第121页。

试剂。二者都必须用抽象力来代替。"(第 8 页)

四、怎样学习《资本论》

> 学《资本论》,首先要从《资本论》中学无产阶级的立场、观点和方法

整个《资本论》是马克思坚定地站在无产阶级立场上,怀着深厚的无产阶级感情,用血和火的文字写成的。我们学《资本论》,首先就要学马克思这样坚定的无产阶级立场和深厚的无产阶级感情。《资本论》中许多原理,如果从资产阶级的立场观点去看终身也理解不了,但是从无产阶级的立场、观点去看就很容易理解。恩格斯曾经说过:"没有受到教育的工人要比我们那些高傲的'有教养的'人高明得多,因为前者对最难的经济结论也很容易理解,而后者对这种复杂的问题,却终身也解决不了。"①

《资本论》从头到尾都是以辩证唯物主义和历史唯物主义为指导的,贯串了辩证唯物主义和历史唯物主义的方法。因此,我们学习《资本论》也必须以辩证唯物主义和历史唯物主义为指导,坚持唯物辩证法。

总之,我们学《资本论》,一定要着重从中学立场、学观点、学方法,而不要钻牛角尖。

> 要完整地、准确地学习和掌握《资本论》的基本原理

《资本论》是一个极其丰富的理论宝库,是一个完整的科学体系。在学习中,我们应当力求完整地而不是零碎地,准确地而不是随意地,实际地而不是空洞地掌握《资本论》的基本原理。恩格斯曾经指出:"把马克思的话同上文割裂开来,就必然会造成误解或把很多东西弄得不大清楚。"②恩格斯还批评了简述《资本论》的作者杰维尔"把马克思认为只在一定条件下起作用的一些原理解释成绝对的原理"。③还批评了"有些自命为正统的马克思主义者的人,把我们运动的思想变成必须背熟的僵死

---

① 《马克思恩格斯选集》第 1 卷,第 341 页。
② 《马克思恩格斯全集》第 36 卷,第 67 页。
③ 《马克思恩格斯全集》第 36 卷,第 98 页。

教条"①,"认为只要把它背得烂熟,就足以应付一切。对他们来说,这是教条,而不是行动的指南"②。

现在,对待马克思《资本论》大体上有这样六种情况:

1. 把本来不是马克思的东西,强加给马克思。例如,马克思在《资本论》第1卷第七篇中论证了无产阶级贫困的理论,但是,在《资本论》中从来没有论证过什么绝对贫困化规律和相对贫困化规律,甚至也没有用过绝对贫困化和相对贫困化这样的范畴。可是,在某些政治经济学的一般读物中,由于受50年代苏联政治经济学教科书的影响,把所谓绝对贫困化规律和相对贫困化规律的理论说成是马克思的。这些东西并不是马克思的,而且很难说明资本主义的现实,应该正本清源。

2. 把《资本论》的某些原理曲解和误解了,并长期以讹传讹地沿用下来。例如,在一般的政治经济学读物中,常有这样的提法:商品的二重性是使用价值和价值,这就是一个误解。其实,在《资本论》第1卷的第一章第一节里明明写的是"商品的两个因素:使用价值和价值"。按照马克思原意,使用价值和价值是商品的二因素而不是它的二重性。商品的二重性是使用价值和交换价值。这类讹误应该纠正过来。

3. 把《资本论》中某些观点概括得不确切和不全面。例如,一般都把社会再生产的规律,概括为生产资料优先增长的规律。这个概括就是既不确切又不全面。实际上,根据《资本论》第2卷和第3卷的有关论述,社会再生产的规律应概括为:一、生产资料增长较快的规律;二、生产资料增长较快最终要依赖于消费品增长的规律。

4. 把《资本论》中对社会主义经济的一些不符合社会主义实际的预测死抱住不放。例如,在《资本论》中,马克思认为社会主义社会不存在商品生产和商品交换。但是,现实的情况是,在社会主义社会还必须有商品生产和商品交换。如果不从社会主义的现实出发,认为马克思说过的都应该绝对地遵守,那就会在实践中造成严重后果。

5. 《资本论》的某些观点与马克思早期或后期著作的观点不完全一致。

---

① 《马克思恩格斯全集》第38卷,第106页。
② 《马克思恩格斯全集》第36卷,第566页。

例如,在《雇佣劳动与资本》中,马克思还没有在概念上把劳动和劳动力区分开来,但在《资本论》中则作了严格的区分。又如,马克思在《资本论》中没有把共产主义分成两个阶段,但是到了《哥达纲领批判》中把共产主义分成两个阶段。这种情况,一般说来应以晚期的提法为准,但有时也不一定。在这方面过去有过这样一种情况,有人用早期的提法否定晚期的提法,又有人用晚期的提法否定早期的提法。对待这类问题不能用打语录仗的办法来解决,而应该由实践去检验。

6.《资本论》的某些提法有明显出入,如第1卷第三章关于货币流通规律的公式和第2卷某些数字的计算也有出入。恩格斯就说过:"马克思虽然精通代数,但他对数字计算,特别是对商业数字的计算,还不太熟练,……有一些未完成的计算外,最后还出现了一些不正确的和互相矛盾的地方。"(第2卷,第315页)马克思的话也不是句句是真理,更不是一句顶一万句。我们要有科学的实事求是的态度。

毛泽东在《论十大关系》中指出:"社会科学,马克思列宁主义,斯大林讲得对的那些方面,我们一定要继续努力学习,我们要学的是属于普遍真理的东西,并且学习一定要与中国实际相结合。如果每句话,包括马克思的话,都要照搬,那就不得了。"①

> 学习《资本论》要理论联系实际

毛泽东在《改造我们的学习》一文中指出:"我们学的是马克思主义,但是,我们中的许多人,他们学马克思主义的方法是直接违反马克思主义的。这就是说,他们违背了马克思、恩格斯、列宁、斯大林所谆谆告诫人们的一条基本原理:理论和实际统一。"②

那么,学《资本论》怎样联系实际呢?

首先,要联系社会主义建设的实际,联系实现社会主义现代化的实际。过去学习《资本论》,一般比较着重于资本主义剥削关系的论述,而对社会生产一般规律的分析却注意不够。现在,在以实现现代化为工作重点的社会主义建设时期,我们对《资本论》的学习也应注重于其中有关社会化生产

---

① 《毛泽东选集》第5卷,第286页。
② 《毛泽东选集》第3卷,第756页。

的一般规律的论述,并把它与我国社会主义经济建设的实际联系起来。例如:学习《资本论》第 2 卷第一篇和第二篇关于资本循环和周转的理论,要和我们加强经济核算、加速资金周转、提高经济效果联系起来。学习第三篇再生产理论要与我们调整经济结构、协调比例关系联系起来。

其次,要联系经济理论发展的实际。经济理论随着时代的进步,处在不断发展之中。我国政治经济学理论,特别是社会主义经济理论,在党的十一届三中全会以后,有了较快的发展,但有许多理论问题需要进一步探讨。战后,西方经济学理论也发生了很大的变化,提出了许多值得我们思考的问题,其中也有不少错误。我们学习《资本论》,联系各种经济理论的实际,就能正确分析评价各种理论观点,吸收或参考其合理的因素,摈弃和批判其错误,推动我国马克思主义政治经济学理论的发展。

最后,还要联系思想实际。我们学习《资本论》,要用马克思主义的立场、观点、方法,改造自己的思想,不断抵制和清除非无产阶级思想的侵蚀和影响,自觉地为共产主义事业奋斗终生。同时,要注意通过学习《资本论》,与封建主义的影响、小生产者的生产方式和习惯势力、小资产阶级的意识形态划清界限。

学习《资本论》要以原著为主刻苦钻研

《资本论》是马克思主义的主要著作,要领会马克思主义政治经济学的精神实质,必须下苦工夫读《资本论》原著。恩格斯在谈到学习马克思的《资本论》时说过:"像马克思这样的人有权要求人们听到他的原话,让他的科学发现完完全全按照他自己的叙述传给后世。""对于那些希望真正理解它的人来说,最重要的却正好是原著本身。"(第 3 卷,第 1005 页)恩格斯在给约·布洛赫的信中进一步指出:"我请求你根据原著来研究这个理论,而不要根据第二手的材料来进行研究——这的确要容易的多。"①只有靠自己下苦工夫认真读原著,才能弄通马克思主义,这一点是为许多人的亲身实践所反复证明了的。

《资本论》好不好学?能不能学好?这是很多同志所担心的。其实,《资本论》并不那么神秘,也不是像一些人所说的那样枯燥难懂。《资本论》

---

① 《马克思恩格斯全集》第 37 卷,第 462 页。

所讲的问题,好多都是我们经济生活中有关的问题,只要我们下点苦工夫,认真读书,刻苦钻研,并在学习中注意密切联系实际,不但可以学,而且一定能够学好。

万事开头难。初学《资本论》会碰到较多的困难,这是正常的现象,我们决不应该气馁。马克思说过:"在科学上没有平坦的大道,只有不畏劳苦沿着陡峭山路攀登的人,才有希望达到光辉的顶点。"(第 26 页)这也是我们致力于《资本论》学习的座右铭。

五、《资本论》研究的发展态势

综观新中国成立以来经济学界研究《资本论》的历史,我们认为,尽管在研究的诸领域均取得了显著的成绩,如翻译了马克思和恩格斯关于《资本论》的所有文献,发表了一批《资本论》的研究论著等,但总的说来,这种研究还只是刚刚起步,探讨的面欠广,探究的点欠深,因而我国《资本论》研究并非没有课题,恰恰是空白颇多,亟须攻克的理论难题层出不穷。应当清楚地看到,《资本论》研究在我国深入进行经济体制改革和现代化建设的大背景下是方兴未艾,大有作为的。

下面扼要地从六个方面谈谈未来研究《资本论》的基本要求及发展态势。

《资本论》研究的发展观　在继续坚持反对以教条主义态度对待马克思主义经典著作的同时,我们不能不看到,目前我国《资本论》研究领域存在某些值得注意的思潮和倾向。例如:把《资本论》单纯视为阶级斗争的理论工具,视为批判资本主义的经济学,否认它对社会化大生产和商品经济所作的一般分析的指导意义;过于苛求《资本论》,要求它对现今出现的资本主义新的问题提出现成的答案;不适当地把我国经济建设的种种失误归罪于《资本论》;视当代西方庸俗理论经济学为"珠宝",而把《资本论》看作过时的"朽木",不值得认真研究,甚至提出高校政治经济学专业的学生也不必学习《资本论》。这股社会思潮尽管属于《资本论》研究中的支流,但客观上严重冲击和妨碍了人们对"马克思学派"(恩格斯用语)的深入探讨。不过,这里也提出了一个不可回避的尖锐问题:在《资本论》研究中究竟应当树立什么样的发展观？这是一个长期争论不休的带方向性的大问题。

我们始终感到,《资本论》这部"工人阶级的圣经"和马克思主义的百科全书,如同其他任何科学理论一样,决非终极真理,而是绝对真理和相对真理的统一,它必须通过多形式和多途径不断地得到丰富和发展。

首先,在研究与指导经济活动中发展《资本论》。人类的经济活动是经济理论产生的基本源泉和发展的根本动力。同时,运用经济理论去能动地指导经济活动,也是我们进行经济理论研究的宗旨。一旦运用《资本论》的基本理论去研究当代资本主义经济和指导社会主义经济建设,我们必定会发现许多新情况、新问题,需要新的概括和总结。其结果,要么是使《资本论》原有科学理论获得正确的修正、补充,从而使其更完善、更科学;要么是需要在原有理论的基础上进一步创立新的科学理论。比如,对于垄断资本及垄断利润的分析,就属于前一种状况;对于社会主义条件下公有制和按劳分配的分析,就属于后一种状况。

其次,在继承与突破中发展《资本论》。任何科学理论要继续向前发展,均会被继承、被突破。《资本论》的历史命运也是如此。以指导社会主义经济建设和体制改革的社会主义政治经济学为例,它一方面要继承《资本论》的许多基本范畴、规律、原理,另一方面又不能照搬《资本论》的一切,而必须面对社会主义经济实践的挑战,在个别论断,甚至某些基本原理上有所突破。我国眼下关于商品、货币、价值规律、市场和竞争等不少理论问题的分析,事实上已不同程度地采取了这一科学态度。正是在这种继承的基础上有所突破,才显示出理论青春的常在。

最后,在争鸣与斗争中发展《资本论》。真理与错误之间的争鸣和斗争,是真理自身发展的推动力量。《资本论》的诞生曾是经济学说史上的一场革命。这一变革本身就是在同形形色色的资产阶级、小资产阶级、机会主义、空想社会主义错误经济学说的斗争中实现的。它的继续发展,也不可避免地要同当代资产阶级经济学发生理论斗争。犹如马克思当年没有将马尔萨斯、萨伊、洛贝尔图斯、罗雪尔等庸俗政治经济学当作《资本论》的理论渊源一样,当代马克思主义经济学也不可能把现代西方庸俗理论经济学视为自己的理论来源。不过,这并不排斥对某些学派、某些理论的批判性借鉴。除此之外，《资本论》研究者之间也迫切需要发扬学术民主，提倡学术自由，鼓励百家争鸣，允许研究《资本论》不同理论派别的长期并存，只有这样，方能减少研讨过程中的片面性和封闭性，导致《资本论》研究园地群芳争艳，结出累累硕果。

《资本论》研究的多维性

《资本论》集马克思政治经济学、哲学和科学社会主义思想之大成，又兼纳有关政治、法律、历史、教育、文学、社会、人口、美学等精湛见解，是人类先进文化思想的结晶。作为后人，要想系统深刻地探寻清楚《资本论》这座文化宝库的全部奥秘，就必须进行多维性的研究，即从多种学科、从一个学科的多种视角去挖掘其理论宝藏。

过去，我国《资本论》的研究是一维性的，仅限于经济学的研究（当然也有极少数哲学方法的研究），这是很不够的。例如，马克思创作《资本论》所运用的基本方法——唯物辩证法，是对黑格尔唯心辩证法批判性改造的结果。不懂得黑格尔，就根本不能透彻地理解《资本论》的整体构造，但我国至今还缺乏这方面进行系统比较研究的论著。搞经济学的，一般比较缺乏哲学理论素养；搞哲学的，一般又比较缺乏经济理论素养；加上理论研究的横向联系松弛，以至于无法圆满地实现对此书的"经济-哲学"双重研究。

又如，《资本论》作为一部抽象思维的产物，是与形象思维紧密结合的，使生动的文学艺术观和较枯燥的抽象思维这两者浑然一体。然而，我国迄今有关《资本论》的形象思维和文学艺术方面的专著尚未问世。

此外，关于《资本论》中的政治学、社会学、数学等等研究也属于亟待拓垦的处女地。

要想使中国在《资本论》研究领域处于世界先进水平，看起来必须调动与《资本论》有关的各学科人员研读此书的积极因素，以哲学为研究的基本方法，以经济学为研究的主要内容，全面展开对《资本论》整体的、多维的研究。这大概也属于研究《资本论》的一种大趋势吧。

《资本论》研究的辐射面

《资本论》之所以成为人类经济学演化史上的里程碑，成为一部不朽的科学巨著，与它的理论辐射面广和理论容量大有密切的关系。以经济内容为例，从纵的方面说,它论及源远流长的千年人类经济思想史脉络,论及自原始蒙昧人至共产主义自由人的悠久的经济史足迹;从横的方面说,它详尽地剖析了资本主义经济形态的方方面面,深刻地揭示出资本主义经济运转的客观规律和各种机制。

这就启示我们,研究《资本论》也必须有较广的理论辐射面,进行大容量的理论探索,而千万不可只局限在书本里。

第一,《资本论》研究的面应当扩展到当代发达资本主义国家的经济领域,以便对马克思主义的帝国主义经济理论做出新的贡献;研究的面也应当扩展到那些不发达资本主义国家的经济领域,以便对马克思主义的自由资本主义经济理论做出新的充实;研究的面还应当扩展到社会主义国家各种形式的资本主义经济领域,以便对这一新现象做出合乎规律的分析,进而丰富马克思主义关于资本主义的学说。

第二,《资本论》研究的面应当辐射到包括中国在内的世界各社会主义国家的经济领域。《资本论》对于社会主义经济的指导作用,一般要通过它对社会主义经济科学体系的形成和发展来实现,尤其是这部杰作的研究对象、体系、结构、方法、范畴、原理,将更多地直接或间接地影响社会主义政治经济学。面对社会主义经济现实,背靠《资本论》,有的放矢地借鉴当代各国经济学说,这是创立社会主义政治经济学的必由之路。

这里有一个认识问题需要澄清:我国经济建设的历次挫折和失误以及旧经济体制的种种弊端,究竟是不是运用《资本论》作理论指导所必然带来的?我们以为,不用说各种具体方针、政策和体制的错误与《资本论》无关,就是从理论上说,传统社会主义政治经济学的僵化体系和观点也算不到马克思的头上。因为马克思主义的创始人早就告诫后人,他们的全部理论不是教义,而是一种方法。况且,他们精通历史辩证法,关于未来社会的描绘极少,只是大体上提出了一种科学预见,而并没有像许多空想社会主义者那样,设计出新社会的详尽方案。至于取代资本主义的新社会到底建立何种经济模式,马克思似乎没有取消后继者创造发明的权利,他的经济学遗产也没有束缚后继者的手脚。事实恐怕相反,倒是马克思的学生们自己把导师的经济学说错当教义去诵颂,错作绳子去自缚。所以,运用马克思经济学说(或《资本论》)指导社会主义政治经济学的创立和社会主义经济建设，这个命题是无可非议的。问题在于我们要不断提高经济实践的能动性，提高经济理论的创新度。

第三，《资本论》研究的面应当辐射到现代资产阶级经济学的理论领域。运用《资本论》的基本立场、观点和方法，去正确地评介现代西方经济学说，是当代《资本论》研究人员义不容辞的职责。我们既不能良莠不分，把西方理论经济学的 ABC 当作社会主义政治经济学的最新研究成果，甚至趋之若鹜，也不能因为这些理论体系在整体和本质上是庸俗的，甚至是极端反动的，就采取不屑一顾的态度，简单地予以一概否定。科学的态度是认真地研究，批判地吸收，实事求是地作出评判。

> 《资本论》研究的纵深度

我们要想在《资本论》研究中有所发现、有所突破，除了向研究的广度进军外，还必须向研究的深度延伸。过去人们缺乏理论研究应有的深度，往往导致实际工作中的失误。试举一例为证：《资本论》论的是资本，而资本家又是资本的人格化，但以往大家对"资本家"这一经典著作中常见的概念界定并没有清晰的完整认识，所以我国在过渡时期曾把无雇佣剥削或只有轻微剥削的原属劳动者范围的 70 万小商贩、小手工业者主错划成资本家。这是何等深刻的历史教训！

《资本论》研究的纵深度，首先表现为结合现实课题进行探索。我国经济体制改革的不断深入发展，变革的现实冲击着传统的肤浅认识，为《资本论》的深入研讨提供了客观需要和可能性。诸如社会主义条件下股份企业、市场体系、劳动力商品、地租、雇工、国际贸易和竞争等一类的问题，都迫切需要联系《资本论》去认真探讨。这些现实理论"堡垒"的相继攻克，无疑将大大有助于《资本论》研究的深化。

其次，《资本论》研究的纵深度也表现为对此书本身一些问题的深究。譬如，《资本论》的创作史、传播史、各种版本的比较、翻译的精确性、某些难句和难题的注释，等等。我们既要重视所谓功利主义的经世致用，又不能忽视所谓非功利主义的为学问而钻研。

总之，只有对研究的目的和方向有辩证的认识，不失偏颇，我们才能在未来的理论海洋中畅游，无禁区，无死角，进而逐渐向《资本论》研究的纵深拓展。

《资本论》研究的新方法

历史上,方法论的变革常常成为一种科学理论变革的先导。在未来的《资本论》研究中,有无正确的思维方法和研究方法,尤其是否掌握系统论、控制论、现代数学等当今科学研究的新手段,是发展《资本论》研究的重要契机和趋势之一。这具体可从三个层次来努力。

第一个研究层次,属于"范型"研究,即对人们所公认的马克思写作《资本论》时运用的唯物辩证法的研究。构筑《资本论》框架的基本方法究竟有哪几个?《资本论》的逻辑方法与历史方法之间相互关系到底怎样?《资本论》是如何运用辩证法若干规律和基本范畴的?诸如此类的问题,虽经中外学者数十年的艰苦探索,但至今仍处于众说纷纭的状态。由于马克思主要是在《资本论》创立的辩证思维方法属于人类的高级思维形式,因而彻底搞清书中确立的辩证逻辑全貌,并在日后研究中合理运用这一方法,便不是可掉以轻心的事情,而是必须继续认真加以探讨的首要任务。

第二个研究层次,属于发掘型研究,即研究当今世界上新创立的某些科学方法在《资本论》中是否有运用的萌芽和例证。这一做法可能会遭到持有偏见的人的非难,但我们历来认为,《资本论》的方法是一个科学体系,或者说是一种科学群。其中,有些方法在创作时代就是社会公认的方法(抽象与具体、归纳与演绎、分析与综合、对立统一等);有些方法在创作过程中实际上是有所运用的,只不过受历史的局限而处于萌芽状态,以至于一旦以后科学的发展使这些方法的名称及内容正式确定下来,我们仍然可以,而且应该从《资本论》中把运用这些方法的点点滴滴给发掘出来。这不仅对说明某一现代科学方法的形成和运用历史显得十分必要,而且对宣传和研究《资本论》也大有裨益。事实上,西方有些正直的学者也在做这件事。如有的系统论权威说,马克思是现代系统论的先驱者之一。

第三个研究层次,属于开拓型研究,即运用传统和现代科学方法(《资本论》在一定程度上所含有的),一方面注重对当代资本主义经济进行创造性的研究,另一方面似乎也可以重新对自由资本主义经济进行研究和理论叙述。

《资本论》研究的新群体

有的学者指出,新中国成立以来我国对《资本论》的研究要比对《红楼梦》的研究差得远。这一评论是公正的。我国研究《资本论》的著述在数量上也很难说已超过日本。细究起来,这些情况都同缺乏一个高水平的《资本论》研究大群体有关。我国多数经济理论工作者是断续地、零星地接触《资本论》,以教学和研究《资本论》为专业的人并不多。况且,像郭大力、王亚南、孙冶方、漆琪生等造诣高深的《资本论》研究专家已日渐减少。这一状态与作为以马克思主义为理论指导的社会主义大国、大党的地位是极不相称的。

从研究《资本论》的客观要求和发展趋向来看,我们不仅要重视《资本论》研究者的个体结构,即他们智力结构和素质修养,而且要重视《资本论》研究者群体结构。也就是说,构成研究队伍的各类人员及其相互关系,建立由《资本论》各类研究人员的构成、数量、比例等所形成的一个多维、多层次结构的动态综合体。《资本论》研究人员的专业构成,既包括从经济、哲学、科学社会主义、文学艺术等多学科角度研究此书的人员构成,也包括经济学领域内从创作史、社会主义经济、帝国主义经济、资产阶级经济学等多视角研究此书的人员构成;其年龄结构自然应是老、中、青三支学术梯队的结合。同时,组合《资本论》研究队伍的原则不应是封闭性,而应是开放性的。它不应是刚性,而应是柔性的群体结构。这种群体结构还应具有动态性,使一切有志《资本论》研究的人以各种方式组合起来,以充分发挥协同研究的效能。

第 1 卷

资本的生产过程

《资本论》第1卷介绍

在没有介绍《资本论》第1卷的具体内容之前,我们先把《资本论》第1卷的概貌,如它研究的对象、中心、体系、方法、地位和意义等简单地介绍一下。这样,可能有助于我们更全面、更准确地理解第1卷的主要内容。

一、《资本论》第1卷的对象和中心

《资本论》第1卷是研究资本的生产过程。这里所研究的资本,是产业资本,也就是经营物质生产部门的资本。而且,它所研究的产业资本,又是以工业资本为对象进行典型分析的。马克思对工业资本所作的分析,对于交通运输业的资本和农业资本基本上也是适用的。

第1卷所分析的资本的生产过程,是资本的直接生产过程,是在生产过程和流通过程的统一中抽象出来的生产过程,是纯粹的生产过程。马克思在《资本论》第3卷的开头,曾经对整个《资本论》的结构和体系作过一个高度的概括和说明。他说:"在第1卷中,我们研究的是资本主义生产过程本身作为直接生产过程考察时呈现的各种现象,而撇开了这个过程以外的各种情况引起的一切次要影响。"(第3卷,第29页)

资本的生产过程,其实质是剩余价值的生产过程,是资产阶级榨取无产阶级创造的剩余价值的过程,所以,《资本论》第1卷的中心,是剩余价值生产的问题。马克思在这里主要分析了剩余价值生产的前提,剩余价值的生产过程,以及剩余价值转化为资本等问题。

资本的生产过程,由于是剩余价值的生产过程。它一方面再生产出资本家,另一方面又再生产出雇佣劳动者。所以,资本的生产过程又是资本主义生产关系的生产过程,是无产阶级与资产阶级关系的生产过程,是阶级矛盾的生产过程。

马克思通过《资本论》第1卷资本的生产过程的分析,揭示了剩余价值规律是资本主义的基本经济规律。"生产剩余价值或赚钱,是这个生产方式的绝对规律。"(第979页)

二、《资本论》第1卷的结构

《资本论》第1卷以剩余价值的生产为中心,共有七篇,二十五章,大体上可分为三大部分。

第一部分是第一篇商品和货币,论述劳动价值理论。这一部分以一般商品生产为对象,以劳动价值论为中心,分析商品到货币的转化,这是研究资本和剩余价值生产的前提和出发点。第一篇分析的是资本主义生产过程的理论前提和历史前提。

第二部分是第二篇至第六篇,论述剩余价值理论。这是以资本主义商品生产为对象研究剩余价值的生产过程,也就是分析货币转化为资本和资本占有剩余价值的问题。这是第1卷研究的中心。

第二篇至第六篇之间的关系是:第二篇货币转化为资本,以劳动力成为商品为中心分析剩余价值生产的基础;第三篇和第四篇分析剩余价值的源泉、生产过程和方法,揭示资本主义生产的实质;第五篇绝对剩余价值和相对剩余价值的生产,把第三、第四两篇综合起来进行比较和分析;第六篇揭示资本主义工资的实质以及资本家如何利用工资形式作为进一步榨取剩余价值的手段,是剩余价值理论的继续和补充。总之,第二大部分是分析剩余价值的生产过程,第二篇是为分析剩余价值提供基础;第三、四篇是剩余价值生产过程本身;第五篇是剩余价值理论的综合分析;第六篇是剩余价值理论的继续和补充。

第三部分是第七篇资本的积累过程,论述资本积累理论。研究剩余价值怎样转化为资本,是对资本主义经济运动规律和历史过程的总结。

总之,《资本论》第1卷是理论、逻辑和历史的有机结合,是一个非常严密的科学体系。

三、《资本论》第1卷的方法

马克思整个《资本论》的基本方法是唯物辩证法,第1卷也不例外。但是,《资本论》第1卷突出地运用了矛盾分析法,运用了从抽象到具体,本质到现象,一般到特殊,简单到复杂的方法。

1. 矛盾分析法。《资本论》第1卷充分运用了矛盾分析法,分析事物的两重性及对立统一,充满了辩证法。例如,第一篇分析了商品的四对内在矛盾:使用价值与价值的矛盾、具体劳动和抽象劳动的矛盾、私人劳动和社会劳动的矛盾、物的人格化和人格的物化的矛盾;四对外在矛盾:使用价值形式和价值形式的矛盾、商品和货币的矛盾、买和卖的矛盾、买者和卖者的矛盾。第二篇,分析了资本总分式的矛盾;第三篇分析了劳动过程和价值增殖过程的矛盾;第四篇和第七篇分析了资本主义的基本矛盾,即生产社会化和资本主义私人占有之间的矛盾。马克思通过资本主义各种矛盾的分析,揭示了资本主义产生、发展和灭亡的规律。

2. 从抽象到具体、从本质到现象的方法。(1)整个《资本论》的叙述方法都是从抽象到具体,从本质到现象。第1卷最抽象,第2卷比第1卷具体,第3卷更具体,更接近资本主义现实。(2)第1卷三个部分之间的方法也是抽象到具体,第一部分第一篇特别是第一章最抽象,第二部分具体一些,第三部分更具体。(3)第1卷每篇各章之间也是先抽象后具体。一般说来,每一篇的第一章都是先讲本质比较抽象,后几章讲到现象比较具体。例如,第一篇第一章主要讲价值的实质比较抽象,第二章、第三章讲价值形式比较具体;又如,第四篇的第一章,即第十章讲相对剩余价值的概念比较抽象,后三章讲资本主义社会生产力发展的三个阶段,比较具体;再如,第六篇的第一章,即第十七章,讲工资的本质比较抽象,后几章讲工资的形式比较具体。

3. 从简单到复杂的方法。《资本论》第1卷还用了从简单到复杂的方法。例如,关于价值形式从简单形式到扩大形式再到一般形式价值最后到货币形式,这种方法就是简单到复杂的过程;再如,第七篇资本积累过程的分析,首先分析简单再生产然后再分析扩大再生产,也是从简单到复杂。这种方法,理论的分析与历史的进程相一致,体现了理论和历史的统一。

四、《资本论》第1卷的地位和意义

《资本论》第1卷在整个4卷《资本论》中,具有特别重要的意义。这是因为:

第一,第1卷所分析的是资本的生产过程,在整个资本主义的经济运动总过程中具有决定性的意义,它是资本的流通过程和资本主义生产总过程的基础。

第二,第1卷的中心是剩余价值生产的理论,它揭示了剩余价值的起源、本质和秘密,构成了《资本论》的核心和基础,没有剩余价值的生产也就没有剩余价值的实现和分配。

第三,第1卷揭示了资本主义生产关系的本质和资本主义产生、发展和灭亡的规律,这是认识整个资本主义制度的理论基础。

《资本论》第1卷虽然只是整个4卷《资本论》的一个组成部分,但是它的地位重要,具有相对独立性。

此外,我们还应该注意到,《资本论》第1卷是马克思生前多次修改的定稿本,而第2卷、第3卷、第4卷在马克思生前尚未正式定稿出版,还带有手稿或草稿的性质。

《资本论》第1卷不仅在整个《资本论》中地位重要,而且具有重要的现实意义。

第一,第1卷所揭示的资本主义生产的实质、目的和动力,就是生产剩余价值,这仍然是认识现代资本主义本质的锐利武器,是我们与资本主义国家打交道,开展经济往来的基本出发点。

第二,第1卷在分析资本主义经济运动规律的同时,还揭示了人类社会普遍适用或社会化大生产普遍适用的经济规律。例如,社会生产过程(或商品生产过程)都具有两重性,任何社会都有协作和分工,社会化大生产都要管理和监督,有商品生产就有价值规律,任何社会人们都要关心生产生活资料所耗费的劳动时间等,对我们研究人类社会经济的发展,资本主义以前的经济运动和社会主义经济都有重要意义。

第三,第 1 卷还直接揭示了未来社会经济运动的某些规律。例如,实行生产资料公有制,实行按劳分配等,都是我们今天进行社会主义经济建设的指导原理。

《资本论》第1卷的序言和跋

《资本论》第1卷的序言和跋一共七篇,前四篇是马克思写的,后三篇是恩格斯写的。其中,以第一版序言和第二版跋最为重要。这些序言和跋概要地介绍了《资本论》产生的历史条件和伟大意义、研究的对象和目的、叙述的方法和体系等,同时还说明了《资本论》历次再版时修改的情况。

现在把七篇序言和跋的主要内容、重要观点简单提示一下。

1. 第一版序言是最重要的。它概括地讲了《资本论》的对象、目的、体系、方法、政治经济学的阶级性等重要问题。大意如下:

(1)《资本论》是《政治经济学批判》的续篇(第7页)。

(2)万事开头难。第1卷第一章最难,但是只要认真思考,困难是可以克服的。要注意"分析经济形式,既不能用显微镜,也不能用化学试剂。两者都必须用抽象力来代替"。(第8页)

(3)《资本论》研究的对象,"是资本主义的生产方式以及和它相适应的生产关系和交换关系。"(第8页)

(4)《资本论》的目的是揭示资本主义社会的经济运动规律(第11页)。

(5)政治经济学的阶级性。"在政治经济学领域内,自由的科学研究遇到的敌人,不只是它在一切其他领域内遇到的敌人。政治经济学所研究的材料的特殊性,把人们心中最激烈、最卑鄙、最恶劣的感情,把代表私人利益的复仇女神召唤到战场上来反对自由的科学研究。"(第12页)

(6)《资本论》的结构。"这部著作的第2卷将探讨资本的流通过程(第二册)和总过程的各种形式(第三册),第3卷即最后一卷(第四册)将探讨理论史。"(第12页)

(7) 最后一段,表明了马克思在理论上的大无畏精神。"任何的科学批评的意见我都是欢迎的。而对于我从来就不让步的所谓舆论的偏见,我仍然遵守伟大的佛罗伦萨诗人的格言:走你的路,让人们去说罢!"(第13页)

2. 第二版跋,也是比较重要的。这个跋主要讲了三层意思。

(1) 第二版所作的修改(第14—15页)。

(2) 资产阶级政治经济学在德国的发展,主要讲了政治经济学的阶级性(第15—18页)。①《资本论》受到工人阶级的欢迎。"《资本论》在德国工人阶级广大范围内迅速得到理解,是对我的劳动的最好的报酬。"(第15页)②资产阶级政治经济学在资本主义发展初期还有一定科学性。"只要政治经济学是资产阶级的政治经济学,就是说,只要它把资本主义制度不是看作历史上过渡的发展阶段,而是看作社会生产的绝对的最后的形式,那就只有在阶级斗争处于潜伏状态或只是在个别的现象上表现出来的时候,它还能够是科学。"(第16页)③资产阶级庸俗经济学完全是为资本主义辩护的。"法国和英国的资产阶级夺得了政权。从那时起,阶级斗争在实践方面和理论方面采取了日益鲜明的和带有威胁性的形式。它敲响了科学的资产阶级经济学的丧钟。现在问题不再是这个或那个原理是否正确,而是它对资本有利还是有害,方便还是不方便,违背警章还是不违背警章。不偏不倚的研究让位于豢养的文丐的争斗,公正无私的科学探讨让位于辩护士的坏心恶意。"(第17页)④无产阶级的历史使命是推翻资本主义生产方式和消灭阶级。"就这种批判代表一个阶级而论,它能代表的只是这样一个阶级,这个阶级的历史使命是推翻资本主义生产方式和最后消灭阶级。这个阶级就是无产阶级。"(第18页)

(3)《资本论》的方法——唯物辩证法(第19—25页)。马克思指出他的方法不仅是辩证的,而且是唯物的。《资本论》的叙述方法和研究方法是不同的。辩证法的本质是批判的和革命的。"辩证法,在其合理形态上,引起资产阶级及其夸夸其谈的代言人的恼怒和恐怖,因为辩证法在对现存事物的肯定的理解中同时包含对现存事物的否定的理解,即对现存事物的必然灭亡的理解;辩证法对每一种既成的形式都是从不断的运动中,因而也是从它的暂时性方面去理解;辩证法不崇拜任何东西,按其本质来说,它是批判的和革命的。"(第24页)

3. 法文版序言,主要是提醒读者"在科学上没有平坦的大道,只有不畏劳苦沿着陡峭山路攀登的人,才有希望达到光辉的顶点"。(第26页)

4. 法文版跋说明了法文版的修改情况(第29页)。

5. 第三版序言,是恩格斯写的,主要讲了两层意思:

(1) 第三版的修改情况(第30—31页)。

(2) 关于马克思的引证方法的科学性(第32页)。

6. 英文版序言,也是恩格斯写的。主要讲了两层意思:

(1)《资本论》英译本的翻译情况和出版较迟的原因(第33—36页)。

(2)《资本论》的影响日益扩大,无产阶级革命指日可待(第36—37页)。①《资本论》是工人阶级的圣经。"《资本论》在大陆上常常被称为'工人阶级的圣经'。任何一个熟悉工人运动的人都不会否认,本书所作的结论日益成为伟大的工人阶级运动的基本原则。"(第36页)②关于无产阶级革命的道路问题,恩格斯指出,马克思"从这种研究中得出这样的结论:至少在欧洲,英国是唯一可以完全通过和平的和合法的手段来实现不可避免的社会革命的国家。当然,他从来没有忘记附上一句话:他并不指望英国的统治阶级会不经过'维护奴隶制的叛乱'而屈服在这种和平的和合法的革命面前"。(第37页)

7. 第四版序言,是恩格斯写的,主要讲了两层意思:

(1) 第四版的修改情况(第38—39页)。

(2) 马克思引文的准确性,驳斥资产阶级对马克思的污蔑(第39—44页)。马克思对引文"既没有删掉任何值得一提的东西,也绝对没有'增添'任何东西"(第44页)。马克思这种严谨的治学态度是值得我们很好学习的。

第一篇

商品和货币

简　介

一、对象和中心

这一篇以一般商品生产为对象,以劳动价值论为中心,分析商品到货币的转化,这是研究资本和剩余价值的出发点。这一篇构成《资本论》第 1 卷的第一部分,是作为研究资本主义生产过程的理论基础和历史前提而写的。

二、结　构

这一篇由第一章到第三章共 3 章组成。第一章商品,是从抽象形态上分析商品的内在矛盾及其外在表现,揭示商品价值的本质是在物的外壳掩盖下的人与人的社会关系。第二章交换过程,是把商品作为矛盾的整体,分析商品矛盾的现实运动。对交换过程的分析,主要是阐明货币起源和本质。第三章货币或商品流通,是在以上分析货币的起源和本质的基础上,进一步分析货币的各种职能。简言之,这三章的关系是这样的,第一章分析商品,第三章分析货币,夹在这两章中间的第二章是分析"货币的根源在于商品本身",作为第一章和第三章的桥梁。

三、方　法

马克思在第一篇中所运用的辩证唯物主义的方法,主要是矛盾分析法,以及由抽象到具体、由简单到复杂、由分析到综合等科学方法。例如,对商品内在矛盾即使用价值和价值,具体劳动和抽象劳动,私人劳动和社会劳动,物的人格化和人格的物化的分析是矛盾分析法的典范。在价值形式的研究中,由简单价值形式到扩大价值形式,再到一般价值形式,最后到货币形式的分析,是简单到复杂、逻辑的方法和历史的方法相结合的典范。在商品的二因素、劳动二重性以及价值形式的研究中,我们还可以看到马克思总是先把矛盾双方分开来解剖,然后再把双方综合起来考察,这是分析和综合辩证地结合的典范。

总之,第一篇不仅理论是精辟的,而且方法也是非常严密的。

第一章 商　品

　　第一章的标题是商品,实际上中心是分析价值。这是因为,商品最主要的特点就是有价值,分析商品实际上就是分析价值。马克思自己有时也把"商品"这一章称为"关于价值理论的一章"(第24页),但他是通过分析商品来阐明价值理论,是把劳动价值论寓于商品理论之中的,所以这一章不用价值而用商品作标题。这一章论述了劳动价值论的主要内容:价值实体、价值量、价值形式和价值本质。

　　第一章以价值为中心由4节组成。第一节讲商品有两个因素,即使用价值和价值,而价值是矛盾的主要方面。那么,价值是怎么来的呢?价值是劳动创造的。第二节就分析生产商品的劳动。它具有两重性,具体劳动形成使用价值,抽象劳动形成价值。那么,这个价值怎样才能表现出来呢?第三节就分析价值形式。价值形式就是交换价值或者说就是价格,价格是价值的货币表现形式。那么,价值的本质又是什么呢?价值的本质就是生产过程中人们相互交换劳动的社会关系,而这种关系是在物的外壳掩盖下的。所以,第四节就通过分析商品拜物教性质及其秘密来揭示价值的本质。

　　第一章的主要方法是矛盾分析法,分析事物的对立统一关系,充满了辩证法。第一节是分析使用价值与价值的对立统一;第二节是分析具体劳动与抽象劳动的对立统一;第三节是分析使用价值形式与价值形式的对立统一;第四节是分析私人劳动与社会劳动、物的人格化与人格的物化的对立统一。

　　马克思在《第一版序言》中说:"万事开头难,每门科学都是如此。所以本书第一章,特别是分析商品的部分,是最难理解的。"(第7页)马克思又说:"除了价值形式那一部分外,不能说这本书难懂。当然,我指的是那些想学到一些新东西,因而愿意自己思考的读者。"(第8页)

(一) 商品的两个因素:使用价值和价值(价值实体,价值量)

这一节分析商品的两个因素,即商品内在的使用价值与价值的对立统一,中心是分析价值实体和价值量。分析的方法是先提出问题,然后分析矛盾双方,最后综合。所以,这一节的内容,具体地说可分为四个问题。

> 研究资本主义社会必须从分析商品开始(第47页)

马克思一开始就提出:"资本主义生产方式占统治地位的社会的财富,表现为'庞大的商品堆积',单个的商品表现为这种财富的元素形式。因此,我们的研究就从分析商品开始。"(第47页)这就是说,在资本主义社会,商品生产占统治地位,一切都成了商品,到处都被买卖的原则支配着,不仅一切劳动产品都成了商品,而且人的劳动力也成了商品。商品是元素形式也就是细胞形式。马克思说:"对资产阶级社会来说,劳动产品的商品形式,或者商品的价值形式,就是经济的细胞形式。"(第8页)"细胞形式"包含这样三层意思。

1. 商品是这个社会最基本、最单纯的形式。毛泽东说:马克思"从资本主义最单纯的因素——商品开始,周密地研究了资本主义社会的经济结构。商品这个东西,千百万人,天天看它,用它,但是熟视无睹。只有马克思科学地研究了它,他从商品的实际发展中作了巨大的研究工作,从普遍的存在中找出完全科学的理论来"。[①]

2. 商品包含着资本主义社会一切矛盾的胚芽,即资本主义社会的矛盾,都是从这里发展起来的。列宁说:"马克思在《资本论》中首先分析资产阶级社会(商品社会)里最简单、最普遍、最基本、最常见、最平凡、碰到过亿万次的关系——商品交换。这一分析从这个最简单的现象中,从资产阶级社会的这个'细胞'中揭示出现代社会的一切矛盾(或一切矛盾的胚芽)。"[②]

[①] 《毛泽东选集》第3卷,第775页。
[②] 《列宁选集》第2卷,第712—713页。

3. 商品是资本主义生产方式的起点。从商品出发,逻辑的进程与历史的进程是一致的。马克思说:"一定范围的商品流通与货币流通,从而商业的一定发展程度,是资本形成和资本主义生产方式的前提起点。我们把商品就看作这样的前提,我们就从作为资本主义生产的最简单元素的商品出发。"①

所以,研究资本主义生产方式必须从商品开始。商品是使用价值和价值的对立统一体。马克思先分析使用价值。

〔商品的使用价值(第47—48页)〕

1. 使用价值的含义:使用价值就是一个靠自己的属性来满足人的某种需要的物。

2. 使用价值的质和量:使用价值的质是回答物有什么用途的问题。它由商品体的自然属性决定。每种物品又因其本身具有的物质性能是多方面的,可以在多方面满足人的需要,所以它对人们有多方面的使用价值。例如,木材可以做燃料,可以造房子,可以制纸浆;现在随着科学技术的发展,它的用途达到5 000多种。"发现物的多种使用方式,是历史的事情。"(第48页)

使用价值的量是回答怎么计量的问题。使用价值的量由社会尺度来衡量。尺度的不同,一是由物的自然属性决定,二是由社会习惯造成。

3. 使用价值的作用和特点:物的使用价值是商品学研究的对象,而不是政治经济学的对象。"作为使用价值的使用价值,不属于政治经济学的研究范围"②;使用价值只是在使用或消费中得到实现;不论财富的社会形式如何,使用价值总是构成财富的物质内容,但在商品生产社会中,使用价值同时又是交换价值的物质承担者。由此转到分析价值。

〔商品的价值(第49—54页)〕

马克思关于价值的分析不是从概念出发,而是从现象到本质,从质到量,也就是从交换价值到价值实体再到价值量。

1. 交换价值,首先表现为一种使用价值同另一种使用价值相交换的量的关系或比例。各种使用价值能按一定比例交换,这说明:第一,其中必有

---

① 马克思:《直接生产过程的结果》,人民出版社1964年版,第11页。
② 《马克思恩格斯全集》第13卷,第16页。

一个共同的东西;第二,交换价值是这个共同东西的表现形式;第三,这个共同的东西不是使用价值。那么,这个共同的东西是什么呢?是抽象人类劳动的凝结,即价值。所以,交换价值是价值的表现形式。

2. **价值实体,即抽象的人类劳动。**作为抽象人类劳动的凝结就是价值。在这里,马克思分析了价值有三个重要特点:第一,价值是看不见摸不着,但又是客观存在的东西,"是同一的幽灵般的对象性"(第51页)。第二,形成价值实体的人类抽象劳动,不是个别私人劳动,而是共同的社会劳动,是"作为它们共有的这个社会实体的结晶"(第51页)。第三,形成价值实体的人类抽象劳动是凝结状态或结晶状态的劳动,"使用价值或财物具有价值,只是因为有抽象人类劳动体现或物化在里面"(第51页)。

3. **价值量由社会必要劳动时间决定。**这里所谈的社会必要劳动时间,不是个别劳动时间,而是社会平均劳动时间,即在现有的社会正常的生产条件下,在社会平均劳动熟练程度和劳动强度下制造某种使用价值所需要的劳动时间。

价值量与体现在商品中的劳动量成正比,而与劳动生产力成反比。劳动生产力是由各种情况决定的,其中包括:劳动者的平均熟练程度,科学的发展水平和它在工艺上应用程度,生产过程的社会结合,生产资料的规模和效能,以及自然条件。

商品是使用价值和价值的统一(第54页) 商品是用来交换的劳动产品。它是使用价值和价值的统一。否则,就不是商品。这就是说,一方面,有使用价值的东西可以不是价值,从而不是商品。例如:(1)一物有使用价值,但不是劳动产品(如空气、处女地等),因而不是商品;(2)一物有效用,又是人类劳动的产品,但只是用来满足本人需要,也不是商品;(3)一物有效用,是劳动产品,而且提供给别人使用,具有社会使用价值,但没有通过交换,如封建社会农民向地主交租的产品,就不是商品。要成为商品,不仅要有使用价值,是劳动产品,供别人使用,而且要通过交换,转到把它当作使用价值使用的人手里。另一方面,没有一个物是价值而不是使用物品。因而,价值是不能离开使用价值而单独存在的。

下页附表说明商品二因素的内容、特点。

名　称	使 用 价 值	价　　值
含　义	物的有用性,使物成为使用价值	无差别的人类劳动的凝结
属　性	自然属性	社会属性
形　成	人类具体劳动的产物	人类抽象劳动的产物
实　现	在使用和消费中实现	在商品交换中实现
特　点	是社会财富的物质内容,是交换价值的物质承担者	是交换价值的基础,是物化的人类抽象劳动
目　的	消费的需要	商品生产者的需要
量的确定	物的自然属性与社会习惯确定	社会平均劳动量

（二）体现在商品中的劳动的二重性

上一节分析了商品的两因素。那么,商品的两因素是怎样形成的呢？商品的两因素来源于生产商品的劳动的二重性。

这一节的分析,仍然是先提出问题,然后分析矛盾的双方,最后再综合。一共论述了四个问题。

> 劳动二重性学说的创立（第 54—55 页）

马克思说:"商品中包含的劳动的这种二重性,是首先由我批判地证明了的。这一点是理解政治经济学的枢纽。"（第 55 页）理解这句话要回答两个问题。

1. 马克思是怎样批判古典政治经济学的劳动价值论,创立起科学的劳动价值论的。古典学派从配第开始经过斯密到李嘉图已经有了劳动价值论,但是,在这里既有科学成分,也有庸俗成分。

（1）价值是劳动创造的,但古典学派不能区分劳动二重性,只能笼统地讲劳动创造价值,不懂是什么劳动创造价值。

（2）价值量决定于社会必要劳动时间,但是李嘉图认为社会必要劳动时间不是平均劳动时间,而是最差的生产条件下的劳动时间。

（3）已经有了价值与交换价值的区别,但是不了解这两者的内在联系。

（4）把价值理解为物的自然属性,而不是一种社会关系。

（5）把商品、价值和价值形式视为永恒范畴,因此资本主义也是永恒的制度。

马克思在他创立的劳动二重性学说的基础上,完成了科学的劳动价值论。主要表现在以下五个方面。

(1) 在政治经济学史上,第一次把"作为一切社会存在条件"的劳动,同"创造价值"的劳动区别开来。

(2) 分析了价值与交换价值的内在联系,指出价值是交换价值的内容,交换价值是价值的表现形式。

(3) 科学地解决了价值量的决定问题,价值量决定于生产商品所花费的社会平均劳动时间。

(4) 研究了价值形式的发展,揭示了货币的起源和本质。

(5) 指出价值是社会历史范畴,不是永恒的范畴。

2. 为什么说劳动二重性理论是理解政治经济学的枢纽。这是因为:

(1) 只有在劳动二重性理论的基础上,才能建立起科学的完整的劳动价值学说。

(2) 只有在劳动二重性理论的基础上,才能创建剩余价值学说,才能分析资本主义生产过程的二重性,才能区分不变资本和可变资本。

(3) 只有在劳动二重性学说的基础上,才能揭示资本主义生产社会化和私人占有之间的基本矛盾。

(4) 只有在劳动二重性学说的基础上,才能解决政治经济学理论上一系列问题,建立马克思主义政治经济学的完整理论体系。

那么,劳动二重性是什么呢?这是指具体劳动和抽象劳动。马克思先分析具体劳动。

具体劳动(第55—57页)

当作形成使用价值的具体劳动,马克思主要分析了以下五个要点。

1. 具体劳动是在一定的具体形式下,即在一定的目的、操作方式、对象、手段和结果下所进行的劳动,它形成使用价值。

2. 具体劳动的作用是生产不同质的使用价值,使之成为商品交换的必要条件。

3. 具体劳动的质的区别,即各种不同的具体劳动,是社会分工的基础。而社会分工是商品生产存在的条件,但不是唯一的条件。"只有独立的互

不依赖的私人劳动的产品,才作为商品互相对立。"(第55页)

4. 具体劳动是人类永恒的自然条件。具体劳动是不以一切社会形式为转移的人类生存条件,是人和自然之间的物质交换,即人类生活得以实现的永恒的自然必然性。

5. 具体劳动不是它所生产的物质财富的唯一源泉。使用价值即各种商品体,是自然物质和劳动这两种要素的结合。

> 抽象劳动(第57—59页)

当作形成价值的劳动具有如下三个要点。

1. 抽象劳动是一般人类劳动的耗费。如果把劳动的有用性质撇开,生产活动就只是人类劳动力的耗费,都是人的脑、肌肉、神经、手等的生产耗费。"商品价值体现的是人类劳动本身,是一般人类劳动的耗费。"(第57页)

2. 抽象劳动是每个没有任何专长的普通人的机体平均具有的简单劳动力的耗费,即是简单平均劳动。简单劳动在不同的国家和不同的文化时代具有不同的性质,但在一定的社会里是一定的。比较复杂的劳动只是多倍的简单劳动。因此,少量的复杂劳动等于多量的简单劳动。复杂劳动还原为简单劳动,是在生产者的背后由社会过程决定的。

3. 抽象劳动形成价值实体。

> 生产商品的劳动是具体劳动与抽象劳动的对立统一(第59—60页)

1. 作为形成使用价值的具体劳动,有意义的是从质的方面被考察。它回答的是怎样劳动,为什么劳动的问题。作为形成价值的抽象劳动,有意义的是从量的方面被考察。它回答的是劳动多少,劳动时间多长的问题。

2. 使用价值量与价值量变化的矛盾来源于劳动二重性。这是因为,劳动生产力直接与生产使用价值的具体劳动有关,而与形成价值的抽象劳动无关。所谓劳动的生产力,始终是指有用的具体劳动的生产力,事实上就是指某种有目的的具体劳动在一定的时间内生产使用价值的效率。劳动生产力的变化只会引起使用价值量的变化,却不会引起价值总量的变化,但会引起单位产品价值量的变化,于是出现了使用价值量与价值量变化的对立运动。

3. 劳动的二重性是商品的两因素的根源。作为具体劳动生产商品的使用价值,作为抽象劳动形成商品的价值。

下表简要比较说明了劳动二重性的内容、特点。

名　称	具　体　劳　动	抽　象　劳　动
含　义	生产产品时人类特定种类的劳动耗费	是一种抽去具体形式的一般人类劳动
性　质	是由它的目的、操作方式、对象、手段(劳动资料)和结果来决定的,是不同质的人类劳动	同质的人类劳动,即每个没有任何专长的普通人的肌体内平均具有的简单劳动力的耗费
结　果	创造使用价值	创造价值
表　现	私人劳动。怎样劳动？劳动什么？	社会劳动。劳动多少？劳动时间有多长？
量的变化因素	受生产力的变化而变化	不受生产力变化的影响

(三) 价值形式或交换价值

第一、二节从商品的交换价值入手,着重研究了价值实体和价值量。把价值弄清楚以后,现在第三节再回头来进一步研究价值形式或交换价值。现在把这一节做一个总的介绍。

这一节研究的对象是价值形式。因为价值形式是在交换中表现出来的价值,所以价值形式和交换价值作为同义词并列起来。

这一节的中心任务是通过价值形式的发展,指出货币的起源和本质。

这一节的结构:开头一个简短的序言,说明商品价值形式的特点和研究价值形式的目的。全部正文共分四个部分:(A)简单的价值形式;(B)扩大的价值形式;(C)一般价值形式;(D)货币形式。重点是分析简单价值形式。

方法:从简单到复杂,逻辑的进程和历史的发展相一致。

马克思说这一节既难懂又重要。马克思说:"除了价值形式那一部分外,不能说这本书难懂。"(第8页)可见,这一节在全书中最难。马克思说:关于价值形式的发展"对全书来说是太有决定意义了"。因为"20码麻布＝1件上衣这一……最简单的商品形式……就包含着货币形式的全部秘密"。

因此,也就包含着萌芽状态的劳动产品中的一切资产阶级形式的全部秘密。"①

A 简单的、个别的或偶然的价值形式

简单的价值形式就是一种商品的价值通过任何另一种商品来表现,它的公式是:

X 量商品 $A = Y$ 量商品 B,或 X 量商品 A 值 Y 量商品 B。

(20 码麻布 = 1 件上衣,或 20 码麻布值 1 件上衣)

对简单价值形式的说明,也是先提出问题,然后分析价值形式的两极,最后综合论述价值形式的总体,一共谈了四个问题。

{价值表现的两极:相对价值形式和等价形式(第62—63页)} 在这里,马克思从价值形式总体出发,一般地分析了价值表现两极之间的辩证关系。具体讲了三层意思。

1. 相对价值形式和等价形式两极作用不同。麻布通过上衣表现自己的价值,上衣则成为这种价值表现的材料。麻布起主动作用,上衣起被动作用。

2. 相对价值形式和等价形式是互相依赖、互为条件的两极。

3. 相对价值形式和等价形式是相互对立、相互排斥的两极。

{相对价值形式(第63—69页)} 现在进一步深入分析价值表现中的一极:相对价值形式。马克思对相对价值形式的研究,是先分析它的质,然后分析它的量。所谓分析相对价值形式的质,就是考察处于相对价值形式的商品的价值性质是怎样表现出来的。所谓分析相对价值形式的量,也就是考察处于相对价值形式的商品的价值量是怎样表现出来。

1. 相对价值形式的内容。相对价值形式的内容就是抽象人类劳动的凝结。这个问题必须从两方面考察。

(1) 从相对价值形式来考察,是回答麻布的价值是怎样会表现为上衣这个物的形式。这是因为:①麻布和上衣撇开量的关系,它们是同质的,都

---

① 《马克思恩格斯全集》第 31 卷,第 311 页。

具有抽象劳动的共同性质。②它们都是凝结的抽象劳动,并凝结在物里面,成为物化劳动。

(2) 等价形式来考察,是回答上衣的自然形式为什么能表现麻布的价值。这是因为,上衣是:①价值物——表现价值的物体。它是以自己可以捉摸的自然形式表示另一个商品的价值。它自己不能表现自己的价值,但能够表现另一个商品价值,是因为它本身也有价值。在麻布和上衣的关系上,上衣就是当作价值物,用它来表现麻布的价值。②价值体——物体化的价值,或者说是"价值承担者"。上衣能表现麻布的价值,是因为上衣本身凝结了价值,是价值体。③价值镜——就是用一个商品的使用价值反映另一个商品的价值。处于等价形式的商品——上衣,就是反映相对价值形式——麻布价值的镜子。

2. 相对价值形式的量的规定性。价值形式不只是要表现价值,而且要表现一定量的价值即价值量。例如,用 1 件上衣来表现 20 码麻布的价值量。

价值量的相对表现随两极价值的变化而变化。大致有四种情况。

(1) 麻布的价值起了变化,上衣的价值不变。在这种情况下,麻布的相对价值量随麻布价值的涨落,成正比例变化。

(2) 麻布的价值不变,上衣的价值起了变化。在这种情况下,麻布的相对价值量随上衣价值的涨落成反比例变化。

(3) 生产麻布和上衣的必要劳动量可以按照同一方向和同一比例同时发生变化。在这种情况下,麻布的相对价值量保持不变。

(4) 生产麻布和上衣的各自的必要劳动时间,从而它们的价值可以按照同一方向但以不同的程度同时发生变化,或者按照相反的方向发生变化。在这种情况下,麻布的相对价值量的变化可以有多种情况,可按(1)、(2)、(3)推断。

可见,价值量的实际变化不能明确地完全地反映在价值量的相对表现即相对价值量上。

等价形式(第70—75页)

1. 一个商品的等价形式,就是它能与另一个商品直接交换的形式。作为等价物的商品,只能以它的物的一定量表现另一商品的价值量,但不能表现它本身有多大的价值。

2. 等价形式按照它的性质,具有3个特点:第一,使用价值成为它的对立面,即价值的表现形式;第二,具体劳动成为它的对立面,即抽象人类劳动的表现形式;第三,私人的劳动成为它的对立面的形式,成为直接社会形式的劳动。

3. 价值表现的秘密只有在商品生产占统治地位的社会才能揭示出来。最早分析价值形式的是亚里士多德。他在商品的价值表现中发现了等同关系,但是由于所处的社会的历史限制,使他不能发现这种等同关系"实际上"是什么。

{简单价值形式的总体(第75—77页)} 综合考察简单价值形式两极,可以得出如下五点。

1. 一个商品的简单价值形式包含在它与一个不同种商品的价值关系或交换关系中。

2. 商品的价值形式由商品价值的本性产生,而不是相反,价值和价值量由它们的作为交换价值的表现方式产生。

3. 在价值形式上,商品的内在矛盾,即使用价值与价值的矛盾,表现为外在的相对价值形式与等价形式的矛盾。

4. 商品和价值是一个历史范畴。商品形式的发展是同价值形式的发展一致的。

5. 简单价值形式是不充分的,是一种胚胎形式,它只有通过一系列的形态变化,才能成熟为价格形式。

简单价值形式是一个特殊的价值形式。但是,一般寓于特殊之中。对简单价值形式的全面、深入地分析,实际上也包含着对价值形式一般地分析。以下分析其他价值形式时,对各种价值形式共有的东西,就不再重复,只分析其特点。

B 总和的或扩大的价值形式

当一种商品的价值不仅表现在一种商品上面,而是表现在一系列商品上面时,就取得了扩大的价值形式。扩大的价值形式由一种商品的一系列简单的价值形式的总和构成,所以又叫做总和的价值形式。

其公式：

$$20\text{码麻布} \begin{cases} =1\text{件上衣} \\ =10\text{磅茶叶} \\ =40\text{磅咖啡} \\ =2\text{盎司金} \\ =\frac{1}{2}\text{吨铁} \\ \cdots\cdots \end{cases}$$

扩大的相对价值形式（第78—79页） 1. 扩大的相对价值形式从质上看，有如下三个特点：(1)处于相对价值形式的商品，才真正体现为无差别的人类劳动的凝结；(2)它不再是只同另一种商品发生社会关系，而是同整个商品世界发生社会关系；(3)对商品价值来说，用什么特殊的价值形式来表现没关系。

2. 扩大的相对价值形式从量上看，有如下两个特点：(1)这个价值的数量表现不再是偶然的了；(2)这种关系表示不是交换比例调节商品的价值量，而是商品的等量价值关系调节商品的交换比例。

特殊等价形式（第79页） 从处在等价形式的商品来看，有如下两个特点：(1)每一种商品的自然形式都成为一个特殊的等价形式，与其他许多特殊等价形式并列在一起，或者说有许多商品成为等物；(2)包含在商品中的多种多样的具体劳动，都是当做抽象人类劳动的表现形式。

总和的或扩大的价值形式的缺点（第79—80页） 1. 从相对价值形式看：(1)价值表现是未完成的，因为它的表现系列永无止境；(2)价值表现是杂乱的，因为它表现在彼此无关的各种商品上；(3)价值表现是无穷无尽的。

2. 从等价形式看：(1)作为等价物的长序列商品中每一种商品都是一个特殊的等价形式，相互排斥；(2)每个特殊等价物中包含的一定的、具体的、有用的劳动都只是人类劳动的特殊的不充分的表现形式，还没有统一的表现形式。

扩大价值形式的缺点,表明它还要向更完全的价值形式发展。随着商品生产和商品交换的进一步发展,扩大的价值形式就发展为一般的价值形式。

C　一般价值形式

$$
\left.\begin{array}{l}
1 \text{ 件上衣} = \\
10 \text{ 磅茶叶} = \\
40 \text{ 磅咖啡} = \\
2 \text{ 盎司金} = \\
\frac{1}{2} \text{ 吨铁} = \\
\text{其他商品} =
\end{array}\right\} 20 \text{ 码麻布}
$$

{价值形式的变化了的性质(第81—83页)}　1. 先从相对价值形式来看:首先,一般的相对价值形式取得了简单的统一的表现形式,因而是一般的。第二,一般的相对价值形式,使各种商品实际当作价值相互发生关系。第三,一般的相对价值形式,使各种商品价值量可以比较。

2. 从等价形式来看,在一般价值形式上,它的三个特征也有所发展:(1)作为一般的等价物的商品,它的自然形式成为一切商品的共同的价值形式;(2)生产一般等价物的私人劳动成为人类劳动的化身;(3)生产一般等价物的具体劳动成为人类劳动的一般表现形式,成为抽象劳动的表现形式。

从以上分析可以看到,一般价值形式是商品世界的社会表现。因此,它清楚地告诉我们,在商品生产的条件下,劳动的一般的人类的性质形成劳动的特殊的社会性质。

{相对价值形式和等价形式的发展关系(第83—85页)}　价值形式的变化了的性质不仅反映在相对价值形式和等价形式上,而且反映在两极的相互关系上。

1. 等价形式的发展程度是同相对价值的发展程度相适应的。等价形式的发展只是相对价值形式发展的表现和结果。

2. 价值形式发展到什么程度,它的两极即相对价值形式和等价形式之间的对立,也就发展到什么程度。价值形式的两极的对立,在简单价值形式的阶段,还是不固定的;在扩大价值形式阶段,从构成总和方程式中的每一个个别方程式来讲,也是不固定的;到了一般价值形式阶段,才给商品世界提供了一般的社会的相对价值形式,而充当一般等价物的商品则不能具有一般价值形式。这样,价值形式两极的对立就固定起来了。

{从一般价值形式到货币形式的过渡(第85页)} 一般等价形式是价值的一种形式,可以属于任何一种公认的商品。这个商品因时因地而不断变更,只有局部的和暂时的社会效力。商品生产从而商品交换的发展,作为一般等价物的商品最终限制在一种特殊的商品上,从这个时候算起,商品的价值形式才获得客观的固定性和一般的社会效力。这种特殊的商品就成了货币商品,执行货币的职能。历史上这个特权地位是被金夺得了,所以我们只要在一般价值形式中用金代替麻布,可以得到货币形式。

D 货币形式

$$\left.\begin{array}{l}20\text{ 码麻布}=\\1\text{ 件上衣}=\\10\text{ 磅茶叶}=\\40\text{ 磅咖啡}=\\\frac{1}{2}\text{ 吨铁}=\\X\text{ 量商品 }A=\end{array}\right\}2\text{ 盎司金}$$

1. 从一般价值形式发展到货币形式,没有本质的变化。

2. 金所以会当作货币,绝不是金天然具有的属性,而是商品关系内部矛盾发展的结果。金本来就是商品,如同历史上的许多东西一样,曾经充当过等价物。

3. 用货币表现商品的相对价值,就是价格形式。货币形式或价格形式是价值的完成形式。

4. 理解货币形式的困难要追溯到简单价值形式,表明"简单的商品形式是货币形式的胚胎"。

马克思就这样通过价值形式的发展,揭示了货币的起源和本质。

(四)商品的拜物教性质及其秘密

这一节的中心是揭示价值的本质,即揭示被物的外壳掩盖着的人和人之间的生产关系。那么,揭示价值的本质为什么要分析商品拜物教呢?这是因为,商品拜物教就是把物化在商品中的人与人的关系,颠倒地看成是物与物的关系。于是,对商品产生了一种神秘观点,就好像宗教世界中人们崇拜人脑的产物——上帝、真主等偶像一样,在商品世界里,人们崇拜人手的产物——商品。所以,为了揭示价值的本质就必须分析商品拜物教的性质及其秘密。

> 商品拜物教来自商品形式本身(第87—89页)

产品本来是简单而又平常的东西,但产品作为商品却是非常复杂的东西,充满着神秘性。商品的神秘性从何而来呢?

1. 商品的神秘性不是来自商品的使用价值。商品的使用价值无论从它对人有用,或者从它是某种具体劳动生产出来的产品来看,都没有什么神秘的地方。例如,木头通过人的劳动,用木头做成桌子,木材形状是改变了,但是桌子还是木头的。所以,桌子当做使用价值,是可以感觉的物,没有什么神秘之处。但是,桌子一旦成为商品,情况就不同了,它不仅是个使用价值,而且还有价值。从使用价值方面看,桌子是可以感觉的物,从价值方面看,则是超于感觉的东西。所以,商品的神秘性不是从它的使用价值发生的,而是从它的价值方面发生的。

2. 商品的神秘性也不是来自价值规定的内容。商品价值规定的内容,就是形成商品价值实体的抽象人类劳动。这也没有什么神秘之处。这是因为:(1)从劳动的质来说,它在实质上都是人的脑、神经、肌肉、感官等的耗费,这是生理学意义上的支出,不会产生神秘性;(2)从劳动的量来说,它在数量上都是生产上所耗费的劳动时间,生产物品所耗费的劳动时间,在任何社会都是人们关心的事情,尽管关心的程度不一样,但不具有什么神秘性;(3)从劳动的社会形式来看,人们从事生产时,无论在任何时候都必须以一定的方式结合起来劳动,因而他们的劳动具有一定的社会形式,这也没有什么神秘之处。那么,商品的神秘性究竟从何产生的呢?

3. 商品的神秘性来自商品形式的本身。劳动产品一旦取得了商品的形式,意味着生产商品所耗费的劳动取得了一种特殊社会形式,而当劳动被社会规定为抽象的或等同的性质,就以价值物的形式表现出来,使得这个商品产生神秘性,因而商品的神秘性来自商品形式本身。

那么,商品形式本身怎么会表现出它的神秘性呢?这是因为:(1)"人类劳动的等同性,取得了劳动产品的等同的价值对象性这种物的形式。"(第88页)这就是说,人类的劳动表现为商品的价值,这就使人难以认识清楚。(2)"用劳动的持续时间来计量人类劳动力的耗费,取得了劳动产品的价值量的形式。"(第88页)这就是说,生产产品的劳动量表现为商品的价值量,这就使人迷惑不解。(3)"劳动的那些社会规定借以实现的生产者的关系,取得了劳动产品的社会关系的形式。"(第88页)这就是说,生产者之间相互交换劳动的社会关系,表现为商品的物与物之间的交换关系,现象掩盖了本质,因而产生了神秘性。

根据以上分析,可见商品神秘性的产生,完全是来源于商品形式本身。这是由于人们把商品形式的本质和现象、内容和形式颠倒地错误认识的结果。

所以,商品的神秘性不外在于,人们在商品形式面前,把劳动的特殊社会性质看成为物的自然属性,把人的关系看成是物的关系。这种幻觉类似宗教迷信,称为商品拜物教。马克思说:"因此,要找一个比喻,我们就得逃到宗教世界的幻境中去。在那里,人脑的产物表现为赋有生命的、彼此发生关系并同人发生关系的独立存在的东西。在商品世界里,人脑产物也是这样,我把这叫做拜物教。"(第89页)这说明商品拜物教是与商品生产分不开的。那么,这种商品拜物教到底是怎样产生的呢?下面谈第二个问题。

商品拜物教存在的根本原因(第89—93页)　商品拜物教存在的根本原因在于私人劳动和社会劳动的矛盾。在私有制的条件下,生产商品的劳动,一方面表现为私人劳动;另一方面由于社会分工它又是社会总劳动的一部分,是社会劳动。但是,私人劳动并不直接就是社会劳动,这种劳动要通过抽象一般性的形式,才变成社会劳动。而劳动的抽象一般性又必须通过劳动产品的交换才能表现出来,因此,在生产者面前,他们的私人劳动的社会关系就不是表现为人们在自己劳动中的直接的社会关系,而是表现为人们之间的物的关系和物之间的社会关系。

这种颠倒的关系可以从以下四个方面表现出来。

第一,因为商品生产者的私人劳动的二重社会性质,即一方面是私人劳动的社会有用性,一方面是私人劳动的社会均等性,在交换过程中表现为商品具有使用价值和价值的形式。所以,很容易使人们把劳动产品的社会性质看成是劳动产品本身的物质属性。

第二,由于商品价值的实体,即抽象人类劳动,总是凝结在商品的物质外壳之中,所以,很容易产生物统治人的幻觉。

第三,是由于价值量运动规律的客观强制力,在交换中,不以商品交换者的个人意志为转移,这就造成了物的运动支配着人的幻觉。

第四,在价格形式上,由于货币直接与一般商品相交换,好像金银本身的物质属性天然就是一般等价物,这就使得商品拜物教的幻觉更加迷惑人了。

通过以上分析,可见商品拜物教的形成,是由于生产商品的私人劳动所特有的社会性质,采取价值、价值量、货币等特殊形式引起的。所以,商品拜物教是商品生产社会的必然产物。

既然商品拜物教是商品生产社会的产物,那么,在非商品生产社会就不存在商品拜物教,下面谈第三个问题。

<u>在非商品生产社会不存在商品拜物教</u>
(第93—97页)

在非商品生产的社会里,劳动不必以价值的形式来表现,劳动时间不必以价值量的形式来表现,从而人与人在生产上相互交换其活动的关系也不必通过物的社会关系来表现。所以,商品的神秘性就消失了。例如:

1. 生活在孤岛上的鲁滨逊,为了个人多方面的需要,必须担任不同种类的具体劳动,把他的时间适当分配在各种不同职能之间,并记着这各种产品平均所消耗的劳动时间。但他的劳动是个人活动的不同具体形式,他和他所创造的那种物品之间的关系,是简单明了的,不存在商品拜物教。

2. 在封建社会中,农奴的劳动或其产品是当作劳役和实物地租交给地主阶级的。这直接表现了人身的依附关系,而没有披上物与物之间的社会关系的外衣,不存在商品拜物教。

3. 在自给自足的农村家长制生产中,家庭人员按性别、年龄实行自然分工,其中每一个成员的劳动都表现为家庭总劳动的不可分的部分,他们不是互相作为商品发生关系、不存在商品拜物教。

4. 在自由人联合体中,人们同他们的劳动和劳动产品的社会关系,无论在生产上和分配上,都是简单明了的,不存在商品拜物教。(自由人联合体指的是社会主义社会,也就是设想一个按社会主义原则组织起来的联合体。)在这里,第一,实行生产资料公有制,人们用公有的生产资料进行劳动,并且自觉地把许多个人劳动力当作一个社会劳动力来使用。第二,社会生产仍然分为两大部类:生产资料生产和消费资料生产。第三,实行计划经济,劳动时间的全社会有计划的分配,调节着各种劳动职能同各种需要的适当的比例。第四,实行按劳分配,劳动时间计量生产者个人在共同劳动中所占份额的尺度。

马克思当时所设想的社会主义,由于没有商品生产,所以没有商品拜物教。

但是,从有商品拜物教到没有商品拜物教,是一个长期的历史过程,马克思认为,商品拜物教的消亡必须具备如下条件:第一,生产资料公有制;第二,实行计划经济;第三,一定的社会物质基础。

根据以上分析,可以看到马克思的价值理论有两个非常重要的原理。第一,商品价值的本质体现商品生产者的社会关系,不过它是在物的外壳掩盖之下的。第二,价值是一个历史范畴。

但是,资产阶级经济学家由于阶级立场和世界观的原因,完全不了解这两个非常重要的原理,他们把商品价值看做是劳动产品天然具有的属性。因此,他们陷入了商品拜物教的幻觉之中。

批判资产阶级政治经济学的商品拜物教思想(第97—101页)

1. 古典学派研究过商品和价值问题,但不能揭露商品拜物教性质及其秘密。英国古典政治经济学的代表人物虽然创立了劳动价值学说,可是他们不懂得劳动的二重性,不懂得是什么劳动创造价值,以及这种劳动所具有的特殊社会性质。他们从来没有提出这样的问题:为什么劳动要表现为价值,为什么劳动量要表现为价值量。他们把价值看作是永恒的,从来不去研究价值形式如何历史地形成,当然不会了解价值的物的形式所掩盖的人与人的关系。

2. 一部分庸俗经济学者对商品拜物教迷惑不解,竟把自然因素混同在经济范畴中。一个突出的例子是,这些经济学家无谓地争论自然物在形成价值中所起的作用。实际上价值的创造与自然物毫无关系。

3. 另一部分经济学者在商品拜物教基础上,又发展了形形色色的拜物教。如:货币拜物教、资本拜物教、土地拜物教等等。

4. 还有一些资产阶级经济学者完全颠倒了商品的属性,竟然认为使用价值是社会属性,而交换价值是物质属性。

第二章 交换过程

这一章研究的对象是商品的交换过程,说明随着交换的发展,怎样从商品中必然分化出货币的历史过程。所以,中心是讲货币的起源和实质。

第一章第三节和这一章都讲货币的起源和实质,它们的区别在哪里呢？第一,第一章第三节是通过价值形式的发展引出货币;第二章是从交换过程的现实矛盾来说明货币的产生,说明货币是商品交换过程发展的产物。第二,第一章第三节侧重于价值形式发展过程的逻辑演绎;第二章则侧重于揭露交换过程的矛盾,概括交换发展的历史。

第二章交换过程,从第一篇的总结构来说,是第一章商品向第三章货币的过渡和桥梁。

货币是交换过程矛盾的必然产物（第102—105页）

要知道货币是怎样产生的,就必须了解商品交换过程的矛盾,而要了解商品交换过程的矛盾,就必须了解商品交换的基础和商品交换的必要性。因此,要解决货币是商品交换过程矛盾的必然产物,就必须回答:(1)商品交换的基础;(2)商品交换的必要性;(3)商品交换的矛盾;(4)商品交换的矛盾怎样产生货币。

1. 私有制是商品交换的基础。法权关系是以经济关系为基础的。商品自己是不能走到市场上去直接交换的。它被人占有,受商品所有者的支配。因此,商品交换是通过商品所有者来进行的,要使交换能够实现,交换双方要有共同一致的意志行为,如果一方同意,一方不同意,交换就不能成功。这种共同的意志行为是以私有制为基础的。他们必须彼此承认对方是私有者。

这里所说的私有者,是指商品所有者对自己的商品的所有权问题。"这种具有契约形式的(不管这种契约是不是用法律固定下来的)法权关系,是一种反映着经济关系的意志关系。"(第102页)这就是说,商品所有者的法权关系是由商品生产的经济关系决定的。这里有两个问题:

第一,为什么商品交换关系也表现为一种法权关系?这是因为商品所有者有对于自己的商品的所有权,即私有权。商品交换是由两个商品所有者的意志决定的,只有双方都愿意才能进行交换。因此,从这个意义上来说,这是一种意志关系,也就是法权关系。

第二,为什么说这种法权关系是一种反映经济关系的意志关系?或者说为什么法权关系的内容是由经济关系决定的?从表面来看,一个商品是不是要出卖,甚至卖多少钱,都可以由所有者的意志来决定。但实际上,这是不能由商品所有者的意志随意决定的。因为,第一,你既然是商品所有者,那就非出卖你的商品不可,否则,你就不能购买自己所需要的生活资料,你就无法生活下去。第二,你的商品能不能卖出去,也不能由你来决定。有人买它,你才能卖得出去。如果没有人买它,那你就卖不出去。第三,你的商品究竟以什么样的价格出卖,也是不能完全由自己作主的。价格太高了,别人不要;价格太低了,又要赔本。商品只能按照社会必要劳动时间所决定的价值来交换,所以商品交换中的法权关系或意志关系都是由商品经济关系决定的。

有了商品交换的基础,就可以交换。那么,商品为什么必须进入交换呢?这是商品内在矛盾决定的。

2. 商品内在的使用价值和价值的矛盾,决定商品必须进入交换过程。首先,在讲商品的内在矛盾之前,必须分析商品和商品所有者是不同的。对商品体来说,它是没有感觉的物,只要价值相当,一个商品就可以和任何别的商品相交换。所以,它是天生的平等派和昔尼克派。把商品比作平等派,是说商品只要价值相等,不管其他一切质的或形式的差别,都可以交换。用昔尼克派对一切抱无动于衷的态度,比喻商品在交换时,不管对方采取何种自然形态,只要价值相等,就可交换。对商品所有者来说,则是有感觉的人,他可以凭借自己感官的帮助,判断一个商品对自己有没有使用价值。

其次,要说明为什么是使用价值和价值的矛盾。这个矛盾在商品所有者和商品本身的关系上,显著地表现出来。一个商品对商品所有者来说,对他没有直接的使用价值。否则,他就不会拿到市场上去,他的商品对别人有使用价值。这是一个矛盾。

最后,要说明怎么解决矛盾?只有通过交换才能解决这个矛盾。"一切商品对它们的所有者是非使用价值,对它们的非所有者是使用价值。因此,商品必须全面转手。"(第103页)这种转手就形成商品交换。通过交换实现商品的价值,通过交换证明商品的使用价值。所以,商品的价值和使用价值的矛盾,只有通过交换才能解决。但是,交换过程本身也有矛盾。

3. 交换过程的矛盾。交换过程的矛盾,是指它既是个人的过程,又是一般的社会的过程。一方面,从通过交换满足商品所有者的个人需要来说,是个人过程;另一方面,从通过交换把商品当作价值实现来说,又是社会的过程。交换过程必须是个人的过程,又是一般的社会的过程,商品交换才能实现。但是,这两个过程往往发生矛盾。同一过程,不可能同时对于一切商品所有者只是个人的过程,同时又只是一般社会的过程。那么,这个矛盾怎么解决呢?

4. 交换过程的矛盾怎样产生货币。交换过程的矛盾造成交换上的困难。因此,必须有一种商品当作一般等价物,才能解决这个困难。在商品交换中,商品是全社会行为的结果,使一种特定的商品成了一般等价物,通过这种商品来全面表现其他一切商品的价值。于是,这种商品的自然形式就成为社会公认的等价形式。这种充当一般等价物的特殊商品就是货币。所以,货币是交换过程的必然产物。

货币形成的历史过程及其本质(第105—108页)

货币的产生既是商品价值形式发展的必然产物,又是商品交换发展的历史过程的具体反映。因此,对于货币起源问题的分析,又必须从商品交换发展的历史过程加以考察。

1. 商品交换的开始和商品生产的发生。

(1) 商品交换发展的第一阶段,是从偶然的物物交换,发展为经常的和固定的生产一部分产品专门作为商品来交换。

(2) 劳动产品转变为商品的条件主要有两个:一是社会分工;二是私有

制的出现。马克思说:"使用物品可能成为交换价值的第一步,就是它作为非使用价值而存在,作为超过它的所有者的直接需要的使用价值量而存在。物本身存在于人之外,因而是可以让渡的。为使让渡成为相互的让渡,人们只须默默地彼此当作被让渡的物的私有者,从而彼此当作独立的人相对立就行了。"(第105页)这段话说明,商品产生和存在的条件是在社会分工基础上的私人生产和私人交换。

(3) 商品交换产生于原始共同体的尽头。原始公社内部是不存在商品交换的。最早的商品交换是从原始共同体的尽头处,即这个共同体与另一个共同体交界的地方开始的。由于两个共同体成员发生接触,以自己多余的东西换取自己所需要的东西,交换发生了。"但是物一旦对外成为商品,由于反作用,它们在共同体内部也成为商品",(第106页)即由于共同体之间的商品交换,引起共同体内部的交换。为什么呢?因为对外交换促进了共同体内部的分工,推动了生产力的发展,为交换而生产的产品也开始出现。同时,共同体的一些领导人也逐渐积累了私产,私有和分工这两个条件在公社内部出现了,这就为交换的发展提供了可能,从而使共同体内部的产品也成为商品。

商品生产和商品交换的发展过程就是商品转化为货币的过程。

2. 商品转化为货币的过程。随着商品交换的发展,必然要求从商品世界中分离出一种特殊商品担当一般等价物的职能,解决直接物物交换的困难。这种担当一般等价物的商品转化为货币形式。这种货币形式,最初是偶然的,大体以两种物品为对象:一种是最重要的外来交换品,一种是本地可以让渡的重要产品。随着商品交换日益突破地方的限制,货币形式日益转到贵金属身上。可见,商品交换发展的过程,同时也就是货币形成的过程。

3. 金属货币的产生和特点。"金银天然不是货币,但货币天然是金银"(第107页);这就是说,金银本来不是货币,但金银具有最适宜于充当货币之用的特点,货币形式的发展必然要以金银作为货币的材料。为什么金银的自然属性适于担任货币的职能呢?主要有三个原因:第一,金银具有均质性;第二,金银具有可分性;第三,金银具有可合性。

在《政治经济学批判》"贵金属"那一节中,马克思详细分析了贵金属适合于充当货币材料的各种原因:(1)金银的每一份,在质上都是一样的,同时可以任意分割和合并,因而适合于表现商品的价值和价值量;(2)少量金银可以代表多量劳动,体积小而价值大,便于运输和携带;(3)贵金属比值高,耐久,比较不易损坏;(4)金银不适宜作生产资料,也不是生活资料的必需品,而它们的色彩却符合人们审美的要求;(5)可以从一种形态变为另一种形态,如从条块形态变为铸币形态,又可以再变回来。

4. 货币的本质及其特点。

(1)货币是充当一般等价物的特殊商品,货币是商品但不是一般的商品,而是特殊商品。特殊在哪里呢?在于它充当一般等价物。

(2)货币的使用价值具有二重性:从它本身所具有的物质属性来说,它具有特殊的使用价值,如金可以镶牙等。从它所具有的执行某种社会职能来说,它能充当一般等价物。

> 批判资产阶级的货币理论(第108—111页)

马克思在这里从分析货币的本质出发,主要批判了两种错误的货币理论。

1. 货币名目论。这种理论是资产阶级货币学说流行较早的货币理论,代表者有英国的巴贡、贝克莱、洛克和斯图亚特等人。他们认为货币是一种"名目"或"符号",它本身没有真实的价值。它的价值是人们"想象的",是法律给予的。货币名目论的错误在于把商品和货币分裂开来,否定货币也是商品;混淆价值和价值形式,否定货币本身有价值。马克思在批判时指出:"对于交换过程使之成为货币的那个商品,交换过程给予它的,不是它的价值,而是它的特殊的价值形式。有人由于把这两种规定混淆起来,曾误认为金银的价值是想象的。由于货币在某些职能上可以用它本身的单纯的符号来代替,又产生了另一种误解,以为货币是一种单纯符号。"(第108—109页)

2. 货币金属论。这种理论最早出现于重商主义者,古典学派也持这种观点。他们认为,只有金属货币才是真正的货币,金银天然是货币。这种理论的错误在于,把货币归结为金银的物质属性,把金银货币的起源错看做是金银一产生出来就有的,把货币的职能仅理解为价值尺度和贮藏手段,而否认货币的流通手段职能。

货币金属论实际上是一种货币拜物教的观点。马克思分析说:"人们在自己的社会生产过程中的单纯原子般的关系,从而,人们自己的生产关系的不受他们控制和不以他们有意识的个人活动为转移的物的形式,首先就是通过他们的劳动产品普遍采取商品形式这一点而表现出来。因此,货币拜物教的谜就是商品拜物教的谜,只不过变得明显了,耀眼了。"(第111页)

第三章　货币或商品流通

　　这一章研究货币,是在第一章第三节和第二章揭示货币的起源和本质的基础上,通过分析货币的各种职能,进一步阐明货币的本质。

　　这一章的标题为什么叫货币或商品流通呢?这是因为货币的职能是在商品流通中表现出来的,货币各种职能的产生和商品流通的发展是密切联系着的。一方面,货币是在商品交换过程中产生的,随着商品交换的发展,货币的职能在逐渐扩大和发展;另一方面,货币的产生促进了商品流通的发展。所以,研究货币的职能不能离开商品流通,也只有通过对商品流通的研究,才能正确理解货币的各种职能。但是,马克思在这里所研究的商品流通,不是资本主义的商品流通,而是简单的商品流通。马克思《政治经济学批判》第二章的标题,就是《货币或简单流通》。

　　这一章分析货币的五种职能,分为三节。第一节讲价值尺度;第二节讲流通手段;第三节在货币的总标题下,分析货币的另外三个职能,即贮藏手段、支付手段和世界货币。马克思把货币的五种职能为什么不分成五节,而要分成三节呢?其原因在于:

　　第一,货币的五种职能具有不同的重要性。价值尺度和流通手段是最基本的职能,要分别叙述。另三种是在基本职能的基础上发展了的职能。

　　第二,货币的五种职能代表商品流通发展的不同阶段。价值尺度和流通手段是货币出现之后就具有的职能。而贮藏手段、支付手段和世界货币,是在商品生产和商品流通发展到一定程度以后才产生的。

　　第三,作为价值尺度的货币只是观念上的货币。作为流通手段的货币可以是价值的符号。而作为后三种职能的货币必须是实在的货币,是以金体出现的货币。

马克思在第一章以及《资本论》全书都是以黄金代表货币。

(一) 价值尺度

价值尺度职能是货币的第一个也是最主要的职能。货币的价值尺度职能就是用货币来计量商品的价值。要弄清楚货币是怎样计量商品的价值的,首先要弄清楚价值尺度和价格标准以及它们之间的关系。其次,因为用货币表现商品的价值就是商品的价格。因此,要弄清楚价值尺度,还必须弄清楚价格与价值的关系。这一节可大致分为两大部分。

〖价值尺度与价格标准(第112—116页)〗

1. 价值尺度。关于价值尺度主要掌握以下五个要点。

(1) 货币的第一个职能是为所有商品提供表现价值的材料,或者说,是把商品价值表现为一定量的货币,以表示各种商品的价值在质的方面相同,在量的方面可以比较。

(2) 商品内在价值尺度是社会必要劳动时间,而货币的价值尺度职能不过是这内在尺度的外在的必然表现形式。

(3) 货币的价值尺度职能是通过价格形式来表现的。所以,价格是价值的货币表现。

(4) 执行价值尺度职能的货币,只是观念上的货币。由于商品在金上的价值表现是观念的,所以要表现商品的价值,也可以仅仅用想象的或观念的金。但是,在价值尺度职能上发生作用的货币,尽管只是想像的货币,价格还是完全取决于现实的货币材料。

(5) 不宜用两种货币(金和银)同时充当价值尺度。

2. 价格标准。价格尺度标准是价值尺度派生的职能。货币实际上是以它自身的使用价值来尺度其他一切商品的价值量,于是就有必要把货币自身的使用价值量的一定量及其等分作为标准计量单位,这就是价格标准。

3. 价值尺度和价格标准的区别。价值尺度和价格标准既相联系又有区别。作为价值尺度和作为价格标准,货币执行着两种完全不同的职能。第一,作为人类劳动的社会化身,它是价值尺度;作为规定的金属重量,它是价格标准。第二,作为价值尺度,它用来使形形色色的商品的价值变为价格,变为想象的金量;作为价格标准,它计量这些金量。第三,价值尺度是用来计量商品的价值;相反,价格标准是用一个金量计量各种不同的金量,而不是用一个金量的重量计量另一个金量的价值。

简言之,作为价值尺度,是用货币尺度其他商品的价值;作为价格标准是计量货币自身使用价值的重量的计量单位。因此,即使货币本身价值变动,也不妨碍它执行价格标准的职能,因为2两黄金总是1两黄金的两倍。另一方面,黄金价值的变动也不会妨碍它执行价值尺度的职能,因为它仍用自己的金身来尺度商品的价值。

<u>价格和价值的关系</u>
(第117—122页)

弄清货币作为价值尺度和价格标准两种职能以后,就要进一步弄清价格与价值的关系问题。这可从以下三种情况来分析。

1. 价值决定价格。价值规律要求商品的价格与商品内在的价值相一致。一方面,商品价格的变动是由商品价值和货币价值两者的变动的关系来决定。有时商品价值并未变动,商品价格却因货币价值变动而发生了变动,这种情况仍然是价格和价值相一致。另一方面,价格标准的变动也不会使价格与价值偏离。虽然由于各种原因,金属重量的货币名称同它原来的重量名称逐渐分离,但一定的金属重量仍旧是金属货币的标准。

2. 价格和价值量的背离。在实际上,每个个别场合价格和价值并不正好相符,而是经常背离的。这是因为价格作为商品价值量的指数,是商品同货币的交换比例的指数,但不能由此反过来说,商品同货币的交换比例的指数必然是商品价值量的指数。价格和价值量的偏离是存在于价格形式之中的。"但这并不是这种形式的缺点,相反地,却使这种形式成为这样一种生产方式的适当形式,在这种生产方式下,规则只能作为没有规则性的盲目起作用的平均数规律来为自己开辟道路。"(第120页)

3. 价格和价值之间质的背离。价格形式不仅可以在量的方面与价值偏离,而且可以在质的方面完全背离。价格可以完全不是价值的表现。有的东西本身并不是商品,例如良心、名誉等,但是也可以被它们的所有者出卖以换取金钱,并通过它们的价格,取得商品形式。因此,没有价值的东西在形式上可以具有价格。这种虚幻的价格表现又能掩盖实在的价值关系及其派生关系。

(二) 流通手段

流通手段是货币的第二种职能。这种职能与价值尺度的职能一样,也是货币的一种基本职能。马克思说:"一种商品变成货币,首先是作为价值尺度和流通手段的统一,换句话说,价值尺度和流通手段的统一是货币。"①

马克思对货币流通手段职能的分析,是分三个问题进行的。(a)"商品的形态变化";(b)"货币的流通";(c)"铸币。价值符号"。

因为,货币的流通手段职能是由商品交换或商品的形态变化给予的。货币作为商品交换的媒介,取得了流通手段的职能。所以,首先要从商品的形态变化开始进行分析。

A 商品的形态变化

商品的形态变化就是由商品形态转化为货币形态(卖),又由货币形态转化为商品形态(买)。商品形态的总变化就表现为商品流通。马克思分析商品的形态变化,是为了说明商品流通。所以,这一部分实际上是分析商品流通。

> 商品形态变化形成商品流通(第122—131页)

商品形态的变化是:商品—货币—商品,即 $W—G—W$。马克思对这个问题的分析,也是先提出问题,然后分析,最后综合。一共从四个方面进行分析。

1. 商品形态变化的产生和公式。

(1) 商品内在矛盾引起商品形态变化。商品形态变化是怎样产生的呢? 在物物交换的场合,由于商品内在矛盾,同一交换过程既是换出自己的产品的社会的过程,又是换进别人产品的个人的过程。这个矛盾经常使交换无法进行。货币的产生虽然解决了物物交换过程的矛盾,但并没有扬弃这些矛盾,而是创造出这些矛盾在其中运动的形式。商品矛盾借以实现和解决的运动形式就是在交换过程中商品的形态不断变

---

① 《马克思恩格斯全集》第13卷,第113页。

化,由商品的形态转化为货币的形态,再由货币的形态又转化为商品的形态。

(2) 商品形态变化是为买而卖的变换过程。商品交换过程是在两个互相对立、互为补充的形态变化中完成的:从商品转化为货币,又从货币转化为商品。商品形态变化的两个因素同时就是商品所有者的两种行为,一种是卖,把商品换成货币,一种是买,把货币换成商品,这两种行为的统一就是:为买而卖。

(3) 商品形态变化的公式。商品的交换过程是在下列的形式变换中完成的:商品—货币—商品($W—G—W$)。

从物质内容来说,这个运动 $W—W$,是商品换商品,是社会劳动的物质变换,这种物质变换的结果一经达到,过程本身也就结束。

从形式上来说,这个运动是 $W—G—W$,它包含着 $W—G$ 和 $G—W$ 的对立运动。下面先分析第一形态变化 $W—G$。

2. 商品的第一形态变化或卖的阶段($W—G$)。

(1) 这一阶段既重要又困难。为什么重要? 因为商品如果不能卖出去,不能从原来的商品形态转化为货币形态,则商品的使用价值和价值都不能实现,从而商品所有者就会受到亏损甚至破产,这是一个性命攸关的问题。但是,要实现这个转化又很困难,这是一个惊险的跳跃。困难在哪里呢?

① 商品能不能转化为货币是很难的。为什么? 第一,商品生产带有很大盲目性,不可能精确地估计社会需要。第二,即使有所估计,但是实际情况总在不断发生变化,很可能估计错误,使生产出来的商品不符合社会需要。第三,社会需要本身也在不断变化,如果商品生产者墨守成规,旧的使用价值就不能满足社会新的需要。第四,社会需要是有限度的,同时存在着竞争者,所以可能有一部分商品卖不出去。

② 商品能换到多少货币也是很难确定的。为什么? 第一,社会必要劳动时间是在变化的。第二,即使某种商品都只包含社会必要劳动时间,但这种商品的总数仍有可能包含耗费过多的劳动时间。商品价值量决定和实现的劳动时间,不只是指生产该商品时在生产上所必需的社会必要劳动时间,并且还包括在社会劳动总量中应当分配在全部该种商品生产

所必需的社会必要劳动时间。商品生产所耗费的劳动时间,只有符合社会总劳动对该商品生产部门所分配的社会必要劳动时间,它的价值才能完全实现。

③ 遇到困难的原因,是由于私人劳动和社会劳动的矛盾。

(2) 一个商品的第一形态变化就是另一商品的第二形态变化。

3. 商品的第二形态变化或买的阶段。(第129—130页)

(1) 商品的第二形态变化($G—W$)是比较顺利的,这是因为货币是一切商品的一般等价物。所以,有货币就可以买到商品。

(2) 一种商品的第二形态变化就是另一种商品的第一形态变化。

4. 商品总形态变化。(第130—131页)

(1) 商品的总形态变化,即 $W—G—W$,是由两个互相对立、互相补充的阶段所组成,就是由 $W—G$ 和 $G—W$ 所组成。在一个商品的总形态变化过程中,包含4个极($W—G,G—W$)和3个登场人物($A—B,A—C$)。

(2) 商品形态变化的两个相反的运动阶段组成一个循环。

(3) 商品形态变化的循环交错形成商品流通。

商品流通与物物交换的区别(第131—132页)

1. 商品流通不仅在形式上,而且在实质上,与物物交换都是不同的。

商品—商品即 $W—W$;商品流通是商品—货币—商品,即 $W—G—W$。

2. 实质的区别:第一,物物交换受到个人和地方的限制,商品流通打破了这种限制,扩大了商品交换的品种、数量和地域范围。第二,物物交换当事人比较容易控制。商品流通使人们相互之间的关系错综复杂地联结起来,当事人控制不了。第三,物物交换没有货币做媒介,商品流通以货币做媒介,而且货币不会退出流通,它不断从一个人手里转到另一个人手里。

商品流通孕育着商业危机的可能性(第132—133页)

1. 批判商品流通必然造成买和卖平衡的错误。资产阶级经济学者有一种看法认为商品流通必然造成买和卖的平衡,因为有卖必有买。实际上,他们只看到了一个过程,而不知卖了以后,不一定立即买,买和卖在时间上和空间上是可以分离的。

2. 货币作为流通手段带来商业危机的可能性。自从货币打破了物物交换的限制以后,卖与买两个行为在时间上和空间上就分离了。在以货币为媒介的错综复杂的商品交换序列中,一个不买,后面一系列商品因为没有货币周转,一个个都随之不能卖。正是由于这个缘故,马克思指出:"商品内在的使用价值和价值的对立,私人劳动同时必须表现为直接社会劳动的对立,特殊的具体的劳动同时只是当作抽象的一般的劳动的对立,物的人格化和人格的物化的对立,——这种内在的矛盾在商品形态变化的对立中取得发展的运动形式。因此,这些形式包含着危机的可能性。"(第133页)

3. 在简单商品生产条件下商业危机还只是可能性,这种可能性要发展为现实性,必须有整整一系列经济关系。

B 货币的流通

{货币流通和商品流通的关系(第134—136页)}

1. 商品流通是循环,货币流通是货币不断地离开出发点,就是货币从一个商品所有者手里转到另一个商品所有者手里。

2. 货币运动的单方面形式来源于商品运动的两方面形式。这就是说,用货币购买商品,这是单方面形式,是货币运动。但是,这是由于商品运动的两方面形式,即由商品到货币、再由货币到商品这两个形态产生的。

3. 商品流通决定货币流通。货币流通是由商品流通引起的,没有商品交换,就不会有货币流通。也就是说,商品本身的运动,才会引起货币作为流通手段的运动。

{货币流通量的规律(第136—143页)}

1. 货币流通数量首先取决于商品价格总量。而商品价格总量又取决于商品流通数量与商品价格水平。

2. 货币流通数量还取决于货币流通速度,在一定时间内同一货币周转的次数就是货币流通速度。

3. 货币流通量的规律,其公式如下

$$\text{执行流通手段的货币量} = \frac{\text{商品价格总额(商品流通量} \times \text{商品价格)}}{\text{同名货币流通次数}}$$

4. 决定货币流通量的各种因素有各种组合。一定时期内执行流通手段的货币量,取决于商品的价格水平、流通的商品数量和货币的流通速度三个因素。这三个因素会按不同的方向和不同的比例发生变化,由此决定的货币流通量就会有多种多样的结合。

5. 货币流通量由流通的商品价格总额与货币流通速度来决定,这一规律又可表述如下:"已知商品价值总额和商品形态变化的平均速度,流通的货币或货币材料的量,决定于货币本身价值。"(第142—143页)

C 铸币、价值符号

铸币(金属货币)和价值符合(纸币),都是由货币的流通手段产生的,所以,这一部分主要讲两个问题:铸币和纸币。

铸 币
(第144—146页)

1. 铸币的形成:货币采取铸币的形式,是由货币当作流通手段的职能产生的。作为流通手段的货币,最初是采取金块或银块的形式,它的成色和重量各不相同,每次交换时都要查成色和称重量,很不方便。于是,随着交换日益发展,要求将金块、银块,按照货币计算名称所规定的金银重量铸造成具有一定花纹和形状的金片和银片,这就形成为铸币。

2. 辅币的产生:初期的铸币与它所标度的金量是一致的。但是,由于金铸币会在流通中磨损,金铸币的名义含量与实际含量逐步分离,使铸币金属存在同它的职能存在分离。所以,在货币流通中就隐藏着一种可能性:可以用其他材料做的记号或象征来代替金属货币执行铸币的职能。由于技术的和历史的原因,银铸币首先当作辅币出现,这种银记号同铜记号,它的金属含量是由法律任意定的,实际上完全不依赖于它们的重量和价值。它被限制在极小范围内流通。

纸 币
(第146—149页)

1. 纸币是直接从金(或金属铸币)的流通中产生出来的。这里所讲的纸币只是强制流通的国家纸币。

2. 纸币量的流通规律。纸币的流通规律只反映货币的流通规律。这一规律简单说来就是:纸币的发行限于它象征地代表的金(或银)的实际流通的数量。

3. 纸币是金的符号或货币符号。纸币同商品价值的关系只不过是:商品价值观念地表现在一个金量上,这个金量由纸币象征地可感觉地体现出来。纸币只有代表金量才成为价值符号。

那么,为什么纸币可以代替金呢?这是和货币的价值尺度和流通手段的职能分不开的。一方面,从价值尺度职能看来,商品价值观念地表现在一个金量上,这个金量则由纸币象征地可感觉地体现出来。货币作为商品价格的转瞬即逝的客观反映,只是当作它自己的符号来执行职能,因此也能够由符号来代替。另一方面,从货币的流通手段的职能看来,在商品流通中,作为流通手段的货币,只起商品交换的媒介作用,在货币不断转手的过程中,单有货币的象征存在就足够了。

纸币以国家强制通行为条件。因此,纸币的效力,也就只限于国内的流通领域。

(三) 货币

这一节讲货币的其他三个职能:贮藏手段、支付手段、世界货币。

A 货 币 贮 藏

{货币贮藏的产生（第150页）}

商品形态变化的不断循环,表现在不停的货币流通上。但是,如果这种形态变化的系列一旦中断,即卖出商品后不接着买,货币就会冻结,由可动的东西变为不动的东西,当作流通手段的铸币就会变为停滞不用的贮藏货币。

{货币贮藏职能的发展(第150—153页)}

1. 朴素的货币贮藏。在商品流通的初期,商品生产不发达,有些人就把多余产品换成货币保存起来。这是一种朴素的货币贮藏形式。

2. 商品生产者的货币贮藏。随着商品生产的进一步发展,商品生产者要不断地买进生产资料和生活资料,但他生产和出卖自己的商品是要费时间的,并且能否卖掉还带有偶然性。这样,他为了能够不断地买,就必须把前次卖掉他的商品所得的货币贮藏起来。

3. 社会权力的货币贮藏。随着商品流通的扩展,货币的权力也日益扩大。一切东西都可以买卖,货币交换就侵入到一切领域。谁占有更多的货币,谁的权力就越大。

货币贮藏者的特点（第153—154页） 1. 货币贮藏者贮藏货币的欲望是没有止境的。货币在质的方面作为物质财富的一般代表,能直接转化为任何商品,因而是无限的;但在量的方面,每一个现实的货币额又是有限的,只是有限的购买手段;这个质的无限性和量的有限性的矛盾就使货币贮藏者贪婪吝啬地积累货币。

2. 货币贮藏者主张多卖少买,"因此,勤劳、节俭、吝啬就成了他的主要美德。多卖少买就是他的全部政治经济学"。（第154页）

3. 货币贮藏者还有一种美的贮藏形式。就货币的贮藏形式来讲,一般是直接采取金块的形式,但用贵金属做的饰物和器皿也是一种贮藏形式。

货币贮藏的作用（第154页） 在金属货币流通的经济中,货币贮藏有多种不同的职能。它的第一个职能,就是调节货币流通量。这个职能是从金属铸币的流通条件中产生的。我们知道随着商品量、商品价格和货币流通速度的不断变动,流通中需要的货币量也不断有增有减。因此,货币流通量必须有伸缩性。为了使实际流通的货币量,与流通领域所需要的货币量相适应,有时候就要增加货币流通量,有时候就要减少货币流通量。要能这样做,一个国家的现有的金银量必须大于执行铸币职能的金银量。这个条件是靠货币的贮藏形式来实现的。货币贮藏像个蓄水池,它自发地调节着流通中的货币量,使它与商品流通需要的货币量相适应。

B 支付手段

当货币用于单方面的支付,而不是用于双方面的交换时,货币便起着支付手段的作用。货币的支付手段职能,虽然不是商品交换的流通手段,但也是产生于商品流通的。

> 支付手段职能的产生和特点（第155—157页）

1. 支付手段是商品流通发展、买卖分离的结果。商品流通的发展使买卖分离，这个运动就有可能以赊购方式先进行第二形态变化，再进行第一形态变化以取得货币，这就是先赊购后还债，货币成了支付手段。

在货币当作支付手段的条件下，买者和卖者已不是简单的买卖关系，而是一种债务关系了。在这里，卖者成为债权人，买者成为债务人。

2. 货币执行支付手段的职能具有如下三个特点：(1)在采用延期支付方式赊购商品时，等价的商品和货币不再同时出现在买卖过程的两个极上。也就是说，当商品从卖者手中转移到买者手中时，没有货币同时从买者手中转移到卖者手中。(2)商品转化为货币的目的起了变化，一般商品所有者出卖商品的目的是为了需要；货币贮藏者把商品变为货币，目的是为了保持价值，而债务者把商品变为货币是为了偿还。(3)商品形态变化的过程起了变化，先完成第二形态变化，后完成第一形态变化。

> 支付手段产生后货币流通规律的变化（第157—160页）

1. 到期支付的货币量首先是由债务者已经购买的商品的价格总额决定的。实现这个价格总额所必需的货币量，又取决于支付手段的流通速度。这个流通速度又取决于：(1)与借贷关系的锁链的多少成正比；(2)与支付期间的长短成反比。

2. 支付手段的量还取决于需要偿付的债务额。如果在同一时间需要支付的人也有着上述锁链关系，把这些支付集中在票据交换所，其中大部分债权债务相互抵消。这样，需要偿付的只是债务差额。支付锁链越大，支付集中，债务差额相对地就小，因而流通中的支付手段量也就相对地越小。

3. 货币当作支付手段的职能产生以后，货币流通量的规律就表现得更加复杂了。这时，流通中所需要的货币总额就等于：(1)待实现的商品价格总额；(2)加到期的支付总额；(3)减彼此抵消的支付，"最后减去同一货币交替地时而充当流通手段，时而充当支付手段的流通次数"。（第159页）

> 支付手段带来货币危机的可能性（第158页）

随着商品生产从而商品流通的发展，所需要的支付手段的量也会越多。为了节省这个量，客观上会使支付的锁链关系社会规模地扩展。这个支付锁链关系可能发生故障，其中某个人在规定期限内没有卖掉他们的商品，他就不能按时偿债，在这个锁链上一系列人也就随之不能偿债。于是，大家都要求现金支付，从而形成货币危机。

> 货币作为支付手段引起的后果（第160—162页）

1. 当作支付手段的信用货币在大宗交易中排挤了金银铸币。信用货币，如期票、汇票、银行券、支票等，是作为支付手段的货币的各种形式。随着资本主义信用制度的建立，信用货币的这些形式占据了大规模交易的领域，而金银铸币则主要被挤到小额贸易的领域之内。

2. 在商品生产和货币经济相当发展后，不仅商品流通领域，而且在非商品流通领域也用货币来支付。例如，地租、赋税等等本来是用实物交纳，现在也用货币来支付。

3. 由于充当支付手段的货币的发展，就必须积累货币，以便到期偿还债务。随着资本主义的发展，作为独立的致富形式的货币贮藏消失了，而作为支付手段准备金的形式的货币贮藏却增长了。

C 世 界 货 币

> 世界货币必须是贵金属（第163页）

1. 世界货币的产生：由于国际贸易的发生和发展，货币流通超出一国的范围，在世界市场上发挥作用，于是货币便有世界货币的职能。

2. 世界货币必须是贵金属，货币一越出国内流通领域，便失去了在国内领域内获得的价格标准、铸币、辅币和纸币等地方形式，又恢复原来的贵金属条块形式。

3. 世界货币可能有双重性的价值尺度。在国内流通中，只能由一种货币商品充当价值尺度。在国际上由于有的国家用金作为价值尺度，有的国家则用银作为价值尺度，所以在世界市场上有双重的价值尺度，即金和银。

世界货币的职能
（第164—165页）

1. 作为国际支付手段,平衡国际贸易差额。
2. 作为单方面的国际购买手段。在正常的时候,双方买卖只要事后支付差额,但若商品交换突然发生了不平衡,如歉收,使一国不得不向别国大量购买粮食时,贵金属也就起着国际购买手段的作用。
3. 充当社会财富的一般体化物的职能。在这场合,它既不是为了支付贸易差额,也不是为了要购买对方商品,而只是为了要在金银的形式上把财富从一个国家转移到另一个国家。

此外,马克思指出,每个国家,为了国内流通,需要有准备金;为了世界市场的流通,也需要有准备金。因此,必需增加货币储藏量。

世界货币的流通
（第165—166页）

金银在世界范围的流通是两重的:一方面,金银从产地分散到整个世界市场,为各国的流通领域所吸收,以便进入国内流通渠道,补偿磨损了的金银铸币,供给奢侈品作原料,并且凝固为贮藏货币;另一方面,金银又随着汇率的变动而不断往返于不同国家的流通领域之间。

第二篇

货币转化为资本

第四章 货币转化为资本

第二篇只有一章,即第四章。这一章的中心是分析货币是怎样和在什么条件下转化为资本的。这个转化的实现,是以劳动力成为商品为前提的。所以,这一章的中心内容,用一句话来概括,就是劳动力成为商品,货币才能转化为资本。

马克思关于劳动力成为商品,货币才能转化为资本的理论,是政治经济学上的重大革命,是对资产阶级政治经济学的有力批判。在社会科学上,马克思第一次提出劳动力这个特殊商品,明确区分了劳动和劳动力,并且论证了只有在一定的社会条件下,劳动力才成为商品。这样,就从根本上揭露了资本主义剥削的秘密和劳动者在资本主义制度下的地位。对于这一点,恩格斯曾多次指出其重要意义。他说:马克思"研究了货币向资本的转化,并证明这种转化是以劳动力的买卖为基础的。他以劳动力这一创造价值的属性代替了劳动,因而一下子就解决了使李嘉图学派破产的一个难题,也就是解决了资本和劳动的相互交换与李嘉图的劳动决定价值这一规律无法相容这个难题"。(第2卷,第22页)

劳动力成为商品,货币转化为资本的分析,奠定了整个剩余价值学说的基础。所以,这一章在整个《资本论》中具有很重要的地位。具体表现在:第一,从这一章才开始进入资本的分析,但是这一章还不是分析资本主义生产过程本身,它是从简单商品生产进入资本主义生产过程的前奏和过渡;第二,劳动力成为商品是剩余价值生产的基础,所以这一章关于劳动力成为商品、货币转化为资本的研究,为分析资本主义生产过程,即剩余价值生产过程提供了基础;第三,第二篇只有第四章一章,这在《资本论》中是仅有的,可见这一章地位的重要。

为了论述劳动力成为商品,货币才能转化为资本。马克思把只有一章的第二篇分为紧密联系的一环扣一环的三个部分。

第一节,分析资本的总公式,是从资本的流通过程分析资本的实质。结论是:资本是带来剩余价值的价值。那么,这个剩余价值是从哪里产生的呢?

第二节,分析总公式的矛盾,结论是:资本和剩余价值"不能从流通中产生,又不能不从流通中产生。它必须既在流通中又不在流通中产生"。(第188页)这是一个矛盾。这个矛盾怎么解决呢?

第三节,分析劳动力的买和卖,结论是:劳动力成为商品,是解决资本总公式矛盾的前提。但是,这个矛盾到底是怎样解决的,也就是剩余价值到底是怎样生产出来的呢?这要到第三篇分析资本主义生产过程时才能解决。

(一) 资本的总公式

这一节是从资本的流通过程分析资本的实质。什么是资本的总公式呢?这就是 $G—W—G'$,$G'=G+\Delta G$。资本总公式表明资本的运动会带来剩余价值。马克思在这一节为了阐述资本的实质是带来剩余价值的价值,首先分析商品流通是资本的出发点,然后分析资本流通和商品流通的区别,最后得出资本的总公式,揭示了资本的实质,并在此基础上对剩余价值、资本、资本家等范畴作了科学的阐述。

{商品流通是资本的出发点(第167—168页)}

这一部分主要说明商品流通,货币和资本的关系。

1. 商品生产和发达的商品流通是资本产生的历史前提,这就是说,没有商品生产和发达的商品流通,就不可能有资本的产生。为什么呢?因为:第一,资本主义生产是在简单商品生产的基础上,通过两极分化发展起来的;第二,只有在发达的商品流通的基础上才能使少数人手中积累起一定数量的货币,从而才有可能使货币转化为资本;第三,仅有国内的商品生产和商品流通的发展还是不够的,世界贸易和世界市场也是资本产生的前提条件。在西欧,正是由于16

世纪世界贸易和世界市场的形成才给资本主义发展以有力的推动,"揭开了资本的近代生活史"。(第 167 页)

2. 货币是商品流通的最后产物,又是资本的最初表现形式。从历史上看,资本最初是以货币形式,作为货币财产,作为商人资本和高利贷资本,与土地所有权相对立。从现实生活中看,每一个新资本,最初也是以货币形式出现在市场上的。

既然资本最初是采取货币的形式,那么,当作货币的货币和当作资本的货币有什么区别呢?马克思接着分析第二个问题。

【资本流通和商品流通的共同点和区别(第 168—177 页)】

1. 公式和特点:商品流通的公式是 $W—G—W$,即由商品转化为货币,再由货币转化为商品,是为买而卖,资本流通的公式是由 $G—W—G$,即由货币转化为商品,再由商品转化为货币,是为卖而买。

2. 资本流通和商品流通有它们的共同点,即都具有买卖两个过程,以及相应的买者与卖者的对立。具体说来,(1)都有两个对立阶段:卖和买;(2)都有两个对立物:商品和货币;(3)都有两个人对立:卖者和买者;(4)都有 3 个当事人登场:一个只卖,一个只买,一个既买又卖。

3. 资本流通和商品流通的区别。马克思分析了两者有七个方面的区别:

(1) 从流通形式看:①买和卖两个阶段的次序相反。②终点和起点不一样。商品流通,以卖为始,以买为终,起点和终点都是商品;资本流通,以买为始,以卖为终,起点和终点都是货币。③媒介不同,商品流通以货币做媒介,资本流通以商品做媒介。

(2) 从货币的使用方式看,商品流通的货币是购买手段,最终被花掉了,资本流通的货币只是被预付出去,最终还要流回来。

(3) 从货币和商品的位置变换来看,商品流通是同一个货币两次换位,货币从一个人手里转移到另一个人手里;资本流通是同一件商品两次换位,货币又流回到它的出发点。

(4) 从流通的目的看,商品流通的目的是使用价值,资本流通的目的是交换价值。

(5) 从流通的内容看,商品流通是两个不同使用价值的商品相互交换,是不同物质的交换。资本流通的两极都是货币。它们在质上是相同的,只有量上发生差异,运动才有意义。就是说,资本流通要求最后从流通中取出的货币,必须多于原来投入的货币。

(6)从流通的界限看,商品流通是有限的,资本流通是无限的。

(7)从价值在流通中的作用看,在商品流通中价值是充当商品交换的媒介;在资本流通中,价值变成一个自动的主体,它自行增殖。

马克思关于商品流通和资本流通之间区别的分析,是从形式到内容,从现象到本质,得出资本流通的完整形式是 $G—W—G'$,其中 $G'=G+\Delta G$,即等于原预付货币额加上一个增殖额。马克思从资本流通的完整形式出发对剩余价值、资本、资本家这些概念作了科学的阐述。

第一,剩余价值是预付资本价值以上的一个增殖额。"因此,这个过程的完整形式是 $G—W—G'$。其中的 $G'=G+\Delta G$,即等于原预付货币额加上一个增殖额。我把这个增殖额或超过原价值的余额叫做剩余价值。"(第172页)

第二,资本是带来剩余价值的价值。"可见,原预付价值不仅在流通中保存下来,而且在流通中改变了自己的价值量,加上了一个剩余价值,或者增殖了。正是这种运动使价值转化为资本。"(第172页)

第三,资本家不外是资本的人格化,或人格化的资本。他所执行的职能,就在于有意识地不断把货币转化为资本,实现价值增殖。而他增殖价值的目的"也不是取得一次利润,而只是谋取利润的无休止的运动"。(第174—175页)

资本总公式(第177页)

$G—W—G'$,是资本流通的公式。为什么又称之为资本的总公式呢?因为,它不仅适用于商业资本,而且适用于产业资本和生息资本。

为贵卖而买,即 $G—W—G'$,似乎只是商人资本所特有的运动形式。实际上,产业资本如果从流通领域来看,它的运动形式也是这样。最后,在生息资本的场合,$G—W—G'$,简化为没有以 W 为中介的价值增殖运动,即 $G—G'$。

因此,$G—W—G'$ 事实上是直接在流通领域内表现出来的资本的总公式。

以上分析得出的最重要结论是：资本在运动中会带来剩余价值。那么，剩余价值是从哪里产生的呢？这就必须进一步考察资本总公式的矛盾。

（二）总公式的矛盾

这一节的中心是分析资本总公式的矛盾，也就是分析剩余价值的来源问题，什么是资本总公式的矛盾呢？这就是"资本不能从流通中产生，又不能不从流通中产生，它必须既在流通中又不在流通中产生"。（第188页）马克思先分析流通过程不能产生剩余价值，然后分析离开流通过程也不能产生剩余价值。

流通过程不能产生剩余价值（第177—187页）

商品流通有两种情况：一种是等价交换，一种是不等价交换，这两种情况，都不能产生剩余价值。

1. 流通过程如果是等价交换，当然不会产生剩余价值。

（1）流通次序的颠倒不会产生剩余价值。我们知道，由于等价交换，简单商品流通不会带来剩余价值，而资本流通从形式上来看，不过是把简单商品流通的先卖后买的次序，颠倒为先买后卖。仅仅把次序颠倒，并没有越出简单商品流通领域，不会产生剩余价值。

（2）交换中使用价值的不同不会产生剩余价值。在流通过程中，从使用价值的交换来看，交换者互通有无，因而是互利的。但是，作为交换价值，按照等价交换的原则，对于交换者任何一方都没有增殖价值。

（3）商品价值形式的变化不会产生剩余价值。商品流通中，同一价值在同一商品所有者手里，最初是商品形式，然后再转化为货币形式，最后又转化为商品形式。在等价交换的条件下，商品流通只不过是价值形式变化的等价物交换。并不包含价值量的改变。所以，也不能产生剩余价值。

2. 流通过程，如果是不等价交换，也不会产生剩余价值。

（1）高价出卖。因为作为商品生产者，既是卖者同时又是买者，在市场上，商品生产者之间的权利是平等的。作为卖者赚的钱，会因作为买者吃亏而抵消。因此，不能产生剩余价值。

（2）低价购买。作为买者得到的便宜，同样也会在作为卖者时吃亏而抵消，也不能产生剩余价值。

（3）高价出售，而社会上又存在着一个只消费不生产从而只买不卖的阶级，也不能产生剩余价值。因为，要做到只买不卖必先有一个前提：特权阶级必须无偿地占有生产者的一部分货币。在这种情况下，高价出售实际上只是生产者把被无偿夺去的货币骗回一部分而已，"这决不是发财、致富或创造剩余价值的方法"。（第185页）

（4）用欺诈手段也不能产生剩余价值。因为一方所得，是另一方所失。总价值仍然不变，改变的只是价值总量在不同资本家之间的分配而已。"一个国家的整个资本家阶级不能靠欺骗自己来发财致富。"（第185—186页）

总之，"如果是等价物交换，不产生剩余价值；如果是非等价物交换，也不能产生剩余价值。流通或商品交换不创造价值"。（第186页）

正因为流通过程中不创造价值和剩余价值。所以，马克思指出，我们分析资本的基本形式，完全可以不涉及到前资本主义社会的商业资本和高利贷资本。

{离开流通过程也不会形成剩余价值（第187—188页）}

流通过程不产生剩余价值，但是，剩余价值的形成又不能离开流通过程。这是因为流通是商品所有者的全部相互关系的总和。在流通以外，商品所有者只同他自己的商品发生关系。商品所有者能够用自己的劳动创造价值，但是不能创造进行增殖的价值。可见，商品生产者在流通领域以外，如果不同其他商品所有者接触，就不能使价值增殖，也就不会有剩余价值，不会有资本。

所以，资本不能从流通中产生，又不能不从流通中产生。它必须既在流通中又不在流通中产生。

那么，这个矛盾怎么解决呢？我们必须根据商品交换的内在规律，即等价交换的原则来加以说明。

在等价交换的前提下，要能产生剩余价值，货币所有者就必须在市场上找到这样一种商品，"它的使用价值本身具有成为价值源泉的特殊属性"。（第190页）货币所有者终于找到了这种特殊的商品，这就是劳动力。所以，第三节分析劳动力的买和卖。

（三）劳动力的买和卖

这一节就是专门分析劳动力这个特殊商品的，主要分析了以下五个问题。

<u>劳动力以及劳动力成为商品的条件（第190—192页）</u>

什么是劳动力呢？劳动力或劳动能力，就是人的身体即活的人体中存在的，每当人生产某种使用价值时运用的体力和智力的总和。

劳动力在各种社会都存在，但是只有在资本主义社会才成为商品。为什么呢？因为，劳动力成为商品必须具备两个基本条件：第一，劳动者具有人身自由。不包含任何从属关系或人身依附，劳动者可以自由出卖自身的劳动力。第二，劳动者一无所有。劳动者丧失一切生产资料和生活资料，两手空空，除了自身的劳动力以外，一无所有。

"可见，货币所有者要把货币转化为资本，就必须在商品市场上找到自由的工人。这里所说的自由，具有双重意义：一方面，工人是自由人，能够把自己的劳动力当作自己的商品来支配；另一方面，他没有别的商品可以出卖，自由得一无所有，没有任何实现自己的劳动力所必需的东西。"（第192页）

<u>劳动力成为商品，货币才转化为资本（第192—193页）</u>

劳动力成为商品的两个条件并不是自然形成的，而是在一定历史条件下形成的，是资本主义社会的产物。只有当生产资料和生活资料的所有者在市场上找到出卖自己劳动力的自由工人的时候，资本才产生。这就是说，劳动力成为商品，货币才能转化资本。

<u>劳动力的使用价值和价值（第193—197页）</u>

劳动力既然是商品，就像其他商品一样，不仅有使用价值，而且有价值。

劳动力的使用价值，就是劳动力的使用，也就是劳动。它是价值的源泉，它不仅能创造价值，而且能够创造比劳动力本身的价值更大的价值。

像其他各种商品的价值一样，劳动力的价值也是由生产它从而再生产它所必需的社会必要劳动时间决定的。劳动力只能存在于活的人体中，所以生产劳动力所需要的社会必要劳动时间，可以化为生产这些生活资料所需要的劳动时间。因此,劳动力价值也就是维持劳动者本人所需要的生活资料的价值。它包括三个因素:(1)劳动者本人所必需的生活资料的价值;(2)劳动者子女所必需的生活资料价值;(3)劳动者一定的教育和训练的费用。由于劳动力的价值可以归结为一定量生活资料的价值。"因此,它也随着这些生活资料的价值即生产这些生活资料所需要的劳动时间量的改变而改变。"(第195页)

和其他商品不同,劳动力价值包括着一个历史的和道德的因素。但是,在一定的国家,在一定的时期,必要生活资料的平均范围是一定的。

劳动力价值有一个最低限度,这个限度就是维持身体所必不可少的生活资料的价值。假如劳动力的价格降到它的价值以下,劳动力就只能在萎缩的状态下维持和发挥。

> 流通过程的等价交换关系掩盖了生产过程的剥削关系(第197—199页)

劳动力商品有一个特点,就是劳动力的价值和劳动力的使用价值在时间上是分开的。劳动力的价值是在流通领域实现的。但是,劳动力的使用却发生在生产领域内。劳动力的使用过程才是生产商品和剩余价值的过程。

货币只有在购买劳动力这一特殊商品时才有可能转化为资本。但这仅仅是可能性,还不是现实性。在市场上,货币和劳动力价值是等价交换,还不会产生出剩余价值。货币转化为资本的秘密只有到生产过程才会被揭露出来,流通过程则掩盖了资本对雇佣劳动的剥削关系。我们只要离开流通领域,进入那个挂着"非公莫入"牌子的生产场所,那里不仅可以看到资本是怎样进行生产的,而且还可以看到资本本身是怎样被生产出来的。资本主义剥削的秘密就暴露无遗了。

> 资产阶级自由平等的虚伪性(第199—200页)

马克思通过对劳动力买卖的分析,深刻揭示了资产阶级自由、平等的虚伪性。所谓自由,对劳动者来说,实际上只有出卖劳动力的自由;所谓平等,表面上是等价交换,实际上是劳动者平等地受剥削;所谓所有权,实际上是劳动者一无所有,只有劳动力可供出卖;所谓利益,并不是大家都追求个人利益构成集体利益,实际上是资本家侵占了工人的利益。因此,"一离开这个简单流通领域或商品交换领域,……就会看到,我们的剧中人的面貌已经起了某些变化。原来的货币所有者成了资本家,昂首前行;劳动力所有者成了他的工人,尾随于后。一个笑容满面,雄心勃勃;一个战战兢兢,畏缩不前,像在市场上出卖了自己的皮一样,只有一个前途——让人家来鞣"。(第200页)

第三篇

绝对剩余价值的生产

简　介

一、中　心

从这一篇开始正式进入资本主义生产过程的分析。资本主义的生产过程实质上是剩余价值的生产过程。这一篇研究的中心就是剩余价值生产的问题。所以，这一篇研究的问题，是马克思剩余价值学说最基本的部分，是《资本论》第1卷的中心。

二、结　构

这一篇共五章，马克思是从两个方面考察绝对剩余价值生产的：一方面把它作为剩余价值生产的最一般形式，从而在第五章、第六章、第七章、第九章研究了"劳动过程和价值增殖过程"、"不变资本和可变资本"、"剩余价值率"、"剩余价值率和剩余价值量"等属于剩余价值生产的一般问题；另一方面，又把它作为特殊的即绝对的剩余价值生产方法，在第八章研究了工作日的问题。

三、意　义

这一篇研究的剩余价值生产问题在马克思主义经济学说中具有非常重要的地位。马克思说："生产剩余价值或赚钱，是这个生产方式的绝对规律。"(第679页)恩格斯说:剩余价值问题的解决,"是马克思著作的划时代的功绩"①。列宁指出:"剩余价值学说是马克思经济理论的基石。"②

---

① 《马克思恩格斯选集》第3卷,第243页。
② 《列宁全集》第2卷,第444页。

第五章　劳动过程和价值增殖过程

这一章分析资本主义生产过程的二重性:劳动过程和价值增殖过程。重点是价值增殖过程,即剩余价值的生产过程。所以,这一章的中心,是揭示剩余价值的源泉问题。

这一章只分两节:第一节劳动过程;第二节价值增殖过程。劳动过程是一般,价值增殖过程是特殊,分析一般是为了说明特殊。马克思说:"劳动过程只是价值增殖过程的手段,价值增殖过程本身从本质上来看是剩余价值的生产,即无偿劳动的物化过程。生产过程的整个性质就是由它特别规定的。"①

本章在分析方法上,运用了一分为二、合二为一、一般到特殊、分析和综合等等辩证方法。

本章是第三篇其他各章分析的基础,所以它是第三篇的重点,本章还提出了不少基本理论问题,值得我们进一步研究和思考。

(一) 劳动过程

这一节分析劳动过程。劳动过程就是具体劳动创造使用价值的过程,是人和自然之间物质变换的过程,也就是劳动力发挥作用的过程。这一节从大的方面看主要分析了两个问题:一般劳动过程和资本主义劳动过程。方法也是一般到特殊。

---

① 马克思:《直接生产过程的结果》,人民出版社 1964 年版,第 54 页。

> 一般劳动过程(第201—209页)

1. 劳动过程的三要素：有目的的活动或劳动本身，劳动对象和劳动资料。

(1) 劳动本身。在劳动过程中起决定作用的，是有目的的活动或劳动本身。

劳动力的使用就是劳动本身。劳动具有以下特点：①劳动要表现在商品中。而这首先要表现在使用价值中。②劳动是人和自然的关系，是人通过自己的活动来引起调整和控制人和自然之间的物质变换的过程。人是作为一种自然力(臂和脚、头和手等)与自然物质相对立。③人们在劳动过程中，一方面改造自然界，另一方面改造人类自己。④人的劳动是一种有目的、有计划的活动，与动物求生的本能有着根本的区别。

(2) 劳动对象。它是劳动力加工于其上的客体，包括自然界原来就有的，如土地、水中的鱼、原始森林中的树木、地下的矿石等，和被人类劳动加工过的原料。一切原料都是劳动对象，但并不是任何劳动对象都是原料。劳动对象只有在它已经通过劳动而发生变化的情况下，才是原料。

(3) 劳动资料。①含义：劳动资料是劳动者控制和改造劳动对象的物或物的综合体。劳动资料又叫劳动手段，即劳动借以改造劳动对象的手段。②内容：广义的劳动资料应该包括四个方面：第一，人自己的身体器官一开始就本能地作为劳动资料来运用。第二，人在劳动时所占有的某些自然物，如石块、木棒等，也曾经直接地作为劳动资料来使用。第三，劳动资料主要指的是把人的劳动传导到劳动对象去的物体，如劳动工具或生产工具。第四，劳动资料还包括劳动过程的进行所需要的一切物质条件。这一类劳动资料，有的是天然存在的，如土地，因为他提供劳动者的活动场所；有的已经经过劳动的改造，如厂房、运河、道路，等等。③作用：劳动资料的使用和创造是人类劳动过程独有的特征。劳动资料由劳动所创造、所培育，并随着劳动力的发展而发展。因而，劳动资料对于判断社会经济形态具有重要的意义。各种经济时代的区别，不在于生产什么，而在于怎样生产，用什么劳动资料生产。劳动资料不仅是人类劳动力发展的测量器，而且是劳动借以进行的社会关系的指示器。在劳动资料中，机械性的劳动资料又比充作劳动容器的劳动资料更能显示一个社会生产时代的具有决定意义的特征。

以上讲的三个简单要素，在劳动过程中就这样联系起来：人的活动借助劳动资料使劳动对象发生预定的变化。其结果是,劳动与劳动对象结合在一起。劳动物化了,而对象被加工了,一个能满足人类需要的劳动产品生产出来了。

2. 从产品角度考察劳动过程的三要素。

(1) 如果整个过程从其结果的角度,从产品的角度加以考察,那么,劳动资料和劳动对象表现为生产资料,劳动本身则表现为生产劳动。

(2) 一个使用价值究竟表现为原料、劳动资料还是产品,取决于它在生产过程中的地位和作用。第一,产品不仅是劳动过程的结果,它也可能作为生产资料进入另一劳动过程。例如,钢铁是炼钢厂的产品,又是机器厂的原料。第二,一切产业部门所处理的对象(除采掘工业外)都是原料,又都是劳动产品。第三,产品可以作为原料,即已被劳动滤过的劳动对象。原料可以构成产品的主要实体,也可以只是作为辅助材料参加产品的形成。第四,同一产品可以成为很不相同的劳动过程的原料。第五,同一产品可以既充当原料,又充当劳动资料。第六,一种已经完全可供消费的产品可以重新成为另一种产品的原料。

(3) 无论任何一个使用价值不管是当作劳动对象,还是劳动资料来使用,都必须和活的劳动相接触才能发挥作用。活劳动必须抓住这些东西,使它们由死复生,使它们从仅仅是可能的使用价值变为现实的和起作用的使用价值。

3. 劳动过程既是产品的生产过程,也是生产资料的消费过程,这里的消费是生产消费,而不是个人消费。生产消费是把产品当作劳动的生活资料来消费,个人消费是把产品当作活的个人的生活资料来消费。

4. 劳动过程是人与自然之间的物质变换的一般条件,是人类生活的永恒的自然条件。它不以人类生活的任何形式为转移,是人类生活的一切社会形式所共有的。

> 资本主义的劳动过程(第209—210页)

资本主义劳动过程,就它是资本家消费劳动力的过程来说,有两个特点。

1. 工人的劳动属于资本家,工人在资本家的监督下劳动。

2. 产品是资本家的所有物,而不是直接生产工人的所有物。

(二) 价值增殖过程

资本家生产的目的,不仅要生产产品,而且要生产商品;不仅要生产使用价值,而且要生产价值;不仅要生产价值,而且要生产剩余价值。这一节就是分析剩余价值的生产过程。按照一般到特殊、分析到综合的方法,一共讲四个问题。

> 价值形成过程(第211—217页)

按照价值规律,每个商品的价值,都是由生产该商品的社会必要劳动时间决定。这一点对资本主义的商品生产同样适用。

商品价值的形成过程,就是生产资料旧价值的转移和活劳动创造新价值的过程。

1. 生产资料旧价值的转移。

(1) 生产资料价值是转移。在劳动过程中,生产资料的使用价值被消费,它们的使用形态是变化了,但它们的价值则被转移到新产品的价值中去了。

(2) 生产资料价值为什么转移?为了说明生产资料旧价值的转移,可以把生产生产资料的劳动过程,看成是用这种生产资料来生产的产品的劳动过程的前期阶段。因此,由过去的劳动形成的、包含在生产资料中的价值,可以随着新产品的形成转移到新产品中去。这样,生产资料的价值也就成为产品价值的组成部分。

(3) 生产资料价值要转移到新产品价值中去,还必须具备两个条件:第一,生产资料必须实际参加使用价值的生产,它的价值转移必须有一种使用价值来负担它;第二,所用的劳动时间,必须是一定社会生产条件下的必要劳动时间。

2. 劳动者新加的劳动形成新的价值。

(1) 形成价值的劳动是抽象劳动。在劳动过程中,由于劳动力的使用而凝结于产品上的劳动,不是具体劳动,而是抽象劳动。

(2) 形成价值的劳动必须是物化劳动。在劳动过程中,劳动不断由动的形式转为存在形式,由运动形式转为物质形式。

(3) 形成价值的劳动必须是社会必要劳动时间。"在这里具有决定意义的是,在过程的进行中,即在棉花变为棉纱时,消耗的是社会必要劳动时间。……因为只有社会必要劳动时间才算是形成价值的劳动时间。"(第215页)

(4) 在价值形成过程中原料是劳动的吸收器,产品是劳动的测量器。因为在生产中,一定量的劳动是被消费在原料上面,而原料则由于吸收了一定量的劳动才成为产品。因此,产品就可以测量劳动的耗费程度。

在价值形成中,一方面,生产资料转移了自身的价值;另一方面,活的劳动创造了新价值。两者结合在一起形成了产品的总价值。但是,价值形成过程不能揭示剩余价值的秘密。要揭示这个秘密,就必须分析价值增殖过程。

价值增殖过程(第217—221页)

1. 批判资产阶级及其学者为价值增殖辩护的谬论。

(1) 节欲论。马克思指出:"不管他禁欲的功劳有多大,也没有东西可以用来付给禁欲以额外的报酬,因为退出生产过程的产品价值只等于投入生产过程的商品价值的总和。"(第217页)

(2) 服务说。马克思指出:"服务无非是某种使用价值发挥效用。"(第218页)

(3) 劳动说。马克思以讽刺资本家的口吻说:"难道他自己没有劳动吗?难道他没有从事监视和监督纺纱工人的劳动吗?他的这种劳动不也形成价值吗?""但是,他的监工和经理耸肩膀了。"(第218页)

价值形成过程不能说明剩余价值的产生,资产阶级的种种谬论也不能解释剩余价值的来源。那么,剩余价值是怎样产生的呢?

2. **价值增殖的秘密在于**:劳动力的价值和劳动力的使用价值即劳动,在劳动过程中创造的价值是两个不同的量。资本家购买劳动力时,正是看中了这个价值差额。劳动力的卖者和任何别的商品卖者一样,实现劳动力的交换价值而让渡劳动力的使用价值。但是,具有决定意义的是这个商品独特的使用价值,即它是价值的源泉,并且是大于它自身的价值的源泉。譬如,资本家支付了劳动力的日价值,因此,劳动力一天的使用,即一天的劳动就归他所有。劳动力维持一天假定只费半个工作日,而劳动力却能劳动一整天,因此,劳动力使用一天所创造的价值比劳动力自身一天的价值大1倍。这个超过劳动力价值的部分就是价值的增殖部分,也就是被资本家无偿占有的剩余价值。

3. 价值增殖的秘密解决了资本总公式的矛盾。

价值增殖并不违背商品等价交换的规律,反而是在货币所有者"公平交易"地购买了劳动力以后,在劳动力的使用中产生了这个差额。这样,货币转化为资本的条件也实现了。既在流通领域中进行,又不在流通领域中进行。它是以流通为媒介,因为它以在商品市场上购买劳动力为条件。它不在流通中进行,因为流通只是为价值增殖过程做准备,而这个过程是在生产领域中进行的。

上面分析了价值形成过程和价值增殖过程,那么,两者是什么关系呢?

{价值形成过程和价值增殖过程的比较(第221页)}
价值增殖过程不外是超过一定点而延长了的价值形成过程。如果资本所支付的劳动力价值恰好为新的等价物所补偿,那就是单纯的价值形成过程。如果价值形成过程超过这一点,那就成为价值增殖过程。

以上马克思分析了价值增殖过程。现在再把第一节分析的劳动过程和第二节分析的价值增殖过程综合起来进行比较。

{劳动过程和价值增殖过程的比较(第221—224页)}
1. 生产商品的劳动二重性表现为商品生产过程二重性。

我们看到,以前我们分析商品时所发现的劳动二重性,现在表现为生产过程的二重性。

构成劳动过程的是生产使用价值的有用劳动。在这里只考察运动的质的方面。考察它的目的和内容,特殊的形式和方法。

同一劳动过程当作价值形成过程,从而价值增殖过程,只考察运动的量的方面,考察它是用了多长的劳动时间。但这个劳动时间必须是社会必要的劳动时间。这里包含下列各点:(1)劳动力应该在正常的条件下发挥作用;(2)生产资料和原料应该是正常的质量;(3)劳动力本身的正常性质,劳动力必须具有平均的熟练程度、技巧和速度;(4)劳动必须以社会上通常的强度来耗费;(5)按照社会平均消耗量来消费原料和劳动资料。

2. 当作一般的商品生产过程,它是劳动过程和价值形成过程的统一;

当作资本主义的商品生产过程,它是劳动过程和价值增殖过程的统一。

3. 是简单劳动还是复杂劳动,与价值增殖过程无关。为什么呢?

(1) 社会必要劳动时间是指普通劳动力所支出的简单的、社会平均劳动时间。比社会平均劳动较高和较复杂的劳动是熟练的或有学识的劳动力的支出。这种劳动力比普通劳动力需要较高的教育费用,它的生产要花费较多的劳动时间,因此它具有较高的价值。既然这种劳动力的价值较高,它也就表现为较高级的劳动,也就在同样长的时间内物化为较多的价值。但是,无论是简单劳动或是复杂劳动,剩余价值都只是来源于劳动在量上的剩余,来源于同一个劳动过程的延长。

(2) 在每一个价值形成过程中,复杂劳动总是转化为简单的社会平均劳动。

第六章 不变资本和可变资本

这一章以劳动二重性为依据,分析同一劳动在价值形成中的二重作用,论证生产资料和劳动力在产品价值增殖中起着不同的作用。由于转化为生产资料的资本在生产过程中只转移价值,不改变自己的价值量,所以叫做不变资本;由于转化为劳动力的资本在生产过程中可以创造新价值,所以叫做可变资本。

马克思通过不变资本和可变资本的分析,进一步揭示了剩余价值的起源和本质,更深刻地揭露了资本主义剥削的秘密。

资产阶级古典政治经济学只有固定资本和流动资本的区分,而没有不变资本和可变资本的区分。马克思把资本分为不变资本和可变资本,这在政治经济学中是一个创见,是一个重大的贡献。

> 劳动在价值形成中的二重作用(第225—228页)

1. 同一次劳动既创造新价值又转移旧价值。在劳动过程中,一方面劳动者把一定量抽象劳动加到劳动对象上,也就把新价值加到劳动对象上;另一方面,劳动者又同时把具体劳动作用于生产资料,这又使生产资料的旧价值,在新价值的加入的同时,保存或转移到产品中去,这是劳动者在同一时间内同一劳动二重作用的结果,而不是两次劳动。

2. 同一次劳动的二重结果是由劳动的二重性产生的。作为具体劳动,把旧价值转移到产品中去。作为抽象劳动,在产品中加进了新价值。

3. 劳动二重作用的不同,从劳动生产率和生产资料价值的变动中可以表现出来。

(1)如果劳动生产率变化,生产某一产品的社会必要劳动时间由6小时降为3小时,则该产品新加入的价值只有原来一半了,但生产资料价值的转移依然不变。

(2) 如果劳动生产率不变,而生产资料的价值变了,某一生产资料的价值上升了两倍,则生产资料价值的转移就增加两倍,但新加入的价值依然不变。

(3) 如果劳动生产率和生产资料价值都不变,一个产品中转移的价值和新加入的价值是成正比例的,劳动者加入的价值愈多,转移的价值也就愈多。

> 劳动过程的不同因素在产品价值的形成上起着不同的作用(第228—235页)

劳动过程中主要有两个因素,即劳动力和生产资料(劳动资料和劳动对象),它们在产品价值的形成过程中起着不同的作用。

1. 生产资料是转移旧价值。

(1) 生产资料价值为什么要转移?这是因为,在劳动过程中,生产资料失掉自己原来的使用价值形式,是为了创造新的使用价值。由于旧的使用价值消失,原有的价值不能再保持,因此必须转移到新的使用价值上去。

(2) 生产资料的不同因素,在价值形成中有不同的转移方式。一切未经人的劳动协助就天然存在的生产资料,如土地、风、水、矿脉中的铁、原始森林中的树木等,它们本身不是人类劳动的产品,没有价值可以丧失,也就不会把任何价值转移到产品中去。劳动手段在劳动过程中维持它的原来的状态。从而,劳动手段全部参加劳动过程,却只是部分地转移其价值。原料与辅助材料当作使用价值加入劳动过程时的独立形态将会消失,原料在劳动过程中常有损耗并未全部参加劳动过程,但全部转移其价值。

(3) 生产资料转移到产品中的价值决不会大于它在劳动过程中因本身使用价值的消灭而丧失的价值。

(4) 生产资料旧价值的转移,必须依靠工人的生产劳动。马克思说:"工人不保存旧价值,就不能加进新劳动,也就不能创造新价值,因为他总是必须在一定的有用的形式上加进劳动,……可见,由于加进价值而保存价值,这是发挥作用的劳动力即活劳动的自然恩惠。"(第233页)

(5) 生产资料被消费的只是它的使用价值,它的价值是转移到新产品价值中,并没有被消费,所以不是再生产,而要再现。

2. 劳动力价值的再生产和增殖。在劳动过程发挥作用的劳动力,即活的劳动则是创造新的价值,这不是转移劳动力的价值,而是再生产和增殖。

(1) 劳动力首先再生产自身的等价。这个新价值首先用于补偿资本家在购买劳动力时预付的货币,就这部分新价值来讲,它再生产了劳动力价值的等价物。

(2) 劳动力的活动还会增殖,生产一个剩余价值,这个剩余价值就是产品价值超过消耗掉的产品形成要素,即生产资料和劳动力的价值而形成的余额。

不变资本和可变资本(第235—237页)

在劳动过程中,生产资料和劳动力在价值形成中的不同作用,反映在资本构成上便形成不变资本和可变资本。

1. 不变资本:转化为生产资料的资本,只转移其价值,它在生产过程中并不改变自己的价值量,所以叫不变资本。

2. 可变资本:变为劳动力的那部分资本,在生产过程中改变自己的价值量。它再生产自身的等价物和一个超过这个等价物而形成的余额,即剩余价值。所以,这部分资本叫做可变资本。

3. 不变资本这个概念决不排斥它的组成部分发生价值变动的可能性。这种价值变动,一般说来,是由于生产它们的社会必要劳动的变动所引起的。这和它当作生产资料进入资本生产过程,从而当作不变资本来发生的职能并不相干。

4. 不变资本和可变资本之间的比例的变化,只反映资本构成的比例变动,也不影响不变资本和可变资本的区别。

第七章 剩余价值率

这一章研究剩余价值率,也就是分析资本家剥削工人的程度。这一章共四节,重点是第一节。

(一) 劳动力的剥削程度

这一节的中心是分析剩余价值率,即资本家剥削工人的程度。剩余价值率是相对数,就是由剩余价值与可变资本的比率来决定的关系。所以,这一节首先分析剩余价值是可变资本变动的结果,并在此基础上,分析剩余价值率的计算、实质和意义等问题。

> 剩余价值是可变资本价值变动的结果
> (第238—241页)

1. 剩余价值首先表现为产品价值超过它的各种生产要素价值总和的余额。实际上,它和不变资本价值无关。

预付总资本 C 分为两部分,一部分是不变资本即为购买生产资料而支出的货币额 c ,另一部分是可变资本购买劳动力而支出的货币额 v 。因此, $C=c+v$,也就是生产要素价值的总和。生产过程的结果所得到的商品价值则是 $W=c+v+m$,两者的差额就是 m 。

2. 产品价值和价值产品是不同的。产品价值是 $c+v+m$,而价值产品是 $v+m$,即新创造的价值。

3. 剩余价值只是可变资本变动的结果。无论从上述哪种情况讲,剩余价值 m 都与不变资本 c 无关。它只是这个变为劳动力的资本部分变动的结果,只是 v 的增量 Δv 。但是,可变资本只有在它转化为劳动力时,才是可变的。在生产过程本身中,预付的资本为发挥作用的劳动力所代替。死劳动为活劳动所代替,静止量为流动量所代替,不变量为可变量所代替。才能创造新价值,这个新价值包含了 v 和 m。

> 剩余价值率(第241—244页)

1. 剩余价值率 m' 从物化劳动的形式来看是 m 对 v 的比率,即 $m' = \dfrac{m}{v}$,马克思说:"剩余价值的相对量,即可变资本价值增殖的比率,显然由剩余价值同可变资本的比率来决定,或者用 $\dfrac{m}{v}$ 来表示。……我把可变资本的这种相对的价值增殖或剩余价值的相对量,称为剩余价值率。"(第242页)

2. 剩余价值率从流动劳动的形式来看是剩余劳动对必要劳动的比率,即 $m' = \dfrac{a'}{a}$。

工人在劳动过程的一段时间内,只是生产自己劳动力的价值,这段时间就叫做必要劳动时间。在这部分时间内消耗的劳动就叫做必要劳动。劳动过程的第二段时间,即工人超出必要劳动的界限做工的时间,就是剩余劳动时间。这段时间所消耗的劳动就是剩余劳动。

马克思的劳动价值论把价值看作只是劳动时间的凝结,这对于认识价值本身有决定性的意义,同样把剩余价值看作是剩余劳动时间的凝结,只是物化的剩余劳动,这对于认识剩余价值也具有决定性的意义。使各种社会经济形态例如奴隶社会和雇佣劳动的社会区别开来的,只是从直接生产者身上、劳动者身上,榨取这种剩余劳动的形式。

> 剩余价值率是工人受资本家剥削程度的准确表现(第244—247页)

马克思在这里举例详细说明剩余价值率的计算方法。

(二)产品价值在产品相应部分上的表现

这一节是在论证剩余价值率的基础上,进一步指出产品的价值构成可以通过产品的相应部分来表现,也可以通过劳动时间的相应部分来表现,目的是为批判西尼耳的"最后一小时"说做准备。

> 产品价值在产品相应部分上的表现
> （第247—249页）

产品价值可以分别表现在各个不同的生产要素上，从而产品本身也可以分成不同的比例来表现各个不同的生产要素的价值。假设产品20磅棉纱的价值 $W=30$ 元，生产中消耗的不变资本 c 为24元，可变资本 v 为3元，剩余价值 m 为3元，那么，各生产要素的价值在产品上的分配如下。

(1) 不变资本的价值(24元)为产品价值(30元)的80%，因此，在总产品20磅中，不变资本也要占80%，即16磅棉纱。

(2) 可变资本的价值(3元)为产品价值(30元)的10%，因此，在总产品20磅中，可变资本也要占10%，即2磅棉纱。

(3) 剩余价值(3元)为产品价值(30元)的10%，因此，在总产品20磅中，剩余价值也要占10%，即2磅棉纱。

> 产品价值在劳动时间分配上的表现
> （第249—250页）

我们可以产品的数量来表示产品价值的相应部分，而且可以生产产品的劳动时间来表示产品价值的相应部分。如果一个工作日10小时内生产棉纱20磅，则产品价值在劳动过程时间分配上的比例如下。

(1) 由于不变资本的价值为产品价值的80%，因此，一个10小时工作日的80%，即8小时所生产的产品价值，正好等于不变资本的转移价值。

(2) 由于可变资本的价值为产品价值的10%，因此，工作日的10%，即1小时所生产的产品价值，正好等于新创造的用于补偿可变资本的价值。

(3) 由于剩余价值为产品价值的10%，因此，工作日最后的一个10%，即1小时所生产的产品价值，正好等于剩余价值。

以上这种划分，它容易产生一种错觉，好像前8小时仅是生产不变资本的补偿，其次1小时是可变资本的再生产，只有最后1小时才生产剩余价值。

（三）西尼耳的"最后一小时"

资产阶级的辩护士西尼耳，为了反对缩短工作日，捏造了"最后一小时"说，认为资本家的纯利润是由工人在工作日的最后一小时生产出来的。

西尼耳"最后一小时"说的错误在于：
(1) 把产品价值和价值产品混为一谈。
(2) 把具体劳动转移价值和抽象劳动创造价值混为一谈。
(3) 把剩余价值的表现形式同它的生产混淆起来。

(四) 剩余产品

代表剩余价值的那部分产品称为剩余产品。

既然决定剩余价值率的是 m 对 v 之比，同样，决定剩余产品的水平的是剩余产品对代表必要劳动的那部分产品的比率。既然剩余价值的生产是资本主义生产的决定的目的，同样，资本家富的程度不是由产品的绝对量来计量，而是由剩余产品的相对量来计量。

必要劳动和剩余劳动之和构成工作日。

第八章 工 作 日

　　第三篇的标题是绝对剩余价值的生产,但关于这个问题的论述,前三章都没有展开,到了这一章才专门分析绝对剩余价值的生产过程。由于绝对剩余价值是在劳动生产力和劳动强度不变的前提下,由工作日绝对延长而增大的剩余劳动时间形成的,它以工作日的长度为基础。所以,工作日的长度,是绝对剩余价值生产的中心问题。

　　"工作日"这一章,是马克思用血和火的文字写成的,在《资本论》中占极其重要的地位。1867年11月30日马克思在给库格曼的信中,建议库格曼夫人学习《资本论》第1卷,可以从第八章先开始。列宁在《卡尔·马克思》中指出:"马克思分析第一种方法时,描绘了工人阶级要求缩短工作日的斗争,政府为延长工作日(14—17世纪)和缩短工作日(19世纪的工厂立法)而进行干预的情景。《资本论》问世后世界一切文明国家的工人运动史,提供了成千成万件表明这种情景的新事实。"①

　　第八章,由七节组成,大体上可分为三个部分。第一部分是第一节分析工作日的界限,说明绝对剩余价值生产的源泉,以及在工作日上斗争的原因,是全章的导论。第二部分是第二节至第四节,是揭露资本家剥削绝对剩余价值的残酷方法,表明资本主义生产方式是榨取工人阶级血汗的剥削制度。第三部分是第五节至第七节,叙述工人阶级争取正常工作日而进行斗争的历史进程,表明限制工作日运动的重要意义。

---

① 《列宁选集》第2卷,第592页。

（一）工作日的界限

这一节阐述工作日的界限，说明绝对剩余价值生产的源泉，资本家和工人在工作日问题上斗争的原因，是全章的引言。

> 工作日是可变的
> （第258—259页）

工作日由两部分劳动时间构成：必要劳动时间和剩余劳动时间。前者由不断再生产工人本身所必需的劳动时间决定，但在劳动生产力不变从而必要劳动时间不变下，工作日就随剩余劳动的长度而变化。

> 工作日的界限（第259—260页）

工作日虽然是一个可变量，但它只能在一定界限内变动。它的最低界限是无法确定的。但在资本主义社会，工作日决不会缩短到必要劳动时间这个最低限度。它的最高界限取决于两点：第一，是劳动力的身体界限。因为一个人在24小时中必须在吃饭、睡觉、穿衣等等方面花去一定时间。第二，是道德的界限，因为工人必须有时间满足精神和社会的需要。这种需要的范围和数量由一般的文化状况决定。因此，工作日是在身体界限和社会界限之内变动的。但是，这两个界限都有很大的伸缩性，有很大的变动余地。

> 无产阶级和资产阶级围绕工作日界限所进行斗争的原因
> （第260—262页）

1. 资本家总是力求延长工作日。因为资本家是人格化的资本，他的灵魂就是资本的灵魂。而资本只有一种本能，就是获取剩余价值，用自己的不变部分即生产资料吮吸尽可能多的剩余劳动。"资本是死劳动，它像吸血鬼一样，只有吮吸活的劳动越多，它的生命就越旺盛。"（第260页）资本家还以商品交换规律为依据，要和任何别的买者一样，想从他的商品的使用价值中取得尽量多的利益。

2. 工人尽力反对延长工作日。因为从工人的角度看，既然按照商品交换规律进行交易，工人一日劳动的使用权虽然属于资本家，但劳动力一日的售卖价格，也必须够再生产工人自己的劳动力。工人劳动一天，需要在体力和脑力上得到恢复。资本家无限制延长工作日，就能在一天内使用掉工人三天还恢复不过来的劳动力。资本家在劳动上得到的利益,就是工人在劳动实体上遭受的损失,使用劳动力和劫掠劳动力是两回事。工人要求正常工作日,和别的卖者一样,是要求得到劳动力的价值。

3. 权利同权利的对抗。资本家总是力求延长工作日,工人总是反对延长工作日,这就出现了权利同权利相对抗,在工作日问题上资本家和工人存在着不可调和的矛盾,形成二律背反。二律背反是哲学术语,最早来源于希腊文,在德国哲学家康德的哲学体系中,理性的二律背反占重要地位。其含义,是表明两个相互排斥而又被认为同样都是正确的命题之间的矛盾。

4. 矛盾的解决。这个矛盾的解决取决于阶级力量的对比和斗争。在平等的权利之间,力量就起决定作用。所以,在资本主义生产的历史上,工作日的正常化过程表现为规定工作日界限的斗争,这是全体资本家即资本家阶级和全体工人即工人阶级之间的斗争。

(二) 对剩余劳动的贪欲。工厂主和领主

这一节用对比的方法,对工厂主和封建领主对剩余劳动的剥削做了比较。

1. 从剥削形式来比较工厂主和封建领主对剩余劳动的贪欲。一切剥削阶级都追逐剩余劳动,这是他们的共同点。他们的区别只在于榨取这种剩余劳动的形式不同。封建领主主要是采取剥削剩余产品地租的形式,资本家则采取剥削剩余价值的形式。

2. 从剥削程度上比较工厂主和封建领主对剩余劳动的贪欲。虽然,封建主像野兽一样地虐待劳动者,但他们的贪欲毕竟受限于有限的使用价值量,而资本家对剩余劳动的贪欲则是无限的,虽然资本家采取的形式比较"文明",但从实质上看,它的剥削程度比封建主还要严重。

3. 从必要劳动和剩余劳动的界限上比较工厂主和封建领主对剩余劳动的贪欲。封建徭役劳动明白表示着剩余劳动是专门提供的劳动时间,它和必要劳动是截然分开的。但在资本主义生产中,劳动时间的这种划分是察觉不出来的,剩余劳动和必要时间融合在一起了。资本家对剩余劳动的贪欲,表现为渴望无限度地延长工作日,而领主的贪欲,则较简单地表现为

直接追求徭役的天数。

4. 从劳动立法来比较工厂主和领主对剩余劳动的贪欲。领主和工厂主还通过一项法律条文使对剩余劳动的贪欲合法化,封建制度的国家授予封建领主对农民劳动以几乎无限的剥削权力,是对剩余劳动贪欲的积极表现。而资本主义制度的国家则规定工作日的一定限度,英国的工厂法是这种贪欲的消极表现。

(三) 在剥削上不受法律限制的英国工业部门

这一节以大量材料,以花边业、陶器业、火柴业、壁纸业、面包业、铁路员工、女裁缝工人、铁匠等为例,揭露英国工业发展初期资本家利用对工作日没有法律的限制,对工人特别对童工进行残酷的剥削,使工人遭受严重的劳动残疾和伤亡事故。

(四) 日工和夜工。换班制度

这一节说明日夜换班制度的实行,大批女工和童工被雇佣,使资本家扩大了剥削的对象,加强了对工人的剥削。

(五) 争取正常工作日的斗争。14 世纪中叶至 17 世纪末叶关于延长工作日的强制性法律

这一节,说明强制延长工作日法律的制定。

这一节除了大量揭露资本主义剥削的材料以外,还提出了不少重要观点。

1. 资本的本性就是无限度地追逐剩余劳动。马克思说:"资本由于无限度地盲目地追逐剩余劳动,像狼一般地贪求剩余劳动,不仅突破了工作日的道德极限,而且突破了工作日的纯粹身体的极限。"(第 294—295 页)

2. 资本主义的实质就是剩余价值的生产,就是剩余劳动的吸取。(第 295 页)

3. 资本对劳动的残酷剥削是资本主义生产的内在规律决定的。马克思说:"资本是根本不关心工人的健康和寿命的,除非社会迫使他去关心……不过总的说来,这也并不取决于个别资本家的善意或恶意。自由竞

争使资本主义生产的内在规律作为外在的强制规律对每个资本家起作用。"(第299—300页)

4. 资产阶级的国家和法律完全是为它剥削剩余劳动服务的。在资本主义生产关系刚建立起来的时候,它的经济关系力量还不够强大,还要依靠国家机器来强迫延长工作日。(第300页)

(六)争取正常工作日的斗争。对劳动时间的强制的法律限制。1833—1864年英国的工厂立法

这一节主要叙述工人反对延长工作日进行斗争的经过,以及限制工作日法律的制定。经过工人阶级的斗争,工作日由12小时缩短为10小时。除此以外,还提到一些重要观点。

1. 限制工作日法律的制定是工人阶级长期斗争的结果。(第313页)
2. 资本主义人权的实质:"平等地剥削劳动力,是资本的首要的人权。"(第324页)
3. 工人阶级的斗争需要自己的同盟军。"工人阶级的进攻力量则随着他们在没有直接利害关系的社会阶层中的同盟者的增加而大为加强。"(第328页)

(七)争取正常工作日的斗争。英国工厂立法对其他国家的影响

这一节总结了工人阶级争取正常工作日斗争的经验和教训,进一步揭露资本主义的本质,着重指出工人阶级必须团结起来跟整个资产阶级作斗争。

1. 资本主义生产的特定内容和目的,是生产剩余价值或榨取剩余劳动。(第330页)
2. 资本是吸血鬼。"他'只要还有一块肉、一根筋、一滴血可供榨取',吸血鬼就决不罢休。"(第334—335页)
3. 工人阶级必须团结起来进行斗争,才能限制资本的剥削。"孤立的工人,'自由'出卖劳动力的工人,在资本主义生产的一定成熟阶段上,是无抵抗地屈服的。因此,正常工作日的确立是资本家阶级和工人阶级之间长期的多少隐蔽的内战的产物。"(第331页)"为了'抵御'折磨他们的毒蛇,工人必须把他们的头聚在一起,作为一个阶级来强行争得一项国家法律,一个强有力的社会屏障,使自己不致再通过自愿与资本缔结的契约而把自己和后代卖出去送死和受奴役。"(第335页)

第九章 剩余价值率和剩余价值量

资本家榨取的剩余价值的总量,是由可变资本量和剩余价值率决定的,也就是由劳动力价值的大小、雇工人数的多少和剩余价值率的高低三者决定的。这些因素的变化有多种情况。这一章,马克思在假定劳动力价值不变的情况下,分析了决定剩余价值量的三个规律。

决定剩余价值量的第一个规律(第336—338页)

1. 第一个规律的内容:剩余价值量等于可变资本量乘剩余价值率,或者说,等于一个劳动力的价值乘以该劳动力受剥削的程度,再乘以同时受剥削的劳动力的数目。

2. 第一个规律的公式。其公式为

$$M = \begin{cases} \dfrac{m}{v} \times V \\ k \times \dfrac{a'}{a} \times n \end{cases}$$

3. 由于假定劳动力价值不变,所以第一规律实际表明,资本家剥削和占有的剩余价值由两个因素来决定,即由被剥削的工人人数(n)和每个工人被剥削的程度(m')两个因素来决定,在一定量剩余价值的生产上,一种因素的减少可以由另一种因素的增加来补偿。如果可变资本减少了,可以用提高剩余价值率来补偿;如果剩余价值率降低了,可以用可变资本的增加来补偿。

> 决定剩余价值量的第二个规律(第338—339页)

1. 第二个规律的内容：平均工作日的绝对界限，就是可变资本的减少可以由剩余价值率的提高来补偿的绝对界限。这一规律是以剩余价值率为中心，来考察剩余价值量的变化。

2. 第二个规律存在的原因：根据第一个规律，既然所生产的剩余价值量由两个因素来决定，当着可变资本从而雇佣工人人数减少时，就只有用提高剩余价值率来补偿。但是，在绝对剩余价值生产的场合，延长工作日天然地不能超过24小时，这是提高 m' 的绝对界限，也是用提高 m' 来补偿工人人数减少的绝对界限。这就产生剩余价值量的第二个规律。

3. 第二个规律表明，绝对剩余价值的剥削方式存在着一定的界限，要进一步提高剩余价值率，就必须由绝对剩余价值的剥削方式推进到相对剩余价值的剥削方式。

> 决定剩余价值量的第三个规律(第339—343页)

1. 第三个规律的内容：如果剩余价值率、劳动力价值已定，则剩余价值量与可变资本成正比例。这一规律是以可变资本量的变化，即以雇佣工人人数的变化为中心，来说明剩余价值量的变化的。

2. 第三个规律的形式：同样，根据第一个规律，既然所生产的剩余价值的量由两个因素来决定，如果 m 不变，要增加剩余价值，就只有增加雇工人数或者说就只有增加可变资本的数量，这就形成第三个规律。

3. 第三个规律表面上的矛盾：根据第三个规律，应该得出这样的结论：假定有两个等量的总资本有着不同的有机构成，那么可变资本占比重较大的资本所生产的价值量和剩余价值量也较大。可是，在资本主义社会呈现出来的现象，却是不管资本的可变部分占有怎样的比重，等量资本总会获得等量利润。这个表面上的矛盾，只有到第3卷剩余价值转化为利润，利润转化为平均利润，这些问题解释清楚以后才能解决。

4. 第三个规律存在的条件：第一，第三个规律告诉我们，所生产的剩余价值量取决于所雇佣的工人数，而要雇佣一定量的工人，就需要有一定量的可变资本和相应的不变资本。货币或商品所有者只有当他在生产上预付的最低限额大大超过了中世纪的最高限额时，才真正变为资本家。第二，货币所有者还必须摆脱劳动成为一个名副其实的剥削者。如果雇工不多,他还要与他的工人一样,直接参加生产劳动,他便只是资本家和工人之间的一个中间人物,是一个"小业主"。但是,作为一个"人格化的资本"的资本家,他的全部时间都要用来占有从而控制别人的劳动,用来出售这种劳动的产品,而这就必须大大超过"小业主"所雇佣的人数。

以上这两个条件也就是成为资本家的条件。

<资本家对雇佣劳动者的强制关系（第343—345页）> 马克思在本章最后一部分对第三篇所讲的绝对剩余价值的生产,归结为资本家和雇佣劳动者的相互关系问题。这种资本对劳动的强制关系包含以下一些要点。

1. 资本家对工人的强制。在生产过程中,资本发展成为对劳动的指挥权,强制劳动者超出必要劳动尽多地提供剩余劳动。

2. 资本对劳动的强制。这种强制大大超过以往任何社会。"作为别人辛勤劳动的制造者,作为剩余劳动的榨取者和劳动力的剥削者,资本在精力、贪婪和效率方面,远远超过了以往一切以直接强制劳动为基础的生产制度。"(第344页)

3. 资本起初是在历史上既有的技术条件下使劳动服从自己的,与当时生产力水平相适应,资本就采用绝对剩余价值的生产。

4. 生产资料对工人的强制,造成人和物的关系的颠倒。本来在劳动过程中,是工人掌握生产资料,可是在价值增殖过程中,事情就颠倒了。生产资料立即转化为吮吸他人劳动的压榨器和吸收器,生产资料变成了榨取他人劳动和剩余劳动的合法权和强制权。不是工人使用生产资料,而是资本化了的生产资料使用工人。

第四篇

相对剩余价值的生产

简　介

一、中　心

　　这一篇研究相对剩余价值的生产,中心是分析资本家怎样通过缩短必要劳动时间,相应延长剩余劳动时间,来加强对工人的剥削。缩短必要劳动时间,主要有两个办法:提高劳动生产率和劳动强度。所以,这一篇较多地讲生产力问题,但不是研究生产力本身,而是研究资本家怎样通过提高劳动生产率加强对工人的剥削,榨取更多的相对剩余价值。可见,马克思主义政治经济学是在生产力和生产关系的对立统一中研究生产关系的。

二、关　系

　　这一篇研究的问题与上一篇有密切的关系,既有联系,又有区别。
　　从联系来看,第三篇是第四篇的前提和基础。(1)第三篇讲的不仅是剩余价值生产的一种方法,而且是剩余价值生产的一般原理,对第四篇也适用。(2)从剩余价值生产的方法来说,绝对剩余价值生产也是相对剩余价值生产的理论前提和出发点。(3)从历史来说,绝对剩余价值生产也先于相对剩余价值生产。(4)研究了剩余价值生产的另一个方面——相对剩余价值,即研究了剩余价值如何随着劳动生产率的提高而增加。
　　从区别来看:第三篇"绝对剩余价值的生产"是在假设劳动生产率和劳动强度不变的前提下,通过工作日的延长来榨取剩余价值;第四篇"相对剩余价值的生产"是在假设工作日长度不变的前提下,通过提高劳动生产率和劳动强度来榨取剩余价值。

三、结　　构

第四篇由四章组成。第十章,说明相对剩余价值的概念,为全篇提供了理论原则,具有绪论的性质。第十一章、第十二章、第十三章,研究资本主义社会劳动生产力发展的三个阶段:协作、工场手工业、机器大工业,通过对这三个阶段的分析揭示资本家如何进一步榨取相对剩余价值,劳动如何更加隶属于资本,以及资本主义的基本矛盾如何进一步发展。

四、意　　义

这一章的学习,可以使我们进一步加深对资本主义剥削实质和资本主义基本矛盾的认识。马克思在这篇里所总结的提高劳动生产力的种种方法,如果抛开它的资本主义形式,对于我们研究社会主义制度下提高劳动生产力的问题,也有现实的指导意义;本篇所讲的有关生产力、科学技术的发展,如果从劳动过程的一般观点来看,其基本原理也适用于社会主义社会。

第十章　相对剩余价值的概念

这一章分析相对剩余价值的概念,中心是说明相对剩余价值是由缩短必要劳动时间相应延长剩余劳动时间产生的。马克思说:"我把通过缩短必要劳动时间,相应地改变工作日的两个组成部分的量的比例而生产的剩余价值,叫做相对剩余价值。"(第350页)

围绕这个中心,马克思在这一章分析了相对剩余价值的产生,相对剩余价值生产与各生产部门之间的关系,相对剩余价值的形成与超额剩余价值的关系,以及资本主义条件下提高劳动生产力的对抗性。

相对剩余价值的产生(第347—350页)

相对剩余价值是由缩短必要劳动时间相应延长剩余劳动时间而产生的。在工作日不变的前提下,怎样才能延长剩余劳动时间呢?

1. 缩短必要劳动时间可以相应延长剩余劳动时间。假设工作日长度为12小时,其中必要劳动时间10小时,剩余劳动时间2小时,即

$$a\frac{10\text{小时}}{\text{必要劳动}}b\frac{2\text{小时}}{\text{剩余劳动}}c$$

如果工作日长度12小时不变,怎样才能增加剩余劳动时间呢?这就要缩短必要劳动时间,即

$$a\frac{8\text{小时}}{\text{必要劳动}}b\cdots b\frac{4\text{小时}}{\text{剩余劳动}}c$$

在工作日长度不变条件下,资本家要榨取更多的剩余价值就只能通过缩短必要劳动时间,从而相对延长剩余劳动时间的办法来实现。这里,改

变的不是工作日的长度,而是工作日中必要劳动和剩余劳动的划分。那么,怎样才能缩短必要劳动时间呢?

2. 要缩短必要劳动时间,就必须降低劳动力价值,也就是要降低劳动者必要生活资料的价值量,因为劳动力价值决定着再生产劳动力价值所必要的劳动时间。当然,资本家可以把工资压到劳动力价值以下,这就减少了劳动者必要生活资料的使用价值量,劳动力就只能有萎缩的再生产。虽然这种方法在工资的实际运动中起着重要的作用,但在现在的研究中,我们还是假定资本家按照价值购买劳动力,因而必要劳动时间就只能在劳动力价值自身下降时减少。那么,又怎样才能降低劳动力价值呢?

3. 要降低劳动力价值就必须提高劳动生产力。劳动生产力的提高,可以缩短单个商品的社会必要劳动时间,从而使较小量的劳动获得生产较大量使用价值的能力。在这种情况下,工人所消耗的生活资料数量不减少,但生活资料的价值下降了,从而劳动力价值下降了。所以,要进行相对剩余价值生产,就必须变革劳动过程的技术和社会条件,从而变革生产方式,以提高劳动生产力。通过提高劳动生产力来降低劳动力的价值,从而缩短生产劳动力价值所必要的工作日部分。

4. 相对剩余价值的概念。由缩短必要劳动时间相应延长剩余劳动时间而产生的剩余价值就叫相对剩余价值。"我把通过缩短必要劳动时间,相应地改变工作日的两个组成部分的量的比例而生产的剩余价值,叫做相对剩余价值。"(第350页)

上述分析表明,相对剩余价值生产与劳动生产力提高密切相关。那么,是不是所有生产部门劳动生产率的提高都与相对剩余价值生产有关呢?

> 相对剩余价值的生产与各个生产部门之间的关系
> (第350—351页)

1. 生产工人必要生活资料的生产部门,劳动生产力的提高可以降低劳动力价值,从而产生相对剩余价值。

2. 为生产工人必要生活资料提供生产资料的生产部门,劳动生产力的提高也可以降低劳动力价值,从而产生相对剩余价值。

3. 既不为工人提供必要生活资料,也不为制造工人必要生活资料提供生产资料的部门,劳动生产力的提高不会影响劳动力价值,从而不会产生相对剩余价值。

>相对剩余价值的形成与超额剩余价值(第351—355页)

相对剩余价值是在各个资本家追逐超额剩余价值的竞争中形成的。

1. 资本的必然趋势和这种趋势的表现形式。提高劳动生产力,降低劳动力价值是资本的必然趋势,但就单个资本家来讲,他提高劳动生产力使他的产品便宜,绝不是为了相应地降低劳动力价值,从而减少必要劳动,而是为了使他的商品变得便宜,从而获得超额剩余价值。

2. 超额剩余价值的形成。超额剩余价值是商品的社会价值和个别价值者之差。某个资本家提高劳动生产率,从而降低了商品的劳动时间,那么他的商品的个别价值就低于社会价值。市场上承认的现实价值不是个别价值而是社会价值。因此,劳动生产率较高的个别资本家在出售商品时,就不仅获得了剩余价值,而且可以获得超额剩余价值。如果他在商品的个别价值以上,社会价值以下出卖自己的商品,不仅可以获得一部分超额剩余价值,而且可以扩大它的销路,增加竞争力量。所以,资本家追求超额剩余价值的动机,使他不得不提高劳动生产率。

3. 超额剩余价值本身属于相对剩余价值的生产。因为在这种场合下,剩余价值生产的增加也是靠必要劳动时间的缩短和剩余劳动时间的延长而产生的。根据马克思的说明列表如下。

项目	产品(件)				价 值(元)					劳动时间(小时)		
	合计	C	V	m	合计	转移价值 C	新创造价值			合计	必要劳动	剩余劳动
							小计	V	m			
1	2	3	4	5	6	7	8	9	10	11	12	13
在社会平均劳动条件下	12	6	5	1	12	6	6	5	1	12	10	2
在劳动生产力提高条件下	24	$14\frac{2}{5}$	6	$3\frac{3}{5}$	20	12	8	5	3	12	$7\frac{1}{2}$	$4\frac{1}{2}$

从上表可以看出,在劳动生产力提高,个别资本家获得超额剩余价值条件下,必要劳动时间由 10 小时减为 $7\frac{1}{2}$ 小时,剩余劳动时间由 2 小时相应地增加为 $4\frac{1}{2}$ 小时。所以,采用改良的生产方式的资本家比他的同行者,可以在一个工作日中占有更多部分的时间作为剩余劳动。资本家全体在生产相对剩余价值时所要做的事情,由他个别地先做了。

4. 随着劳动生产率的普遍提高,超额剩余价值消失,但所有资本家都能获得相对剩余价值。价值由劳动时间决定的规律作为竞争的强制规律,迫使他的竞争者也采用新的生产方法。当新的生产方法一经普遍采用,这种超额剩余价值也就随之消失了。不过,随着超额剩余价值的消失,劳动力的价值却社会地下降了,相对剩余价值随之产生。所以,个别资本家的超额剩余价值消失,却为资本家全体带来了相对剩余价值。

从以上分析可以看出,相对剩余价值是资本家在追逐超额剩余价值过程中,通过提高劳动生产率而形成的。

{资本主义提高劳动生产力的对抗性（第 355—357 页）}

1. 提高劳动生产力,生产更多的剩余价值,是资本的内在冲动和经常趋势。相对剩余价值与劳动生产力成正比,它随着劳动生产力提高而提高。因此,提高劳动生产力来使商品便宜,并通过商品便宜来使工人本身便宜,从而生产更多的剩余价值,是资本的内在冲动和经常趋势。

2. 降低商品的交换价值和增加商品中包含的剩余价值是一致的。资本家提高劳动生产力,不是为了降低商品的绝对价值,而是为了提高包含在其中的剩余价值。因为相对剩余价值的增加和劳动生产力的发展成正比,而商品价值的降低和劳动生产力的发展成反比,这就是说,同一过程,即劳动生产力的发展,既使商品便宜,又使商品中包含的剩余价值提高。这就揭示了一个谜:为什么只关心生产交换价值的资本家,却又总是力求降低商品的交换价值。

3. 资本主义生产条件下发展生产力的目的是剥削更多的剩余价值。在资本主义生产关系下,通过发展劳动生产力而节省劳动,其目的绝不是为了缩短工作日,而是要缩短必要劳动时间,延长剩余劳动时间,从而获取更多的剩余价值。

可见,资本家阶级提高生产力从而降低生活资料的价值,绝不是为了劳动者的利益,而是加重对劳动者的剥削。

因此,马克思关于相对剩余价值的原理批判了西尼耳之流"工人应当感谢资本发展了生产力"(第357页)的谬论。

第十一章 协　作

协作就是许多劳动者在同一生产过程中，或在不同的但互相联系的生产过程中，有计划地一起协同劳动。如果在同一生产过程中从事协作的劳动者之间没有劳动分工，就叫做简单协作。

这一章分析的是简单协作，而且是资本主义简单协作，即较多的工人在同一时间、同一空间，为了生产同种商品，在同一资本家的指挥下工作。

简单协作是资本主义生产方式发展的第一阶段，也是相对剩余价值生产的第一阶段。

这一章是先提出问题，指出简单协作是资本主义生产的起点，然后从生产力和生产关系两方面进行分析，最后进行综合，指出协作是资本主义生产的基本形式。

简单协作是资本主义生产的起点（第358—359页）

资本主义简单协作，最初是当作个体经济的对立形式，以生产资料资本家所有制为基础，以资本家为中心组织起来的。"较多的工人在同一时间、同一空间（或者说同一劳动场所），为了生产同种商品，在同一资本家的指挥下工作，这在历史上和逻辑上都是资本主义生产的起点。"（第358页）

资本主义协作和行会手工业最初只有量的区别。

协作提高了劳动的社会生产力（第359—366页）

1. 协作形成社会平均劳动。在协作过程中，许多劳动者集合在一起，为生产同类商品而共同劳动的时候，相互间的劳动差别可以相互抵消，使劳动成为社会的平均劳动。

2. 协作可以节约生产资料。在许多工人共同参加的劳动过程中,生产资料会由于共同消费而得到节约。这是因为:第一,协作可以使生产资料得到合理的使用,但生产资料的价值,不会因为它的使用价值被充分运用而有所增加;第二,协作要求扩大生产规模,但是,一般地说,所需要增加的生产资料的价值,不会和生产资料的规模和效果按同一比例增加;第三,共同使用的生产资料转移到单个产品上去的价值部分会更小。

3. 协作不仅提高了个人生产力,而且创造了集体力。许多劳动者同时在同一不可分割的工作上共同劳动,就形成总的结合劳动。这种结合劳动的力量,比一个个劳动者的力量的机械总和要大得多。

4. 协作使许多劳动者在一起劳动,就会引起他们的竞争心和特有的精力振奋,从而提高个人的工作效率。

5. 协作可以使许多人的同种作业具有连续性,组织流水作业,使劳动对象可以更快地通过劳动过程的各个阶段,从而提高工作效率。

6. 协作可以同时进行不同的操作,组织全面作业,从多方面对劳动对象进行加工,从而缩短创造总产品所必要的劳动时间。

7. 协作可以集中力量在短时间内完成紧急的任务。许多生产部门都有紧急时期,集中大量劳动者进行协同劳动可以减少损失。

8. 协作能扩大劳动的空间范围,可以使那些需要有广阔空间的操作,如排水、筑路、修堤等大型工程得以进行。

9. 协作又能集中劳动力以缩小生产场地,从而减少非生产费用。这种缩小是由劳动者的集结,不同劳动过程的靠拢和生产资料的积聚造成的。

总之,和同样数量的单干的个人工作日的总和比较起来,因协作而结合的工作日可以生产更多的使用价值,因而可以减少生产一定产品所必要的劳动时间。协作或结合的工作日的特殊生产力,是劳动力的社会结合所形成的劳动生产力或社会的劳动生产力。这种生产力是由协作本身产生的。它是社会劳动的生产力而不是资本的生产力。

> 协作促进了资本主义生产关系的发展
> (第366—370页)

1. 协作要求资本的集中。劳动者集结在一定的场所是他们协作的条件。那么,同一个资本家,如果不同时使用雇佣工人,就不能进行协作,只有资本额集中到一定程度,能够使许多工人在一起劳动的时候,协作才得以进行。因此,协作要求资本集中,首先要求可变资本的集中,其次要求不变资本的集中。这样,最低限额的资本集中就成了资本主义协作的前提。

2. 协作发展了资本对劳动的支配。

(1) 社会化大生产客观要求指挥和管理。但是,资本主义的管理是由资本的性质决定的。一般地说,共同劳动总是要有某种指挥,以便按照生产总的要求来协调各个人的活动。就像一个乐队需要一个乐队指挥一样。不过"一旦从属于资本的劳动成为协作劳动,这种管理、监督和调节的职能就成为资本的职能。这种管理的职能作为资本的特殊职能取得了特殊的性质"(第 367—368 页)。

(2) 资本主义管理的内容是对抗的。首先,资本主义生产过程的动机和决定目的,是资本尽可能多地自行增殖,尽可能多地生产剩余价值,因而也就是资本家尽可能多地剥削劳动力。随着同时雇佣的工人人数的增加,他们的反抗也加剧了,因此,管理是资本为压制这种反抗所进行的管理。其次,随着同雇佣工人对立的生产资料的增加,资本家为使这些生产资料正常使用,防止对生产资料的浪费而管理。最后,资本主义管理,是以资本家的权威、资本家意志的权力和工人相对立。

(3) 资本主义管理的形式是对抗的。随着大规模协作的发展,这种专制也发展了自己特有的形式。资本家还把监督的职能交给了他雇佣的代理人。工厂像个大兵营,资本家把监督的职能交给了他手下的工业上的军官(经理)和军士(监工),教他们在劳动过程中以资本的名义进行指挥。资产阶级经济学家曾把奴隶制度下的这种监督活动算作非生产费用,但在考察资本主义生产时,却把由剥削所决定的管理和由社会劳动过程的性质本身引起的管理职能混为一谈。实际上,资本家之所以是资本家,并不是因为他是工业的领导人,恰恰相反,他之所以成为工业的司令官,只因为他是资本家。

另外指出了这样的问题,资本主义简单协作使劳动的社会生产力表现为资本的生产力。由于劳动者协作而提高的社会生产力不费资本分文,又由于工人在他的劳动本身属于资本以前不能发挥这种生产力,所以,劳动的社会生产力好像是资本天然具有的生产力,是资本内在的生产力。

【协作是资本主义生产方式的基本形式】（第370—372页）

1. 协作是自古就有的，但资本主义协作和过去的协作有本质的区别。原始公社的协作，一方面以生产条件的公有制为基础，另一方面以个人尚未脱离氏族或公社这一血缘关系为基础。奴隶制社会、封建社会和近代殖民地偶尔采用的大规模协作，以直接的统治关系和从属关系为基础，大多数以奴隶制为基础。相反，资本主义的协作形式一开始就以出卖自己劳动力给资本的自由雇佣工人为前提。

2. 资本主义协作是协作的一个特殊历史形式。从历史过程看，资本主义的协作是同农民经济和独立的手工业生产相对立而发展起来的。因此，协作好像是资本主义生产的特殊形式，其实，资本主义协作是协作的一个特殊历史形式。

3. 协作是资本主义生产方式的基本形式，简单协作是与一切较大规模的生产结合在一起的，它不是资本主义生产方式特有的形式，但它是资本主义生产方式的基本形式，是整个资本主义生产方式所共有的、最一般的基础。

第十二章 分工和工场手工业

工场手工业是以分工和手工劳动为基础的资本主义协作。一方面,它当作生产相对剩余价值的一种方法,加强了对工人的剥削;另一方面,工场手工业的分工,提高了社会劳动生产力,并为过渡到大机器工业准备了条件。

本章共分 5 节,分别论述工场手工业的起源、特征、性质、基本形式以及与社会内部分工的异同点。

(一) 工场手工业的二重起源

这一节主要讲工场手工业形成的两种形式及其特点。

> 工场手工业产生的两种方式(第 373—375 页)

一种方式是:不同种的独立手工业的工人在同一个资本家的指挥下联合在一个工场里,产品必须经过这些工人之手才能最后完成。

另一种方式是:许多从事同一个或同一类工作的手工业者,同时在一个工场里为同一个资本家所雇用。

不论在哪种方式下,工场手工业的结果总是以劳动分工为基础的协作。

> 工场手工业分工的特点(第 375—376 页)

1. 技术基础仍旧是手工业。
2. 工人只从事片面的劳动。
3. 它的许多优越性是从简单协作来的。

(二) 局部工人及其工具

这一节主要是讲工场手工业使劳动专业化和劳动工具专门化,从而提高了劳动生产力。

> 劳动专业化提高了劳动生产力(第376—378页)

劳动的专业化:(1)使劳动方法完善;(2)使工人经常重复做同一种工作,学会消耗最少的力量达到预期的效果;(3)局部工人的手艺代代相传,日益熟练;(4)劳动专业化还会缩小工作中的空隙,提高劳动强度或者减少劳动力的非生产消耗,从而提高劳动生产率。

> 工场手工业时期的劳动工具(第378—380页)

劳动生产率不仅取决于劳动者的技艺,而且也取决于他的工具的完善程度。工场手工业时期通过劳动工具适合于局部工人的专门的特殊职能,使劳动工具简化、改进和多样化。这同时也就创造了机器的物质条件之一,因为机器就是由许多简单工具结合而成的。

(三) 工场手工业的两种基本形式——混成的工场手工业和有机的工场手工业

这一节主要讲工场手工业由于劳动组织的变化怎么样提高了劳动生产力和对工人阶级的影响。

> 工场手工业的两种形式(第379—381页)

1. 混成的工场手工业,是指产品由许多零件机械地组成的工场手工业。
2. 有机的工场手工业,是指产品经过一系列有机程序的操作而完成的工场手工业。

> 工场手工业的分工提高了劳动生产率(第381—387页)

1. 使生产过程具有连续性。工场手工业把原来分散的手工业结合在一起,使生产过程具有连续性,各个生产程序之间彼此衔接,联系非常紧密。因此,缩短了制成品各个生产阶段之间的空间距离。制成品从一个阶段到另一个阶段所需要的时间减少了,同样用在这种转移上的劳动也减少了。因而,提高了劳动生产率。

2. 使生产阶段具有并存性。工场手工业的分工,不仅使生产过程在时间上相互衔接,而且使生产过程的各个阶段在空间上各自并存。因此,在同一时间内可以提供更多的成品。

3. 使生产因素具有比例性。为了使生产过程能够在时间上连续,在空间上并存,就必须有计划和按比例地组织生产,使劳动者人数、原料数量以及其他生产资料的数量有一定的比例。

4. 使劳动具有真正社会必要劳动的意义。在一种商品上只应耗费生产该商品的社会必要劳动时间,这在商品生产的条件下表现为竞争的外部强制,而在工场手工业内部,在一定劳动时间内提供一定量的产品,成了生产过程本身的技术规律。

5. 使机器偶然出现。在工场手工业时期,当人们认识到要减少商品生产上社会必要劳动时间这个原则的时候,也间接使用机器。但总的说来,这时机器还只起辅助作用。

> 工场手工业对工人的影响(第387—389页)

1. 工场手工业使工人片面性发展,分工使工人各自从某一方面发展他的专长,使工人成为畸形物。

2. 工场手工业造成劳动力和工资的等级制度。分工使多数工人成为简单劳动者,少数成为复杂劳动者,形成了劳动力的等级制度,与此相适应则是工资的等级制度。

3. 工场手工业使劳动力价值下降,剩余价值扩大。工场手工业中的分工,使工人简单地分为熟练工人和非熟练工人。前者因为工作简化学习费用减少;后者则不需要学习费用。在这两种情况之下,劳动力价值都会降低,从而增加了相对剩余价值。

(四)工场手工业内部的分工和社会内部的分工

这一节主要分析工场手工业内部分工和社会分工的共同点、联系和区别。

> 分工的种类(第389页)

1. 一般分工,如工业和农业两大类的分工。
2. 特殊分工,如工业再分为重工业和轻工业,农业再分为种植业和畜牧业。
3. 个别分工,指工场手工业内部的分工。

> 社会分工和工场手工业内部分工的联系(第389—392页)

1. 社会分工和工场手工业内部的分工都是从相反的两个起点发展起来的。

2. 一切发达的、以商品交换为媒介的社会分工,都是以城乡的分离为基础。

3. 社会分工和工场内部的分工都以一定量同时使用的工人为物质前提。

4. 社会分工是工场手工业内部分工的前提。工场手工业内部分工会促进社会分工的发展。表现在:(1)劳动工具的专门化,使得生产工具的行业分化;(2)同一生产者经营的行业的分化;(3)有机的工场手工业的生产阶段的独立化;(4)混成的工场手工业的零件的独立生产;(5)同一行业,因原料不同而产品品种不同的分化等;(6)促进国内的地域分工。

> 社会分工和工场手工业分工的区别(第392—395页)

1. 从产品来看,社会分工使各个独立生产者的产品都是商品,工场内部分工的局部工人不生产商品。

2. 从媒介来看,社会分工通过商品交换来媒介它们的分工;而工场内部的分工,是通过资本家购买不同劳动力结合为总劳动力来媒介他们的分工。

3. 从生产资料来看,社会分工以生产资料分散在许多互不依赖的商品生产者中间为前提。工场内部的分工则以生产资料积聚在一个资本家手中为前提。

4. 从比例性来看,在工场手工业内部,资本家占有生产资料从而对劳动分工有支配权,使生产可以按比例地进行;社会分工则由于每一个商品生产者都是生产资料私有制者,他们爱怎样生产就怎样生产,使社会生产成为无政府状态。

5. 从计划性看,在工场内部的分工中预先地、有计划地起作用的规则,在社会内部的分工中只是在事后作为一种内在的无声的、自然必然性起着作用。

6. 从权威性看,工场手工业的分工以资本家对工人的绝对权威为前提,社会分工则使独立的商品生产者相互对立,他们不承认任何别的权威,只承认竞争的权威。

> 社会分工是一切社会形态共有的,而工场手工业的分工是资本主义特有的(第395—397页)

原始公社不存在工场手工业的分工,封建行会组织也排斥工场手工业的分工。可见,"整个社会内的分工,不论是否以商品交换为媒介,是各种社会经济形态所共有的,而工场手工业分工却完全是资本主义生产方式的独特创造"。(第397—398页)

(五)工场手工业的资本主义性质

这一节主要分析工场手工业的分工,使雇佣劳动和资本的关系发生了深刻的变化。

> 工场手工业促进了资本的增大(第398页)

工场手工业的分工使雇佣工人数的增加成为技术上的必要。相应于可变资本的增加,不变资本也必须成倍增加,并且要比可变资本增加得更快。

> 工场手工业对劳动的影响(第398—402页)

1. 使劳动的结合所产生的生产力表现为资本的生产力。
2. 工场手工业的分工,使劳动者畸形化。
3. 使劳动更加隶属于资本。
4. 使智力和体力劳动进一步分离,加深了两者的对立。
5. 智力上和身体上的畸形化,还使工人患有种种职业病。

> 工场手工业的历史作用(第402—407页)

1. 工场手工业分工是生产相对剩余价值的一种特殊方法。它不仅仅是为资本家而不是为工人发展社会劳动生产力,而且靠使工人畸形化来发展社会劳动生产力。因此,一方面它表现为社会经济形成过程中的历史进步和必要的发展因素,另一方面它又是文明、精巧的剥削手段。

2. 政治经济学作为一门独立的科学是在工场手工业时期最初出现的。它只是从工场手工业分工的观点来考察社会分工,把社会分工看成是用同量劳动生产更多的商品,从而使商品便宜和加速资本积累的手段。

3. 工场手工业还有很大的历史局限性,阻碍资本主义的进一步发展。

因为,第一,工场手工业虽然把工人简单地分为熟练工人和非熟练工人,但是熟练工人占压倒优势,非熟练工人仍然不多。第二,工场手工业虽然使操作适应于劳动者的不同年龄、体力和发育,从而迫切要求在生产上对妇女儿童进行剥削。但是,由于习惯和男工的反抗而难以实现。第三,工场手工业虽然降低了工人的教育费用,从而降低了劳动力的价值,但较难的局部劳动仍然需要较长的学习时间。第四,由于手工的熟练是工场手工业的基础,所以工人也能够凭借他们的手艺和资本作斗争。第五,资本始终不能占有工场手工业工人全部可供支配的劳动时间。

4. 工场手工业是一种过渡形式。工场手工业仍然以手工技术为基础。它既不能掌握全部社会生产,也不能根本改造社会生产。工场手工业发展到一定程度,它的狭隘的技术基础和它本身创造出来的生产需要发生矛盾。因此,工场手工业必然要向机器大工业过渡。

第十三章　机器和大工业

　　这一章篇幅巨大,共有 145 页,内容丰富,涉及的问题很广,在《资本论》中占有重要的地位。

　　机器大工业是资本主义生产力发展的第三阶段,是资本主义生产的典型形式。我们知道,协作是资本主义生产方式的起点,工场手工业是向机器大生产的过渡阶段,而机器大工业才是典型的资本主义生产方式。这是因为:第一,机器大工业在质上改变了相对剩余价值的技术基础;第二,机器大工业在量上大大增加了相对剩余价值的生产。

　　这一章研究机器大工业,中心是说明机器是生产剩余价值的手段。它主要不是讲机器本身,而是讲机器的资本主义应用;主要不是讲生产力,而是讲生产力的发展对生产关系的影响。机器的应用使生产更加社会化,但生产资料更加集中在少数资本家手里,从而使资本主义生产关系和生产力的矛盾进一步发展。

　　这一章共十节,大致可分为三大部分。第一节至第四节可以作为第一部分,主要讲机器的资本主义应用怎样发展了资本主义的基本矛盾。第一节从劳动过程看机器的发展,第二节从价值形成过程看机器如何转移其价值,第三节从价值增殖过程看机器如何占有劳动力,第四节综合前面三节,从资本主义生产过程的整体来考察资本化的机器如何支配劳动者。第五节至第七节可以作为第二部分,分析资本主义基本矛盾如何表现为工人阶级和资产阶级之间的矛盾和斗争,如何表现为资本主义生产能力无限扩大和劳动群众的购买力相对缩小的矛盾。第五节讲这个矛盾首先表现为工人和机器之间的斗争,第六节讲这一斗争反映在理论阵线上的斗争,第七节继续批判资产阶级辩护士的谬论,并论及资本主义的经济危机对工人的影响。第八节到第十节是第三部分,它说明资本主义基本矛盾怎样进一步扩展,造成整个经济领域的全面资本主义化,使资本主义生产关系统治着全社会。第八节讲机器大工业如何取代工场手工业、手工业和家庭工业,第九节讲工厂法的普遍化,第十节讲机器大工业使农业资本主义化,从而到处建立起资本关系的统治。

(一) 机器的发展

资本主义生产方式的变革,在大工业中则是从劳动资料开始。因此,这一节着重分析劳动资料的变化过程,即机器的发展过程。

> 机器是生产剩余价值的手段(第408页)

资本主义生产方式的动机与目的是生产剩余价值,为了达到这个目的所采取的手段则是发展社会生产力。马克思说:"像其他一切发展劳动生产力的方法一样,机器是使商品便宜,是要缩短工人为自己花费的工作日部分,以便延长他无偿地给予资本家的工作日部分。机器是生产剩余价值的手段。"(第408页)

> 机器及其组成(第408—415页)

1. 什么是机器:机器不是复杂的工具,也不是指用自然力做动力就是机器。机器是由一个动力推动许多同样的或者同种的工具一起作业的机构(第413页)。

2. 机器的组成:一切发展了的机器,都是由发动机、传动机构、工具机或工作机三个本质不同的部分构成的。发动机是整个机构的动力。传动机构是调节运动,必要时改变运动的形式,把运动分配并传送到工具机上的机构。工具机是直接作用于劳动对象上的机构,是手工业或工场手工业过渡到机器生产的起点。

> 机器协作和机器体系(第415—419页)

1. 机器协作,就是在某种产品的生产过程中,许多同种或不同种工作机在空间上的集结。

2. 机器体系,就是在制造某种产品的生产过程中,各种不同工作机的分工协作,结合成为一个机器体系。

3. 自动机器体系,当工作机不需要人的帮助就能完成加工原料所必需的一切运动,而只需人从旁照料时,就是自动的机器体系。

> 机器的发展取决于用机器生产机器(第419—423页)

机器最初是在工场手工业内制造的。这就是说,机器生产是在和它不相适应的物质基础上自发地建立起来的。用手工来生产机器,不仅成本高,价格贵,特别是无法克服技术上的困难,处处都受到人身的限制。而在工业革命的过程中,各个工业部门包括交通运输部门,连续地发生使用机器的变革又急迫地需要大量机器。因此,大工业必须掌握它特有的生产资料,即机器本身,必须用机器生产机器。这样大工业才建立起与自己相适应的技术基础,才得以自立。

> 机器只有通过共同劳动才能发生作用(第423页)

这是因为:第一,机器使技术条件彻底改变,要求以自然力代替人力,以自然科学代替手工经验中的成规,这就需要通过人的协作劳动来使用自然力和科学;第二,机器使社会劳动组织彻底改变,在机器大工业中,以机器体系为客观骨骼,这也需要通过人们的协作劳动来操作这些机器。因此,机器只有通过直接的社会化的或共同的劳动才发生作用(第423页)。

(二) 机器的价值向产品的转移

这一节通过分析机器的使用不仅使单位产品的价值下降,而且改变了单位产品的价值构成,从而说明资本主义使用机器的局限性。

> 机器的使用使产品价值便宜(第423—428页)

机器和其他不变资本一样不创造价值,而只是把它自身的价值转移到新产品中去。如果就价值转移这一点来说,机器生产的产品将因机器的价值比工具大得多,因而比工具生产的产品更贵。那么,机器怎样使产品便宜呢?

1. 机器的利用量大,而磨损量小,从而转移的价值小。无论工具还是机器都全部投入劳动过程,部分进入价值增殖过程。但是,机器的利用量比工具大得多,而磨损量比机器小得多。这是因为:第一,机器的寿命比手工工具长得多。第二,机器按科学规律使用使它的各个组成部分和辅助材料大为节约。第三,机器的生产范围比工具大得多。因此,相应地转移到产品中去的价值比工具小得多。第四，机器的无偿服务比工具大得多。在大工业中，机器就像自然力那样无偿地发生作用。第五，共同消费某些共同的生产条件，也会使单位产品便宜。在机器生产中，许多工具共同消费一个工作机，许多工作机又共同消费一个发动机和一部分传动机构，因而机器产品也就便宜了。

2. 机器转移到产品中的价值大小取决于以下因素：机器向产品转移的价值量，首先与它所生产的产品的数量成比例；其次与机器的运转速度成反比例；最后，和机器本身的价值成正比例。

3. 结论："在机器产品中，由劳动资料转来的价值组成部分相对地说是增大了，但绝对地说是减少了。"（第427页）列表如下。

类别	产量	产品价值				单位产品价值				劳动资料价值在单位产品中所占比重
		c	v	m	合计	c	v	m	合计	
1	2	3	4	5	6	7	8	9		10
手工	100	100	100	100	300	1	1	1	3	33%
机器	100 000	10 000	1 000	1 000	12 000	0.1	0.01	0.01	0.12	83%

由上可见，采用了机器，在单位产品价值中，劳动资料转移的价值由1减到0.1，绝对量减少了，但劳动资料价值在单位产品中所占的比重由33%提高到83%，相对地增加了。

机器生产率（第428—430页）

机器生产率由机器所费的劳动与它所节省的劳动的差额来表示，而不是由机器本身的价值和它所代替的工具的价值之间的差额来决定。又因为由手工生产转变为机器生产以后，产品中物化劳动的绝对量变动不大，活劳动部分却急剧减少。所以，机器生产率又可以用它所代替的人类劳动力的程度来衡量。

资本主义使用机器的界限（第430—432页）

1. 使用机器的一般界限：机器作为使产品便宜的手段，那么，使用机器的界限就在于：它所费的劳动必须少于它所代替的劳动。

2. 资本主义使用机器的界限：由于资本支付的

不是所使用的劳动,而是所使用的劳动力的价值,因此,对资本说来,只有机器的价值少于它所代替的劳动力的价值的时候,才会使用它。

3. 共产主义社会,机器的作用范围将和在资产阶级社会完全不同(第431页)。

(三) 机器生产对工人的直接影响

这一节中心是说明资本主义使用机器怎样加强了对工人阶级的剥削。

{资本对补充劳动力的占有(第433—441页)}

机器的资本主义运用,有可能使资本家大量雇佣童工和女工,从而使资本与雇佣劳动的关系起了深刻的变化。

1. 扩大了剥削范围。它使工人家庭的全体成员不分男女老少都处在资本的直接统治剥削之下。

2. 提高了剥削程度。机器把工人家庭全体成员都抛到市场后,工人家庭生活费用不集中在男劳动力上面,而是分摊到全家,这样就使劳动力的价值下降,剩余价值率提高。

3. 使工人和资本家之间的契约发生了革命。过去工人出卖自己的劳动力,在形式上还当作自由人,现在他出卖妻子儿女,成了奴隶贩卖者。

4. 机器使妇女和儿童的身体愈益萎缩,又使他们的精神备受摧残。

5. 机器打破了工场手工业时期成年男工凭借手艺和体力所保有的一些对资本的反抗力。资本的统治空前强化。

{工作日的延长(第441—448页)}

机器创造了工作日的新条件,也创造了延长工作日的新动机。具体说来,有以下五个方面。

1. 机器发生作用的期间越长,由机器转移到单位产品上的价值也就越小。因此,资本为了吸收剩余价值,就要求尽可能延长工作日,最好机器24小时都不停地运转。

2. 资本家为了减少机器损耗所造成的损失,尽力延长工作日。机器的损耗有两种:有形损耗,包括使用的磨损和不使用的自然损耗;无形损耗,是由于新的更便宜更有效的机器出现,使旧机器价值贬值所造成的损失。这些损耗的减少,只有通过延长工作日来缩短机器总产值再生产的时间才能达到。所以,资本家尽力要延长工作日。

3. 资本家为了减少不变资本的支出，尽量延长工作日。延长工作日不仅能增加剩余价值，还能相对地减少为获得这项剩余价值所需要的投资。

4. 资本家为了获得超额剩余价值而延长工作日。在采用机器的初期，资本家为了不失时机，就无限制延长工作日，以占有更多的超额剩余价值。

5. 为了克服机器普遍应用后可变资本减少又要增加剩余价值的矛盾，资本家竭力延长工作日。在机器普遍采用后，超额剩余价值消失，一般剩余价值率提高。在机器生产的场合下，可变资本必然会因投资庞大而减少。这个矛盾也推动资本家拼命延长工作日。

因此，机器的资本主义使用，一方面创造了延长工作日的新的动机，另一方面又造成失业人口的存在，迫使工人听命于资本家强加于他们的纪律。这样，机器就打破了工作日的一切道德界限和自然界限。机器本身是缩短劳动时间最有力的手段，反而成为把工人一家的全部生活时间变成增殖资本的劳动时间的最可靠的手段。

劳动的强化（第448—458页）

机器还是通过提高劳动强度来榨取相对剩余价值的一种重要手段。

1. 劳动外延量（延长劳动时间）向劳动内含量（提高劳动强度）的转化。

随着机器的资本主义使用，工作日延长了，劳动内含量也随之加强了。但是，从劳动者的生理界限来讲，劳动力的活动能力同它的活动时间成反比。如果劳动的外延量和内含量同时增加，势必使社会的生命根源受到威胁，结果在工人阶级的斗争下，产生了受法律限制的正常工作日。从此，资本家就竭尽全力，一心一意加快发展机器体系来生产相对剩余价值，迫使工人在同样的时间内增加劳动消耗，提高劳动力的紧张程度。那么，资本家是怎样提高工人的劳动强度呢？

2. 资本家提高劳动强度的方法。

（1）从主观条件劳动力来讲，资本家是用计件工资以及改进劳动组织等等办法，使劳动者在一定时间内支出更多的劳动。

（2）从客观条件劳动资料来讲，资本家手中所有的机器，则是提高劳动强度,榨取更多剩余劳动的手段。这是通过两种方法达到的:一种是提高机器的速度;另一种是扩大同一个工人看管的机器数量,即扩大工人的劳动范围。提高劳动强度带来什么后果呢?

(3) 劳动强度提高使工人健康和劳动能力受到严重损害。劳动力的榨取强化以后,资本家的财富增加得更快了。但是,由于机器运转的加速,使劳动紧张到使人吃惊的程度。结果工人的健康受到损害,伤亡率大大提高,从而破坏劳动力本身的程度。

(四) 工厂

这一节分析工厂出现后,工人在工厂中所处的地位和命运。

1. 资本主义工厂制度的特征,是机器成为主体,而工人成为客体。
2. 在工厂里代替工场手工业所特有的专业工人的等级制度的,是机器的助手所要完成的各种劳动的平等的趋势。
3. 工厂消灭了工场手工业的旧式分工,重新建立了适合资本需要的新分工。
4. 由于工厂的全部运动不是从工人出发,而是从机器出发,因此经常不断地更换工人。
5. 工厂使工人成为机器的附属物。在工场手工业中,是工人利用工具;在工厂中,是工人服侍机器。在工场手工业中,是劳动资料的运动从工人出发,在工厂中是工人跟随劳动资料运动。
6. 工厂损害工人的身心健康。
(1) 机器损害神经系统,侵吞工人身体和精神上的一切自由活动,使劳动毫无内容;(2)劳动条件使用工人;(3)智力变成资本支配劳动的权力。
7. 工厂创造了兵营式的纪律。这种纪律发展成为完整的工厂制度,把工人分为劳工和监工。
8. 工厂使工人的劳动条件和生活条件恶化,工厂成为"温和的监狱"。

(五) 工人和机器之间的斗争

这一节说明,既然机器在资本主义制度下成为剥削工人的手段,因而一定会受到工人阶级的反抗。

雇佣工人和资本家之间的阶级斗争,是同资本关系本身一起开始的。但是,工人反对劳动资料的斗争,只是在采用机器以后才开始的。这是因为:第一,劳动资料一作为机器出现,立刻就成了工人的竞争者,使工人大量失业;第二,由于当时工人是一个自在的阶级,还不能透过机器排挤工人的现象看到资本主义使用机器剥削工人的本质。因此,他们只攻击机器,没有攻击掌握机器的资产阶级。对工人来说,要区别机器和机器的资本主义使用,从而把斗争的矛头由指向生产资料转向生产资料的社会使用形式,转向资本主义剥削制度,是需要时间和经验的。

{ 工人反抗机器的斗争,实质上是他们反对资本主义剥削的一种表现(第468—471页) }

在资本主义制度下,劳动资料一作为机器出现,立刻就成了工人本身的竞争者。机器不仅扼杀手工工人,在大工业内部,机器不断改进,也会排挤更多的工人,而且可以用不熟练的劳动代替熟练的劳动,用童工代替成年工,用女工代替男工,从而大大压低劳动力的价格。

{ 机器的资本主义应用造成过剩人口(第471—479页) }

机器不仅是排挤工人的手段,而且是资本用以压制工人运动的武器。很多事实证明,机器就是作为资本对付工人暴动的武器而出现的。

(六)关于被机器排挤的工人会得到补偿的理论

这一节是讲阶级斗争在理论上的表现。因此,它是上节的继续。这一节主要是批判机器所驱逐的工人会得到补偿的理论。

{ 批判被排挤的工人会得到补偿的理论(第479—483页) }

资产阶级经济学家穆勒、西尼耳之流为了反对工人运动,维护资产阶级利益,炮制出了机器排挤工人会腾出相应的资本,再去雇佣被排挤出来的工人的谬论。针对这一谬论,马克思给予了严厉的批评。

1. 机器排挤出工人不可能游离出相应的资本。因为,代替工人的机器不是白白得到的,而是靠排挤工人腾出来的可变资本购置的。(1)这里发生的只是可变资本转变为不变资本,而不可能游离出资本。(2)如果机器的价值小于被解雇的工人的工资额,这时,可以游离出一些可变资本。但是,游离出的资本只是资本的一部分,它还要分为不变资本和可变资本,而用来雇佣工人的部分很小。(3)当然,由于机器的应用,机器制造业的发展需要雇佣一些工人。但是,机器制造业所要雇佣的工人是另一些工人,与排挤出来的工人是两回事。所以,随着机器使用范围的扩大,随着机器的改进,同量资本所雇佣的工人逐步减少。

2. 机器排挤工人只能游离出工人的生活资料。因为,工人被机器排挤以后,他们根本无钱购买生活资料。但是,这决不能使它游离出资本。生活资料对工人来说不是资本,而是商品。工人对商品来说,他不是工人,而是买者。机器把他们从购买手段中游离出来,于是就把他们从买者变成非买者,结果,这些商品的需求减少了,价格下跌了,生产下降了,这些雇佣工人被解雇了。

3. 机器排挤工人是游离着过剩人口。与资产阶级学者护士们的说教正好相反,机器排挤工人不是游离出资本,而是游离出一个"过剩人口",游离出生活资料。

{机器排挤工人是机器的资本主义应用的结果(第483—484页)} 机器本身对于把工人从生活资料中"游离"出来是没有责任的。"同机器的资本主义应用不可分离的矛盾和对抗是不存在的,因为这些矛盾和对抗不是从机器本身产生的,而是从机器的资本主义应用产生的。"(第483页)

1. 机器本身可以缩短劳动时间,但是机器的资本主义应用延长工作日。2. 机器本身可以减轻劳动,但机器的资本主义应用提高劳动强度。3. 机器本身是人对自然力的胜利,但机器的资本主义应用使人受自然力的奴役。4. 机器本身增加生产者的财富,但机器的资本主义应用使生产者变成需要救济的贫民。

{机器会排挤本部门的工人,但会引起其他部门工人的增加(第484—489页)} 一个生产部门采用机器怎么会引起其他部门的工人的增加呢?

1. 机器生产的产品的增加,消耗的原料也就增加,因此原料的生产部门就要扩大。2. 随着机器生产在一个工业部门的扩大,给这个工业部门提供生产资料的那些部门的生产必须增加。3. 机器参加了产品生产中的一个过程,就会引起其他过程劳动需要的增加。4. 机器生产会使社会分工扩大,因而使社会生产部门越来越多样化。5. 采用机器的直接结果使社会产品中有较大的部分变成剩余产品。剥削阶级财富的增加,产生出新的奢侈要求,因而生产奢侈品的生产部门要增加。6. 大工业造成新的世界市场,随着世界市场的发展,运输业对劳动的要求增加了。7. 机器生产的发展,使那些生产在较长时间才能收效的产品(运河、船坞、桥梁等)的工业部门中的劳动扩大了。8. 大工业引起生产力高度的发展,对劳动力的剥削进一步加强,使工人阶级中越来越大的部分有可能被用于非生产劳动,使仆人、侍女、侍从等等"仆役阶级"增加。

"虽然机器在应用它的劳动部门必然排挤工人,但是它能引起其他劳动部门就业的增加。不过这种作用同所谓的补偿理论毫无共同之处。"(第484页)

为什么会与补偿理论毫无共同之处呢?因为这些部门吸收工人是由新的积累的资本而来,不是由排挤工人所腾出的资本而来。

(七) 工人随着机器生产的发展而被排斥和吸引。棉纺织业的危机

这一节是说明机器的发展与工人就业的关系以及英国棉纺织业危机中工人阶级的状况。

〔机器生产的发展与工人就业的关系(第489—498页)〕

1. 随着机器生产的发展,使有些工厂所使用的工人不仅相对地减少,而且绝对地减少了。

2. 随着机器生产的发展,就业工人的绝对数有所增加,相对数却会减少。当然,随着机器生产本身的发展,工厂工人人数最后可以比排挤的手工工人的人数多。但这绝不意味机器经营不会使工人被排挤而成为失业者,从而绝不意味这些被排挤的工人会得到补偿。

3. 随着机器生产的发展,会产生奴役性的国际分工。由于采用机器会获得异常高的利润,资本家就到处使用机器。一方面在国内用机器来加速原料生产,另一方面在国外用廉价的机器产品和用机器改造的交通运输业,去夺取国外市场,并把国外变成自己的殖民地,使地球的一部分成为主要从事农业的生产地区,以服务于另一部分主要从事工业的生产地区。

4. 随着机器经营的发展,必然会产生经济危机。在周期循环中工人时而被排挤,时而被吸收。这就使工人的生活毫无保障,极不稳定。

> 英国棉纺织业危机中工人阶级的状况（第498—503页）

马克思用英国棉纺织业的危机的历史资料,说明工人的贫困,从而彻底驳斥了"补偿论"。

（八）大工业所引起的工场手工业、手工业和家庭劳动的革命

这一节论述机器经营怎样征服手工经营。这一节可分为三大部分:(a)以手工业和分工为基础的协作的消灭;(b)、(c)、(d)机器经营使近代工场手工业和家庭劳动从属于自己,并从而残酷地剥削手工业劳动者;(e)现代工场手工业和家庭劳动向大工业过渡。

> 以手工业和分工为基础的协作的消灭（第503—505页）

机器如何消灭以手工业为基础的协作,可以用收割机代替手工收割者的协作为例子;机器如何消灭以分工为基础的协作,可以用制针机取代工场手工业的内部协作为例子。在这个转换过程中,往往先采取工具机,而后再使用动力机。在这个转换过程中,机器大工业使大批小生产者破产。

> 工厂制度对于工场手工业和家庭劳动的反作用（第505—515页）

1. 工厂制度改变了工场手工业和家庭劳动的性质。(1)工厂制度彻底改变了工场手工业的旧的分工,并把分工的基点放在使用女工、童工和非熟练工人劳动上,即放在所谓"廉价劳动"上。(2)工厂制度使家庭工业成了工厂或商店的分支机构。

2. 工厂制度使剥削加强。(1)现代工场手工业对廉价劳动力和未成熟的劳动力的剥削,比在机器大工业中还要无耻。这里面多是笨重的体力劳动,毫无劳保设备,女工和童工经常在毒物的侵害之下。(2)家庭劳动中的剥削比工场手工业更加无耻。这是因为:①分散的劳动者反抗较小;②有许多中间剥削;③贫困剥夺了劳动者必要的劳动条件(空间、光线、通风设备等等);④职业越来越不稳定;⑤失业工人的竞争。

前面我们已经看到,由于采用机器生产才实现的生产资料的节约,一

开始就同时是对劳动力的最无情的浪费和对劳动的正常条件的剥夺。而现在,我们又看到,在工场手工业和家庭劳动中,这种节约就越暴露它的对抗性的和杀人的一面。马克思从第507到515页列举了大量实际材料来加以证明。

<u>现代工场手工业和家庭劳动向大工业的过渡(第515—527页)</u>

1. 为什么要过渡?这是因为,单靠滥用妇女劳动力和未成年劳动力,单靠掠夺一切正常的劳动条件和生活条件,单靠残酷的过度劳动和夜间劳动来实现的劳动力便宜化,终究会一方面遇到手工劳动者的生理限制,另一方面更不能满足市场扩大后竞争的需要。所以,要求采用机器把分散的家庭劳动和工场手工业迅速转变为工厂生产。

2. 工厂法怎样加速了这种过渡?(1)工厂法的推行强制规定工作日的长度、休息时间、上下工时间、实行儿童的换班制度等,使无限制的剥削受到了限制,资本家不得不以机器代替人工。(2)工厂法的推行,加速了生产技术的改进,一方面使工场手工业转化为工厂的物质条件成熟起来,另一方面又由于资本支出的扩大加速了小师傅的破产和资本的积聚。

(九)工厂法(卫生条款和教育条款)。它在英国的普遍实行

这一节说明工厂法的普遍化,使资本主义基本矛盾进一步发展。

<u>工厂法的卫生条款(第527—529页)</u>

工厂法的卫生条款内容非常贫乏,工人健康毫无保障。但从资本主义生产来讲,也只会如此,否则就会动摇资本主义生产的方式的基础。资本主义生产方式按其本质来说,只要超过一定的限度就拒绝任何合理的改良。

<u>工厂法的教育条款(第529—535页)</u>

工厂法的教育条款内容同样是贫乏的,但还是把初等教育当作劳动的强制条件宣布了。这一成就第一次证明了体力劳动同智育和体育相结合的可能性,而且大工业的本性决定了劳动的变换、职能的更动和工人的全面流动性,从而工人尽可能多方面的发展是社会生产的普遍规律。

马克思在这里对社会主义教育还作了两个科学预见:

第一,社会主义教育要实行教育与生产劳动相结合。"未来教育对所有已满一定年龄的儿童来说,就是生产劳动同智育和体育相结合,它不仅是提高社会生产的一种方法,而且是造就全面发展的人的唯一方法。"(第530页)

第二,社会主义学校教育要理论联系实际。"工人阶级在不可避免地夺取政权以后,将使理论的和实践的工艺教育在工人学校中占据应有的位置。"(第535页)

> 大工业瓦解了旧家庭制度的经济基础,创造了新的家庭关系的经济基础(第536—537页)

大工业在扩大它的剥削对象时,使工人不得不把他的妻子儿女送到工厂被摧残。然而,"不论旧家庭制度在资本主义制度内部的解体表现得多么可怕和可厌,但是由于大工业使妇女、男女少年和儿童在家庭范围以外,在社会组织起来的生产过程中起着决定性的作用,它也就为家庭和两性关系的更高级形式创造了新的经济基础"(第536—537页)。

> 工厂法的普遍化,使资本主义基本矛盾成熟起来(第537—550页)

1. 工厂法的普遍化是大工业历史发展的必然产物。

2. 工厂法的普遍化的结果使资本主义基本矛盾激化,表现在三个方面:(1)生产社会化与资本主义私人占有的矛盾普遍和加深。(2)工人阶级与资产阶级的阶级斗争普遍化。(3)资本主义企业内部的计划性与整个社会生产无政府状态的矛盾加重。因此,工厂法"在使生产过程的物质条件及其社会结合成熟的同时,也使生产过程的资本主义形式的矛盾和对抗成熟起来,因此也同时使新社会的形成要素和旧社会的变革要素成熟起来"。(第550页)

(十) 大工业和农业

这一节说明资本主义大工业对农业的影响,以及农业资本主义化的后果。

> 机器在农业中的应用引起农村人口的"过剩"(第551页)

在农业方面机器排斥工人更为强烈,而且遭到抵抗较少。马克思说:"如果说机器在农业中的使用大多避免了机器使工厂工人遭到的那种身体上的损害,那么机器在农业中的使用在造成工人'过剩'方

面却发生了更为强烈的作用,而且没有遇到什么抵抗。"(第551页)

> 资本主义大工业对农业的影响(第551—553页)

1. 机器在农业中的应用引起农村人口"过剩"。在农业方面机器排斥工人更为强烈,而且遭到抵抗较少。

2. 大工业在农业方面所起的积极作用,是消灭了旧的生产关系,而代之以资本和雇佣工人的关系,而且使农业也社会化了。

3. 资本主义大工业造成了农业和工业的分离和对立,同时又为工业和农业更高级的结合,创造了物质前提。

马克思在谈到资本主义时期在农业方面的作用指出,资本主义生产力的巨大发展,为更高级的社会形态——社会主义社会——创造了物质前提。关于资本主义时期在农业方面的成就,按照马克思的论述,可以分成两点。

(1) 资本主义大工业造成了农业和工业的分离与对立。我们知道,农业和工业结合在一起是历史上一个很长时期内自然经济的一个基本特征。当然在奴隶社会产生初期,农业与手工业已经在一个范围内发生了分离,但在一个很长的时期中,手工业仍然普遍地作为家庭副业来经营的。到了资本主义时代,由于资本主义生产的发展,破坏家庭手工业,使农业与手工业真正分离。此后,工业与农业,城市与乡村,便在对立的形态上发展着。"这样,它同时破坏了城市工人的身体健康和农村工人的精神生活。"(第552页)这就是说,集中在工业城市的劳动者,生活在拥挤肮脏和缺乏阳光和新鲜空气的环境中,身体健康受到损害,而农村劳动者与作为文化中心的城市隔绝,精神生活贫乏。

(2) 资本主义生产为农业和工业的较高级的结合创造了物质前提。这表现在:第一,工业需要原料和生活资料的增加上面;第二,农业表现在农业机械和农村的城市化上面。

4. 资本主义生产使人口向城市集中,这样,它一方面聚集着社会的历史动力,另一方面又破坏了人和土地的物质变换,但又创造了这种物质变换关系能在更高阶段上恢复起来的物质前提。

"人与土地的物质变换"就是:任何人利用土地来生产自己所需要的东

西,如吃的、穿的,都要从土地上长出来。人消费了土地长出的东西以后,将会留下一些东西——粪、尿以及垃圾等等,那会回到土地中去,形成土地的新的物质成分,使农民可以重新种植农作物。但是,资本主义破坏了这一物质变换。在资本主义社会里,人口大量集中在城市里,人们消费以后,留下的东西,不能回到土地中去增加土地的肥力,反而要花一笔很大的费用去消除它。不过"资本主义生产在破坏这种物质变换的纯粹自发形成的状况的同时,又强制地把这种物质变换作为调节社会生产的规律,并在一种同人的充分发展相适合的形式上系统地建立起来"(第552页)。那种在资本主义时期已经开始的化学工业和农业机械制造工业的发展,特别是农业化学肥料的发展,使人们能用科学的方法制造各种肥料和农业机器,提高农业劳动生产率,并且创造了这样的物质前提,以便在一个更高的发展阶段,使人与土地的物质变换,即农业生产完全适合于人类的发展。

5. 资本主义农业的特点,不仅是掠夺劳动者的技巧的进步,同时也是掠夺土地技巧的进步。

在农业上,像在制造业上一样,是用损害和摧残劳动人民的办法,来获得较高的劳动生产力和提高劳动强度。具体可以从两方面来理解:

一方面,马克思指出:"在现代农业中,也和在城市工业中一样,劳动生产力的提高和劳动量的增大是以劳动力本身的破坏和衰退为代价的。"(第552页)这就是说,资本主义在农业中发展的历史,就是广大农民群众日益贫困和破产的历史。

另一方面,马克思指出:"资本主义农业的任何进步,都不仅是掠夺劳动者的技巧的进步,而且是掠夺土地的技巧的进步。"(第552页)可见,资本主义为了榨取更多的剩余价值,不但要剥削劳动者,使农民日益贫困,而且还要剥夺土地的肥力,拼命耗费土地的肥力,以获得更多的利润。

总起来说,资本主义农业的特征,就是为了获得更多的利润而掠夺劳动者和掠夺土地。因此,马克思指出:"资本主义生产发展了社会生产过程的技术和结合,只是由于它同时破坏了一切财富的源泉——土地和工人。"(第553页)

第五篇

绝对剩余价值和相对剩余价值的生产

简　介

一、中　心

　　这一篇没有自己特殊的研究对象,是前两篇的综合。
　　前两篇分别考察了资本主义生产剩余价值的两种方法:绝对剩余价值的生产和相对剩余价值的生产。在这一篇,马克思把这两者综合起来进行考察,进一步说明资本主义生产的本质,以及劳动力价格和剩余价值量的变化规律。

二、结　构

　　这一篇由三章组成,第十四章论述绝对剩余价值和相对剩余价值的辩证关系,是前两篇的总结,是这一篇的重点。第十五章劳动力价格和剩余价值的量的变化和第十六章剩余价值率的各种公式,是从绝对剩余价值和相对剩余价值生产相结合的角度,研究剩余价值率的数量变化规律。

第十四章　绝对剩余价值和相对剩余价值

这一章中心是说明资本是一种特殊的历史的生产关系。在这种特殊的历史生产关系下：(1)生产劳动表现为资本增殖的手段；(2)工人必须为资本生产绝对剩余价值和相对剩余价值；(3)剩余价值的生产只能由资本主义生产关系来说明，而不能由自然条件来说明；(4)因此，资产阶级经济学家把资本和剩余价值视为永恒的范畴是错误的。

与此相适应，这一章分为四个部分：(1)资本主义的生产劳动；(2)绝对剩余价值与相对剩余价值的辩证关系；(3)剩余价值生产的经济基础和自然基础；(4)批判资产阶级经济学家关于剩余价值来源的谬论。

学习这一章，对于我们全面地完整地掌握马克思的剩余价值理论，对于怎样区分生产劳动与非生产劳动，对于正确理解自然条件在经济发展中的地位和作用，都具有重要的理论意义和现实意义。

资本主义的生产劳动(第555—557页)

1. 简单劳动过程生产劳动的概念。从简单劳动过程的观点考察，生产劳动就是直接生产物质资料(即使用价值)的劳动。正如第五章所讲的："如果整个过程从其结果的角度加以考察，那么劳动资料和劳动对象表现为生产资料，劳动本身则表现为生产劳动。"(第205页)这个从简单劳动过程的观点得出的生产劳动的定义，对于资本主义生产过程是绝对不够的。

2. 劳动过程中协作关系的发展生产劳动的概念扩大了。为了从事生产劳动，现在不一定要亲自动手，只要成为总体工人的一个器官，完成他所属的某一种职能就够了。这就是说，由于协作关系的发展，直接和间接从事物质资料生产的劳动都是生产劳动。

3. 资本主义生产又使生产劳动的概念缩小了。这是因为,资本主义生产不仅是商品的生产,而且是剩余价值的生产,因而只有生产剩余价值的劳动才是生产劳动。也就是说,工人单是进行生产已经不够了,他必须生产剩余价值。只有为资本家生产剩余价值或者为资本的自行增殖服务的工人,才是生产工人。因此,生产工人的概念不只包含工人活动和它的结果(产品)之间的关系,而且还包含一种特殊、历史地产生的生产关系。这种生产关系把工人变成资本增殖的直接手段。

绝对剩余价值和相对剩余价值的辩证关系(第557—559页)

绝对剩余价值和相对剩余价值是剩余价值生产的两种方法,两者既有联系又有区别。

1. 绝对剩余价值生产是相对剩余价值的生产的基础和起点。这是因为绝对剩余价值的生产,只同工作日长度有关,但相对剩余价值的生产,要以工作日已经延长到必要劳动以上为前提,并以此为起点,变革劳动的技术过程和劳动组织,从而缩短必要劳动时间,才能产生。

2. 绝对剩余价值以劳动对资本的形式隶属为前提,相对剩余价值则以劳动对资本的实际隶属为前提。所谓劳动对资本的形式隶属就是劳动在资本主义生产关系上隶属于资本。绝对剩余价值的生产只要劳动在资本主义生产关系上隶属于资本就够了。随着生产力的发展,资本主义的劳动过程通过分工和采用机器生产、技术条件和劳动组织发生了根本变革,工人成为部分劳动者,被当作活的附属物并入死的机器。这就意味劳动者不仅在形式上,而且在实际上隶属于资本。相对剩余价值的生产,要求劳动对资本的形式隶属,让位于劳动对资本的实际隶属。

3. 生产相对剩余价值的方法同时也是生产绝对剩余价值的方法。这是因为机器是延长工作日最有力的手段。

4. 绝对剩余价值与相对剩余价值互为前提又有区别。相对剩余价值是绝对的,因为它以工作日绝对延长超过必要劳动时间为前提。绝对剩余价值是相对的,因为它以劳动生产力发展到能够把必要劳动时间限制为工作日的一个部分为前提。但是,只要涉及到如何提高剩余价值率的问题,这两种形式的差别就可以感觉到了。假定劳动力按其价值支付,那么,或者是劳动生产力和劳动强度不变,剩余价值率就只有通过工作日的绝对延长才能提高;或者是工作日的长度已定,剩余价值率只有通过提高劳动生产力或劳动强度,从而缩短必要劳动而相对地增加剩余劳动来提高。

剩余价值生产的经济基础和自然基础（第559—563页） 剩余价值的生产应当从经济基础即由资本主义生产关系来说明,而不能由自然条件或劳动生产率来说明。但是,也不能说自然条件和劳动生产率对剩余价值生产毫无关系。

1. 一定程度的劳动生产率是剩余价值生产的前提。无论哪种形式的剩余价值的生产,都要以一定的劳动生产力为前提。如果劳动生产力极为低下,以致劳动者要用他全部时间去生产维持他和他家属的必要生活资料,那就没有剩余劳动,也就没有剥削阶级。没有一定程度的劳动生产率,工人就没有这种可供支配的劳动时间,而没有这种剩余时间,就不可能有剩余劳动,从而不可能有资本家。

2. 剩余价值的产生不是靠自然条件,而是历史发展的产物。可以说剩余价值有一个自然基础,但这只是从最一般的意义来说,即良好的自然条件从而以自然为条件的劳动生产力,使劳动者不必花全部时间从事必要劳动,于是提供了剩余劳动的可能性。但是,可能性还不是现实性,绝不能认为自然发生的劳动生产率是剩余价值生产的原因。资本关系所适应的劳动生产力,不是自然的恩惠,而是几十万年劳动者对自然斗争的历史的结果。

3. 劳动生产率与自然条件是分不开的,劳动生产率总是和自然条件结合在一起的。自然条件可以归结为人本身的自然（如人种等）和人的周围的自然。外界自然条件在经济上又可分为两大类,即生活资料的自然富源和生产资料的自然富源。前者在人类文化初期具有决定性意义,后者在较高发展阶段具有决定意义。

4. 自然条件的优劣,对于剩余劳动的数量大小有一定的影响。自然条件,例如气候越好、土地自然肥力越大,劳动者绝对需要满足的自然需要就越少,维持与再生产这些必要生活资料的必要劳动就更少。自然发生的劳动生产率可以使必要劳动减少,从而提供了剩余劳动增加的可能性。所以,劳动的自然条件,特别是土壤的自然肥力,会影响剩余价值量,但绝不能反过来说,最肥沃的土壤最适于资本主义生产方式的生长。资本主义生产方式以人对自然的支配为前提,而不是以自然条件为前提。资本的祖国不是草木繁花的热带,而是温带。

5. 自然条件只对剩余价值的生产提供可能性,而其现实性在于资本主义生产关系。良好的自然条件从而较高的劳动的自然生产力,始终只提供剩余价值的可能性。要使这种可能性转化为现实性,还需要外部的强制,即需要资本主义生产关系的强制。在资本主义社会,社会劳动的生产力和以自然为条件的劳动生产力都表现为合并劳动的资本的生产力,都被资本家用来生产剩余价值。

总之,剩余价值的生产,应该从资本主义生产关系去说明,而不能由劳动生产率或自然条件去说明。

批判资产阶级经济学家关于剩余价值起源的谬论（第563—566页）

1. 李嘉图学派有意回避剩余价值的起源问题。李嘉图从来没有考虑到剩余价值的起源。他把资本主义生产方式看作永恒的自然形式,把剩余价值看作资本主义生产方式固有的东西。在他谈到劳动生产率的时候,只是寻找剩余价值量的原因。相反,他的学派却公开宣称,劳动生产力是利润(应读为剩余价值)产生的原因,不过对这个问题,李嘉图学派也只是回避,而没有解决。这些资产阶级经济学家具有资产阶级的本能,懂得过于深入地研究剩余价值的起源这个爆炸性问题是非常危险的。

2. 批判穆勒曲解剩余价值起源的谬论。(1)穆勒把劳动时间的持续和劳动产品的持续混为一谈。(2)穆勒认为利润是由劳动生产力决定的。(3)穆勒把剩余价值率和利润率混为一谈。(4)穆勒胡说资本主义到处存在,把资本主义视为永恒的。(5)穆勒污蔑工人也是资本家。

马克思说:"平地上的一堆土,看起来也像座小山;现代资产阶级的平庸,从它的'大思想家'的水平上就可以测量出来。"(第566页)

第十五章 劳动力价格和剩余价值的量的变化

这一章从绝对剩余价值和相对剩余价值的相结合的角度,研究劳动力价格和剩余价值的量的变化,即剩余价值率。在这种情况下,剩余价值率的变化,基本上有三个因素:(1)工作日长度;(2)劳动强度;(3)劳动生产力。这三个因素有各种不同的组合,以下四节只谈了几种主要的组合,其中第一节、第二节、第三节分别说明这三个因素中假定两个因素不变,只有一个因素变化的影响,最后第四节则综合论述在三个因素同时变化下的影响。

(一) 工作日的长度和劳动强度不变(已定),劳动生产力可变

在这个假定下,劳动力价值和剩余价值是由三个规律决定的。

第一,不论劳动生产率如何变化,从而不论产品数量和单位商品的价格如何变化,一定长度的工作日总表现为相同的价值产品。

第二,劳动力价值和剩余价值按照相反的方向变化。劳动生产力的变化,它的提高与降低,按照相反的方向影响劳动力的价值,按照相同的方向影响剩余价值。劳动生产率提高,会降低劳动力价值,提高剩余价值;劳动生产率下降,提高劳动力价格,降低剩余价值。

第三,剩余价值的增加或减少始终是劳动力价值相应地减少或增加的结果,而绝不是这种减少或增加的原因。

根据这个规律,剩余价值的变化是以劳动生产力的变化所引起的劳动力价值的变动为前提的。在劳动生产力提高时,劳动力的价格能够不断下

降,工人的生活资料同时不断增加。但是相对地说,即同剩余价值比较起来,劳动力的价值还是不断下降,从而工人和资本家的生活状况之间的鸿沟越来越深。

(二) 工作日和劳动生产力不变,劳动强度可变

在这种假定下,对产品价值、劳动力价格和剩余价值的影响如下:

1. 对产品价值的影响。劳动强度提高既能增加产品总量,又能增加价值总量而单位产品价值量不变。

2. 对劳动力价格的影响。劳动强度较大的工作日不仅会创造更多的价值产品,而且会使劳动力价格和剩余价值可以同时以相同的或不同的程度增加。在劳动力价格提高时,劳动力价格还可能降低到劳动力价值以下。这就是说,劳动强度的提高如果超过了生理界限,劳动力就遭受破坏,即使劳动力价格增加,也有可能补偿不了劳动力加速的损耗。

3. 对剩余价值的影响。不管什么生产部门,只要提高劳动强度,就会缩小必要劳动,增加剩余价值量。

最后,马克思还指出了劳动强度与价值规律的关系。如果一切产业部门的劳动强度都同时相等地提高,新的提高了的强度就成为普遍的社会的正常强度,因而不再被算作外延量。

(三) 劳动生产力和劳动强度不变,工作日可变

工作日可以向两个方向变化。它可以缩短或延长。

1. 工作日缩短。既然劳动生产力和劳动强度不变,必要劳动也就不变,工作日的缩短,就只会缩短剩余劳动或减少剩余价值,从而剩余价值率也会随之减少。资本家只有把劳动力的价格压到它的价值以下,才能避免损失。

2. 工作日延长,剩余价值就随之增加。这样,劳动力的价值,绝对地说,虽然不变,相对地说,却下降了。

工作日的延长,劳动力的价格尽管在名义上不变,甚至有所提高,还是可能降到它的价值以下。劳动的外延量,所造成较大的劳动力的损耗,只能在一定的限度内,可以增加的报酬来补偿,超过这一点,损耗便以几何级

数增加,同时劳动力再生产和发挥作用的一切正常条件就遭到破坏。

(四) 劳动的持续时间、劳动生产力和劳动强度同时变化

在这种情况下,有多种组合,可以是两个因素变化,一个因素不变,或者三个因素同时发生变化。马克思在这里只谈了两种情况。

> 劳动生产力降低,同时工作日延长(第576—578页)

这里所谈的劳动生产力的降低,是指决定劳动力价值的部门。在这种情况下:

1. 剩余价值的绝对量和相对量可能有这样几种情况:剩余价值的比例量降低,它的绝对量仍然可保持不变;剩余价值的绝对量增加,它的比例仍然可保持不变;工作日延长到一定的程度时,剩余价值的比例量和绝对量都可能增加。

2. 一方面资本加速增长,另一方面劳动者的贫困也加速增长。

> 劳动强度和劳动生产力提高,同时工作日缩短(第578—579页)

1. 资本家用提高劳动生产力和劳动强度来对付工作日的缩短有一定界限。这是因为工作日不能缩短到必要劳动。劳动强度和劳动生产力提高,都能缩短必要劳动。必要劳动是工作日的绝对最低界限,如果工作日缩短到这个界限,剩余劳动就没有了,这在资本主义制度下是不可能发生的。只有消灭资本主义生产形式,即消灭资本主义生产关系,才允许把工作日限制在必要劳动上。在社会主义条件下,"必要劳动将会扩大自己的范围。一方面,是因为工人的生活条件日益丰富,他们的生活需求日益增长;另一方面,是因为现在的剩余劳动的一部分会列入必要劳动,即形成社会准备基金和社会积累基金所必要的劳动。"(第578页)

2. 资本主义的无政府状态所造成的浪费限制着劳动生产力的提高和工作日的缩短。劳动生产力越是增长,工作日就越能缩短。从社会的角度来看,劳动生产率还随同劳动的节约而增长。这种节约不仅包括生产资料的节约,而且还包括一切无用劳动的免除。而这只有在社会主义社会里才能做到。资本主义生产方式迫使单个企业实行节约,但是它的无政府状态的竞争制度却造成社会生产资料和劳动力的最大浪费。

3. 劳动普遍化是工作日缩短的绝对界限。在劳动强度和劳动生产力

已定的情况下,劳动越是普遍化,社会工作日中必须用于物质生产的部分就越小,从而个人从事自由活动、脑力活动的时间部分就越大。从这一方面来说,工作日的缩短界限就是劳动的普遍化。剥削阶级为了它自己的利益,永远不会错过机会把愈来愈沉重的劳动负担加到劳动群众的肩上。只有消灭剥削制度,才有可能实现劳动普遍化。

第十六章　剩余价值率的各种公式

马克思在这一章中,非常简明地指出剩余价值率的正确公式。同时,又批判资产阶级古典学派所提出的剩余价值率的错误公式。

正确的公式（第580页）

$$\frac{剩余价值}{可变资本} = \left(\frac{m}{v}\right) = \frac{剩余价值}{劳动力价值} = \frac{剩余劳动}{必要劳动}$$

这一公式的前面两项,是表示价值的比率;后面一项是表示生产这些价值所需要的时间的比率。这个公式,充分地表明了剩余价值率的实质,表示出资本家对工人的剥削程度。

错误的公式（第580—583页）

$$\frac{剩余劳动}{工作日} = \frac{剩余价值}{产品价值} = \frac{剩余产品}{总产品}$$

以上公式中的产品价值和总产品只能理解为工作日的价值产品,产品价值的不变部分不包括在内。以上公式的错误在于:第一,这些公式,实际上只表示工作日或其价值产品按怎样的比例,在资本家和工人之间进行分配。第二,在性质上隐藏了资本关系的特征,即掩盖了可变资本与活劳动力的交换,以及与此相适应的工人与产品的分离。代替的是一种协作的假象,仿佛工人和资本家在这种协作关系中是按照产品的不同形成要素的比例来分配产品的。第三,在数量上缩小了资本家对劳动力的剥削程度,它所表现的数量总是小于剩余价值率,并且总额不超过100%。

不确切的公式（第583—584页）

$$\frac{剩余价值}{劳动力价值} = \frac{剩余劳动}{必要劳动} = \frac{无酬劳动}{有酬劳动}$$

这个公式之所以不确切是因为它会引起一种误解,好像资本家是向劳动而不是支付劳动力的报酬。但如果把

$$\frac{无酬劳动}{有酬劳动}当作是\frac{剩余劳动}{必要劳动}$$

的通俗表现,误解就会消除。这是因为在剩余劳动时间,劳动力的利用为资本家创造出无需他付出代价的价值,他可以无偿地获得了劳动力的这种利用。在这个意义上,剩余劳动可以称为无偿地无酬劳动。

因此,资本不仅像亚·斯密所说的那样,是对劳动的支配权,按其本质来说,它是对无酬劳动的支配权。一切剩余价值,不论它采取哪种形式,实质上都是无酬劳动时间的物化,资本自行增殖的秘密归结为资本对别人的一定数量的无酬劳动的支配权。

第六篇

工　资

简 介

一、中 心

工资理论是马克思经济学说的重要组成部分。马克思曾经说过,工资理论是《资本论》中三个崭新因素之一[①]。

这一篇研究工资,是从第二篇到第五篇所阐明剩余价值生产理论的继续和补充。这一篇主要是揭示了工资的本质不是劳动的价值和价格,而是劳动力的价值和价格。

这一篇研究工资,但《资本论》第1卷中不只是这一篇讲工资。第四章关于劳动力价值问题的分析,第十五章中关于劳动力价格和剩余价值量相互关系的分析,第七篇中关于工资运动规律的分析,都是工资理论的重要内容。

二、结 构

这一篇分四章,第十七章抽象地分析工资的本质,第十八章和第十九章通过工资形式揭示工资的本质,第二十章通过工资的国民差异,进一步揭示工资的本质。

---

① 《马克思恩格斯〈资本论〉书信集》,第250页。

三、方　　法

这一篇的叙述是采取由抽象到具体,由本质到现象的方法,先揭示工资的本质,再考察工资的两种基本形式,最后说明形成各国工资水平差异的原因及相互比较的复杂因素。

第十七章 劳动力的价值或价格转化为工资

这一章分析工资的本质,不是劳动的价值和价格,而是劳动力的价值和价格。马克思分析了工资的现象,揭示了它掩盖资本主义剥削关系的实质。

资本主义工资,作为劳动的价值或价格是现象,而作为劳动力的价值或价格是本质。现象是自发产生的,本质却一定要经过科学的抽象才能揭示出来。马克思在这一章关于现象与本质的辩证关系的分析是值得我们很好注意的。

只要存在资本主义生产方式,劳动的价值或价格这种现象就有存在的基础,并且资本主义一切法权观点都是建立在这个现象上的。这种经济基础和上层建筑辩证关系的分析也是值得我们注意的。

马克思在这一章,既揭露了工资的假象,又对古典经济学的工资理论进行了批判。

> 工资是劳动力价值和价格的转化形式
> (第585—589页)

在资本主义社会里,从表面现象来看,工人的工资表现为劳动的价格。根据这种表面现象,就认为工资是劳动的价值或价格,实质上是完全错误的。把工资说成是劳动的价值或价格就等于把劳动说成是商品。劳动不是商品,没有价值,这是因为:

第一,商品的价值是耗费在商品生产上的社会劳动,商品的价值量用它所包含的劳动量来决定。如果说劳动是商品有价值,那就是说劳动的价值由劳动决定。例如,一小时劳动的价值等于一小时劳动,这是无谓的同义反复。

第二,劳动不是独立存在的实体,不能作为商品出卖。如果劳动要作为商品在市场上出卖,那就必须在出卖以前已经是一个物质存在的商品。但事实上,活劳动是劳动力的使用,劳动力是在生产过程中才使用的,活劳动决不会在出卖之前就已存在。

第三,如果说劳动是商品,那就会消灭价值规律或以雇佣劳动为基础的资本主义生产。如果说劳动是商品,用物化劳动去同活劳动直接交换来说明,那么,是较少量劳动同较多量劳动相交换,就会消灭价值规律;如果是等量劳动相交换,又会消灭那种以雇佣劳动为基础的资本主义生产自身。

西斯蒙第从劳动分为物化劳动和活劳动两种形式的区别,引出较多量劳动和较少量劳动相交换的结论,当然是解决不了问题的。而且,决定商品价值量的,是生产商品所必需的劳动量,并不是劳动的物化形式,所以西斯蒙第的这种说法就更荒谬了。

实际上,在商品市场上同货币所有者直接对立的不是劳动,而是工人。工人出卖的是他的劳动力。当工人的劳动实际上开始了的时候,它就不再属于工人了,因而也就不再能被工人出卖了。劳动力是商品,劳动不是商品。劳动是价值的实体和内在的尺度,但是它本身没有价值。

所以,工资实质上是劳动力的价值或价格,而不是劳动的价值或价格。所谓工资是"劳动的价值"完全是一个虚幻的用语,是资本主义生产关系使"劳动力的价值"的颠倒表现,然而资产阶级政治经济学却看不到它是颠倒的。

〔批判古典经济学的工资理论(第588—589页)〕古典政治经济学毫无批判地从日常生活中借用了"劳动的价值"这个用语,把工资说成是"劳动的价值"。他们先从劳动的市场价格开始说明,认为劳动同普通商品一样,在劳动市场上有一个市场价格。他们从劳动的市场价格推论到劳动的自然价格。又根据劳动的自然价格,引申出劳动的价值。至于劳动的价值实质是什么?他们又认为,也和其他商品的价值一样,是由生产费用来决定的,即用来生产或再生产工人本身的费用。但是,工人的生产费用是什么呢?他们到此为止了,就在这里兜圈子,没有前进一步。

古典政治经济学称为劳动的价值的东西，实际上就是劳动力的价值。但是他们没有能前进一步把劳动和劳动力加以区别，这样就使它们陷入了无法解决的混乱和矛盾之中，同时为庸俗经济学提供了牢固的活动基础。许多资产阶级的辩护士，就是以此为理论根据来替资本主义剥削制度进行诡辩的。

> 工资表现为劳动的价值或价格掩盖了资本主义的剥削（第589—591页）

工资是劳动力的价值和价格的转化形式，但表现为劳动的价值和价格，产生了种种荒谬的结果。

1. 劳动力的价值决定劳动的价值。由于劳动力的日价值，是根据工人一定的生存时间来计量的，而这个时间又是与一定的工作日长度相适应的，因而容易产生把劳动力的日价值当作日劳动的价值来表现。"这样一来劳动力的价值就决定劳动的价值。"（第590页）

2. 劳动的价值小于劳动的价值产品。在资本主义社会中，资本家总是使劳动力执行职能的时间，超过再生产劳动力本身的价值所需要的时间，以得到剩余价值。而劳动力的价值产品不是由劳动力本身的价值来决定的，是由劳动力执行职能的时间长短来决定的。如果把劳动力的价值看做是劳动的价值，就会产生创造 6 先令价值的劳动有 3 先令的价值的荒谬结果。

3. 全部劳动都表现为有酬劳动。如果把工资说成是劳动的价值，那就会掩盖雇佣工人的无偿劳动，"于是，工资的形式消灭了工作日分为必要劳动和剩余劳动、分为有酬劳动和无酬劳动的一切痕迹。全部劳动都表现为有酬劳动"（第590页）。这种现象比徭役劳动和奴隶劳动更加隐蔽和有害。在奴隶社会，奴隶的全部劳动，都表现为无酬劳动；在封建社会，农奴为自己的劳动和为地主的劳动，在时间和空间上都是很清楚的；在资本主义社会，无酬劳动也表现为有酬劳动，"货币关系掩盖了雇佣工人的无偿劳动"（第591页）。

所以，工资表现为劳动的价值和价格，掩盖了资本家剥削工人的现实关系。"工人和资本家的一切法权观念，资本主义生产方式的一切神秘性，这一生产方式所产生的一切自由幻觉，庸俗经济学的一切辩护遁词，都是以这个表现形式为依据的。"（第591页）

> 工资表现为劳动的价值和价格的必然性和存在的基础
> （第591—593页）

如果说揭示工资的秘密，需要一个很长的历史时期，而要说明工资为什么会表现为劳动的价值和价格那是很容易的。

1. 从资本和劳动的交换关系看，资本和劳动的交换与一般商品的买卖一样。买卖双方是平等的，好像谁也占不了谁的便宜。

2. 从劳动这个商品的特性看，首先，劳动力交换价值，在外表上容易同它的使用价值相混淆，既然一般商品的交换价值和使用价值本身不可通约，那么可以说"棉花的价值"也可以说"劳动的价值"。其次，工人的工资，是在它已提供了自己的劳动以后被支付的。最后，工人提供给资本家的"使用价值"，实际上不是他的劳动力而是一定的有用劳动。这种劳动的另一方面具有创造价值的属性，那是普通意识领会不到的。所以，很容易产生劳动的价值或价格这种错觉。

3. 从工人阶级的立场来看，劳动是获得一定额工资的购买手段。不管他的劳动力的价值和价格有怎样的变动，他总是要劳动。例如12小时，所得到的工资的每一个变动，在他看来，就必然表现为12小时劳动的价值或价格的变动。

4. 从资本家的角度来看，他无疑希望用尽量少的货币换取尽量多的劳动。他实际上所关心的只是劳动力的价格与劳动力执行职能时所创造的价值之间的差额，而且他还力图用贱买贵卖这一欺诈行为，说成是利润的来源，于是总是强辩劳动已支付了价值，声称工资就是劳动的价值或价格来掩盖剥削。

5. 从工资的实际运动来看，也似乎所支付的不是劳动力的价值，而是劳动的价值。这有两种现象：(1)工资随着工作日长度的变化而变化；(2)执行同一职能的不同工人的工资间存在着个人的差别。

总之，工资是劳动的价值和价格这是现象，工资的本质是劳动力的价值和价格。现象是直接地自发地作为流行的思维形式再生产出来的，而本质只有通过科学的抽象才能揭示出来。古典政治经济学几乎接触到事物的本质，但是由于他们的资产阶级立场没有能自觉地把它表述出来。

第十八章 计时工资

这一章主要说明计时工资的基本概念和资本家如何利用工资形式加强对工人的剥削。

> 计时工资的基本概念和一般规律
> （第594—596页）

1. 计时工资就是按一定的时间单位来支付的工资。它是劳动力价值的转化形式。劳动力总是按一定时间来出卖的。因此，直接表现劳动力的日价值、周价值等的转化形式，就是计时工资的形式，也就是日工资等。

2. 名义工资和实际工资。工人按照一定时间出卖劳动力得到的货币额，称为名义工资；工人靠出卖劳动力得到的货币额转化成的生活资料数量，称为实际工资。

3. 劳动价格就是劳动力每一小时的价格，它等于劳动力的平均日价值除以平均工作日的小时数。其公式

$$劳动价格 = \frac{劳动力的日价值（或日工资）}{工作日长度（小时数）}$$

4. 计时工资的一般规律："如果日劳动、周劳动等的量已定，那么日工资或周工资就决定于劳动价格，而劳动价格本身或者是随着劳动力的价值而变化，或者是随着劳动力的价格与其价值的偏离而变化。反之，如果劳动价格已定，那么日工资或周工资就决定于日劳动或周劳动的量。"（第596页）这就是说，计时工资取决于三个因素，即工作日长度、劳动价格和劳动力的价值。

> 在资本主义制度下,计时工资是资本家加强剥削的一种手段(第596—602页)

1. 资本家利用计时工资,使工人遭受就业不足的痛苦。例如工作日是 10 小时,劳动力的日价值为 1 元,即 5 个劳动小时的价值产品,一个劳动小时的价格为 0.1 元,而它所生产的产品价值是 0.2 元,如果现在工人一天就业的时间不足 10 小时,减少为 5 小时,按照上面的劳动价格计算,则他只能得到 0.5 元的日工资,即得不到他的劳动力价值。所以,"这里我们又发现了工人由于就业不足所遭受的苦难的源泉"(第597页)。

2. 资本家利用计时工资,使工人遭受过度劳动的痛苦。在实行计时工资的条件下,资本家常常利用小时工资制来加强对工人的剥削,他们只规定每小时劳动的平均工资,但不规定工作日长度和日工资的总额。这样,资本家就可以按照自己的需要和利益,任意延长劳动时间,使工人过度劳动,来榨取更多的剩余价值。

3. 资本家利用所谓"额外劳动报酬"延长劳动时间,降低劳动价格。资本家在按小时支付工资时,往往规定一个标准工作日时间,超过这个标准界限的劳动时间,则作为额外劳动时间,支付低得可怜的超额工资,借以延长工作日,增加剥削。

4. 资本家利用劳动价格的低廉,刺激劳动时间的延长,加强剥削。因为劳动价格越低,工人为了保证得到可怜的平均工资,而付出的劳动量必然越大,即工作日越长。劳动时间的延长反过来又会引起劳动价格的下降,从而引起工资的下降。

5. 资本家利用工人之间和资本家之间的竞争来压低工资。资本家为了达到延长工作日,压低工资和增加剥削的险恶目的,还利用工人间迫于贫困,急需就业,存在着竞争状态来实现他的可耻企图。不仅如此,资本家压低劳动价格获得以超过社会平均水平的无酬劳动,很快又成为资本家之间的竞争手段。资本家宁愿少得一点无酬劳动,将商品出售价格降低,扩大销路,增强竞争能力。这种廉价商品的出售又成为延长工人劳动时间,压低工资的基础。

第十九章 计件工资

这一章分析工资的另一基本形式——计件工资。马克思指出,计时工资是劳动力的价值或价格的转化形式,计件工资又是计时工资的转化形式。而且,计件工资是最适合于资本主义生产方式的工资形式。

> 计件工资是计时工资的转化形式
> (第603—605页)

在实行计件工资的情况下,好像工人出卖的是物化在产品中的劳动,工资是由生产者的工作效率决定的,这只是假象。其实,计件工资是计时工资的转化形式,因而计件工资本质上仍然是劳动力的价值和价格。这是因为:

第一,在同一工业部门或同一工种中计件工资和计时工资往往同时并存,这说明计件工资和计时工资并无本质的区别。

第二,计件工资是在计时工资的基础上发展起来的。计件工资额取决于工人一天所生产的商品数量和单位商品工价,而工价的确定,是以工人在实行计时工资制时一天所能生产的商品数量和工人一日工资的平均额为依据。所以,计时工资是计件工资的基础。

第三,不论计时工资还是计件工资都以时间为基础。所不同的是计时工资劳动由劳动的时间来计量,计件工资则由在一定时间内劳动所凝结成的产品的数量来计量。

> 计件工资是最适合资本主义生产方式的工资形式
> (第605—610页)

为什么计件工资是最适合资本主义生产方式的呢?这是因为:

1. 计件工资首先是克扣工资和进行资本主义欺诈最丰富的源泉。在计件工资上,劳动的质量是由产品本身来控制的,产品必须具有平均的质量,计件工资才会被完全支付。资本家往往借口产品不合规格,而任意克扣工资。

2. 计件工资还给资本家提供了一个十分确定的计算劳动强度的尺度。只有体现在一个预先规定的并由经验确定的商品量中的劳动时间,才被看作是社会必要劳动时间,并当作这种劳动时间来支付报酬。资本家又会借口某些工人不合这个要求而解雇他们。

3. 计件工资既然可以控制劳动的质量和强度,这就使劳动的监督成为多余。因此,计件工资既成为近代家庭劳动的基础,也成为包工制和工头制等层层剥削和压迫制度的基础。

4. 实行计件工资,工人为了多得一点工资,被迫尽可能提高劳动强度和延长工作日。这又使资本家容易把劳动强度的标准程度提高,并趁着工作日延长而压低劳动价格。

5. 计件工资是资本家降低工资水平的手段。在计件工资情况下,各个工人的实际收入,会因为技能、体力、精力、耐力等不同而有很大的差别。当然,这绝不会改变资本和雇佣劳动之间的一般关系。第一,就整个工厂来说,个人的差别会相互抵消,支付的总工资从而平均工资还是不变的。第二,工资和剩余价值之间的比例仍旧不变,因为各个人各自提供的剩余价值是同他们各自的工资相适应的。计件工资一方面促进工人个性的发展,另一方面也促进了他们之间的竞争。因此,计件工资有一种趋势,就是把个别工资提高到平均水平以上的同时,把这个水平本身降低。

计件工资与劳动生产率(第610—612页)

由于计件工资是一定劳动时间的价格表现,而一定量产品所代表的活劳动时间随着劳动生产率的增加而降低。因此,计件工资也会随着劳动生产率的增加而下降。

第二十章　工资的国民差异

　　世界各国的工资是不一致的。那么,怎样来比较和分析工资的国民差异呢?马克思在这一章分析了研究工资国民差异必须考虑的各种因素,还为研究不同国家的工资提供了科学方法,指出要比较各国的工资水平的高低,不能只看名义工资的大小,必须把名义工资与实际工资相比较,必须把实际工资和劳动力的消耗相比较,必须对劳动生产率、劳动强度、工作日长度等因素进行综合考察。这对于我们正确地分析资本主义国家工人阶级的状况是重要的理论武器。

　　在分析工资的国民差异时,正确理解价值规律的国际应用是一个关键,马克思在这一章分析了国际价值的形成。这对于理解价值规律的国际应用也是很重要的。

> 分析工资的国民差异必须注意到各种因素(第613页)

　　这些因素是"自然的和历史地发展起来的首要的生活必需品的价格和范围,工人的教育费,妇女劳动和儿童劳动的作用,劳动生产率,劳动的外延量和内含量"(第613页)。

> 资本主义生产发达的国家名义工资较高,但实际工资不是这样(第613—614页)

　　在世界市场上,由于价值规律的作用,商品的国际价值是按照世界范围的平均的必要劳动时间来计量的。计量单位是世界劳动的平均单位。强度较大的国民劳动比强度较小的国民劳动,会在同一时间内生产出更多的价值,而这又表现为更多的货币。

　　一个国家的资本主义生产越发达,那里的劳动强度和生产率就越超过国际水平。因此,不同国家在同一劳动时间内会生产不同量的同种商品,有不同的国际价值,从而表现为不同的价格,即表现为按各自的不同量的商品的国际价值而不同的货币额。所以,货币的相对价值在资本主义生产方式较发达的国家里,比在资本主义生产方式不太发达的国家里要小。由此可以得出结论:名义工资,即表现为货币的劳动力的等价物,在前一种国家会比在后一种国家高;但这绝不是说,实际工资即供工人支配的生活资料也是这样。

{资本主义生产发达的国家名义工资较高但相对的劳动价格较低(第614—617页)}　由于资本主义发达的国家劳动强度和劳动生产力都较高,从而资本所占有的剩余价值也就更大。所以,在这类国家里,名义工资虽然较高,但相对的劳动价格,即同剩余价值和产品价值相比较的劳动价格,反而比资本主义不发达的国家低一些。这是因为资本主义生产发达的国家,工人的名义工资虽然比较高,但由于劳动强度和劳动生产率的大大提高,资本家会得到更高的剩余价值。因此,较高的名义工资实际上意味着资本主义发达国家内更高的剥削程度。

{批判凯里的工资理论(第617—618页)}　美国资产阶级经济学者凯里鼓吹工资同生产率水平成正比,认为,它总是随着劳动生产率而升降,这抹煞资本主义社会的阶级矛盾,宣扬资本主义是一个和谐的社会。马克思对工资国民差异的分析证明,资本主义越发达,劳动生产率越高,资本的剥削程度就越高,阶级矛盾就更加尖锐。所以,凯里的理论是荒谬的。

第七篇

资本的积累过程

简　介

一、对　象

这一篇的研究对象,是资本的积累过程,即剩余价值转化为资本或资本主义扩大再生产的过程。这一篇与《资本论》第2卷都是研究再生产,但两者是有区别的。这一篇着重从直接生产过程主要是研究资本主义生产关系的再生产,而第2卷则从流通过程研究再生产实现的条件。

二、地　位

这一篇研究的资本积累过程,是《资本论》第1卷的第三大部分,是《资本论》第1卷的总结,是揭示资本主义必然灭亡的过程。所以,这一篇是资本的生产过程总体中的一个不可缺少的重要组成部分。

三、结　构

第七篇除一个导言外共五章,按照从简单到复杂、从本质到现象的叙述方法,第二十一章先从简单再生产谈起,指出再生产的实质是资本主义生产关系的再生产。第二十二章论述这种再生产是如何以扩大的规模进行的。第二十三章进一步阐述在积累过程中,一方面是资产阶级的财富的积累,另一方面是无产阶级贫困的积累。第二十四章通过对所谓原始积累的秘密和实质的分析,揭示了资本主义积累的历史趋势。最后,第二十五章通过对近代殖民学说的批判,进一步说明资本不是物,也不是什么永恒存在的东西,而是一定历史阶段的生产关系。

四、意　义

1. 马克思的资本积累学说,揭示了资本主义一定要灭亡,社会主义一定要胜利,这是不以人们意志为转移的客观规律,可以使我们坚定共产主义必胜的信心。

2. 这一篇马克思所论述的关于再生产的理论,对于研究社会主义的再生产也有指导意义。

3. 这一篇论述的关于无产阶级贫困的理论对于分析资本主义社会工人阶级的地位和状况是重要的理论武器。

4. 这一篇讲的人口理论,对于人口问题的研究也有重要意义。

导　言

　　这个开头的简短导言,主要说明研究资本的积累过程的对象和条件。

> 研究资本积累必须以资本运动过程也就是资本流通为对象(第619—620页)

　　资本是一个运动,要在运动中来考察积累。这个运动的形式是:$G-W<^A_{P_m}\cdots P\cdots W'-G'$。这个运动的第一阶段 $G-W<^A_{P_m}$ 表示资本家首先用货币购买劳动力与生产资料;然后进入直接生产过程 $W<^A_{P_m}\cdots P\cdots W'$,在这第二阶段,$A$ 与 P_m 作为生产资本 P,生产出包含有预付资本加上剩余价值的商品资本 W';最后 $W'-G'$,即 W' 必须出卖,必须转化为货币 G',才能再转化为资本,才能使运动进行下去。这种不断地通过同一些连续阶段的循环,就形成资本流通。

> 研究资本积累的条件和假定(第620页)

　　资本积累的条件是:(1)资本家能卖掉自己的商品;(2)剩余价值在资本家各个集团之间已经瓜分完毕。现在假定:(1)生产商品的资本家按照商品的价值出售商品,剩余价值能够顺利实现。(2)资本主义的生产者当作全部剩余价值的所有者。这里,只是对积累过程作一般的分析,而把掩盖本质的一切现象形式暂时抛开。

第二十一章 简单再生产

这一章研究在简单再生产条件下,资本是怎样从剩余价值转化而来的。

资本主义再生产的特点是扩大再生产。那么,为什么要先研究简单再生产呢?第一,简单再生产是扩大再生产的现实基础和出发点,因为只有先维持生产的现有规模,在这个基础上,并以此为出发点,才能进一步把再生产扩大。第二,扩大再生产包含有简单再生产,从物质生产方面看,扩大再生产不过是原来物质生产规模基础上的扩大,它包含着简单再生产;从生产关系方面看,必须有原有资本和资本主义生产关系再生产出来,才能有资本和资本主义生产关系的扩大再生产。第三,从简单再生产开始分析,也符合由抽象上升到具体的方法论的要求。

资本主义简单再生产不仅是物质资料再生产,而且是资本价值的再生产,特别是资本主义生产关系的再生产。

物质资料的再生产
(第621—622页)

1. 什么叫再生产。一个社会不能停止消费,同样,它也不能停止生产。每一个社会生产过程,从经常的联系和它不断更新来看,就是再生产过程。

2. 物质资料的替换是再生产的条件。生产的条件同时也就是再生产的条件。任何一个社会,为了不断地进行生产,总要不断地以它的年产品的一部分再转化为生产资料或新生产的要素,从而在实物形态上去替换一年里所消费掉的生产资料,并重新并入生产过程。

3. 物质资料再生产是资本主义再生产的手段。生产具有资本主义形式,再生产也就具有同样的形式。在资本主义生产方式下,劳动过程只表现为剩余价值增殖过程的手段。同样,再生产也只表现为一种手段,其目的是把预付价值作为资本,即当作自行增殖的价值来再生产。在这里,再生产的条件如同生产的条件一样,也是采取资本的形式。生产的客观条件(生产资料)采取不变资本的形式,生产的主观条件(劳动力)采取可变资本的形式。

4. 资本主义简单再生产。如果剩余价值被资本家全部消费掉,在其他事情不变下,这就是资本主义简单再生产。这种简单再生产虽然只是生产过程按同一规模的反复,但这样的反复继续,会暴露资本主义生产过程的一些新的特征即暴露资本本身也是由无偿劳动转化而来的。

资本价值的再生产
(第622—625页)

资本主义简单再生产不仅是物质资料的再生产,而且是资本价值的再生产。

1. 从再生产的过程看,可变资本是由工人自己生产出来的。资本家为了进行生产,必须用可变资本来购买劳动力。这就造成一种假象,好像可变资本是资本家预付的。但是,只要从再生产来考察,这个假象马上就会消失。从生产过程的反复继续来看,资本家这个月购买劳动力所付的工资是资本家用工人上个月的劳动产品转化的货币来支付的,是工人自己养活自己并且养活资本家,而绝不是资本家养活工人。在我们不是考察资本家个人和劳动者个人,而是考察资本家阶级和劳动者阶级的时候,还会看到,工资不过是资本家阶级以货币形式发给工人阶级的票据,让他们用来领取由工人阶级生产而为资本家阶级所占有的产品中的一部分。

在任何社会里,劳动者为维持和再生产自己所必需的生活资料基金或劳动基金,都是由劳动者自己来生产和再生产的。可变资本不过是劳动基金的一种特殊的历史表现形式。劳动基金的这个现象形式,并没有改变以下事实:资本家把工人自己的物化劳动预付给工人。

2. 从再生产过程看,全部资本都是由工人生产出来的。从表面现象看,在资本主义生产过程开始时,资本家所预付的货币,好像是与无酬劳动无关的原始积累而来的,但是从再生产的角度来考察,即使在简单再生产过程中,也可以看出资本家所投入的全部预付总资本,仍然同可变资本一样,是工人生产出来的,是由剩余价值转化而来的。例如:有一个1 000元资本,每年占有 200 元剩余价值并每年被资本家消费掉,过了 5 年,他就消费了 1 000 元,实际上等于他原有的资本价值 1 000 元都消费掉了,他所以仍占有那么多的资本价值,只是由于他占有了那么多的剩余价值的结果,也就是说,现存的 1 000 元资本都是资本化的剩余价值。

总之,从再生产过程看,工人不仅创造了剩余价值,而且创造了可变资本,不仅创造了可变资本,而且创造了全部资本。

资本主义生产关系的再生产(第 626—634 页)

资本主义再生产不仅是物质资料再生产和资本价值的再生产,而且是资本主义生产关系的再生产。

1. 资本主义再生产是资本的再生产,又是劳动力的再生产。在资本主义生产过程中,不断地再生产着劳动者和劳动条件的分离,不断地再生产雇佣劳动关系。一方面,资本家会作为生产资料和生活资料的所有者,不断地被再生产出来;另一方面,工人仍然是除了劳动力以外一无所有的人。雇佣劳动者这样不断再生产或永久化是资本主义生产必不可少的条件。

2. 劳动力的再生产是资本主义生产必不可少的条件。工人的消费有两种。在生产本身中,他通过自己的劳动消费生产资料,并把生产资料转化为价值高于预付资本价值的产品,这是他的生产消费。另一方面,工人把购买他的劳动力而支付给他的货币用于生活资料,这是他的个人消费。从表面上看来,为了劳动力的再生产,工人用工资来购买生活资料,似乎只是他个人的消费,似乎和生产无关。可是,只要我们考察的不是单个资本家和单个工人,而是资本家阶级和无产阶级,不是孤立地考察商品生产过程,而是考察资本主义的再生产过程,就可以看出工人的个人消费,不论在劳动过程以内或以外进行,都是资本生产和再生产的一个要素。在资本关系下,工人的个人消费对他自己来说是非生产的,因为这种消费仅仅是再生产贫困的个人;而对资本家和国家来说是生产的,因为它再生产了创造别人财富的力量。所以,工人阶级的不断维持和生产始终是资本再生产的条件。

3. 雇佣劳动是资本的附属品。从社会角度看,工人阶级,即使在直接劳动过程以外,也同死的劳动工具一样是资本的附属物。"罗马的奴隶是

由锁链,雇佣工人则由看不见的线系在自己的所有者手里。"(第629页)

4. 资本主义再生产一方面再生产资本家,另一方面再生产雇佣工人。资本主义再生产不仅是物质资料的再生产,而且不断地再生产出劳动力和劳动条件的分离,不断地再生产出剥削工人的条件和雇佣劳动关系,并使之永久化。所以,资本主义生产过程只要是在联系中考察,或作为再生产过程考察,它就不只生产商品,不只生产剩余价值,并且生产和再生产资本关系本身:一方面是资本家,另一方面是雇佣劳动者。

总之,资本主义的再生产过程不仅是物质资料的再生产和资本价值的再生产,而且是资本主义生产关系的再生产。资本主义再生产过程的考察,可以得出以下三个重要结论。

(1) 从再生产过程看,工人不仅不断创造、维持劳动力再生产的价值,而且还包括着养活资本家的剩余价值。所以,在资本主义社会不是资本家养活工人,恰恰相反,是工人自己养活了自己,又养活了资本家。

(2) 从再生产过程看,工人不仅创造了可变资本,而且创造了全部资本。资本都是剩余价值转化而来的,因此,当工人阶级取得政权后,剥夺资产阶级的一切生产资料归全民所有,是完全合理的,这只不过是收回了工人阶级祖祖辈辈辛勤劳动所创造的财富罢了。

(3) 从再生产过程看,资本主义再生产还是资本主义生产关系的再生产。它不断生产着一方面是资本家,另一方面是雇佣工人。因此,无产阶级要摆脱这种关系,求得自身的解放,就必须进行社会主义革命,彻底摧毁资本主义生产关系。

第二十二章 剩余价值转化为资本

这一章研究剩余价值转化为资本,也就是资本积累,或者说就是资本主义扩大再生产。我们知道,资本主义再生产本质上是资本的再生产和资本主义生产关系再生产。因此,资本主义扩大再生产本质上是资本的扩大再生产和资本主义生产关系扩大再生产。

这一章与上一章研究对象的区别在于:前一章讲的是资本家把剩余价值当作收入来使用,因而再生产只能在原有规模上反复进行;这一章则是资本家把剩余价值当作资本来使用,因而再生产是在不断扩大的规模下来进行。

这一章共五节。第一节分析资本积累的实质是资本主义扩大再生产;第二节批判古典政治经济学关于扩大再生产的错误见解;第三节说明在剩余价值量已定的情况下,积累由剩余价值分为资本和收入的比率来决定,而不是由"节欲"来决定;第四节分析在资本和收入的比率已定的情况下决定积累量的因素;第五节批判所谓劳动基金。

这一章的重点是第一节、第三节、第四节。

(一)规模扩大的资本主义生产过程。商品生产所有权规律转变为资本主义占有规律

这一节论述资本积累的实质。所谓资本积累就是把剩余价值再转化为追加的资本,从而使资本和雇佣劳动的关系扩大再生产出来。这种转化并不违反商品的价值规律,反而促进了商品生产的发展。

第1卷 资本的生产过程 183

<u>资本主义扩大再生产过程（第635—639页）</u>

1. 资本积累的含义。由剩余价值到资本的转化就是资本的积累过程，也就是资本主义扩大再生产的过程。

2. 剩余价值转化为资本的过程。资本家把从工人身上剥削来的剩余价值，不是全部消费掉，而将一部分作为新的资本，追加投入生产过程，于是这部分剩余价值就转化为资本。

3. 剩余价值转化为资本的条件。首先，年生产必须提供一切物品（使用价值）以补偿一年中所消费掉的资本的各种物质组成部分。其次，年剩余劳动的一部分，必须被用来生产追加的生产资料和生活资料，因而在剩余产品中已经包含有一个新的资本的物质组成部分。最后，为要使这些组成部分真正执行资本的职能，资本家阶级还需要追加劳动。如果就业工人的劳动不能在外延或内含方面增加，就必须雇佣追加的劳动力，而资本主义生产的机构也已准备了这一点，待雇佣的劳动力是早已存在的。一旦资本把追加的劳动力和追加的生产资料合并起来，剩余价值向资本的转化就完成了。

4. 资本积累是一个不断扩大的过程。具体说来，积累就是资本的规模不断扩大的再生产。剩余价值转化为追加资本，追加资本又随原资本再带来剩余价值，新的剩余价值又再转化为新的追加资本，这样不断的积累就形成一个螺旋式的上升运动，结果资本愈加积累，资本的总和或总资本愈来愈大。

5. 追加资本的实质是在扩大规模上对无酬劳动的占有。资本家的追加资本不是由劳动得来的，而是对劳动的无酬占有。它的每一个价值原子都是工人无酬劳动生产出来的，并且，"对过去无酬劳动的所有权，成为现今以日益扩大的规模占有活的无酬劳动的唯一条件。资本家已经积累的越多，就越能更多地积累"（第639页）。

<u>商品生产所有权规律转变为资本主义占有规律（第639—645页）</u>

对无偿劳动的资本主义占有方式，或者说，占有生产资料的资本家不付代价就占有工人的剩余劳动的规律，是由商品生产所有权规律，即等价交换规律转化而来的。

1. 形式是等价交换，内容是资本占有。

(1) 形式是等价交换。商品生产的所有权意味着商品生产既是生产资料的所有者,又以自己劳动为基础,并占有自己的劳动产品,从而在交换过程中,商品所有者之间是平等关系,只能按等价进行交换。所以,这里讲的商品生产所有权规律指的是等价交换的价值规律。资本主义占有方式的不断再生产以不断购买劳动力作为起点,而在劳动市场上,这种购买又与商品等价交换的价值规律相一致。

(2) 内容是无偿占有。表现为起点上购买劳动力的等价交换,仅仅在外表上是交换,因为:第一,用来交换劳动力的那部分资本本身只是不付等价物而占有别人劳动产品的一部分;第二,这部分资本不仅必须由它的生产者即工人来补偿,而且在补偿时还要加上新的剩余。劳动力的不断买卖是形式,其内容则是资本家用他总是不付等价物而占有别人的已经物化的劳动的一部分,来不断换取更大量的别人的劳动。所以,资本主义占有规律的特点是以等价交换为形式,而以无偿占有为实质。

(3) 资本主义占有的结果是所有权和劳动的分离。最初,资本所有权似乎是以自己的劳动为基础,占有用自己的劳动所生产的劳动产品。现在,所有权对于资本家来说,表现为占有别人无酬劳动或产品的权利;而对于工人来说,则表现为不能占有自己的产品。"所有权和劳动的分离成了似乎是一个以它们的同一性为出发点的规律的必然结果。"(第 640 页)

2. 资本主义占有方式是对商品生产规律的应用,并没有违反商品生产的规律。

(1) 从劳动力的买卖看:资本家把一定数额的货币转化为资本,工人出卖自己的劳动力,资本家则购买劳动力;工人取得自己商品的价值,从而把这个商品的使用价值即劳动,让渡给资本家;资本家就把这已归他占有的劳动,同另外也归他占有的生产资料相结合,转化为一种新产品,因而这个新产品在法律上也归他所有。所以,资本家由于占有生产资料和占有劳动,遂占有新产品,正是应用了商品生产规律。

(2) 从生产资料价值的转移看:这个新产品的价值,包含着已被消耗掉的生产资料的价值。通过有用劳动对生产资料的消费,才能把生产资料的价值转移到新产品上去。劳动力必须提供这种有用劳动,才能卖得出去。因此,工人的有用劳动对于这种生产资料价值的转移,乃是资本家应用商品交换规律购买劳动力的必然结果。

(3) 从剩余价值看:在这个新产品的价值中,还包含着劳动力价值的等价和剩余价值。剩余价值之所以出现,是由于按一定时间所出卖的劳动力的价值,低于劳动力在这期间被使用后所创造的价值。可是,工人所出卖的是劳动力,并已按照商品交换规律得到了它的交换价值。这同其他一切商品交换是一样的。至于劳动力这种特殊商品具有独特的使用价值,它能提供劳动从而创造价值,这并不触犯商品生产的一般规律。

商品交换规律只要求彼此出让的商品的交换价值相等,从来都要求使用价值各不相同。由于消费是在交换结束后才开始的,因而交换价值同消费无关。从这一点说,劳动力使用后所创造的价值大于它的交换价值,也是由于应用商品交换规律购买了劳动力这个商品的结果。

货币转化为资本尽管完全符合商品生产的经济规律以及由此产生的所有权,但仍有以下的结果:

第一,产品属于资本家,而不属于工人。

第二,这一产品的价值,除包含预付资本的价值外,还包含剩余价值。剩余价值的生产耗费了工人的劳动,而不要资本家耗费任何东西,但它却成为资本家占有的财产。

第三,工人继续保持自己的劳动力,仍然作为劳动力的出卖者,只要找到购买者,就能重新出卖。

执行职能的资本,无论它经过的周期的再生产和积累系列多长,总是保持它本来的处女性,尽管单独考察的每一交换行为仍遵循等价交换规律,但占有方式却发生根本的变革,虽然它不触犯与商品生产相适应的所有权。

3. 劳动力成为商品是商品生产所有权规律转化为资本主义占有规律的关键。

劳动力一旦变成商品,商品生产所有权规律就必然要转化为资本主义的占有规律。但是,只有从这个时候起,商品生产才成为普遍的和典型的生产形式;只有从这个时候起,每种产品才一开始就是为出卖而生产,生产出来的一切财富都要经过流通。所以,只有当雇佣劳动成为商品生产的基础时,商品生产才强加于整个社会,它才能发挥出全部潜力。因此,"商品生产按自己本身内在的规律,越是发展为资本主义生产,商品生产的所有权规律,也就越是转变为资本主义的占有规律"(第644页)。

4. 资本就是积累起来的剩余价值。

(二) 政治经济学关于规模扩大的再生产的错误见解

这一节批判古典政治经济学关于资本主义扩大再生产的错误见解。在资本积累进程中,撇开资本家的消费不说,待转化为资本的剩余价值又分为两部分:一部分转化为可变资本,另一部分转化为不变资本。然而,古典学派却认为是全部转化为可变资本。

1. 古典学派主张积累,这是对的。古典学派从新兴资产阶级的利益出发,告诫人们不要把全部收入吃光用尽,而要以其一部分用于雇工生产,才能增殖价值,进行积累,他们又向人们指出,不应把积累和货币贮藏或商品的贮藏混为一谈。因为后者并不能增殖价值,而只是流通停滞或生产过剩的结果。因此,古典学派强调积累过程的特点是,剩余产品是由生产劳动者消费,而不是由非生产劳动者消费,这一点是对的。

2. 古典学派认为积累就是剩余价值转化为可变资本,这是错的。古典学派还认为剩余产品仅仅由生产劳动者消费,就是说,用于积累的剩余价值都要转化为可变资本。这当然是错误的。其实,剩余价值不仅要转化为劳动力,转化为可变资本,而且要转化为生产资料,转化为不变资本。

3. 亚当·斯密根本不懂得社会总资本的再生产与流通的错综复杂关系,他正是在这个困难开始的地方中止了他的研究。在这个问题上,重农学派比他高明一些,魁奈的《经济表》对解决这些困难做出了一些贡献,但只有马克思的再生产学说才第一次科学地解决了这个问题。

4. 庸俗经济学为了替资本辩护,利用了古典学派这一谬论。他们说,剩余价值只转化为可变资本,因而积累对工人是"有利的"。可见,批判古典学派这一谬误,不仅在理论上而且在现实斗争上都是必要的。

(三) 剩余价值分为资本和收入。节欲论

这一节说明在剩余价值量不变情况下,积累量由剩余价值分为资本和收入的比率来决定。积累是由客观的经济规律决定,而不是由资本家的什

么"节欲"决定。

积累的大小取决于剩余价值分为资本和收入的比率（第648—649页）　剩余价值是分为两个部分，一部分由资本家作为收入消费，另一部分用作资本或积累起来。在其他条件不变的情况下，剩余价值分割为资本和收入的比例，决定资本积累量的大小。

资本积累是由资本主义客观经济规律决定的（第649—650页）　剩余价值分割为资本和收入的比例是由什么来决定的呢？表面看来，这种分割是资本家的意志行为。实际上，这是由资本主义客观经济规律来决定的。首先，是由剩余价值规律决定的。资本家作为人格化的资本，他的动机，也就不是使用价值和享受，而是交换价值和交换价值的增殖。对剩余价值的贪欲，绝对的致富欲，驱使着资本家去积累资本，扩大再生产。其次，是由竞争规律决定的。竞争使资本主义生产方式的内在规律（剩余价值规律）作为外在的强制规律支配着每一个资本家。竞争迫使资本家不断扩大自己的资本来维持自己的资本，而他扩大资本只能靠积累。

资本家存在着积累冲动和享受冲动的矛盾（第650—652页）　就资本家只是人格化的资本来讲，促使他积累的是资本主义的客观规律，根本不是什么主观的节欲。相反，资本越积累，资本家就越浪费。资本家像一切剥削阶级一样，也要追求享受，虽然在他暴富以前，他的致富欲与享受欲是有矛盾的，但随着资本主义生产的发展，他的挥霍浪费就可以和他的积累一同增加，一方决不会妨害另一方。并且，这种挥霍对于资本主义经营来讲是必要的，因为讲排场向来是资本家作为炫耀富有从而取得信贷的手段。

古典学派主张积累代表新兴资产阶级的意见（第652—654页）　古典经济学用"为积累而积累，为生产而生产"的公式，表达了资产阶级新兴时期的历史使命。因为在古典经济学者看来，"无产者不过是生产剩余价值的机器，而资本家也不过是把剩余价值转化为追加资本的机器。它非常严肃地对待资本家的历史职能"（第653页）。

> 批判庸俗经济学的节欲论（第654—656页）

面对着工人运动的兴起,庸俗经济学家西尼耳于 1836 年提出了节欲论。他说,"我用节欲一词来代替被看作生产工具的资本一词。"事实上,资本积累的源泉是剩余价值,资本积累由经济规律决定,与资本家的"节欲"无关。西尼耳企图用主观意志代替客观规律是无济于事的。事实上,在资本主义社会,资本是越积累,资本家就越挥霍,根本谈不上什么"节欲"。

（四）几种同剩余价值分为资本和收入的比例无关但决定积累量的情况：劳动力的剥削程度；劳动生产力；所使用的资本和所消费的资本之间差额的扩大；预付资本的量

这一节分析在剩余价值分为资本和收入的比例已定的情况下,决定积累量的大小的四种因素。

> 提高劳动力的剥削程度（第657—663页）

1. 把工资压低到劳动力的价值以下。以前都是假定工资至少和劳动力的价值相等。实际上,资本家往往是把工资压到劳动力价值以下,因而是把工人的必要消费基金转化为资本家的积累基金。从这里也可以看出,积累的增加不是由于资本家的节欲,而是由于减少了工人的必要消费。

2. 延长工作日和提高劳动强度,压榨更多的劳动。由于延长工作日和提高劳动强度而获得的追加劳动,没有不变资本部分的相应增加,也可以增加剩余产品和剩余价值,即增加积累的实体。例如：

（1）在采掘工业中原料不是预付资本的组成部分,而是自然的无偿给予,很容易容纳增加的劳动量。在这里,形成产品的原始要素,也就是形成资本物质成分的要素,由于劳动力具有伸缩性,即使不预先增加不变资本,积累的领域也能扩大。

（2）在农业上,必须预付追加的种子和肥料,才能扩大耕地,一旦增加了种子和肥料,只要原有数量的工人付出更多的劳动即使对土地只进行机械性的耕作,也会提高产量。

（3）在加工工业上,由于采掘工业和农业提供了所需要的原料以及它所使用的劳动资料的原料,因而无需追加预付资本,就可以生产追加产品,获得较多利润。

"总的结论是:资本一旦合并了形成财富的两个原始要素——劳动力和土地,它便获得了一种扩张的能力,这种能力使资本能把它的积累的要素扩张到超出似乎是由它本身的大小所确定的范围,即超出由体现资本存在的、已经生产的生产资料的价值和数量所确定的范围。"(第663页)

提高社会劳动生产率(第663—666页)

1. 劳动生产力提高可以增加积累。随着劳动生产力的提高,体现一定量的价值和剩余价值的产品量也会增大,这样,在剩余价值率不变甚至下降,只要其下降比劳动生产力的提高缓慢,剩余产品量仍然增加,因而在剩余产品分割为收入和追加资本的比例保持不变的情形下,资本家的消费可以增加,积累并不减少。

(1) 积累基金的相对量甚至可以靠减少消费基金而增加。

(2) 同量的可变资本价值就可以雇佣更多的劳动力,可以推动更多的劳动。

(3) 同量的不变资本价值,也因生产资料比以前便宜,可以体现在更多的劳动资料、劳动材料和辅助材料上,从而会提供更多的产品形成要素和价值形成要素,即提供更多的吸收劳动的要素。"因此,在追加资本的价值不变甚至降低的情况下,积累仍然可以加快。不仅再生产的规模在物质上扩大了,而且剩余价值的生产也比追加资本的价值增长得更快。"(第663页)

2. 科学技术的进步可以使积累增加。劳动生产力是随科学技术的不断进步而不断提高的,因为生产过程中所使用的机器设备和生产技术,是随着科学发明的增进,而不断改进的。旧的机器、工具、器具等,不断地被效率更高、功能更大和价格更小的新的机器、工具、器具所替换,从而随着技术进步可以使得旧的不变资本,也会以生产效率更高的形式再生产出来,这就不单促进了产品数量的不断增多,并且也促进了剩余价值数量的不断增大。同样,对于原料和辅助材料的生产,也将因农业生产应用化学的每一进步,而不断地提高产量,降低费用和扩大用途,从而扩大投资领域,尤其是废料和废物的综合利用,可以无需增加预付资本,就能创造新的资本材料。"正像只要提高劳动力的紧张程度就能加强对自然财富的利用一样,科学和技术使执行职能的资本具有一种不以它的一定量为转移的扩张能力。同时,这种扩张能力对原资本中已进入更新阶段的那一部分也发生反作用。资本以新的形式无代价地合并了在它的旧形式背后所实现的社会进步。"(第664页)这就促进了资本积累的增加。

3. 劳动生产力的提高可以加速旧资本价值的转移。一定量的劳动所推动的生产资料的价值和数量,是同劳动的生产效率的提高成比例地增加的,因此同量劳动虽然只在产品中创造等量的价值,但随劳动生产率的提高,劳动转移到产品中的旧资本价值仍会增加。因而,就可使积累起来的资本价值减少或避免遭受闲置不用发生自然损耗的损失,可使大量旧资本价值能够及时地在新产品上移转过去和保存下去,并重新作为资本发挥职能。

> 所用资本和所费资本的差额增大(第666—668页)

随着资本的增长,所使用的资本和所消费的资本之间的差额也相应增大。这就是说,如像建筑物、机器、各种设备等劳动资料,它们的价值总量和物质总量,都将随资本的增加而增加。这些劳动资料在或长或短的时期里,在不断反复的生产过程中,是以其整体参加生产发挥职能。但是,它们却是逐渐磨损的,因而是一部分一部分地丧失其价值,并把价值一部分一部分地转移到产品上去的。这就使这些劳动资料所使用的价值与所消费的价值之间发生差额,所使用的是全部资本价值,而所消费的只是磨损和转移的小部分资本价值。如果这些劳动资料越是作为产品形成要素发生作用,而不把价值转移到产品中去,这就是说,它们越是整个地被使用,而只是部分地被消费,那它们就越是像水力、蒸汽、空气等自然力那样,提供无偿的服务,生产出更多的剩余价值。"被活劳动抓住并赋予生命的过去劳动的这种无偿服务,会随着积累规模的扩大而积累起来。"(第667页)

> 预付资本的量(第668页)

最后,积累量的大小还取决于预付资本量的大小。因为在劳动力的剥削程度不变的情况下,剩余价值量是取决于被剥削的工人的人数,而工人的人数则与预付资本量相适应。此外,预付资本量越多,则生产规模也就越是扩大，从而生产的全部发条，如像延长工作日、提高劳动强度、改善劳动组织、改进机器设备、以及推广科学技术应用等，就越是有力地开动起来，因而越能增加资本的积累。

(五) 所谓劳动基金

这一节批判劳动基金学说，指出全部预付资本包括可变资本是一个可变量，而不是一个固定量，因此根本不存在什么固定不变的劳动基金。

我们知道，资本是社会财富中一个可伸缩的变动的量，但古典学派却把它看作是一个固定不变的量。这个偏见被一些庸俗经济学者加以利用并发展了。他们特别强调可变资本是一个不变的量。可变资本的物质存在，即它所代表的工人生活资料的量或所谓劳动基金，被虚构为社会财富中受自然限制而不能突破的固定量。他们把劳动基金的资本主义限制说成是劳动基金的社会自然限制，实际上只不过表示：对于社会财富如何分为资本家享受资料和生产资料，工人是无权过问的；而工人是很少有可能靠减少资本家的"收入"来扩大所谓"劳动基金"的。

根据所谓"劳动基金"是一个不变量这一教条，他们把资本家压低工人工资说成是工人人口太多的结果。因为，从这一虚构的前提出发，工资总额既然是"固定的"量，人多了，摊在每人身上的工资水平就降低了，而且工人为此斗争也是徒劳的。

第二十三章 资本主义积累的一般规律

这一章的研究对象,是通过资本构成的变化来研究资本的增长对工人阶级的命运产生的影响,说明资本主义基本矛盾的发展。

这一章共五节,叙述的顺序大致为:资本有机构成不变时,资本积累对工人阶级的影响;在生产力增进时,资本有机构成提高,可变资本相对减少;可变资本相对减少形成相对过剩人口,造成工人失业;分析相对过剩人口的各种形式,揭示资本主义积累的一般规律,阐明无产阶级贫困的理论;以上所述原理的历史例证。

这一章对研究马克思主义的人口理论和无产阶级贫困的理论具有重要意义。

(一) 资本构成不变,对劳动力的需求随积累的增长而增长

这一节主要讲在资本构成不变时,资本积累可能带来工资水平的提高以及这种提高的资本主义界限。

> 资本构成的基本概念(第 672—673 页)

1. 资本价值构成:由资本分为不变资本和可变资本的比率,或者说,分为生产资料的价值和劳动力的价值即工资总额的比率来决定。

2. 资本技术构成:从资本价值所包含的物质内容来看,是生产资料和劳动力的对比关系,或者说是所使用的生产资料量和为使用这些生产资料而必须的劳动量的比率。

3. 资本有机构成:由技术构成决定并且反映技术构成变化的资本价值构成,叫做资本有机构成。凡是简单地说资本构成的地方,一般应当理解

为资本的有机构成。

4. 资本平均构成：把一定部门内许多资本的一个个构成加以平均就得出这个生产部门的总资本的构成。把一切生产部门的平均构成加以总平均，就得出一个国家的社会资本的构成。

资本构成不变，积累增加对工人阶级的影响（第673—681页）

1. 资本构成不变，积累增加，工人的工资提高。假定资本的构成不变，也就是说，为了推动一定量的生产资料或不变资本始终需要同量的劳动力，同时其他情况也不变，那么，一旦积累的需要超过通常的劳动供给，工资就会提高。

2. 工资增加不会改变资本主义生产的基本性质，这是因为资本积累不过是以扩大的规模再生产出资本关系：一极是更多或更大的资本家，另一极是更多的隶属于资本的雇佣工人。因此，资本的积累就是无产阶级的增加，就是资本的剥削范围的扩大。工资即使暂时上涨，从而劳动者生活稍有改善，也不会消除雇佣奴隶的从属关系和被剥削状况。由于资本积累带来工资的上涨的现象，实际不过表示"雇佣工人为自己铸造的金锁链已经够长够重，容许把它略微放松一点"而已。因为资本家购买劳动力是为了增殖他的资本。"生产剩余价值或赚钱，是这个生产方式的绝对规律。"（第679页）劳动力只有在它会把生产资料当作不变资本来保存，把自身的价值当作可变资本再生产出来，并且以无酬劳动提供追加剩余价值的情况下，才能卖出去。所以，不论劳动力的卖价对工人怎样有利，工人总要提供一定量的无酬劳动作为积累的源泉。工资的增大至多也不过说明，工人必须提供的无酬劳动量的减少。这种减少永远也不会达到威胁资本主义制度的程度。

3. 资本积累规定了工资变动的界限：工资的上涨，不仅使资本主义制度不受侵犯，而且还保证资本主义制度的规模扩大的再生产。而这个不可逾越的界限是由积累规定的。"资本主义积累的本性，绝不允许劳动剥削程度的任何降低或劳动价格的任何提高有可能严重地危及资本关系的不断再生产和它的规模不断扩大的再生产。"（第681页）

（二）在积累和伴随积累的积聚的进程中资本可变部分相对减少

这一节中心是分析随着社会劳动生产率的提高，随着资本积聚和集中的进行,资本有机构成必然会不断提高。与此相应,可变资本就会日益相对减少。

> 社会劳动生产率的增长与资本构成的提高（第682—684页）

1. 劳动生产率的提高是积累的最有力杠杆。资本积累的增加是与劳动生产率的提高相互制约的。资本积累的增加,会促进劳动生产率的提高,而劳动生产率的提高又会反过来促进资本积累的增长,成为推动积累发展的最有力的杠杆。

2. 社会劳动生产率提高的标志。社会劳动生产率的水平,表现为一个工人在一定时间内,以同样的劳动力强度使之转化为产品的生产资料的相对数量。工人所使用的生产资料的量,会随同他的劳动的生产率而增进。在这里,生产资料的增加,就劳动手段讲,它是劳动生产率增进的条件。就劳动对象讲,则是劳动生产率增进的结果。但是,不管是条件还是结果,只要生产资料的量比投入生产资料的劳动力相对增长,就表示劳动生产力的增长。

3. 劳动生产率的提高必然引起资本构成的变化,使可变资本相对减少。劳动生产率的提高,首先直接反映在资本技术构成的提高上。资本技术构成的这一变化,即生产资料的量比推动它的劳动力的量相对增长。反映在资本的价值构成上,是资本价值的不变部分靠减少它的可变部分而增加。

价值构成这种变化,只能近似地反映技术构成的变化。这是因为随着劳动生产率的增长,劳动所消费的生产资料的数量增大了,而且生产资料的价值也相对地减少了。这就是说,生产资料的价值虽然绝对地在增进,但相对于它的使用价值量来讲,却没有按同比例增进。所以,资本价值构成虽然随资本技术构成一同增进,但只以较小程度增进。

积累的增进,使资本的可变部分相对减少,但并不排斥它的绝对量的增加。

> 资本积累的形式——资本积聚和资本集中（第684—689页）

资本积累基本上可分为两种办法:一是资本积聚,二是资本集中。资本积聚直接表示资本家阶级对无产阶级统治的扩大,资本集中则是在资产阶级和无产阶级两大阶级的矛盾的基础上,表现为资本家之间的矛盾的产物。积聚与集中既有区别又有联系，两者都是与积累分不开的。

1. 资本积聚，就是单个资本直接通过积累而使本身扩大起来。这种直接以积累为基础的积聚，有两个特征：第一，社会生产资料在单个资本家手中积聚的增进，要受社会财富增长程度的限制；第二，社会资本分散在单个资本家手里，他们作为独立的商品生产者互相对立着。

2. 资本集中是把已经形成的许多单个资本集中起来，是资本家剥夺资本家，是许多小资本变成少数大资本。和资本积聚的特征不同，资本集中不受社会财富的绝对增长或积累的绝对增长的限制。它把一些小资本合并起来又消灭了这些资本的互相独立、互相对立的性质。

资本集中的手段是竞争与信用。竞争斗争是通过使商品便宜来进行的。商品便宜取决于劳动生产率，又取决于生产规模。因此，在竞争中较大的资本战胜较小的资本。信用事业是随同资本主义生产而形成起来的。起初，它作为积累的小小助手不声不响地挤了进来，通过一根根无形的线把那些分散在社会上的游资吸引到单个或联合的资本家手中；但是，很快它就成了竞争中的新的强大武器；最后，它变成一个实现资本集中的庞大的社会机构。

资本集中补充了积累的作用：①促进企业生产规模的扩大；②加强和加速了积累；③使可变资本相对减少；④增进社会积累；⑤可以采用新技术，进行固定资本更新。

> 在积累过程中可变资本日益相对减少（第689页）

随着资本积累，一方面使新形成的资本有越来越高的资本构成，"同它自己的量比较起来，会越来越少地吸引工人"。（第689页）另一方面又使原有的资本在进行物质更新时有越来越高的构成。"会越来越多地排斥它以前所雇佣的工人。"（第689页）因此，随着资本积累，资本的不变部分就会牺牲它的可变部分而增大。

（三）相对过剩人口或产业后备军的累进生产

这一节通过相对过剩人口产生的原因、性质和作用以及资本主义人口规律的分析，说明可变资本的相对减少对工人阶级的影响。

> 相对过剩人口是资本积累的必然产物，又是资本主义生产方式存在的条件之一（第689—696页）

1. 相对过剩人口是资本积累的必然产物。

(1) 相对过剩人口，简单地说，"资本主义积累不断地并且同它的能力和规模成比例生产出相对的，即超过资本增殖的平均需要的，因而是过剩的或追加的工人人口。"(第691页)这就是指劳动者的供给超过了资本对它的需要。

(2) 相对过剩人口的形成，是由于资本积累的增进，资本有机构成提高，使可变资本相对减少，从而用同量资本所需要的劳动力减少。

(3) 相对过剩人口的变动。①有些部门由于资本集中，资本构成发生变化，资本的绝对量没有增加，但对劳动的需求绝对减少。②有些部门资本增长同可变资本绝对减少结合在一起，对劳动力的需求也减少。③有些部门资本增长，有时对劳动力的需求增加，有时对劳动力的需求又减少。

(4) 相对过剩人口是资本主义特有的人口规律。工人人口本身在生产出资本积累的同时，也以日益扩大的规模生产出使他们自身成为相对过剩人口的手段。这就是资本主义生产方式特有的人口规律。每一个特殊的、历史的生产方式都有其特殊的、历史的起作用的人口规律，抽象的人口规律只存在于历史上还没有受过人干涉的动植物界。

2. 相对过剩人口是资本主义生产方式的存在条件之一。

(1) 相对过剩人口是资本增长的杠杆。过剩人口形成一支可供支配的产业后备军，绝对地隶属于资本。它不受人口实际增长的限制，为不断变化的资本增殖需要，创造出随时可供剥削的人身材料。在资本的积累进程中，资本的突然膨胀需要立即吸收大批工人，这些人只能由相对过剩人口来提供。资本的突然膨胀是由于：①资本积累引起的；②信用事业的发展；③生产过程技术条件的变化；等等。

(2) 现代工业的周期变化，也是立足于产业后备军或过剩人口的不断形成，或多或少地被吸收，然后再形成这样的基础之上的。然而，工业周期又是再生产过剩人口的因素之一。所以，即使是英国殖民部官员梅里威耳，以及马尔萨斯也不得不把工人的相对过剩人口宣布为积累的必要条件。

第1卷 资本的生产过程

> 相对过剩人口的增加比可变资本的减少更迅速（第696—698页）

以上分析都是假定就业工人人数的变化正好和可变资本的增减相一致。实际上，两者并不完全相符。

1. 只增加工资而不增加工人，在这种情况下可变资本的增长是劳动增加的指数，而不是就业工人增加的指数。

2. 增加劳动的外延量和内含量而不增加工人。在积累的进行中，资本家可以用延长工作日或提高劳动强度的方法，使同量可变资本，雇佣同样数量的劳动力，推动较多的劳动。

3. 雇佣不熟练工人排挤熟练工人，即可用童工、女工来代替成年男工，在这方面，资本家可以用同量可变资本购买较低的劳动力来驱逐较高级的劳动力。所以，失业工人的增加比可变资本的减少更加迅速。

4. 相对过剩人口的迅速增加使就业人口所受剥削更重。劳动生产率越是增长，相对过剩人口越多。工人阶级中就业部分的过度劳动，扩大了它的后备军的队伍，而失业工人的竞争又反过来迫使就业工人不得不从事过度劳动和听从资本的摆布，工人阶级的一部分从事过度劳动迫使它的另一部分无事可做，反过来，它的一部分无事可做迫使它的另一部分从事过度劳动，这成了各个资本家致富的手段，又加速了产业后备军的产生。

> 相对过剩人口变动对工资的影响（第699—702页）

1. 决定工资变动的是相对过剩人口的增减。大体说来，工资的一般性的变动，只是由产业后备军的膨胀和收缩来实行调节；产业后备军的膨胀和收缩，则与产生循环的周期变动相适应。所以，决定工资变动的，并不是工人人口的绝对数量的变动，而是工人阶级分为现役军和后备军的比例的变动，是过剩人口时而被吸收、时而又被游离的程度。

2. 批判"工资铁律"。"工资铁律"论者却认为工资的变动依存于人口量的绝对变动，这是一个虚构的教条。实际上，资本突然膨胀的需要，只能由相对过剩人口来满足，决不能等待人口的绝对增长。

由于相对过剩人口会及时供给突然膨胀的资本以大量劳动力，又会施加压力于在业工人，使它们过度供给劳动，"所以，相对过剩人口是劳动供求规律借以运动的背景。它把这个规律的作用范围限制在绝对符合资本的剥削欲和统治欲的界限之内"。(第701页)相对过剩人口既是资本主义生产方式的必然产物,又是劳动供求运动的背景,在资本制度下是决不会消失的。

3. 批判"补偿理论"。所谓补偿说,即认为失业的工人总会就业的谬论。事实上,劳动的需求同资本增长并不是一回事,劳动的供给同工人阶级的增长也不是一回事,资本在两方面同时起作用。它的积累一方面扩大对劳动的需求,另一方面又通过游离工人来扩大工人的供给,与此同时,失业工人的压力又迫使就业工人付出更多的劳动,从而在一定程度上使劳动的供给和劳动者的供给成为独立无关的两回事。可见,补偿说是毫无根据的。

(四) 相对过剩人口的各种存在形式。资本主义积累的一般规律

这一节分析相对过剩人口的形式,揭示资本主义积累的一般规律,阐明无产阶级贫困的理论。

<u>相对过剩人口的形式(第703—706页)</u> 相对过剩人口是形形色色的。除开它在工业周期中所采取的反复形式不说,失业人口经常采取三种形式:流动的、潜在的、停滞的。

1. 流动的过剩人口。在现代工业的中心,工人时而被排斥、时而在更大的规模上再被吸引。在这里,过剩人口处于流动的形式。在现代工业中,大量使用童工和女工,使相当一部分成年男工变为流动过剩人口。又因为分工把它们束缚在特定的生产部门,失业的人要转业也是困难的。

2. 潜在的过剩人口。资本一旦侵入农业,资本积累从而资本构成的提高,对农业工人的需求就会绝对减少。而且,这种排斥不像工业那样,会由更大的吸引得到弥补,从而农村就不断有潜在的过剩人口。

3. 停滞的过剩人口。这部分人口,虽然形式上还是现役劳动军的一部分,但是就业极不规则,经常处于半失业状态。它的特点是劳动时间最长而工资最低。

最后,相对过剩人口最低层,是属于赤贫需要救济的人们。它的生产包含在相对过剩人口生产中。这个社会阶层由三类人组成。第一类是有劳动能力的人。第二类是孤儿和需要救济的贫民的子女。第三类是衰败的、流落街头的、没有劳动能力的人。这些人和前述三种过剩人口一样是资本主义生产和发展的一个存在条件。

> 资本主义积累的一般规律（第707—710页）

1. 关于资本主义积累的一般规律，马克思概括地指出："社会的财富即执行职能的资本越大，它的增长的规模和能力越大。从而无产阶级的绝对数量和他们的劳动生产力越大，产业后备军也就越大。可供支配的劳动力同资本的膨胀力一样，是由同一些原因发展起来的。因此，产业后备军的相对量和财富的力量一同增长。但是同现役劳动军相比，这种后备军越大，常备的过剩人口也就越多，他们的贫困同他们所受的劳动折磨成反比。最后，工人阶级中贫苦阶层和产业后备军越大，官方认为需要救济的贫民也就越多。这就是资本主义积累的绝对的、一般的规律。像其他一切规律一样，这个规律在实现中也会由于各种各样的情况而有所变化。"（第707页）

2. 资本主义积累一般规律是绝对的规律，即只要资本主义制度存在，就必然存在这个规律。

3. 随着资本积累，无产阶级状况日趋恶化。"在一极是财富的积累，同时在另一极，即在把自己的产品作为资本来生产的阶级方面，是贫困、劳动折磨、受奴役、无知、粗野和道德堕落的积累。"（第708页）这就是说，资本愈加积累，无产阶级就愈加贫困。

4. 资本主义积累一般规律是客观存在的，但是在现实中，由于各种各样的情况而会有所变化。

（五）资本主义积累一般规律的例证

在这一节，马克思以大量的英国材料来说明以上理论分析所得出的结论。在这里，马克思进一步考察了无产阶级贫困的各种表现。

第二十四章 所谓原始积累

我们知道,资本积累以剩余价值为前提,剩余价值以资本主义生产为前提,而资本主义生产又以商品生产者握有较大量的资本和劳动力为前提。那么,商品生产者最初握有的资本和劳动力又是从哪里来的呢?这就是这一章研究的资本原始积累问题。资本原始积累不是资本主义生产方式的结果,而是资本主义生产方式的起点。马克思通过对资本主义生产关系的历史前提的分析,揭示了资本主义必然灭亡的历史趋势。

这一章共七节。第一节阐述原始积累的实质。第二节至第三节说明雇佣工人的形成过程。第四节至第六节说明资产阶级的形成过程。第七节不仅是对全章、全篇,甚至可说是对整个第1卷的总结。它指出资本主义基本矛盾的发展,必然导致资本主义的灭亡和新社会的产生,这是资本主义积累的历史趋势。

(一) 原始积累的秘密

这一节揭示资本原始积累的实质,是全章的导言。

1. 资本原始积累不是资本主义生产方式的结果,而是它的起点。

2. 资本原始积累,暴力起着巨大作用。原始积累绝不是古典学派所形容的那种田园诗式的东西,也不是资产者勤劳的结果,而是暴力剥夺劳动者的劳动条件的所有权的结果。

3. 资本原始积累是生产者和生产资料分离的过程。商品市场的两极分化,造成了资本主义生产的基本条件。创造资本关系的过程,只能是劳动者和他的劳动条件的所有权的分离的过程。这个过程一方面使社会的生活资料和生产资料转化为资本，另一方面使直接生产者转化为雇佣工人。因此，所谓原始积累，只不过是生产者和生产资料分离的历史过程。这个过程所以表现为"原始的"，因为它是形成资本及与之相适应的生产方式的前史。

4. 资本主义社会的经济结构是从封建社会的经济结构产生的。后者的解体使前者的要素得到解放。在这一历史过程中，生产者转化为雇佣工人，一方面表现为生产者从封建隶属关系和行会束缚下解放出来；另一方面，生产者又只有在他被剥夺、一无所有之后，才能成为自身的劳动力的出卖者。然而，"对他们的这种剥夺的历史是用血和火的文字载入人类编年史的"。（第783页）

新兴工业资本家的兴起，则是用卑鄙手段战胜封建势力及其特权的结果，也是战胜行会束缚的结果。

5. 对农民土地的剥夺是形成资本原始积累全部过程的基础。

（二）对农村居民土地的剥夺

这一节马克思以英国为典型，来叙述农民土地被剥夺的悲惨过程。

1. 15世纪末领主化耕地为牧场。
2. 16世纪的宗教改革和教产盗窃。
3. 15世纪到18世纪的圈地运动。
4. 19世纪的清理地产是最后一次大规模剥夺农民土地的过程。

在这一历史过程中，资产者通过各种卑鄙而又残暴的方式来剥夺农民的土地。"掠夺教会地产，欺骗性地出让国有土地，盗窃公有地。用剥夺方法、用残暴的恐怖手段把封建财产和克兰财产变为现代私有财产——这就是原始积累的各种田园诗式的方法。"（第801页）这些方法为资本主义农业夺得了地盘，为工业造成了不受法律保护的劳动力。

（三）15世纪末以来惩治被剥夺者的血腥立法。压低工资的法律

这一节揭露资产阶级利用国家权力，制定各种法律，强迫被剥夺土地的农民去接受工资劳动的纪律。

1. 资产阶级都颁布了惩治流浪者的血腥法律。这些法律通过鞭打、烙印、酷刑,使失去土地的农民习惯于雇佣劳动制度的纪律。

2. 新兴资产阶级利用国家暴力来压低工资,延长工作日,以维持工人对资本的隶属关系。

(四)资本主义租地农场主的产生

这一节是说明资本主义农场的发生和农业资本家的出现。

1. 农业资本家的形成是一个延续了许多世纪的漫长过程。在英国,最初形式的租地农场主是一些农奴的管事,到了14世纪下半叶,管事被租地农民代替了,不久就出现了真正的租地农场主。他靠使用雇佣工人来增殖自己的资本,并把剩余产品的一部分以货币或实物的形式作为地租交给地主。

2. 租地农场主的暴富。在15世纪,租地农场主的经济水平还是中等的,但从15世纪最后30年开始的、几乎继续进行100年的农业革命(土地所有权的资产阶级革命),农村居民大批破产,租地农场主则暴富起来。特别在16世纪,由于贵金属价值下降,带来农产品价格上涨,这一黄金果实全被租地农场主占有了。

(五)农业革命对工业的反作用。工业资本的国内市场的形成

这一节是说明农业中的资本主义变革对工业的反作用。

1. 农业的资本主义革命,剥夺和驱逐了大批农村居民,不仅为工业资本提供劳动力及生活资料和劳动材料,同时也建立了国内市场。

2. 只有大工业才用机器彻底铲除了农村家庭手工业,才彻底地剥夺了绝大多数农民,使农业和农村家庭手工业完全分离。这样,工业资本也就征服了整个国内市场。

(六)工业资本家的产生

这一节是论述工业资产阶级的产生和成长过程,指出资本主义的上层建筑如何为它的经济基础服务。

第 1 卷 资本的生产过程

> 工业资本家产生的途径（第 818—819 页）

工业资本家不像租地农场主那样逐渐产生。虽然也有一些行会师傅，独立劳动者逐步转化为资本家，但像蜗牛一样的爬行速度，适应不了 15 世纪末世界市场的要求。至于高利贷资本和商业资本，它们要转化为工业资本也会遇到许多阻碍。

> 工业资本主要是通过暴力进行原始积累的（第 819—828 页）

这里原始积累的主要要素是：美洲金银产地的发现，土著居民的被剿灭、被奴役和被埋藏于矿井，对东印度开始进行的征服和掠夺，非洲变成商业性地猎获黑人的场所。

这些要素在 17 世纪末系统地综合为殖民制度、国债制度、现代税收制度和保护关税制度。这些方法特别如殖民制度以最残酷的暴力为基础。所有这些方法，都是依靠国家权力，即利用集中的有组织的社会暴力，来促进封建生产方式向资本主义生产方式的转化。所以，马克思指出："暴力是每一个孕育着新社会的旧社会的助产婆。暴力本身就是一种经济力。"（第 819 页）

> 资本的历史罪恶（第 820—829 页）

资本主义的产生和发展是一个血腥的历史过程，完全是建筑在广大劳动人民群众遭受残酷剥削、深重苦难的基础之上的。马克思说："资本来到世间，从头到脚，每个毛孔都滴着血和肮脏的东西。"（第 829 页）

（七）资本主义积累的历史趋势

这一节不仅是本章、本篇的总结，而且是《资本论》第 1 卷的总结。它概括了资本主义基本矛盾的形成、发展和解决的过程，揭露了资本主义生产方式的产生、发展和灭亡的历史趋势，揭示了社会主义制度终究要代替资本主义的客观规律，指出了在这一革命中无产阶级的历史使命。

> 资本原始积累就是以自己劳动为基础的私有制的解体（第 829—831 页）

在资本主义时代之前，存在过以劳动者私人占有生产资料的小商品生产。所谓资本的原始积累，在这里就是剥夺这些直接生产者，即消灭以自己劳动为基础的私有制。这种私有制是以土地及其他生产资料的分散为前提的，是排斥生产社会化的。它发展到一定的程度，就造成了消灭它自身的物质手段。这种从个人分散的生产资料到社会集中的生产资料的转化，即多数人的小财产到少数人的大财产的转化，或者说小生产者的私有制到资本占有制的转化，形成资本的前史。在这段历史中，资本主义基本矛盾即生产社会化和资本占有形式的矛盾也就形成起来。

> 资本主义基本矛盾的形成和发展为社会主义革命准备了主客观条件（第831—832页）

劳动者一旦转化为无产者，他们的劳动条件一旦转化为资本，资本主义生产方式一旦站稳脚跟，生产就进一步社会化，现在要剥夺的已经不再是独立经营的劳动者，而是剥削许多工人的资本家了。这种剥夺是通过资本主义生产本身的内在规律的作用，即通过资本的集中进行的。一个资本家打倒许多资本家。随着这种集中或少数资本家对多数资本家的剥夺，规模不断扩大的劳动过程的协作形式日益发展，科学日益被自觉地应用于工艺方面，土地日益被有计划地共同利用，劳动资料日益转化为只能共同使用的劳动资料，一切生产资料因作为结合的社会劳动的共同生产资料使用而日益节省。随着那些掠夺和垄断这一过程的全部利益的资本巨头不断减少，贫困、压迫、奴役、退化和剥削的程度不断加深，而日益壮大的、由资本主义生产过程本身的机构所训练、联合和组织起来的工人阶级的反抗也不断增长。资本的垄断成了与这种垄断一起并在这种垄断之下繁盛起来的生产方式的桎梏。"生产资料的集中和劳动的社会化，达到了同它们的资本主义外壳不能相容的地步。这个外壳就要炸毁了。资本主义私有制的丧钟就要响了。剥夺者就要被剥夺了。"（第831—832页）

> 由资本主义私有制转化为公有制是否定的否定（第832页）

资本主义的私有制是对小生产者的私有制的第一个否定。然而，资本主义内在矛盾的发展，又造成对自身的否定。这是否定的否定。"这种否定不是重新建立私有制，而是在资本主义时代成就的基础上，也就是说，在协作和对土地及靠劳动本身生产的生产资料的共同占有的基础上，重新建立个人所有制。"（第832页）第一个否定是少数掠夺者剥夺人民群众；后一个否定则是人民群众剥夺少数掠夺者。

第二十五章 现代殖民理论

马克思在以上二十四章中,已经把资本主义生产方式的许多基本理论和重要问题作了分析。那么,为什么这一卷的最后一章要批判资产阶级的现代殖民理论呢?正如马克思在这一章最后一段所指出的,本章的目的,并不是要在这里研究殖民地的状况,"我们感兴趣的只是旧大陆的政治经济学在新大陆发现并大声宣布的秘密,资本主义的生产方式和积累方式,从而资本主义的私有制,是以那种以自己的劳动为基础的私有制为前提的,也就是说,是以劳动者的被剥夺为前提的"。(第843页)

这就是说,这一章论述现代殖民理论,是通过对资产阶级学者的殖民学说的批判,利用他们对于殖民地经济的说明和例证,来进一步说明马克思以上各章所论述的理论的正确性。

资产阶级代言人威克菲尔德的殖民学说,并不是他关于殖民地有什么新发现,而是他在殖民地发现了关于宗主国的资本主义生产关系的真理:

1. 个体劳动的私有制和资本主义私有制是两种很不相同的私有制。
2. 资本不是一种物,而是一种以物为媒介的人和人之间的社会关系。
3. 剥夺人民群众的土地是资本主义生产方式的基础。
4. 相对过剩人口是资本主义积累的条件。
5. 财富的积累,同时就是人民贫困的积累。

第 2 卷
资本的流通过程

《资本论》第 2 卷介绍

马克思的主要著作《资本论》是一部完整的科学体系。《资本论》第 1 卷从流通过程入手,接着又抽去了流通过程,考察了资本主义生产过程作为直接生产过程时呈现的各种现象。但是,这个直接的生产过程并没有结束资本的生活过程。资本的全部生活过程是生产过程和流通过程的统一。《资本论》第 2 卷研究资本的流通过程。它在《资本论》的整个体系中占有重要地位。如果没有对资本流通过程的分析,就不可能对资本的生活过程有一个全面的总括的了解。《资本论》第 2 卷资本的流通过程,既是第 1 卷资本的生产过程的继续和补充,又是第 3 卷资本主义生产总过程的引言。

《资本论》第 2 卷是马克思写作,恩格斯编辑整理出版的。出版于 1885 年马克思逝世后的第 2 年。马克思在 1865 年以前,已基本完成了《资本论》全书 4 卷的手稿。接着着手整理并于 1867 年出版了《资本论》第 1 卷。

马克思本来打算紧接着整理出版《资本论》其他各卷,但是由于长期从事紧张的革命工作和理论研究,使他的健康受到了很大损害,疾病使他一次又一次地中断了自己的理论研究工作,使他没有能够最终完成《资本论》第 2 卷、第 3 卷、第 4 卷的修订工作。

马克思逝世前不久,曾经嘱托恩格斯将他的遗稿整理出版,恩格斯忠实地继承了这一事业。在马克思逝世后,他以绝大部分时间进行这一工作,并且努力"使本书既成为一部联贯的、尽可能完整的著作,又成为一部只是作者的而不是编者的著作"(第 3 页)。恩格斯为完成这一工作,付出了巨大的劳动,克服了重重的困难。恩格斯首先是辨认手稿字迹,加以誊清。由于繁重的革命工作和年老多病,恩格斯不能久坐,后来就请了一个勤奋肯干的秘书艾森加尔腾,每天上午10点到下午5点,由恩格斯躺在沙发上口授手稿,由艾森加尔腾记录下来。然后,恩格斯每天晚上对口授稿进行加工,搞出初定稿。最后,完稿付印出版,分批定稿,分批寄出付印。1885年2月3日恩格斯寄出最后一批整理稿,1885年7月初《资本论》第2卷在德国汉堡出版。列宁曾说过:"整理这两卷《资本论》是一件很费力的工作。奥地利社会民主党人阿德勒说得对:恩格斯出版了《资本论》第2卷和第3卷,就是替他的天才朋友建立了一座庄严宏伟的纪念碑,在这座纪念碑上,他无意中也把自己的名字不可磨灭地铭刻上去了。的确,这两卷《资本论》是马克思和恩格斯两人的著作。"[①]

一、《资本论》第2卷的研究对象

整个《资本论》都是研究资本的,总的对象都是资本,但是各卷的具体对象又有区别:第1卷的研究对象是资本的生产过程;第2卷的研究对象是资本的流通过程;第3卷的研究对象是资本主义生产总过程。

理解第2卷资本的流通过程必须注意以下五点。

1. 这一卷研究的是资本流通而不是商品流通,资本流通过程和商品流通过程虽然有某些共同点,但却有本质的区别。

商品流通的公式是 $W—G—W$ 即由商品转化为货币,再由货币转化为商品,是为买而卖。资本流通的公式是 $G—W—G'$,是由货币转化为商品,再由商品转化为货币,是为卖而买。

《资本论》第2卷研究的是资本的流通过程,而不是商品流通,两者是不能混为一谈的。

2. 这一卷研究的资本流通过程,这个资本是产业资本而不是商业资本。那么,什么是产业资本呢?产业资本就是按照资本主义方式经营的物质生产部门的资本,也就是投在工业、农业、交通运输业和建筑业的资本,或者说是生产剩余价值的资本。而商业资本是指在流通领域发生作用的资本,也就是专门从事商品买卖,以获取利润为目的的资本。而且严格说

---

① 列宁:《弗里德里希·恩格斯》,《列宁选集》第1卷1972年版,第92页。

来,这里所说的资本,不仅是产业资本,而且主要是产业资本中的工业资本,实际上第 1 卷和第 2 卷马克思都是以工业资本为对象的。

3. 这一卷研究的资本流通过程,这里的流通是广义的流通,而不是狭义的流通。狭义的流通是买卖过程,广义的流通还包括生产过程。《资本论》第 2 卷所研究的流通过程,并不是单纯的资本流通过程,而是作为资本的生产过程和流通过程统一的流通过程,也就是总流通过程。以流通过程为主,包括再生产过程。这一点与第 1 卷和第 3 卷都有区别,第 1 卷所研究的资本的生产过程,是资本的直接生产过程,是抽象掉流通过程的纯粹生产过程,而第 3 卷所研究的资本主义生产的总过程是作为生产过程、流通过程、分配过程三者统一的总过程,也就是说,第 3 卷研究资本主义生产总过程,比第 2 卷多了个分配过程,而且侧重研究分配过程。

4. 这一卷研究的资本流通过程,既包括个别资本的流通,又包括社会总资本的流通,这一点与第 1 卷和第 3 卷也有区别。第 1 卷侧重研究个别资本的生产问题,第 3 卷侧重从社会总资本来研究,而第 2 卷既研究个别资本,又研究社会总资本。

5. 这一卷研究资本的流通过程,不仅包括物(商品)的运动,而且主要是研究价值的运动,不是研究物,而是研究资本主义生产关系在流通过程中的表现,是在物的流通中研究资本主义生产关系。其目的是分析剩余价值的实现问题。剩余价值虽然产生于生产过程,却要在流通过程中实现,没有流通,资本家就无法购买生产的要素,即生产资料和劳动力,货币就不能变成资本,生产过程就无从开始,剩余价值既无法创造也不能实现,资本家的资本也无从得到补偿和替换,再生产过程既不能开始也无法扩大。

二、《资本论》第 2 卷的体系

第 2 卷以剩余价值实现为中心建立的科学体系,由三篇二十一章四十二节组成。如果从资本运动的形式来看,总结构可分为三部分:第一篇,资本形态变化及其循环,这是以货币资本为中心,分析个别资本运动的形态和过程,揭示资本循环的关键在于资本运动的连续性;第二篇,资本周转,是以生产资本为中心,分析个别资本运动的速度,揭示资本周转的关键是速度;第三篇,社会总资本的再生产和流通,是以商品资本为中心,分析社会总资本的实现问题,揭示社会总资本顺利实现的关键在于按比例发展。

如果从微观经济和宏观经济来分,第2卷可以分为两大组成部分:第一部分是第一篇和第二篇研究个别资本的再生产和流通;第二部分是第三篇是研究社会总资本的再生产和流通。马克思说:"运动的一般形式 $P\cdots P$ 是再生产的形式。"(第107页)商品资本的循环"包含着再生产"(第108页)。所以,《资本论》第2卷,第一篇、第二篇、第三篇都包含着再生产,都是再生产理论。

三、《资本论》第2卷的方法

马克思整个《资本论》的基本方法是唯物辩证法,第2卷也不例外。但是,第2卷在方法上有它的特点。

1. 动态分析法。马克思说:"资本作为自行增殖的价值,……是一个经过各个不同阶段的循环过程,……它只能理解为运动,而不能理解为静止物。"(第122页)《资本论》第2卷资本的流通过程,在方法上一个重要的特点就是动态分析,而不是静态分析,是从变化运动的过程来研究资本。

第2卷共三篇:第一篇侧重分析货币资本的运动,是研究资本运动的形态变化;第二篇侧重分析生产资本的运动,是研究资本运动的速度;第三篇侧重分析商品资本的运动,是研究资本运动的规模从简单到扩大。

2. 从微观到宏观的分析方法。第一篇和第二篇分析个别资本的生产和流通,是微观分析,是从个别企业的角度分析资本运动的;第三篇分析社会总资本的再生产和流通是宏观分析,是从社会的角度分析资本运动的。是先微观后宏观,先个别后总体。这个分析方法与第1卷和第3卷都有区别。第1卷主要是微观分析,分析单个资本家或单个企业怎样生产和榨取剩余价值;第3卷主要是宏观分析,是分析整个资产阶级及其各个集团怎样来瓜分整个工人阶级生产的剩余价值,是整个资产阶级剥削整个工人阶级。而第2卷是微观和宏观相结合。

3. 数量分析法。《资本论》中既有质的分析又有量的分析。这在各卷中都一样,而第 2 卷较多地运用了数量分析法。因此,数学公式和数字表格就比较多,资本循环有很多公式,资本周转的速度的计算也有公式,特别是社会资本再生产的实现,既有公式又有数字演算。本来《资本论》第 2 卷的数字计算还要多,后来被恩格斯删掉一些。

除了这些特殊方法外,马克思通常广泛运用的如矛盾分析法、抽象到具体、一般到特殊、简单到复杂、分析到综合等方法,第 2 卷也是经常运用的,不一一赘述。

恩格斯说,《资本论》第 2 卷特别是第三篇,内容很好,形式却难得可怕。第 2 卷的学习虽然比较难,但只要肯下工夫还是可以学好的。还是让我们重温一下马克思在《资本论》第 1 卷法文版序言中的名言:"在科学上没有平坦的大道,只有不畏劳苦沿着陡峭山路攀登的人,才有希望达到光辉的顶点。"(第 1 卷,第 26 页)

四、《资本论》第 2 卷的地位和意义

1. 恩格斯、列宁、斯大林对《资本论》第 2 卷都曾经作过很高的评价。

恩格斯一再指出:《资本论》第 2 卷"非常重要"[①]、"是异常出色的研究著作"[②]、是"极其科学的、非常精确的研究"[③]、"理论阐发得确实是精辟高深"[④]、是"最出色的阐述","内容很好"[⑤]。

列宁对《资本论》第 2 卷第三篇作了很高的评价,列宁说:"马克思在《资本论》第 2 卷中对社会总资本的再生产的分析,也是极其重要和新颖的。马克思在这里考察的也不是个别现象,而是普遍现象,不是社会经济的零星部分,而是全部社会经济的总和。"[⑥]

斯大林特别指出马克思再生产理论对社会主义经济也是适用的:"马

---

① 《马克思恩格斯〈资本论〉书信集》,第 223 页。
② 《马克思恩格斯〈资本论〉书信集》,第 437 页。
③ 《马克思恩格斯〈资本论〉书信集》,第 241 页。
④ 《马克思恩格斯〈资本论〉书信集》,第 465 页。
⑤ 《马克思恩格斯〈资本论〉书信集》,第 581 页。
⑥ 《列宁选集》第 2 卷,第 594 页。

克思再生产公式决不只限于反映资本主义生产的特点,它同时还包含有对于一切社会形态——特别是对于社会主义社会形态——发生效力的许多关于再生产的基本原理。马克思的再生产理论的这些基本原理,比如关于社会生产之分为生产资料的生产与消费资料的生产的原理;关于在扩大再生产下生产资料生产的增长占优先地位的原理;关于第一部类和第二部类之间的比例关系的原理;关于剩余产品是积累的唯一源泉的原理;关于社会基金的形成和用途的原理;关于积累是扩大再生产的唯一源泉的原理,——马克思的再生产理论的这一切基本原理,不仅对于资本主义社会形态是有效的,而且任何一个社会主义社会在计划国民经济时,不运用这些原理也是不行的。"①

2.《资本论》第2卷在整个《资本论》中占有重要的地位;它是第1卷的继续和补充,又是第3卷资本主义生产总过程的引言。

马克思说:"在第1卷中,我们研究的是资本主义生产过程本身作为直接生产过程考察时呈现的各种现象,而撇开了这个过程以外的各种情况引起的一切次要影响。但是,这个直接的生产过程并没有结束资本的生活过程。在现实世界里,它还要有流通来补充,而流通过程,则是第2卷研究的对象。"(第3卷第29页)恩格斯说:"这个第2卷的卓越的研究,以及这种研究至少几乎还没有人进入的领域内所取得的崭新成果,仅仅是第3卷的内容的引言。"(第25页)所以,《资本论》第2卷,在《资本论》体系中起着承上启下的作用,是第1卷和第3卷之间的桥梁。

① 从剩余价值的角度看,第1卷分析剩余价值生产的问题,它告诉我们剩余价值是怎样生产出来的,但是,如果没有第2卷资本流通过程的分析,剩余价值就不能实现。不解决剩余价值的实现问题,第3卷就无法分析剩余价值的分配问题。所以,第2卷分析剩余价值的实现是剩余价值生产到分配的桥梁。

② 从资本的角度看,第1卷研究资本的直接生产过程,构成《资本论》这一完整结构的基础;第3卷研究资本主义生产总过程,构成《资本论》的"最终结论"。那么,第2卷研究资本的流通过程,构成由此达彼的桥梁。

---

① 《苏联社会主义经济问题》,第64页。

③从方法的角度看,第1卷是微观分析,第3卷是宏观分析,第2卷既有微观分析又有宏观分析,也是从微观到宏观的桥梁。

3.《资本论》第2卷对社会主义经济也有巨大的指导意义。

《资本论》第2卷研究资本的流通过程,是作为生产过程和流通过程统一的总流通过程。实际上,就是再生产过程。所以,《资本论》第2卷从某种意义上来说,是研究再生产理论的。马克思的再生产理论对于社会主义经济的健康发展有巨大的指导意义。

《资本论》第2卷中,马克思有许多对社会主义经济的直接提示,对社会主义经济具有直接指导意义,例如:

(1) 社会主义更需要簿记,也就是更需要经济核算。"簿记对资本主义生产,比对手工业和农民的分散生产更为必要,对公有生产,比对资本主义生产更为必要。"(第152页)

(2) 共产主义社会必须有精确的计划。共产主义"社会必须预先计算好,能把多少劳动、生产资料和生活资料用在这样一些产业部门而不致受任何损害"。(第350页)

(3) 社会主义的生产,货币和按劳分配"在社会公有的生产中,货币资本不再存在了。社会把劳动力和生产资料分配给不同的生产部门。生产者也许会得到纸的凭证,以此从社会的消费品储备中,取走一个与他们的劳动时间相当的量。这些凭证不是货币。它们是不流通的。"(第397页)

(4) 社会主义社会第一部类的内部运动。"如果生产是社会公有的,而不是资本主义的,那么很明显,为了进行再生产,第1部类的这些产品同样会不断地再作为生产资料在这个部类的各个生产部门之间进行分配,一部分直接留在这些产品的生产部门,另一部分则转入其他生产场所,因此,在这个部类的不同生产场所之间发生一种不断往返的运动。"(第473—474页)

(5) 社会主义社会固定资产更新和必要物质储备的问题。"再生产的资本主义形式一旦废除,问题就归结如下:寿命已经完结因而要用实物补偿的那部分固定资本的数量大小,是逐年不同的。……这种情况,只有用不断的相对的生产过剩来补救;一方面要生产出超过直接需要的一定量固定资本;另一方面,特别是原料等的储备也要超过每年的直接需要(这一点

特别适用于生活资料)。这种生产过剩等于社会对它本身的再生产所必需的各种物质资料的控制。"(第 526—527 页)

撇开资本流通的资本主义形式,《资本论》第 2 卷的许多基本原理也适用于社会主义社会。

(1) 流通并不是资本主义经济特有的现象,流通是商品经济的范畴,它是在社会分工的基础上产生和发展起来的。社会主义经济还存在商品生产,因而也离不开流通,离不开市场。没有流通,对于社会主义经济是不可思议的。《资本论》中关于流通的阶段、形式、手段、时间、费用等等的论述,对于我们掌握社会主义流通的规律都有指导和方法论的意义。

(2) 社会主义有资金循环,社会主义企业资金循环的性质和特点同资本主义企业资本循环的性质和特点根本不同,但就其运动的物质内容和形式来说,有许多共同之处,社会主义企业仍然要把资金分为货币资金、生产资金、商品资金,保持这三方面各自的不断运动和三者的循环统一,同样必须组织供、产、销的平衡。这样才能使企业的生产正常地连续不断地进行。可是,在以往的政治经济学教科书中,基本上不去论述货币资金、生产资金和商品资金的循环。很多经济工作者和企业管理人员甚至没有这些概念,不了解资金的形态变化。我们认真读一读《资本论》第 2 卷第一篇资本循环的论述,就可以得到有关加强和改进我们的经济管理和企业管理的很多有益的启示。

(3) 学习《资本论》第 2 卷第二篇关于资本周转的理论,关于缩短周转时间、加快周转速度,从中求得最大经济效果的途径和方法,对社会主义经济活动仍然有重大现实意义。

(4)《资本论》第 2 卷第三篇关于再生产的一系列基本原理,如关于社会生产分为生产资料生产和消费资料生产的原理;关于第一部类和第二部类相互关系的原理;关于简单再生产和扩大再生产关系的原理;关于物质补偿和价值补偿的原理;关于积累是扩大再生产的主要源泉,但不是唯一源泉的原理,等等,对于社会主义经济都是适用的。

我国社会主义建设事业取得了伟大的成就,也走过曲折的道路,其中一个重要问题是,国民经济不能经常地、自觉地保持平衡,不止一次地出现严重的比例失调;在资金的使用方面,存在着循环周转缓慢、经济效果差的弊病。这表明,我们还未很好地掌握社会化生产的流通规律,特别是再生产的规律。

4.《资本论》第2卷中的经济危机理论,对于分析当代资本主义经济危机问题也有重要的理论意义。

《资本论》中虽然没有专篇或专章分析经济危机理论,但在全部四卷中都说到,而在第2卷中比较多的作了分析。

《资本论》第1卷第一篇分析商品和货币时,指出了产生经济危机的可能性;第四篇和第七篇谈到经济危机与工人失业、贫困的关系;在《资本论》第3卷第十五章着重分析了资本主义经济危机产生的原因。其他有关经济危机的论述则主要集中在《资本论》第2卷。例如,第二章讲到危机的表现;第八章讲到危机和固定资本更新的关系;第九章指出经济危机的阶段,经济危机的周期平均十年一次,特别是指出了固定资本更新是周期性危机的物质基础。第二十章讲到经济危机与奢侈品消费的关系;第二十一章讲到经济危机与再生产的关系。这些都是分析当代资本主义经济危机问题的重要理论武器。

《资本论》第 2 卷序言

一、概　　述

　　这篇序言是恩格斯在 1885 年出版《资本论》第 2 卷时，作为编者而写的。它介绍了马克思在《资本论》遗稿方面的情况，叙述了恩格斯编辑出版《资本论》第 2 卷的过程；驳斥了所谓马克思剽窃洛贝尔图斯的谎言；阐明了马克思对剩余价值的新贡献；指出了《资本论》第 2 卷的地位和意义。序言的内容大致讲了五个问题。

二、主　要　内　容

> 马克思写作和恩格斯整理《资本论》第 2 卷的情况（第 3—9 页）

　　1. 马克思遗稿情况。马克思"留下的修订稿很多"，但多半带有片断的性质，"材料的主要部分，虽然在实质上已经大体完成，但是在文字上没有经过推敲"（第 3 页），是按照作者当时头脑中发挥的思想原样写下来的。

　　2. 马克思的写作过程。马克思在 1861—1863 年，写下了《资本论》第一次手稿。这当中包括第 2 卷的一些内容。1865—1867 年，马克思留下了第 2 卷的四份手稿，1867 年 8 月至 1870 年 3 月又进行了一次整理，1870 年以后由于疾病有一段间歇期间。1877—1881 年又写了四份草稿。所以，马克思一共为第 2 卷留下了八份草稿。

3. 恩格斯编辑的情况。马克思生前曾对他女儿爱琳娜说,希望恩格斯根据现有的材料,"'做出点什么'来"(第9页)。恩格斯接受了这种委托,编辑出版了《资本论》第2卷和第3卷。

由于马克思留下的第2卷的稿本很多,并且多半是片断性的,甚至是提示性的手稿,所以恩格斯编辑第2卷的任务是十分艰巨的。(1)恩格斯是以第二次修订稿为基础编辑的。总是以最后的文稿作为依据,并参照了以前的文稿。恩格斯把三章改为三篇,将原十二节分为二十一章四十二节。(2)恩格斯对编辑出版第2卷的要求是:"使本书既成为一部联贯的,尽可能完整的著作,又成为一部只是作者的而不是编者的著作"(第3页),因此,恩格斯整理遗稿,是把这些遗稿尽可能逐字抄录下来,在文体上仅仅改动了马克思自己也会改动的地方,"只是在绝对必要而且意思不会引起怀疑的地方,才加进几句解释性的话和承上启下的字句"(第3页)。

驳斥关于马克思剽窃洛贝尔图斯的谰言(第10—19页)

马克思逝世后的一个时期,有些资产阶级经济学家造谣污蔑,说什么马克思的经济理论剽窃了洛贝尔图斯,恩格斯义愤地举了大量证据加以驳斥。

1. 马克思在1859年前后才知道有洛贝尔图斯这个人的,而在这以前,对洛贝尔图斯的全部活动则一无所知。这时,马克思的政治经济学批判不仅在纲要上,而且在细节上已经完成。"马克思在没有洛贝尔图斯的任何帮助下,不仅已经非常清楚地知道'资本家的剩余价值'是从哪里'产生'的,而且已经非常清楚地知道它是怎样'产生'的。"(第12页)

2. 从内容上看,马克思的剩余价值理论和洛贝尔图斯的剩余价值理论,在本质上也是不同的。

洛贝尔图斯把剩余价值称为"租"并认为"租"的产生是"由于工资所受到的价值扣除"(第13页)认为"租"的变形就是利润和地租。把利润和地租混同为一,而把剩余价值完全说成"租",又把剩余价值的"一般形式"和它的"特殊的转化形式"混为一谈。而马克思的剩余价值,"却是生产资料所有者不付等价物就占有的价值额的一般形式。这个价值额,按照马克思首先发现的一些十分独特的规律,分割为利润和地租这样一些特殊的转化形式"(第15页)。

3. 从理论的体系看,洛贝尔图斯把剩余价值说成是"租",也并不是他自己的发明,它不过是对从斯密以来理论见解的抄袭。

在亚当·斯密那里就有了类似的说法。马克思在批评斯密时指出:"斯密并没有把剩余价值本身作为一个专门范畴同它在利润和地租中所具有的特殊形式区别开来。斯密尤其是李嘉图在研究中的许多错误和缺点,都是由此而产生的。"(第15页)资产阶级经济学家,把在亚当·斯密和李嘉图那里就可以读到的东西,煞有介事地说成是马克思从洛贝尔图斯那里窃取来的,这就清楚地证明,当时德国官方的经济学已经堕落到何等的地步。

> 马克思的剩余价值学说是政治经济学上的革命(第20—24页)

马克思的劳动价值论和剩余价值理论是政治经济学上的革命,它不仅批判了资产阶级政治经济学,而且使社会主义由空想变为科学。恩格斯指出:"要知道什么是剩余价值,他就必须知道什么是价值。李嘉图的价值理论本身必须首先加以批判。于是,马克思研究了劳动形成价值的特性,第一次确定了什么样的劳动形成价值,为什么形成价值以及怎样形成价值,并确定了价值不外就是这种劳动的凝固,而这一点是洛贝尔图斯始终没有理解的。马克思进而研究商品和货币的关系,并且论证了商品和商品交换怎样和为什么由于商品内在的价值属性必然要造成商品和货币的对立。他建立在这个基础上的货币理论是第一个详尽无遗的货币理论,今天已为大家所默认了。他研究了货币向资本的转化,并证明这种转化是以劳动力的买卖为基础的。他以劳动力这一创造价值的属性代替了劳动,因而一下子就解决了使李嘉图学派破产的一个难题,也就是解决了资本和劳动的相互交换与李嘉图的劳动决定价值这一规律无法相容这个难题。他肯定了资本分为不变资本和可变资本,就第一个详尽地阐述了剩余价值形成的实际过程,从而说明了这一过程,而这是他的任何一个前人都没有做到的;因而,他确定了资本自身内部的区别,这个区别是洛贝尔图斯和资产阶级经济学家都完全不可能做出的,但是这个区别提供了一把解决经济学上最复杂的问题的钥匙。关于这一点,这第2卷又是一个最令人信服的证明,以后我们会知道,第3卷更是这样。马克思还进一步研究了剩余价值本身,发现了它的两种形式,即绝对剩余价值和相对剩余价值,并且证明,这两种形式在资本主义生产的历史发展中起了不同的然而都是决定性的作用。他根据剩余价值理论,阐明了我们现在才具有的第一个合理的工资理论,第一次指出了资本主义积累史的各个基本特征,并说明了资本主义积累的历史趋势。"(第22页)

〔李嘉图学派破产的两个难题(第24—25页)〕1830年左右,李嘉图学派在剩余价值问题上碰了壁,使李嘉图学派破产有两个原因:一是不能区分劳动和劳动力,也就不能解决资本与劳动相交换与价值规律无法相容这一难题;二是不能区分平均利润和剩余价值,也就不能解决在其他条件相同下,等量资本不论使用多少活劳动,总会生产平均的等量的利润和价值规律的矛盾。

这两个难题,马克思都作了科学的回答。在《资本论》第1卷中,对上述第一个难题已经作了精辟的回答,劳动创造价值,但劳动本身没有价值。作为商品买卖的不是劳动,而是劳动力。资本家按照劳动力价值购买劳动力,劳动力按照这种价值买卖是和商品生产的经济规律相符的。资本家攫取的剩余价值,是从劳动力的使用价值中产生的,它的取得并不违反价值规律。

至于第二个难题,将在《资本论》第3卷中解决。

〔第2卷的地位和意义(第25页)〕第2卷是整个《资本论》体系中不可缺少的组成部分。它是第1卷资本的生产过程的继续和补充,又是第3卷资本主义生产总过程的引言。马克思说:"在第1卷中,我们研究的是资本主义生产过程本身作为直接生产过程时呈现的各种现象,而撇开了这个过程以外的各种情况引起的一切次要影响。但是这个直接的生产过程并没有结束资本的生产过程。在现实世界里,这还要由流通过程来补充,而流通过程则是第2卷的研究对象。"(第3卷,第29页)恩格斯说:"这个第2卷的卓越的研究,以及这种研究在至今至少几乎还没有人进入的领域内所取得的崭新成果,仅仅是第3卷的内容的引言。"(第25页)《资本论》第2卷在《资本论》体系中起着承上启下的作用,是第1卷和第3卷之间的桥梁。

恩格斯称赞第2卷的"卓越的研究",取得的"崭新的成果"(第25页)这又表现在第 2 卷的再生产理论解决了前人未解决的问题。资产阶级经济学家在再生产理论的问题上花了二三百年功夫进行研究,没有也不可能得出正确的结论,而马克思在《资本论》第 2 卷中出色地解决了这个问题。第 2 卷研究的再生产理论,不仅适用于资本主义社会,而且还适用于社会主义社会。第 2 卷对经济危机理论也有较多重要的论述,对正确地认识和分析资本主义经济也具有重要意义。

第一篇
资本形态变化及其循环

简　介

《资本论》第 2 卷第一篇的篇名是资本形态变化及其循环,简单地说就叫资本循环。马克思的资本循环理论,在于说明如果要使单个资本的生产和流通能够顺利地进行,就必须保持资本运动的连续性。资本循环是和商品流通联系在一起的。

一、研　究　对　象

这一篇的研究对象是资本形态变化及其循环或简称资本循环。所谓资本循环,就是资本从一种形态出发,经过一系列形态变化,又回到原来出发点的运动。例如,资本从货币形态出发,用货币购买生产资料和劳动力,使货币资本形态转化为生产资本形态,进入生产过程生产出带有剩余价值的商品,然后把商品再卖出去,使资本从商品资本形态再转化为货币资本形态,这就是一个循环。在这个循环中既包括资本的形态变化,又包括资本循环所花的时间,还包括资本循环所花去的费用,这一篇就是研究资本的这种形态变化和循环的。所以,这一篇第一章至第四章讲资本形态变化,第五章讲流通时间,第六章讲流通费用。

理解本篇的研究对象,还有以下三点值得注意。

第一,这里研究的资本循环是产业资本的循环,也就是按资本主义方式经营的物质生产部门的资本。"在总循环过程中采取而又抛弃这些形式并在每一个形式中执行相应职能的资本,就是**产业资本**。这里所说的产业,包括任何按资本主义方式经营的生产部门。"(第 63 页)

第二,这里研究的资本循环是单个资本的循环,也就是单个资本家经营企业所投入的资本的循环,不包括社会总资本的运动。"在第一篇和第二篇,我们考察的,始终只是单个资本,只是社会资本中一个独立部分的运动。"(第392页)

第三,这里研究的资本循环侧重于货币资本的循环。这是因为货币资本即以货币形式存在的资本的循环,是产业资本循环最片面、最典型和最一般的表现形式。最典型是因为货币资本循环把产业资本的动机和目的是赚钱发财,表现得最醒目。最片面是因为它强调的是这个过程的货币形式,是强调资本家金银数量的增加。最一般是因为货币资本循环的反复,已经包含着生产资本的循环和商品资本的循环。"只要货币资本的循环始终包含着预付价值的价值增殖,它就始终是产业资本的一般的表现。"(第71页)

二、结 构 体 系

本篇共六章,分为以下三个部分。

第一部分是第一章至第四章,分析资本的形态变化,也就是论述资本的流通采取什么形式。资本的流通采取循环的形式,因为它是从出发点经过一系列的形态变化,又回到出发点。资本在循环中,要依次采取三种不同的形态:货币资本循环、生产资本循环、商品资本循环。

第一章分析货币资本的循环。因为货币资本的循环要经历三个阶段,所以这一章又分成四节。第一节分析购买阶段;第二节分析生产阶段;第三节分析出售阶段,然后第四节综合起来论述货币资本的总循环。

第二章分析生产资本的循环。研究生产资本的循环主要是研究 $P \cdots W—G'—W <^A_{P_m} \cdots P$ 当中的 $W'—G'—W$,实际上是研究 $W'—G'—W$ 过程中,剩余价值有多少转化为资本。如果剩余价值全部用于资本家个人消费,这就是简单再生产;如果剩余价值有一部分用于积累,那就是扩大再生产。所以,这一章分成四节,实际上是两个部分,第一部分是第一节分析简单再生产,第二部分是第二节至第四节分析积累和扩大再生产。第三节和第四节是第二节的补充。

第三章分析商品资本的循环。实际上是分析 $W'\mathrm{—}G'\mathrm{—}W\cdots P\mathrm{—}W'$ 中的起点 W'、通过点 W 和终点 W'，说明商品资本的循环不仅是单个资本循环的一种方式，而且体现了社会总资本的运动。

第四章分析循环过程的三个公式。实际上是把前三章的分析综合起来，从总体上来论述产业资本的运动，说明产业资本循环是三个循环的统一。

第二部分是第五章流通时间。产业资本的循环不仅需要经历一系列形态变化，而且需要经历一定时间。资本循环一次所经历的时间，就是流通时间。这里所说的流通时间是广义的流通时间，它是生产时间加流通时间(狭义的)之和。狭义的流通时间是买和卖时间之和。广义的流通时间，则是资本循环一次所包括的全部时间，既包括生产时间又包括流通时间。第五章所讲的流通时间是广义的流通时间。

第三部分是第六章流通费用。资本循环一次不仅有形态变化，要经历时间，而且要花费费用。资本完成它的循环所消耗的全部费用，等于生产费用和流通费用之和。生产费用就是资本循环在生产领域所消耗的费用。流通费用就是资本循环在流通领域所消耗的费用。第六章所分析的流通费用，不是资本循环一次所需的全部费用，而是其中在流通领域所花的费用。它包括三种费用，所以这一章分三节：第一节分析纯粹的流通费用；第二节分析保管费用；第三节分析运输费用。

恩格斯在谈到如何阅读《资本论》第2卷第一篇时指出："第2卷第一篇第一章要弄通，然后读第二章和第三章就比较容易了，第四章是总的概述，也要用心读；第五章和第六章容易懂，特别是第六章，谈的是次要的东西。"[①]根据恩格斯的提示，学习《资本论》第2卷第一篇从理论的角度，应以第一章和第四章为重点。由于节省流通费用对于获得更大的经济效果具有重大意义，所以，实际上第六章也是比较重要的。

第一章　货币资本的循环

第一章研究的是货币资本循环。货币资本是以货币形式存在的资本。货币资本的职能是在资本循环过程中,购买生产资料和劳动力,为生产剩余价值准备条件,从而使货币资本转化为生产资本。

货币资本的循环,简单说来,就是以货币资本为出发点再回到货币资本的运动。具体说来,就是以货币资本(G)为出发点,用货币购买生产要素——劳动力(A)和生产资料(Pm),然后进入生产过程(P),生产出带有剩余价值的商品(W'),最后出卖商品,取得比预付货币(G)更多的货币(G')。

这个过程用公式表示就是:

$G—W \cdots P \cdots W'—G'$。写得详细一点就是:$G-W{<}^{A}_{P_m} \cdots P \cdots W'(W+w)—G'(G+g)$。写得简单一点就是:$G \cdots G'$。

从货币资本循环这个公式中,可以看到:货币资本循环要经过三个阶段。这一章围绕$G—W \cdots P \cdots W'—G'$这个公式,分析资本循环的三个阶段和货币资本的三种职能形态。

这一章除引言外,共分四节:第一节分析购买阶段;第二节分析生产阶段;第三节分析出售阶段;第四节综合论述货币资本的总循环。

(一) 第一阶段　$G—W$

货币资本循环的第一阶段是用货币购买生产要素,即货币转化为生产资本,这是以劳动力成为商品为前提的,也就是以资本主义私有制为前提的。

| $G—W$ 的形式和内容(第32—33页) | $G—W$ 表示一个货币额转化为一个商品额。从形式上看：$G—W$ 是用货币购买商品，仍属一般商品流通。但从内容上看，$G—W$ 的物质内容是 $G—W<^{Pm}_A$，即 $G—W(A)$ 和 $G—W(Pm)$。预付的货币资本是分为两部分，一部分用来购买劳动力 $W(A)$，另一部分用来购买生产资料 $W(Pm)$，是资本流通。这里的 G，不是一般的货币，而是资本的预付形式。它最后要带来更多的货币，使资本增殖。这里的 W 也不是一般商品，不是供个人消费，而是生产要素：劳动力和生产资料，是供生产消费，是生产资本的存在形式。

| $G—W$ 的质和量的关系(第33—34页) | 用货币购买的商品有劳动力和生产资料，$G—W<^A_{Pm}$，两者有质的区别和量的比例。

1. 劳动力和生产资料质的区别在于：(1)支付形式不同。劳动力以工资形式支付，而生产资料直接以货币形式支付。(2)购买的市场不同。购买劳动力在劳动力市场，而生产资料是在商品市场。(3)价值形成不同。劳动力要素能创造新价值，而生产资料要素只能转移旧价值。(4)结果不同。作为劳动力价值要发生变化，而生产资料价值不变。

2. 劳动力和生产资料之间在量上也要保持一定的比例关系。(1)量的关系首先取决于剩余劳动量。这是因为资本是带来价值的价值，作为资本生产要素的生产资料，在生产过程中是剩余劳动的压榨器和吸收器，所以一定量的劳动需要多少生产资料不仅要考虑必要劳动时间，而且更要考虑剩余劳动时间所能推动的生产资料量。(2)量的比例要适当。如果买的生产资料不充分，就会出现停工待料，劳动力就不能充分利用。如果买的生产资料过多，就会形成物资积压，资本的效能就不能充分发挥。

| $G—W<^A_{Pm}$ 过程的完成(第34—36页) | $G—W<^A_{Pm}$ 过程一完成，就使资本家控制了一个比补偿劳动力价值所需劳动量更大的劳动量，而且又支配了生产资料，这就使资本家支配了生产资本。但是，生产资本的价值(劳动力价值+生产资料价值)量和原来一样，只是价值存在形式不同，原来是货币形式，现在是生产要素形式，正是这个转化的完成，标志着一般的货币转化为货币资本。

转化为货币资本的 G，是相对于买者(即资本家)而言的，因他掌握了生

产要素;而对卖者(工人)来说,货币只是一般的流通手段。

$G-W<^A_{P_m}$ 这个转化,是以劳动力和生产资料分离为前提,也就是说,以劳动力成为商品为前提。

在 $G-W<^A_{P_m}$ 中,最有特征意义的是 $G-A$,即能购买到劳动力。这是因为劳动力成为商品,是由于劳动力和生产资料的资本主义分离。因此,$G-W$ 的劳动力买卖关系,实际上是生产资料所有者和劳动力所有者之间的关系,也就是资本家和工人之间的对立关系。

$G-W<^A_{P_m}$ 中货币 G 原来执行货币职能,现在执行资本职能,是由于 G 能够把已经分离的劳动力和生产资料重新结合起来,成为生产要素,从而使货币转化为资本。

劳动力和生产资料的分离,在资本主义社会不是个别现象,而是普遍现象,这是以资本主义所有制普遍建立为基础的。所以,"问题的实质,在这里作为 $G-W<^A_{P_m}$ 行为的基础的,是分配。所谓分配,不是通常意义上的消费资料的分配,而是生产要素本身的分配,其中物的因素集中在一方,劳动力则与物的因素相分离,处在另一方"(第40页)。

> $G-W<^A_{P_m}$ 转化的社会条件(第36—41页)

> 在货币资本上的两个错误理解(第39页)

$G-A$ 所以表现为货币资本的一种职能,是因为资本家和工人之间的阶级关系的存在。正是由于这种关系的存在,单纯的货币职能才能转化为资本职能。因此,在对货币资本的理解上,要批判两种错误:

第一个错误,把货币资本执行货币职能,错认为是资本本身的职能,即把货币资本的货币职能认为是资本职能。

第二个错误,把货币资本的资本职能,反过来认为是货币本身的职能。

由于货币资本循环的公式,是以工人阶级大规模的经常存在为前提,所以货币资本循环的公式已经包含生产资本形式,从而也包含了生产资本的循环。

(二) 第二阶段 生产资本的职能

货币资本循环的第二阶段即剩余价值的生产阶段,是资本循环中的主要阶段,本质阶段。劳动力和生产资料的结合是这个阶段的基础。

> 货币资本和生产资本的关系(第41—42页)

生产资本是以生产资料和劳动力形式存在的资本。货币资本是生产资本的先导,生产资本又是货币资本的直接结果。货币资本转化为生产资本,资本价值取得了一种实物形式,这种形式的资本价值不能继续流通,而必须进入消费,即生产消费。于是流通过程中断,转入生产阶段。

在生产阶段,资本家作为资本主义商品生产者进行活动,使他的资本完成生产过程,生产出新的商品。这种商品的价值大于它的生产要素的价值。其公式为 $G-W<^A_{Pm}\cdots P\cdots W'$。这里,$P$ 代表处于生产领域的生产资本,$\cdots$ 代表生产过程,W' 代表商品资本,其价值等于生产资本的价值加上剩余价值。

生产阶段是资本循环中具有决定意义的阶段。只有这个阶段资本家才能达到取得剩余价值的目的。所以,这个阶段是资本循环的关键性阶段。

> 劳动力和生产资料以生产资本的形式相结合(第42—45页)

购买阶段的前提是劳动力和生产资料的分离。而在生产阶段,劳动力和生产资料必须结合,才能进行生产。资本家要完成 $G-W<^A_{Pm}$,转化为生产资本阶段,是以劳动力成为商品为前提,这个前提又要求商品的流通已经有高度的发展。

在资本主义条件下,由于商品生产的普遍化,并且随着劳动力和生产资料相分离,劳动力成为商品,生产资料也会成为商品。"因此,$G-A$ 发展到什么程度,$G-Pm$ 也发展到什么程度"(第43页),生产资料也会作为商品和每个商品生产者相对立。另一方面,雇佣工人阶级的存在,也促使一切商品生产过渡到资本主义的商品生产。

但是,任何社会要进行生产,生产的两个要素即劳动力和生产资料总要结合起来。它们结合的特殊方式和方法是划分经济时代的标志。所以:"不论生产的社会形式如何,劳动者和生产资料始终是生产的因素。但是,二者在彼此分离的情况下只在可能性上是生产因素。凡要进行生产,就必须使它们结合起来。实行这种结合的特殊方式和方法,使社会结构区分为各个不同的经济时期。"(第44页)

在资本主义社会,由于生产资料的资本主义所有制,劳动力和生产资料是分离的。只有通过资本家购买劳动力,在生产过程中作为资本的生产的存在形式,劳动力和生产资料才能结合起来。在资本主义制度下,"自由工人和他的生产资料的分离,是既定的出发点,并且我们已经看到,二者在资本家手中是怎样和在什么条件下结合起来的——就是作为他的资本的生产的存在方式结合起来的"(第44页)。

这个结合进入生产过程,就是资本主义生产过程。"任何商品生产的经营都同时成为剥削劳动力的经营;但是,只有资本主义的商品生产,才成为一个划时代的剥削方式。"(第44页)这是因为,在生产资料和劳动力的资本主义结合下,由于劳动组织和科学技术的巨大成就,使整个社会的经济结构发生了根本的变革,并且大大地超过了以前任何社会。

【生产资本的组成(第44—45页)】生产资本从价值形式看,可区分为不变资本和可变资本。从物质组成看,它由生产资料和劳动力组成。

生产资料不是任何时候都成为资本,只有在一定历史条件下才成为资本。劳动力也不是天然是资本,只有在资本主义制度下,它成为商品出卖给资本家,才成为生产资本。"生产资料本身,只有在劳动力作为生产资本的人的存在形式,能够和生产资料相合并时,才成为生产资本的物的形式或生产资本。因此,正如人类劳动力并非天然是资本一样,生产资料也并非天然是资本。"(第45页)

【生产资本的职能(第45页)】生产资本的职能是生产包含剩余价值的商品。也就是通过生产阶段使生产资本变为具有更大价值的商品资本。"因此,产品不只是商品,而且是孕育着剩余价值的商品。它的价值 $= P+M$,等于生产这种商品所耗费的生产资本的价值 P,加上这个生产资本产生的剩余价值 M。"(第45页)

(三) 第三阶段 $W'—G'$

货币资本循环的第三阶段即卖的阶段,把包含着剩余价值的商品转化为包含着剩余价值的货币,完成商品资本到货币资本的转化。其公式是 $W'—G'$。可以这样说,第一阶段是剩余价值生产的准备阶段,第二阶段是剩余价值的生产阶段,第三阶段是剩余价值的实现阶段。

> 分析 W'（第 46—48 页）

什么叫商品资本（W'）? 简单地说,商品资本是以商品形式存在的资本。马克思说:"商品,作为已经增殖的资本价值的直接由生产过程本身产生的职能存在形式,就成了商品资本。"(第 46 页)商品资本 W' 的内容是包含了剩余价值的商品,不仅包含原有价值的补偿,还有个剩余价值。马克思说:"W' 这个价值,等于生产它时保存的价值加上生产资本提供的剩余价值。它的价值大于这个资本价值,多了这个剩余价值 W。"(第 47 页)

商品资本的职能,是通过销售把含有剩余价值的商品转化为货币,使商品资本转化为货币资本。

W 变成 W' 不在于价值的绝对量,而在于价值的相对量,因为商品的价值绝对量都是由劳动创造,而 W' 的关键是里面包含了 m。W' 显示出预付价值与剩余价值的关系,即包含了资本家和工人之间的关系。"W' 表示一种价值关系,表示商品产品的价值和生产它所消耗的资本的价值的关系,就是说,表示它的价值是由资本价值和剩余价值构成的。"(第 47 页)

> 分析 W'—G'（第 48—52 页）

1. 由 W'—G',即由商品资本转化为货币资本,对资本家来说,是非常重要的。第一,如果 W' 卖不掉,资本家就会破产,资本的再生产运动就会中断。第二,如果卖的速度不同,资本的再生产规模会以不同程度扩大或缩小。卖的速度快可以扩大再生产规模;卖的速度慢,就可能缩小生产规模。第三,出售商品的数量很重要,如果 W' 只卖掉一部分,有可能只够补偿预付的资本价值,而不能实现剩余价值;如果卖掉很少,有可能不仅不能实现剩余价值,甚至不可能补偿资本价值。

2. W'—G' 把流通过程分为两个过程:资本价值的流通过程和剩余价值的流通过程,如下面图式所示

$$W' \begin{cases} W \\ + \\ w \end{cases} \to G' \begin{cases} G \\ + \\ g \end{cases}$$

在 W'—G' 的流通过程中,资本价值的流通和剩余价值的流通是有区

别的。(1)$W—G$ 是资本价值的流通,是预付资本的还原,$w—g$ 是剩余价值的实现和占有。(2)$W—G$ 是第二形态的变化(第一形态是 $G—W$)是终点、终结,$w—g$ 是第一形态变化(这里 $w—g$ 可能有几种用途)是起点、开始。(3)$W'—G'$ 中货币起了两重作用,既起了货币作用又起了资本作用,既体现预付资本还原又体现剩余价值的实现。$W—G$ 体现预付资本还原,$w—g$ 体现剩余价值实现。

分析 G'(第52—59页)

1. 分析 G' 与 G 的关系。(1)起终点不同:G' 是终点,G 是起点。(2)量的差别:$G'>G$。(3)质的差别:G 是作为货币来执行职能,它是由于购买了劳动力和生产资料后,才转化为货币资本,它的职能重点是货币。G' 的职能是资本。也就是说,G 作为资本是货币资本,G' 是货币资本(重点号不同)。(4)从运动的过程来看,G' 的运动过程一分为二,一个是资本价值流通,另一个是剩余价值流通,而 G 的运动过程只有一个。(5)从形态来看,G' 是商品资本的转化形式,而 G 是资本的货币形式。

2. 分析 G' 与 W' 的关系。共同点:(1)都是已经增殖的资本价值,都包含剩余价值。(2)都是资本的存在形式,一个是商品资本,一个是货币资本。区别:(1)形式不一样,一个是货币形式的资本,另一个是商品形式的资本。(2)W' 形式可以使人看到商品是生产过程的结果,而 G' 形式使人看不到它来源于资本主义生产过程,G' 形式掩盖了资本主义的剥削。"商品资本,作为资本主义生产过程的直接产物,使人想起它的这种起源,因而,它在这种形式上比货币资本较为合理,不像货币资本那样没有概念,在货币资本中,资本主义生产过程的任何痕迹都已消失,正像在货币上商品的一切特殊的使用形式都消失一样。"(第59页)联系:W' 是 G' 的前提,只有有了 W' 才有 G',而且 G' 是 W' 实现的结果。

(四) 总循环

货币资本总循环的公式和内容(第60—63页)

1. 货币资本总循环的公式是 $G—W\cdots P\cdots W'—G'$。它和资本总公式($G—W—G'$)既有联系又有区别。

(1) 共同点:①两个公式都是货币作起点和终

点。②终点(流归)的货币都大于原来支付的货币。

(2) 区别:①货币资本总循环公式既包括流通过程又包括生产过程,而资本总公式只包括流通过程。②货币资本总循环公式中有两种不同的商品,而资本总公式中只有一种商品。

2. 货币资本总公式的内容包括:(1)循环的三个阶段:购买阶段、生产阶段、出卖阶段。(2)三种职能形态:货币资本、生产资本、商品资本。(3)反映三阶段的变形。(4)运动中预付价值量增加。(5)循环过程表现为不断运动。

通过循环,货币资本不仅保存了原有价值,而且带来了剩余价值,从货币出发,最后又回复到货币形式,这就是货币资本总循环。

> 货币资本总循环是产业资本的总循环
> (第63—67页)

1. 货币资本循环是产业资本的循环。所谓产业资本,是指投在物质生产部门、生产剩余价值的资本。马克思说:"资本价值在它的流通阶段所采取的两种形式,是货币资本的形式和商品资本的形式;它属于生产阶段的形式,是生产资本的形式。在总循环过程中采取而又抛弃这些形式并在每一个形式中执行相应职能的资本,就是产业资本。这里所说的产业,包括任何按资本主义方式经营的生产部门。"(第63页)

2. 产业资本采取货币资本、生产资本、商品资本三种形式。产业资本的这三种形式,都不是独立的资本,而是产业资本在循环中采取的职能形式。所以,要把货币资本与生息资本、商品资本与商业资本区别开来。

3. 产业资本要正常循环,一方面要求资本价值不断从一种形态变化为另外一种形态,另一方面要求在一定阶段一定时间把资本固定在一定的形式上。也就是说,资本既要不断变化,又要每时每刻同时表现为三种形式。

4. 作为产业资本的一种形式,交通运输业资本循环的特点:(1)交通运输业生产过程的结果不是新的物质产品、商品,而是场所变更。(2)交通运输业的价值和使用价值:交通运输业的效用(即使用价值)是场所变动,效用的生产过程同时又是消费过程,运输过程(场所变动过程)就是它的生产过程。交通运输业的价值,也是由 $c+v+m$ 决定,运输中的费用属生产费用,它可以追加到商品的价值中去。(3)交通运输业的公式是 $G-W<^A_{P_m}\cdots P-G'$。

5. 产业资本决定了生产的资本主义性质。这是因为产业资本的存在，包含着资本家和工人阶级之间的阶级对立。

货币资本的总循环与一般商品流通的关系（第67—68页） 货币资本的总循环与一般商品流通交织在一起。因为货币资本总循环中 $G—W$ 和 $W'—G'$ 的过程与商品流通过程很难绝对分开。任何单个资本在它的流通的两个阶段 $G—W$ 和 $W'—G'$ 中，都是在一般商品流通中活动着，它不是作为货币就是作为商品在一般商品流通中执行职能，或者和一般商品流通连在一起，这样，它本身就是商品流通序列中一个环节。

货币资本总循环又有它的独立性。对单个资本家来说这种循环又成为资本价值特有的独立的运动，它一部分发生在一般商品流通之内，一部分发生在商品流通之外。因为在这个循环过程中，生产领域形成一个过渡阶段，资本以自己离开起点时的同一形式，回到它的起点。同时，资本还会在自己特有的循环中，变更它的价值量，是以增殖的货币价值回到它的起点。

货币资本循环的特点（第68—74页） 货币资本循环具有以下四个特点：

第一，在货币资本循环中，货币资本是总循环过程的出发点和复归点。这个过程"最明白地表示出资本主义生产的动机就是赚钱"。（第68页）

第二，货币资本循环中的生产过程，是价值增殖的手段，"也就是说，发财致富本身才是生产的自身目的"。（第68页）

第三，货币资本的价值能增殖，不仅表现在过程的开始和终结，而且表现在"金光闪闪的货币形式上"。（第69页）

第四，货币资本循环公式只包含生产消费，没有表现出个人消费。因此，工人的个人消费以及资本家的个人消费都是在循环公式之外完成的，不包含在单个资本的这一循环中。

因此，"货币资本的循环，是产业资本循环的最片面、从而最明显和最典型的表现形式；产业资本的目的和动机——价值增殖、赚钱和积累——表现得最为醒目（为贵卖而买）。"（第71页）"只要资本主义生产方式是作为前提存在，也就是说，处在由资本主义生产决定的社会状态中，那么，产业资本循环的一般形式就是货币资本的循环。"（第74页）

第二章　生产资本的循环

第二章分析"生产资本的循环",实际上主要是研究生产资本循环中的流通过程,是研究这个流通过程有多少剩余价值转化为资本的问题。如果剩余价值全部用于资本家个人消费,这就是简单再生产;如果剩余价值有一部分用于积累,那就是扩大再生产。所以,这一章由一个序言加正文四节组成。正文四节实际上是两个部分:第一部分是第一节,分析简单再生产;第二部分是第二节至第四节(主要是第二节),分析积累和扩大再生产。第三节和第四节是第二节的补充。

生产资本的循环是产业资本循环的一种形式。研究生产资本的循环就是研究 $P \cdots P$ 的运动过程,着重研究这一运动过程中的 $W'—G'$ 和 $G—W$。

生产资本循环的公式:$P \cdots W'—G'—W \cdots P$,即从生产过程出发又到生产过程结束。这个公式可以缩写为 $P \cdots P$。

生产资本就是以生产资料和劳动力的形式存在的资本。在任何社会中,生产资料和劳动力始终是生产的因素,但只有在资本主义社会中,资本家购买这些因素,用来生产商品榨取剩余价值,它们才成为生产资本。生产资本的职能就是在生产过程中,通过资本家把生产资料和劳动力结合起来,生产出带有剩余价值的商品,使生产资本转化为商品资本。

生产资本的循环简单地说,就是以生产资本为出发点再回到生产资本的运动。具体说,就是以生产资本(P)为出发点,经过生产过程生产出带有剩余价值的商品(W'),然后经过流通过程把 W' 卖出去,换成货币(G'),使商品资本转化为货币资本,然后再用货币购买劳动力和生产资料,使货币资本再回到生产资本。这是一个再生产过程。"这个循环表示生产资本职能的周期更新,也就是表示再生产,或者说,表示资本的生产过程是增殖价值的再生产过程;它不仅表示剩余价值的生产,而且表示剩余价值的周期再生产。"(第75页)它既是物质资料的再生产,又是资本价值的再生产,还是资本主义生产关系的再生产。

生产资本的循环与货币资本的循环相比较,具有以下一些特点:第一,货币资本的循环,不表示资本的再生产,而生产资本的循环表示资本的再生产,而且表示剩余价值的周期再生产。剩余价值如果全部用于资本家的个人消费就是简单再生产;如果剩余价值有一部分或全部转化为资本就是扩大再生产。第二,货币资本的循环以生产过程为媒介,两头是流通过程,中间是生产过程;而生产资本的循环以流通过程为媒介,两头都是生产过程,而中间是流通过程。第三,生产资本的循环避免了货币资本循环的片面性,它告诉我们剩余价值不是来自流通过程,而是来自生产过程。但是,它又造成了一种新的假象,似乎资本主义不是为了追求剩余价值,而是为生产而生产。

(一) 简单再生产

简单再生产具备的条件:(1)剩余价值全部用于资本家个人消费,预付资本不增加;(2)生产规模不变;(3)资本有机构成不变。

这里主要不是分析简单再生产。而是主要分析生产资本循环 $P\cdots W'—G'—W\cdots P$ 的中间的 $W'—G'—W$ 的运动,分为两部分:第一分析 $W'—G'$ 的内容;第二分析 $W'—G'—W$ 中断有哪些情况。

> $W'—G'—W$ 包括资本流通和剩余价值流通(第76—88页)

1. 生产资本循环的公式是:$P\cdots W'—G'—W\cdots P$。从中可以看到:$W'—G'$ 是生产资本循环的第二阶段和流通的第一阶段。$G'—W$ 则是流通过程的第二阶段。

在流通过程的第一阶段 $W'—G'$ 中,W 与 w 是同道,两者都要实现 G 和 g;但在第二阶段 $G'—W$ 中,G 与 g 就不一定是同道了。如果是同道,g 转化为生产资本,就是扩大再生产;如果是分道,g 只能化为资本家个人消费,那就是简单再生产。

2. 这里先分析简单再生产。

(1) 和第一章一样,假定一切条件不变,商品按价值出售,全部剩余价值供资本家个人消费,从而 g 进入一般的商品流通,用公式表示就是

$$W'\begin{cases} W- \\ + \\ w- \end{cases} G' \begin{cases} G-W <^A_{P_m} \\ + \\ g-w \end{cases}$$

这样生产资本循环的流通就包括两个部分:资本价值的流通和剩余价值的流通。

(2) 这个流通也分为两个部分:$W'—G'$ 卖的阶段和 $G—W$ 买的阶段。

首先,分析 $W'—G'$。把 $W'—G'$ 分解为 $W—G$ 和 $w—g$ 两部分,就会掩盖资本主义剥削关系,把资本主义生产过程误解为单纯的商品生产。实际上,$w—g—w$ 的流通是以资本主义生产关系的存在为前提的,不过资本家的存在,又以 $w—g—w$ 作为条件,即以"消费剩余价值为条件"(第81页)。

其次,分析 $G—W$,着重分析货币资本 G 的货币作用。G 充分体现了资本价值的来源和实质,是工人劳动的凝结。

G 起了流通手段的作用,G 是商品资本到生产资本的媒介。

把以上几点综合起来,可以看出:$P\cdots W'—G'—W\cdots P$ 的详细公式为

$$P\cdots W' \begin{cases} W- \\ + \\ w- \end{cases} \begin{cases} G- \\ + G' \\ g \end{cases} -W <^A_{P_m} \cdots P$$
$$ -w$$

{ $W'—G'—W$ 中断的情况(第88—91页) }

主要有两种情况:1. $W'—G'$ 的中断和危机的爆发。生产出来的 W' 不能转化为 G',经济危机爆发。这种危机不是表现在消费需求(个人消费需求)的直接缩减上,而是表现在资本对资本的交换,即资本再生产过程的缩减上。

2. $G—W$ 的中断和引起货币贮藏。这里又分两种情况:一种是正常的中断,即货币的自愿贮藏;另一种是非正常贮藏,即非自愿贮藏。

(二) 积累和规模扩大的再生产

考察扩大再生产,就是剩余价值不是全部用于资本家个人消费,而有一部分剩余价值转化为资本。马克思说:"资本主义生产的全部性质,是由预付资本价值的增殖决定的……;其次是由资本的生产,即由剩余价值到资本的转化决定的。"(第92页)这一节主要从流通过程考察单个资本的积累,重点放在分析货币形式的剩余价值 g 如何转化为资本的问题。

{生产资本循环的条件(第91—92页)} 生产资本要实现扩大再生产的循环,是需要一定的条件的。

1. 要有一部分剩余价值转化为资本。也就是说,要有先行的货币积累。

2. 不仅要有先行的货币的贮藏,而且从量上看,进行扩大再生产,货币积累要达到一定的数量。因此,扩大再生产一般不是在一次循环中就能立即实现的。在这以前,这部分剩余价值就形成为贮藏货币,它是先前的货币积累,形成潜在的货币资本。

{生产资本循环的特点(第93—96页)} 在正常情况下,剩余价值总有一部分用作个人消费,另一部分用于积累。但是,在分析简单再生产时,马克思假定剩余价值全部用于个人消费。在这里,为了不使公式复杂化,马克思假定剩余价值全部用于积累。这样,在扩大再生产下,生产资本循环的公式就是

$$P\cdots W'-G'-W' <^A_{Pm}\cdots P'$$

公式表示,一个生产资本"以更大的价值被再生产出来,并且又作为已经增大的生产资本,开始它的第二次循环"(第93页)。

在扩大再生产下,生产资本循环具有如下一些特点:

1. 从第二次循环起,每次循环的起点不是 P',而是 P;
2. 作为终点的 P' 表示剩余价值已转化为资本;
3. 作为中间环节的 W' 不是表示运动,而是表示价值增殖的结果;
4. 作为中间环节的 G' 只是 W' 的转化形式,表示带有剩余价值的商品转化为带有剩余价值的货币,别无其他意思。

5. 在 $G'—W'<^A_{P_m}$ 阶段上已经增大的量只是由 W' 表示出来,而不是由 A' 和 P'_m 表示出来。因为总价值增大的同时,资本的价值构成会变化,P_m 的价值会不断增大,A 的价值总是相对减少,甚至往往绝对地减少。

(三) 货币积累

这一节是对第二节的补充。

〖货币积累的必要性:(第 96—97 页)〗 这里再一次强调,在现实积累之前,必须有一个货币积累,而货币积累的必要性则是由于:

1. 扩大再生产。生产的各种物质要素有一定的物质比例。要求 g 具有一定的最低限量。g 只有达到这个最低限量,才能作为生产资本的增长部分转化为追加的生产资料和劳动力。

2. 货币积累是随着现实积累即产业资本作用规模的扩大而暂时发生的过程。

3. 生产资料价值的变动,需要有货币积累。

4. 产品暂时卖不出去,也需要有一部分货币积累。

〖货币积累的性质和形式(第 98—99 页)〗 货币积累的性质是潜在的货币资本。因为它是停留在贮藏状态,是剩余价值转化为实际执行职能资本以前的准备阶段,所以它不是职能中断的货币资本,而是还不能执行职能的货币资本。

货币积累形式,一般采用现金,也可以以债权形式存在。但是,如果以债权形式存在的潜在资本以生息资本形式存在,那就成了生息资本,而与 $P…P'$ 的循环无关了。

(四) 准备金

这一节是对第三节的补充。

〖货币积累基金可以暂时用作准备金 (第 99—100 页)〗 货币积累基金在遇到意外的特殊情况时,资本家可以把货币积累基金用作准备金,用于生产资本的循环。但它没有使资本再生产扩大,只是维持原有规模的再生产。货币积累基金充当准备金,只是为了消除循环中出现的干扰。

这样的准备金,和 $P\cdots P'$ 循环中看到的购买手段或支付手段的基金不同。后者是执行职能的货币资本的一部分;相反,准备金不是执行职能的货币资本的组成部分,它是"处在积累的预备阶段中的资本的组成部分,是还没有转化为能动资本的剩余价值的组成部分"。(第99—100页)所以,货币积累基金是潜在的货币资本,从而已经是货币到货币资本的转化。

> 生产资本循环的总公式(第100页)

把简单再生产和扩大再生产总括在内的生产资本循环的总公式是

$$P\cdots \overset{1}{\overline{W'-G'}}\ \overset{2}{\overline{G-W}} <^A_{P_m}\cdots P(P')$$

如果是简单再生产 $P = P$,(2)项的 G 就等于 $G'-g$;如果是扩大再生产 $P = P'$,(2)项 G 就大于 $G'-g$,这就是说,g 是全部或部分地转化为货币资本。

生产资本循环纠正了货币资本循环的片面性,但它又有自己的片面性。生产资本的循环把资本主义生产表现为生产的扩大,为生产而生产,似乎生产本身就是目的而不是追求剩余价值的手段。重商主义片面抓住 $G\cdots G'$,古典学派则片面抓住 $P\cdots P'$,生产资本的循环是古典学派用来考察产业资本循环的形式。

第三章 商品资本的循环

第三章分析商品资本循环。由于商品资本循环是同货币资本和生产资本的循环一起,表现为整个产业资本循环运动的三种特定形式,它们是互为条件和互相交错的,因而在前两章考察了货币资本循环和生产资本循环以后,这一章分析商品资本的循环。商品资本循环的总公式是:$W'—G'—W\cdots P\cdots W'$,或简写为 $W'—W$。它的起点和终点都是以增殖了的资本价值开始的。因而,不仅包含商品形式的资本价值的循环,而且包含剩余价值的循环;不仅反映单个资本的循环,而且反映社会总资本的再生产和流通。这一章大致分析了三个问题:(1)商品资本循环的公式和内容;(2)商品资本循环的特点;(3)商品资本循环表现为社会总资本的循环。

> 商品资本循环的公式和内容(第101—103页)

1. 商品资本的循环简单说来,就是以商品资本为出发点,最后再回到商品资本的运动。具体说来,就是以商品资本为出发点,经过出卖过程,把商品资本转化为货币资本,使商品转化为货币,用货币购买生产要素:劳动力和生产资料,然后进入生产过程,生产出带有剩余价值的商品,由生产资本再转化为商品资本。用公式表示,就是:$W'—G'—W\cdots P\cdots W'$,写得详细一点就是

$$W'\begin{cases}W—\\ —G'\begin{cases}G—W<_{P_m}^{A}\cdots P\cdots W'\\ g—w\end{cases}\\ w\end{cases}$$

简单的表示就是 $W'\cdots W'$。

如果再生产按扩大的规模进行,终点的 W' 就大于起点的 W',因此终点的 W' 应当用 W'' 来表示,这个公式表示为 $W'\cdots W''$。

2. 商品资本循环不仅是货币资本循环和生产资本循环的产物,而且是这两种资本循环的前提。因为作为生产资料的商品 W,至少有一部分是另一些商品资本循环过程中的新商品 W',所以一个资本的 $G—W$ 就已经包含了另一个资本的 $W'—G'$。

3. 商品资本循环的目的是为了价值增殖,但它表现为商品流通的不断继续,从而掩盖了剩余价值的来源。

1. 商品资本循环的特点。商品资本循环的起点是商品,通过点是商{商品资本循环的特点(第103—112页)}品,终点也是商品,作为起点的商品是上一个生产过程的结果;作为通过点的商品是作为生产要素的劳动力和生产资料;作为终点的商品是新生产出来的商品。"在这个循环中,W' 是作为运动的起点、经过点和终点,因此,它总是存在着。"(第110页)

2. 商品资本循环作为起点的商品资本的价值,与货币资本起点和生产资本起点的资本价值不一样,$G\cdots G'$ 和 $P\cdots P$ 的起点都是预付资本的价值,而商品资本的起点 W' 不是预付资本的价值,而是已经增殖了的价值,它的价值是,预付资本价值加上剩余价值。"商品资本的循环不是以资本价值开始,而是以商品形式上增大了的资本价值开始,因而它一开始就不仅包含商品形式的资本价值的循环,而且包含剩余价值的循环。"(第102页)

3. 商品资本循环的前面是卖和买两个流通过程,最后是生产过程。"在这里,是以包含两个对立阶段的总流通来开始循环"。(第101页)而货币资本循环两头是流通过程,中间是生产过程,以生产为媒介;生产资本循环两头是生产过程,中间是流通过程,流通是媒介。

4. 商品资本循环的起点,分为两个流通,一个是资本价值的流通,另一个是剩余价值的流通。

$$W' \begin{cases} W— \\ +\quad —G' \begin{cases} G—W <^{A}_{Pm} \cdots P \cdots W' \\ g—w \end{cases} \\ w— \end{cases}$$

所以,商品资本循环不仅包括生产消费,而且包括个人消费。"因此,全部消费——个人的消费和生产的消费——作为 W' 的循环的条件进入这一循环。"(第109页)所以,商品资本循环,一方面是单个资本循环的一种特殊形式,另一方面又体现为社会总资本的运动。

5. 商品资本循环还是一个再生产过程,它的起点是前一个生产过程的结果,它的终点是后一个生产过程的开始,它实际上联系了两个生产过程。"它是再生产过程的经常性的条件。"(第110页)

商品资本循环表现为社会总资本的循环(第112—115页)

商品资本的循环,不但表现了单个资本的运动,同时也表现出社会总资本的运动。

1. 商品资本循环包含着货币资本循环和生产资本循环,并且相互交错在一起。"因而不仅看作一切单个产业资本共有的运动形式,而且同时看作各单个资本的总和即资本家阶级的总资本的运动形式。"(第112—113页)

2. 从物质角度看,商品资本循环表现为社会总商品运动。(1)因为在资本主义社会一切产品都采取商品形式,各商品总和构成社会总商品,各商品的运动,构成社会总商品的运动。(2)商品资本循环的起点,经过点和终点、都表现为商品。

3. 从价值角度看,商品资本循环既包括补偿生产资本的那部分产品的运动,也包括形成剩余产品的那部分产品的运动。"$W'\cdots W'$是唯一的这样的一个循环,在这个循环中,原来预付的资本价值只形成运动始极的一部分,因而运动一开始就表明是产业资本的总和运动,既是补偿生产资本的那部分产品的运动,又是形成剩余产品的那部分产品……的运动。"(第113页)

4. 商品资本循环不仅包括生产消费,而且包括个人消费。"工人的个人消费和剩余产品中非积累部分的个人消费,包括全部个人消费。"(第109页)商品资本循环从总流通开始,这里产生的一切要素似乎都来自流通,都是由商品构成,这就容易片面强调流通的作用,并且忽视生产过程中与商品要素无关的要素。

$W'\cdots W'$反映了社会总资本的运动,马克思在分析个别资本的运动时,是以货币资本的循环和生产资本的循环为代表;而分析社会总资本的运动,则以商品资本的循环为代表。

第四章　循环过程的三个公式

前面三章,马克思对产业资本循环的三种形态分别进行了考察,阐述了这三种资本循环各自的运动过程和主要特点。实际上,产业资本的这三种循环形式是相互交错互为条件的。它们不仅在时间上要继起,而且在空间上要并存,只有这样,产业资本的循环运动才能连续不断。所以,第四章又是从总体上考察循环过程的三个公式。

> 产业资本循环是三个循环的统一
> （第116—117页）

产业资本循环的三个形式,可以从三个不同的方面反映资本运动的特点,但这不是三个独立资本的运动,必须把这三者统一起来,才能了解产业资本运动的全部过程。"产业资本的连续进行的现实循环,不仅是流通过程和生产过程的统一,而且是它的所有三种循环的统一。"(第119页)

1. 三个循环的共同点。如果我们对循环的三种形式进行总的考察,就会看到它们有不少共同之处。

(1) 三个循环过程的前提都表示三个过程的结果,都表现了原因和结果的相互关系。

(2) 三个循环中的每一个因素,都表现为出发点、通过点和复归点。

(3) 三个循环都是生产过程和流通过程的统一。

(4) 三个循环都以价值增殖为目的,也就是都是为了生产和实现剩余价值。

2. 从三个循环的联系来考察它们的统一。产业资本循环的三种形式不仅有许多共同之处,而且它们之间还是互相紧密联系的。产业资本作为一个连续不断的总运动来看,都包含着三个循环。三个循环互为前提,一种形式循环的反复,已经包含着其他形式的循环的进行。在货币资本的不断循环中,包含了生产资本和商品资本的循环;在生产资本不断循环中包含了货币资本和商品资本的循环。而且,任何一个单个的产业资本,都必须同时处在三个循环中。这三种循环、三种资本形态的这些再生产形式,是连续地并列进行的。所以,"在这里,总循环是它的三个形式的现实的统一"(第117页)。因此,这些循环的区别点是形式上的区别。

{产业资本运动连续所需要的条件(第117—125页)} 资本循环的关键在于资本运动的连续性。那么,怎样才能保持资本运动的连续性呢?

1. 资本家的资本不能只采取一种形式,而必须按照一定的比例分成相应的三个部分,同时并存在货币资本、生产资本和商品资本三种形式上。"这三种循环,三种资本形态的这些再生产形式,是连续地并列进行的。"(第117页)由于资本循环表现为生产过程和流通过程的统一,所以如果把全部资本都投在货币资本或商品资本形式上,生产过程就会中断;如果把全部资本分配在货币资本、生产资本和商品资本的比例不适当,资本循环也不能顺利进行。

2. 资本家的资本还必须相继地通过循环的三个阶段。"产业资本的连续进行的现实循环,不仅是流通过程和生产过程的统一,而且是它的所有三个循环的统一。但是,它之所以能够成为这种统一,只是由于资本的每个不同部分能够依次经过相继进行的各个循环阶段,从一个阶段转到另一个阶段,从一种职能形式转到另一种职能形式。"(119页)这就是说,货币资本要不断转化为生产资本,再转化为商品资本,最后回到货币资本形式上;商品资本要不断转化为货币资本,再转化为生产资本,最后又回到商品资本形式上来。如果其中有一个阶段中断,资本循环就不能再进行下去了。

所以,要保持资本运动的连续性,产业资本的三种形式就必须在空间上并存,资本循环的三个阶段在时间上继起。"只有在三个循环的统一中,才能实现总过程的连续性,而不致发生上述的中断。社会总资本始终具有这种连续性,而它的过程始终是三个循环的统一。"(第121页)

3. 要以价值革命得到克服和抵消为前提。其含义是以价值没有剧烈的变动为前提,价值的剧烈变动会影响资本循环的正常进行。

资本运动的连续性,只有在价值革命得到克服和抵消时,才能存在和继续存在。"但是很明显,尽管发生各种价值革命,资本主义生产只有在资本价值增殖时,也就是在它作为独立价值完成它的循环过程时,因而只有在价值革命按某种方式得到克服和抵消时,才能够存在和继续存在。"(第122页)

价值革命怎样影响资本循环呢?

(1) 从价值革命对货币资本的影响来看,如果生产资料价值变动了,投下的货币资本量也要变动,只有货币资本量按比例变化,才能保持原有的生产规模。

(2) 从价值革命对生产资本的影响来看,如果生产要素的价值下降,则有三种情况:①在生产资本中会游离出一部分货币用来贮藏;②游离出一部分货币购买生产资料用来扩大再生产;③游离出一部分货币用来购买原料进行储备。如果生产要素的价值提高,也会造成三种情况:①再生产不会按原有规模进行;②追加货币资本维持原有生产规模;③用积累的货币基金来维持原有生产规模。

(3) 从价值革命对商品资本的影响来看,如果价值提高,商品资本价值就增加,如果价值下降,商品资本就贬值。

所以,"资本作为自行增殖的价值,不仅包含着阶级关系,包含着建立在劳动作为雇佣劳动而存在的基础上的一定的社会性质。它是一种运动,是一个经过各个不同阶段的循环过程,这个过程本身又包含循环过程的三种不同的形式。因此,它只能理解为运动,而不能理解为静止物"。(第122页)

产业资本循环与商品流通的关系(第126—132页)

资本循环的主体是价值,目的是价值增殖,因此它和简单商品流通有本质的区别,但是资本循环和一般商品流通又有内在联系。

产业资本的循环,不论是作为货币资本循环还是商品资本循环,总是和商品流通交错在一起的,如 $G—Pm$,可以看成是一个产业资本循环中的 $G—Pm$,也就是另一个产业资本循环中的 $W'—G'$,即由商品资本转化为货币资本,这里是资本流通的交错。但是,Pm 也可以是非资本主义生产方式下生产的产品。所以,产业资本的循环是和极不相同的社会生产方式(只要它同时是商品生产)的商品流通相交错。

这里要注意两点:(1)流通把一切社会生产方式生产的$W(Pm)$导入资本循环,资本运动也就受到其他生产方式的制约。但是,资本又通过流通把一切生产转化为商品生产,从而转化资本主义生产,促使一切直接生产者转化为雇佣工人。(2)资本主义的大生产还使各种生产方式的产品在转化为商品的同时,又通过批发商人的收购转化为商人的商品资本,出现在产业资本面前。

资本循环是总流通的一个组成部分,因此作为商品流通和货币流通的一般规律,也适应资本循环:(1)货币流通速度越快,单个资本经过它的形态变化序列就越快,同一货币量就越是能使更多的产业资本进入流通;(2)货币越是作为支付手段执行职能,支付期越短,同量资本价值的流通所需要的货币量就会越小;(3)在流通速度和其他条件不变时,货币流通的量由商品价格总额决定,而在商品的总量和价值一定时,货币流通的量就由货币本身的价值来决定。

一般商品流通的规律在资本流通上的适用是有限度的。"一般商品流通,只有在资本流通过程形成简单流通行为的序列时,才是适用的,而在简单流通的序列形成单个产业资本循环的职能上确定的阶段时,都是不适用的。"(第130页)因为商品流通过程有两个相反的序列,由商品到货币(W—G)和由货币到商品(G—W);而资本循环既包括资本价值流通,又包括剩余价值流通。在剩余价值流通中,用剩余价值来购买商品时,没有两个相反的序列,剩余价值可以作为收入花掉而根本不进入资本流通,因而一般商品流通的规律并不能说明社会总资本在流通中互相补偿的问题。

批判以交换方式划分经济形态的错误(第132—134页)

资产阶级经济学家的历史学派,把人类历史分为三个历史时期:(1)自然经济;(2)货币经济;(3)信用经济。

马克思从三方面批判了他们的错误。(1)这三个阶段并不代表对等的发展阶段。所谓信用经济只不过是货币经济的一种形式。货币经济和信用经济只是适应于资本主义生产的不同发展阶段。(2)不能以流通方式或交易方式来划分经济时期,而应以生产关系来划分。在再生产过程中,生产是决定的因素。(3)资本主义生产之所以采取商品生产形式,是因为劳动力成为商品,是由于社会的生产性质决定社会的交换性质,而不是相反。"在资本家和雇佣工人的关系上,货币关系,买者和卖者的关系,成了生产本身所固有的关系。但是,这种关系的基础是生产的社会性质,而不是交易方式的社会性质;相反,后者是由前者产生的。"(第133页)

第五章　流通时间

资本循环不仅有形态变化，而且要经过一段时间。资本通过一次循环所经过的全部时间，就是第五章标题所说的"流通时间"。它等于生产时间加流通时间。"一定资本的总流通时间，等于它的流通时间和它的生产时间之和。"(第171页)流通时间＝生产时间＋流通时间，而这两个流通时间是有区别的。前一个流通时间是指广义的流通时间，或叫总流通时间，是资本循环一次所需要的全部时间；后一个流通时间是狭义的流通时间，它是指资本在流通领域中停留的时间，等于购买时间和出售时间之和。

> 生产时间(第138—141页)

生产时间是指资本在生产领域停留的时间。"资本在生产领域停留的时间是它的生产时间。"(第138页)它又包括劳动时间和非劳动时间。

1. 劳动时间，是指生产一种商品所经过的劳动过程的全部时间。它是劳动力和生产资料相结合发挥作用的时间，只有在这个时间内才能创造价值和剩余价值。所以，劳动时间是资本循环时间中具有决定意义的时间。

2. 非劳动时间，是指劳动过程中断的时间。它包括：(1)停工时间，即生产过程中断，已经进入生产过程的生产资本不发挥作用的时间，如工厂晚上或休假日不开工的时间；(2)生产资料储备时间，即生产资料作为生产过程的条件已经具备好，但尚未进入生产过程的时间；(3)自然作用时间，即商品生产过程中劳动过程中断，自然力独立发挥作用的时间，如金属铸件的物理硬结时间、酿酒的化学发酵时间和动植物的生长时间等等。所以，"生产时间当然包括劳动过程期间，但劳动过程期间并不包括全部生产时间"(第138页)。在非劳动时间中，既不创造价值，也不创造剩余价值。

"在整个生产过程的正常中断期间,即生产资本不执行职能的间歇期间,既不生产价值,也不生产剩余价值。……但它促进产品的完成,成为产品生涯的一部分,是产品必须经过的一个过程。"(第140页)

3. 非劳动时间对价值形成和价值增殖的影响:(1)如原料在储备期,不是价值形成的因素,不转移价值,但保管需要的仓库、设备是生产过程必要条件。因此,仓库、设备的价值要逐渐转移到产品上,为了保管而追加的活劳动,是生产劳动,因此会形成价值和创造剩余价值。(2)停工时间中生产资料不发生作用,不转移价值,但机器不管你开动不开动,总会磨损,停工时间磨损部分也要转移到产品中去,因此正常的停工要提折旧费。(3)自然发生作用的时间,不创造价值,但投入的生产资料价值要转移到产品中去。

由于非劳动时间不创造价值,但对价值形成有影响,所以资本主义生产尽量缩短生产时间超过劳动时间的部分。

流通时间(第141—145页)

1. 流通时间就是资本在流通领域中停留的时间。"资本在流通领域停留的时间是它的流通时间。"(第138页)

这里所说的流通时间,是指狭义的流通时间,它由购买时间和出卖时间两部分组成。(1)购买时间,就是货币转化为商品所需要的时间。(2)出卖时间,就是商品转化为货币所需要的时间。

在流通时间中,最主要的是卖的时间。因为:(1)卖的时间是最困难,能否卖得出,有没有人要是很关键的,因此它占的时间较长,而买的时间较容易,但买的东西多种多样,有时会缺货和价格波动;(2)卖关系到剩余价值的实现,因此比买更重要;(3)卖的时间的限度,不能超过这个商品使用价值存在的时间。

2. 流通时间和生产时间是相互排斥的。流通时间是资本增殖的一个必要条件,没有购买和出卖,生产过程就不能进行,剩余价值就不能生产和实现。但是,生产时间和流通时间是相互排斥的,资本在流通时间内不是执行生产资本的职能,故它既不生产商品,也不生产剩余价值。"资本的流通时间,一般说来,会限制资本的生产时间,从而也会限制它的价值增殖过程。限制的程度与流通时间持续的长短成比例。"(第142页)这就是说,流通时间的延长和缩短,对于生产时间的缩短和延长,或者说,对于一定量资本作为生产资本执行职能的规模的缩小和扩大,起了一种消极限制的作用。因此,流通时间越短,资本的职能就越大,资本的生产效率就越高,它的自行增殖就越大。

第六章 流通费用

资本循环在流通中不但要经历一定的时间,而且要花费一定的费用。流通费用就是资本循环在流通中所耗费的费用。马克思把流通费用分为三类,即:纯粹流通费用;保管费用;运输费用。与此相应,本章也就分为三节。

本章对流通费用的分析,是结合资本的循环进行的,重点在于研究流通费用的性质和作用。

(一) 纯粹的流通费用

纯粹流通费用就是由商品的价值形式变化而耗去的费用。这是一种单纯为资本价值形式的转形,即由货币变为商品和由商品变为货币而支付的费用,它不创造价值,是由剩余价值来补偿的费用。"一切只是由商品的形式转化而产生的流通费用,都不会把价值追加到商品上。这仅仅是实现价值或价值由一种形式转变为另一种形式所需的费用。投在这种费用上的资本(包括它所支配的劳动),属于资本主义生产上的非生产费用。这种费用必须从剩余产品中得到补偿,对整个资本家阶级来源,是剩余价值或剩余产品的一种扣除。"(第167页)

纯粹流通费用,包括买卖时间、簿记、货币等引起的费用。

买卖时间(第146—150页)　买卖时间引起的费用。资本由商品到货币和由货币到商品的形式转化,就是资本家进行交易,执行买进和卖出的职能,这是需要耗费一些费用的。这些费用对资本主义生产过程来说,是一个必要的因素。因为没有这种费用,生产资料就不能买进,生产过程就会中断,或者商品的价值和剩余价值就不能实现。但是,这些费用都是为了实现价值,既不能生产或增加商品的使用价值,又不能增加价值和剩余价值。从事买卖的人,不论是独立的直接生产者还是被雇佣的商业劳动者,所花费的劳动,都不创造价值,也不创造产品,他本身属于生产上的非生产费用。商业劳动的作用,只是通过他们的活动,为许多商品生产者缩短了买卖时间,从而使社会劳动力和劳动时间只有更少一部分被束缚在这种非生产职能上。

就商业劳动者来说,为做买卖而支出的劳动,虽然不创造价值,但是他是受剥削的。他的劳动,同样可以分为两部分,即必要劳动和剩余劳动。他的剩余劳动不创造剩余价值,但是可以减少流通费用。对资本家来说,可以增加收入,买卖引起的纯粹流通费用,会引起生产规模的缩小,因此资本家尽可能缩小纯粹流通费用。

总之,用在买卖上的费用,是一种不会增加价值的流通费用,这种费用是由剩余价值来补偿的。

簿记(第150—153页) 由簿记引起的流通费用。簿记是以货币为主要计算单位,连续地系统地对企业经济活动进行核算、分析和记载。

记账需要一定的费用,簿记费用也分两种:(1)花费的物化劳动、纸笔等;(2)活劳动,记账人员的工资。这两种费用都属于纯粹流通费用,对全社会来说是必要的,但仍不创造价值和剩余价值,这部分费用只能从剩余价值中扣除。

由簿记引起的费用和纯粹买卖所需要的费用有区别:单纯买卖所需要的费用是商品生产过程中产生,而簿记是由于生产的社会化需要,因此生产社会化越高越需要簿记,越需要核算。簿记对资本主义生产比小生产需要,而社会主义生产比资本主义生产更需要。簿记费用则随生产的社会化发展,却越来越小。"过程越是失去纯粹个人的性质,作为过程的控制和观念总结的簿记就越是必要;因此,簿记对资本主义生产,比对手工业和农民的分散生产更为必要,对公有生产,比对资本主义生产更为必要。"(第152页)

货币(第153—154页) 由货币引起的费用。它包括生产货币所需要的费用和补偿货币在流通中磨损所需要的货币。

1. 由执行货币职能的金银这种商品,作为货币专门留在流通过程中,既不进入个人消费,也不能进入生产消费,这是一种固定在单纯流通形式上的社会劳动。所以,生产货币所需要的劳动,对社会来说是一种虚费。生产货币(金银)的劳动不创造价值,是非生产费用。

2. 货币在流通中的磨损,还不断要求得到补偿。这种费用随着资本主义生产的发展而增大。这种花费在货币上的费用是社会财富的扣除,是非生产性的费用。"它是社会财富中必须为流通过程牺牲的部分。"(第153—154页)

(二) 保管费用

保管费用有两重性,它是生产过程在流通领域的继续,因此保管所需要投入的劳动追加价值,但不生产使用价值,所以对社会来说也是一种非生产费用,是对社会财富的扣除。它对单个资本家来说这部分劳动才是发财致富的源泉。

保管费用是由商品的储备引起,任何社会都要有生产资料和消费资料的储备。

> 一般储备的形成
> (第155—161页)

一般储备的形成包括商品储备和一般储备。

1. 商品储备。

(1) 产品作为商品资本停留在市场上的期间,形成商品储备。作为储备的商品在每个循环中出现两次,一次是作为待出售的 W',另一次是待购买的 $W(Pm)$ 和 $W(Km)$。商品储备的两重表现是互相矛盾的,作为 W' 的储备,要尽量少些,因为 W' 要尽快实现为 G';另一方面,作为 $G—W$ 的 W,又要求储备多一些,这样生产上随时的需要就能随时满足。

(2) 商品储备时间所花的费用,属保管费用。这种费用不生产使用价值,所以不属生产领域,算作流通领域,从这个意义上讲,它算作流通费用。但这种流通费用本质上不同于纯粹流通费用。为储备而追加的劳动,虽然不创造使用价值,就这点来说,它是非生产费用,但它保存了使用价值,因而又具有生产的性质。所以,它是生产性流通费用,因而它会创造价值并把价值追加到商品中去。"使商品变贵而不追加商品使用价值的费用,对社会来说,是生产上的非生产费用,对单个资本家来说,则可以成为发财致

富的源泉。"(第154页)

2. 一般的储备(产品储备)和资本主义社会所特有的储备形式。事实上,储备有三种形式。

(1)生产基金的储备在资本主义下是生产资本的储备形式。(2)个人消费基金的储备。(3)商品储备(在资本主义条件下是商品资本储备形式)。这三种储备在数量上可以同时绝对增加,但就相对量而言,一种形式的增加,只能是其他形式的减少。

在历史发展的过程中,这三种储备不断发生相对的变化。(1)在自然经济下,个人消费基金占很大比重,其次是生产基金的形式。(2)在资本主义发展时期,由于资本主义生产是大生产,生产资本的储备就占较大比重,以保证生产连续进行。随着资本主义的发展,生产资本储备的绝对量虽然在增加,但随生产的扩大和交通运输工具的改良,生产资本形式的储备又相对减少,商品资本形式的储备则相对增加。

3. 商品储备量大小取决于四个因素:(1)生产规模大小,成正比;(2)运输条件好坏,好则储备小,坏则储备大;(3)信用制度的发展情况;(4)生产时间长短,长则大,短则小。

> 真正的商品储备
> (第161—167页)

在资本主义条件下,商品储备日益增加。随资本主义发展,生产基金和个人消费基金储备越来越转化为商品储备或商品资本储备。

不管产品的社会形式如何,保管这些储备总是要耗费一定的物化劳动和活劳动。但是,储备越是社会地集中,储备费用就相对减少。

储备费用在多大程度上加入商品价值,取决于商品储备是正常的还是不正常的。如果是不正常的储备费用(如危机引起),则不能加入价值。只有正常的储备费用才加入价值。

所谓正常的储备费用取决于两个条件:第一要满足社会的销售量或需求量,并且要大于平均销售量或平均需求量;第二还考虑商品再生产时间的长短,来相应地进行储备。

正常的储备费用,仍然是社会财富的扣除。"储备费用仍然是社会财富的扣除,虽然它是社会财富的存在条件之一。"(第166页)

储备费用具体说来,包括以下各项:(1)存货的数量损耗部分;(2)存货的质量变坏部分;(3)保管储备所需要的物化劳动和活劳动。

(三) 运输费用

运输费用就是商品场所的变更所引起的费用。运输属生产过程在流通领域的继续,所以运输费用是生产费用。

> 运输费用是生产费用(第167—168页)

商品在空间上的流通,也就是商品的位置的移动,例如将工业品从城市运到农村,把农产品从农村运到城市,这就是商品的运输。这种由运输活动引起的费用,就是运输费用。

运输业一方面是一个独立的生产部门,另一方面又表现为生产过程在流通领域的继续。"商品在空间上的流通,即实际的移动,就是商品运输。运输业一方面形成一个独立的生产部门,从而形成生产资本的一个特殊投资领域。另一方面,它又具有如下的特征:它表现为生产过程在流通过程内的继续,并且为了流通过程而继续。"(第170页)

运输有它的特点,它的生产过程的结果,不是新的物质的产品,不是商品,而是场所的变更。场所变更就是运输业产生的效用。由于花在交通运输业的费用具有生产的性质,是生产性质的流通费用。因此这种费用可以加到被运输的商品价值中去。"投在运输业上的生产资本,会部分地由于运输工具的价值转移,部分地由于运输劳动的价值追加,把价值追加到所运输的产品中去。"(第168页)

运输中所花的费用(包括不变资本部分和可变资本部分),都可增加商品的价值。如企业内部的运输,直接是生产过程,企业外部的运输,则是生产过程在流通过程的继续。

> 商品生产的一般规律适用于运输业(第168—170页)

运输业既然是生产部门,商品生产的一般规律也适用于运输业。

1. 劳动创造的一定产品的价值量和劳动生产力成反比的规律表现为一定距离内运输一定量商品,所花劳动越小,则劳动生产力越大;反之亦然。

2. 运输追加到产品中的价值与运输业的劳动生产力成反比,但与距离成正比。

3. 由运输费用追加到产品中去的相对价值部分,同商品体积和重量成正比。

在资本主义生产方式下,由于交通运输工具的发展,运输规模的扩大,使单位商品的运输费用减少。由于一切产品的绝大多数转化为商品,以及远方的市场代替当地的市场,从社会来说,运输费用却增加了。

第二篇

资本周转

简 介

《资本论》第2卷第二篇的篇名是"资本周转"。资本周转的中心问题是周转速度。资本周转速度的快慢,对剩余价值的生产和实现有很大关系。在付出同样多的预付资本的情况下,资本周转速度越快,带来的剩余价值也就越多。所以,资本家总是千方百计加速资本周转,以获得更多的剩余价值。撇开加速资本周转的资本主义性质和目的,马克思在这一篇论述的关于加快周转速度的途径和方法,对加快社会主义企业资金的周转速度,取得最大经济效果具有重大的现实意义。

一、研究对象

第二篇的研究对象是资本周转。马克思说"资本的循环,不是当作孤立的行为,而是当作周期性的过程时,叫做资本的周转"(第174页)。这就是说,资本不断的反复的循环,就叫做资本周转。这样,就产生一个问题,能不能说资本周转实际上就是资本循环呢?不能。资本循环和资本周转是既有联系又有区别的两个范畴。

1. 资本周转和资本循环的共同点。

第一,两者都是研究单个产业资本的运动。单个资本家或单个资本主义企业的资本的运动,并不涉及社会总资本的运动;而且,也都是物质生产领域资本的运动,也都不涉及商业资本和银行资本的运动。

第二,两者都包括购买、生产和销售三个阶段,都是生产和流通的统一。

第三,两者的目的,都是为了生产和实现剩余价值,使资本家在生产过程中榨取出的剩余价值,通过流通过程而实现出来。

2. 资本周转和资本循环的区别。

第一,从对象看,资本循环主要是用货币资本来表现,而资本周转主要用生产资本来表现。资本循环为什么主要用货币资本表现,这在前面已经说了。现在要说明的是为什么资本周转必须主要以生产资本为对象。这是因为资本主义生产的目的是为了榨取剩余价值,也就是使预付资本得到增殖。所以,要分析资本周转,就要分析预付资本的周转。所谓预付资本就是资本家为榨取剩余价值而预先垫付出去的资本。在产业资本运动的三种形式中,商品资本的起点不是预付资本的价值,而是已经增殖的资本价值,所以分析资本周转不能以商品资本为对象。货币资本和生产资本的起点虽然都是预付资本的价值,但由于生产资本的不同组成部分具有不同的周转方式和周转时间,对资本周转的快慢关系很大,所以分析资本周转主要应该分析生产资本的周转。

第二,从内容看,资本循环是分析资本运动的形态变化和运动过程的阶段,是研究一笔预付资本通过三种形态,经过三个阶段,由起点回到终点,是圆圈运动,表示的是一次运动。资本周转是分析资本运动速度的快慢,是分析资本运动一次要花多少时间,怎样不断的运动,不仅是一次的循环,而是不断的反复的循环。

第三,从资本量看,资本循环是研究一笔预付资本怎样投资和收回,只研究一次运动中的资本量。资本周转是研究单个资本家或单个资本主义企业的总预付资本量的运动。不是一笔预付资本的运动,而是总资本量的运动;也不是一次运动,而是不断反复的运动。

二、结构体系

本篇共十一章,这十一章大体上可分为三个组成部分。

第一部分是第七章周转时间和周转次数,是导论部分,这一章首先对资本周转下了最一般的定义,然后主要讲了资本周转速度快慢表示的两种方法:周转时间和周转次数。

第二部分是从第八章到第十四章,分析影响资本周转速度的各种因素。影响资本周转速度主要有两个因素:生产资本的构成和周转时间。因此,第八章到第十一章先分析生产资本的构成,即固定资本和流动资本的问题。第八章主要是正面阐述固定资本和流动资本的划分,以及固定资本的组成、补偿和修理等问题。第九章是把固定资本和流动资本的周转速度平均化,从而计算预付资本的总周转,同时分析了固定资本的周转问题。第十章和第十一章批判资产阶级古典经济学的重要代表重农学派、亚当·斯密和李嘉图关于固定资本和流动资本的理论。第十二章到第十四章再分析周转时间对周转速度的影响。第十二章分析劳动期间,第十三章分析生产时间,第十四章分析流通时间。

第三部分是第十五章到第十七章,是分析资本周转速度的快慢对预付资本、剩余价值生产和实现的影响。第十五章先分析周转时间对预付资本量的影响,第十六章分析可变资本的周转对剩余价值的影响;第十七章是分析资本周转速度对剩余价值流通的影响。

学习《资本论》第2卷第二篇,其中第七章到第九章是比较重要的,特别是第八章,因为对固定资本和流动资本划分的基本问题,在这一章都讲了。第十二章到第十四章应主要掌握如何缩短周转时间来加速资本周转速度。第十六章通过年剩余价值率的分析,论述了资本周转与剩余价值生产和实现的关系,也是比较重要的。

三、方　　法

第二篇在方法上,除与第一篇基本一样是动态分析和微观分析的方法以外,数量分析法比较突出。

第二篇研究资本周转,中心是分析资本周转速度问题,速度问题是量的变化问题。周转时间、周转次数、预付资本的总周转、周转的周期,都是用数量来表示的。因此,这一篇数字、公式、表格、计算比较多。但是,这一篇马克思对数量的分析有其三个特点。

第一,这里分析的量不是静止的量,而是运动的量,主要不是量的大小,而是量的变化发展的速度。

第二，这里分析的量不仅是绝对的量，如周转时间的长短、资本量的大小、剩余价值量的多少，而且有相对的量，如年剩余价值率就是一年内生产的剩余价值总额和预付可变资本的价值额之间的相对量。

第三，这里分析的量不是孤立的量，是从量到质，通过量的变化说明质。例如，马克思通过分析资本家加快资本周转速度可以获得更多的剩余价值，这好像都是量的问题，而实际上通过这些量的变化证明资本主义生产的目的和动机是预付资本的增殖，这就进一步说明了资本主义生产的实质是剩余价值的生产。

第七章 周转时间和周转次数

这一章作为第二篇的总论,规定了本篇研究的对象是单个资本的周转,并对资本周转下了最一般的定义。资本周转的中心问题是资本周转速度,本章阐明了表示周转速度的两种方法:周转时间和周转次数。

<u>资本周转是预付资本价值的周转(第171—173页)</u>

资本周转是预付资本价值的周转,由于资本主义生产的目的是预付资本的增殖,所以研究周转对价值增殖的影响,就应该以货币资本循环和生产资本循环公式为研究对象。因为这两个公式都是以预付资本价值开始,以价值增殖为结果,以循环的资本价值回到原来形式为条件的。作为已经增殖的商品为起点的商品资本循环则是不适用的,因为在商品资本循环中,不是以资本的预付价值开始,而是以已经增殖的资本价值开始。

研究资本周转究竟是用货币资本循环公式还是用生产资本循环公式?这要看所研究的具体问题。如果是研究周转对剩余价值形成的影响,就要用货币资本循环公式;如果是研究周转对产品形成的影响,就要用生产资本循环公式。

<u>资本周转和周转时间、周转次数(第174—175页)</u>

1. 资本周转。就是资本的循环,即不是当作孤立的行为,而是当作周期性的过程时,叫资本周转。

2. 资本的周转时间。就是从预付一定形式的资本时起,到这个资本带着剩余价值以同样形式回到资本家手中的时间。"资本的周转时间,包含着总资本价值从一个循环周期到下一个循环周期的间隔时间,包含着资本生活过程的周期性,或者说,包含着同一资本价值的增殖过程或生产过程更新、重复的时间。"(第174页)资本在周转过程中既要经过生产领域,又要经过流通领域。资本处在生产领域的时间是资本的生产时间,资本处在流通领域的时间是资本的流通时间。生产时间加流通时间就是资本周转时间。

周转时间的长短,标志着周转速度的快慢。周转时间越短,就表明周转速度越快;周转时间越长,就表明周转速度越慢。所以,周转时间和周转速度成反比。例如,有同量的两个预付资本(假定都是10 000元)一个预付资本(甲)周转一次是3个月,另一个预付资本(乙)周转一次是6个月,这就说明资本(甲)的周转速度比资本(乙)快1倍。

3. 资本周转次数。一定时间内,通常指1年内,资本价值循环的次数(第174页末段)。资本周转一次的时间,可以用月或周表示。周转次数等于1年的时间(12个月或365天)除以一定资本周转一次的时间。假定我们用 U 表示周转时间——年,用 u 表示一定资本周转一次的时间,用 n 表示资本周转的次数,则资本周转次数的公式就是

$$n = \frac{U}{u}$$

一定量资本周转次数越多,就表明周转速度越快;周转次数越少,就说明周转速度越慢。例如,资本(甲)周转一次是3个月,那么,它的周转次数等于 $12 \div 3 = 4$,就是1年周转4次。资本(乙)周转一次是6个月,它的周转次数是 $12 \div 6 = 2$,就是1年只周转2次,也就表明资本(甲)比资本(乙)周转速度快1倍。所以,周转时间和周转次数只是同一周转速度的两种不同的表示方法,而不是表示两个不同的周转速度。周转时间越少,周转速度愈快;周转次数愈多,周转速度愈快。

第八章 固定资本和流动资本

影响资本周转速度的因素,首先是生产资本的组成,也就是固定资本和流动资本。

生产资本按照它的不同组成部分价值转移方式不同,区分为固定资本和流动资本。

固定资本和流动资本的区分及其比重是影响资本周转速度的一个主要因素。因此,研究资本周转速度必须分析固定资本和流动资本。

本章分两节:第一节分析固定资本和流动资本的形式区别,第二节分析固定资本的组成部分、补偿、修理和积累。

(一) 形式区别

这一节分析固定资本和流动资本的区别。生产资本按其价值转移方式不同,可以分成固定资本和流动资本,先讲固定资本,再讲流动资本,最后把它们综合起来讲。

> 固定资本(第176—183页)

1. 固定资本的含义。以它的物质形态全部参加生产过程,而它的价值是在多次生产过程中逐步转移到新产品中去,另一部分在其使用价值完全磨损之前仍然固定在它里面,这种资产就叫固定资本,即投在厂房、机器、设备等劳动资料上的那部分生产资本。"这个资本部分不是在它的使用形式上进行流通,进行流通的只是它的价值,并且这种流通是逐步地、一部分一部分进行的,和从它那里转移到作为商品进行流通的产品中的价值相一致。在它执行职能的全部时间内,它的价值总有一部分固定在它里面,和它帮助生产的商品相对立,保持着自己的独立。由于这种特性,这部分不变资本取得了固定资本的形式。"(第177页)例如,一台机器值100 000元,可以使用10年。在产品生产中,整个机器是每年都全部参加生产过程的,但是其价值每年只能有10 000元转移到这1年生产的新产品中去。

固定资本的所谓固定,并不是指固定资本的实物形态必须"固定"在一定的地理位置上不能移动,而是指它能在较长的时期内,在反复参加许多次的生产过程中,能保持固定的实物形态。而且,这部分资本价值随其实物磨损程度,把一部分价值转移到产品中去,另一部分则仍旧固定在原实物形态中,和产品相对立。所以,位置不变的厂房、建筑物是固定资本的实物形态,而不断变更位置,又不断处于生产过程中的车辆、船舶也是固定资本。没有生命的劳动资料固然也是固定资本,农业生产上的役畜、种畜、奶牛等动物也是固定资本。

2. 生产资料成为固定资本的条件。(1)生产资料在资本主义生产关系下,即在生产上使用它的资本家手里,才成为固定资本。(2)生产资料价值必须要有独特的流通方式,即指它的使用价值要全部参加生产过程,而它的价值只是部分转移,另一部分仍然固定在生产资料的使用价值中。(3)生产资料必须在生产过程中,执行劳动资料的职能,即机器、设备、厂房等,不包括原材料。

在这三个条件中,第二个条件是最主要的。划分生产资料是否固定资本不应再有其他标准,如:生产资料是否加入产品;生产资料所生产的效果是否进入个人消费,等等。固定资本一般不进入个人消费,但有些例外,如运输工具。

3. 批判资产阶级经济学家关于固定资本和流动资本划分的错误。资产阶级经济学家在区分固定资本和流动资本问题上充满着错误和混乱。主要表现在:(1)把固定资本和流动资本的划分与不变资本和可变资本的划分混为一谈。(2)把劳动资料在物质上具有的某一些自然属性作为划分固定资本的标准。(3)有些资产阶级经济学家,把由价值流通引起的经济形式规定性和物质的属性混同起来,即把物质属性和经济属性相混淆。(4)把商品生产期间的长短作为划分固定资本和流动资本的标准。

4. 固定资本的独特的周转。固定资本的独特的流通,引起独特的周转,即固定资本使用价值全部参加生产过程,而价值只有一部分参加产品价值形成过程,使这部分生产资料具有特别的周转,从而使价值的转移部分,不能一下子用来购买生产资料,而要作为折旧基金贮藏到一定时期才能用来购买新的生产资料。

固定资本的周转时间,是由它本身的再生产期间决定的,即由劳动资料已经消耗掉,必须用同一种新的物品替换的时间决定的。

流动资本(第183—186页)

1. 流动资本的含义和构成。在生产资本中,全部一次投入生产过程。其物质形式在形成单个产品时全部消费掉,而价值不是分期转移而是一次转移的那部分资本,就叫流动资本。流动资本的"一部分是由存在于辅助材料和原材料上的不变资本要素构成,一部分是由投在劳动力上的可变资本构成"(第183页)。

2. 为什么原材料和辅助材料是流动资本?这是因为投在原料、材料、辅助材料上的那部分资本,从物质形式看,参加一部分生产过程后便全部消费掉,形成一种新的使用价值;从价值形式看,参加一次生产过程后便把全部价值转移到新产品中去,并经过产品出售而转化为货币全部流回到资本家手中。也就是说,这部分资本在形成新产品时,物质形式一次消费,价值一次转移,所以属流动资本。

3. 投在劳动力上的资本价值为什么属流动资本?因为它的价值周转形式不同于固定资本,而同于流动资本。资本家用于购买劳动力那部分资本,并不是把价值转移到新产品中去,而是在生产过程中由活劳动重新创造出来。工人在劳动过程中不仅创造了相当于劳动力价值的那部分价值,而且还创造了剩余价值。因此,就价值形成来说,投在劳动力上的资本,同投在原材料上的资本是根本不同的。但是,从价值的周转方式来看,两者有共同性,都是通过一次生产过程就把全部价值加入到新产品中去,并经过产品销售以货币形式回到资本家手中。因此,购买劳动力的那部分生产资本,也构成流动资本的一部分。

所以,"不管劳动力和不变资本中非固定资本的组成部分就价值的形成来说是多么不同,它的价值的这种周转方式却和这些部分相同,而与固定资本相反。生产资本的这两个组成部分——投在劳动力上的价值部分和投在非固定资本的生产资料上的价值部分——由于它们在周转上的这种共性,而作为流动资本与固定资本相对立"(第185页)。

{固定资本和流动资本的联系与区别(第187—189页)}

对固定资本和流动资本作以上的分析后,马克思最后进行了综合,得出了四点结论。

1. 固定资本和流动资本的区别产生于生产资本的不同周转。周转不同又是由于生产资本的组成部分有着不同的价值转移方式。价值转移方式不同则由于生产资本借以存在的物质形式一部分是全部消费掉,另一部分是逐渐消耗掉。因此,固定资本和流动资本的对立"只有对生产资本并且在生产资本之内才是存在的"(第187页)。决不能把只属于生产资本的流动资本和流通资本混为一谈。

2. 固定资本周转一次,流动资本可周转多次。固定资本的物质形式在产品制成并作为商品离开生产过程的期间,没有被全部消费掉,这部分价值也就没有转移;未转移的部分仍然固定在旧的生产资料中。相反流动资本的物质形式一次全部消费掉,价值也全部转移到产品中去,随完成的产品带入流通。所以固定资本周转时间比较长,在它周转一次的时间内,流动资本周转多次。

3. 固定资本是一次预付,分批逐渐收回,全部价值回收期间较长;流动资本是一次预付,一次收回,全部价值的回收期限较短。

4. 固定资本的多种物质要素在其发挥作用的时间内,不需要不断购买和更新;而流动资本的多种要素,无论是原材料,还是劳动力都要不断地在实物形态上更新。

(二)固定资本的组成部分、补偿、修理和积累

固定资本的价值是根据它本身磨损的程度逐渐转移到新产品中去的。由磨损程度所决定的固定资本价值转移的大小,会直接影响资本周转的速度。所以,为了进一步探讨资本周转速度,必须分析固定资本本身的问题。

{固定资本的磨损(第189—190页)}

固定资本因组成部分不同,有不同的磨损,因此也就有不同的周转速度。磨损有两种类型:(1)有形磨损;(2)无形磨损。

有形磨损是指机器、厂房、建筑物等固定资本的物质要素的损耗。这有两种原因:一是由于使用引起的磨损,例如:机器的运转会形成磨损,机器运转的速度越快,使用的时间越长,磨损程度就越快;二是由于自然力的作用而引起的磨损,如金属由于氧化作用会生锈,木料由于雨淋日晒会腐朽。这种磨损叫有形磨损。

无形磨损是指固定资本在它们的有效使用期限内,由于生产技术进步引起的资本价值上的贬值。这又有两种情况:一是由于劳动生产率的提高,生产同样机器设备的社会必要劳动时间减少,因而使原有固定资本的价值相应下降;二是由于新的技术的发明和应用,出现了效率更高的机器设备,因而使原有的固定资本贬值。这两种情况都是固定资本价值上的损耗,而物质形式上没有磨损。这种磨损叫做无形磨损。例如,原来一部机器价值10 000元,可使用10年,每年折旧1 000元。如果使用5年后,由于劳动生产率提高,生产这部机器只需要5 000元了。那么,除了前面5年已折旧5 000元外,其他5 000元,只值2 500元。只能按2 500元提取折旧。资本家原来预付资本10 000元,现在只能收回7 500元,损失了2 500元,这部分损失就是无形磨损。

由于固定资本存在着有形的和无形的磨损,因此就需要进行固定资本的更新。

固定资本更新(第190—193页)　　固定资本在物质形式上替换,在价值形式上进行补偿,这就叫固定资本更新。

1. 固定资本更新的原因:固定资本要进行更新或提前更新,大体上有这样一些情况:(1)固定资本的磨损需要固定资本更新;(2)技术进步要求用新的机器设备代替旧的机器设备,也要求固定资本更新;(3)竞争也会迫使旧的劳动资料在它的寿命完结之前,就要进行更新;(4)资本主义的经济危机,以及灾祸也会迫使企业提前更新机器设备。

2. 固定资本更新方式和内容。固定资本更新包括两个方面:既包括物质替换,又包括价值补偿。由于固定资本形式不同,更新方式就不同。一部分固定资本有一定的平均寿命,到了一定时间就要全部替换。例如,一匹马不能一部分一部分地替换,只能用另一匹马来替换。有一部分固定资本是由同一种组成部分构成的,但这种组成部分耐用时间不一样,因而要在不同期间一部分一部分地更新。例如,车站上的铁轨要比别处的铁轨替换得快些。要进行固定资本更新,必须设立折旧基金。折旧基金就是逐年按照固定资本磨损程度而提取的货币准备金。在一般情况下,折旧基金等于固定资本的价值除以它平均使用年限。例如,一台机器值 10 000 元,使用 10 年,那么,这台机器每年就要提折旧基金 1 000 元,待 10 年后机器报废时,重新购置新机器。

3. 固定资本更新可以扩大再生产。固定资本更新的折旧基金,是用来补偿已经损耗掉的劳动资料的价值,用来替换已经磨损了的厂房、机器、设备的。所以,折旧基金实际上属于简单再生产的范围。但是,由于固定资本的物质要素在其平均使用年限内,在物质形态上总是独立存在和发挥作用的,不到全部磨损不需要更新。逐步提取的折旧基金,可以用来扩大企业,或改进机器,以提高机器效率。所以,固定资本更新可以扩大再生产。

(1) 用固定资本更新来扩大再生产主要通过两种形式:①利用固定资本更新所提供的折旧基金去购买新的生产资料和劳动力扩大再生产;②通过转化的货币(折旧基金)用来改良机器、革新技术,购买效率更高的新机器。(第192页)

(2) 因此,扩大再生产有两种形式:①外延的扩大再生产,是生产规模或生产场所的扩大;②内含的扩大再生产是生产资料的效率提高。

(3) 而通过更新来扩大的再生产,不是由积累引起的。"固定资本价值中这个转化为货币的部分,可以用来扩大企业,或改良机器,以提高机器效率。这样,经过一段或长或短的时间,就要进行再生产,并且从社会的观点看,是规模扩大的再生产。如果生产场所扩大了,就是在外延上扩大;如果生产资料效率提高了,就是在内含上扩大。这种规模扩大的再生产,不是由积累——剩余价值转化为资本——引起的,而是由从固定资本的本体分出来,以货币形式和它分离的价值再转化为追加的或效率更大的同一种固定资本而引起的。"(第192页)

4. 由固定资本更新引起的扩大再生产的程度,取决于四个因素:(1)取决于企业的性质;(第192页)(2)取决于现有机器改良的性质和机器本身的构造;(第193页)(3)取决于可以利用的空间;(4)取决于货币准备金的大小,即折旧基金的大小。

<固定资本的维持费用(第193—195页)> 为减少固定资本的磨损,要对固定资本进行维护。维护有两种方法。

1. 通过对固定资本的使用加以维护,固定资本不用会由自然力引起损耗,使用则是固定资本的维持保护方法。这一方面保存劳动资料的价值,并把它转移到新产品中去,另一方面保持它的使用价值。

2. 通过追加劳动来维护。如对机器擦洗,可以利用生产过程中工人空隙时间追加劳动,但这不增加费用。也可以使用专门的维修劳动,这既要追加劳动,又追加费用(机器维护费用),为维护固定资本所花去的费用,就是固定资本的维护费用,它属于流动资本。费用不是一次转移,而是平均分摊。"投在这种劳动上的资本,虽然不进入作为产品来源的真正的劳动过程,但是属于流动资本。这种劳动在生产中必须不断地耗费,因而它的价值也必须不断地由产品价值来补偿。投在这种劳动上的资本,属于流动资本中要弥补一般非生产费用的部分,这个部分要按年平均计算,分摊到价值产品中去。"(第194页)

<固定资本的修理(第195—212页)> 固定资本的修理,指机器在使用中遇到损伤而要进行的修理。为恢复和保持固定资本,使它正常发挥作用,需要修理和修理费用。

1. 修理支出的劳动,不是预付资本而是追加资本。(第195页第2段)

2. 追加的修理劳动具有偶然性质,因此它不会平均分配在固定资本的各个时期,但这种修理费用要平均分摊在各个时期。

3. 修理费用一般说来属流动费用。"这种真正投在修理上的资本,从某些方面看,形成一种独特的资本,既不能列入流动资本,也不能列入固定资本,但作为一种经常支出,算作流动资本较为合适"(第197页)但需注意三点:(1)修理可分为大、中、小,大修属固定资本,中小修理属流动费用,大修由折旧基金支付。(2)由自然灾害引起的破坏,所造成的修理,这部分费用既不属固定资本,又不属流动费用,而是属保险费用,保险费用由剩余价值来补偿,是剩余价值的扣除。(3)固定资本的损耗和修理费用是按社会平均数决定的,从而这种费用对商品的加价,也是由平均数决定的。

在实际生产中,更新费用和维持费用相当难分。"真正的修理和补偿之间、维持费用和更新费用之间的界限,带有一定的伸缩性。"(第199页)

> 固定资本的折旧基金(第202—203页)

固定资本要更新和维持就要提取折旧基金,折旧基金采取货币准备金的形式。原来准备金是一种贮藏的货币。但是,随着资本主义信用制度的发展,作为货币准备金的货币,不再作为贮藏货币,而作为资本发挥职能。

第九章　预付资本的总周转　周转的周期

第七章已对资本周转下了一般定义,第八章又分析了生产资本的构成,这一章在前两章基础上对资本周转进一步作了深入分析。

这一章分析预付资本的总周转和周转的周期问题,目的是为了研究资本周转对剩余价值生产的影响。

> 预付资本的总周转
> (第204—205页)

所谓预付资本的总周转就是预付资本的平均周转。"预付资本的总周转,是它的不同组成部分的平均周转。"(第204页)

1. 预付资本的总周转为什么要采取预付资本的平均周转。预付资本的各个组成部分的个别周转,不仅有周转时间上的量的差别,而且有周转方式上的质的不同。流动资本是一次把它的价值全部转移到产品中去,接着就是实物替换;固定资本则是一部分一部分地转移价值,它的物质替换,有的采取较短年限更换部件的形式,有的要经过若干年后,才完成全部的物质更新,因此在计算平均周转时,必须把固定资本不同部分的特殊周转化为周转的同种形式,使它们只有量的差别,即周转时间的差别。

2. 预付资本总周转的计算必须化为货币形式或价值形式。因为如果我们采用 $P\cdots P$ 的形式,即连续生产过程的形式作为起点,在 P 上这种质的同一性是不会发生的,因为 P 的不同组成部分在周转的方式上本来就是不同的,但是在 $G\cdots G'$ 中,即在货币资本循环中,这种差别就消失了。在 $G\cdots G'$ 这个形式上,资本各个组成部分都表现为一定量的价值,资本各部分周转上的差别,就只剩下周转时间上的量的差别,"因此,在计算预付生产资本的总周转时,我们把它的全部要素固定在货币形式上,这样回到货币形式就是周转的终结"(第205页)。

3. 预付资本总周转的公式。全部资本化为货币形式后,我们就可以计算出资本各个组成部分的平均周转。平均周转的计算,一般是以1年为计算单位。它等于1年内固定资本的周转价值额加流动资本周转价值额之和除以预付资本总额,其公式

$$\frac{\text{固定资本和流动资本1年周转的总额}}{\text{预付资本量}} = \text{总预付资本在1年中周转的次数}$$

按照马克思在第九章的举例计算,如下表所示。

生产资本组成	预付资本量	年周转次数	年周转价值
固定资本	80 000	1/10	8 000
流动资本	20 000	5	100 000
合　　计	100 000	$1\frac{2}{25}$	108 000

$$\text{预付资本总周转} = \frac{\text{年周转价值}}{\text{预付资本量}} = \frac{108\,000}{100\,000} = 1\frac{2}{25}\text{次}$$

可见,预付资本的平均周转取决于预付资本各组成部分的周转速度及其所占比重。即使预付生产资本中固定资本占有很大比重,但若流动资本有很快的周转速度,一年内周转的资本价值还是能够大于预付资本的总价值。

周转的周期(第206页)　　从固定资本在生产过程中发挥作用,到价值转移完毕,并随着产品出售全部收回,这就是一个周转周期。这个周转周期是由固定资本的平均使用寿命决定的。"预付资本价值必须完成一个包含多次周转的周期,例如上述场合,就是一个包含十个年周转的周期,而这个周期是由所使用的固定资本的寿命决定的,从而是由它的再生产时间或周转时间决定的。"(第206页)

那么,周转周期到底怎样计算呢?例如,有一个工厂有固定资本

800 000元,其中机器设备400 000元,可以使用10年,厂房建筑物300 000元,可使用15年,设备100 000元,可使用5年。则该厂的固定资本周转周期 $= \dfrac{40+30+10}{40\div 10+30\div 15+10\div 5} = \dfrac{80}{8} = 10$,即该厂的固定资本周转周期是10年。

> **固定资本周期更新是周期性经济危机的物质基础（第206—207页）**

由固定资本的平均寿命决定的资本周转周期是周期性经济危机的物质基础。

1. 经济危机的周期与再生产周期是相适应的。经济危机的周期当时是10年一次,因为生产周期也是10年,但这里问题不在于确定的数字,而在于这个平均周转周期对资本主义再生产过程的意义。

2. 固定资本的周期更新为周期性的危机造成物质基础,马克思指出:"这种由若干互相联系的周转组成的包括若干年的周期(资本被它的固定组成部分束缚在这种周期之内),为周期性的危机造成了物质基础"(第207页)。

3. 在周期性的危机中,资本主义经济要依次通过松弛、中等活跃、急剧上升、危机这几个时期,也就是要通过萧条、复苏、高涨和危机这几个时期。

4. 危机总是形成大规模新投资的起点。因为在危机爆发后,资本家为了要在激烈的竞争中使自己的企业仍能获利,除了加紧剥削工人外,不得不加紧采用新的机器和新的生产方法,这就引起了固定资本的大规模更新,从而成为新的周转周期的起点。

> **资本的不同部分的实际差别和表面差别（第208—210页）**

资本不同组成部分的周转上的实际差别是指投在工具、建筑物、工资等的资本的周转不同;资本不同组成部分的周转上的表面差别是指支付期间和信用关系在流动资本某些部分的流通中引起的差别。

信用制度对单个资本家来说,会使周转发生变化,但却不会引起社会资本周转时间的变化,因为不管生产者之间的信用关系怎样,社会产品只有在真正达到它的消费者手中之后,社会资本才能开始新的循环。按社会规模来说,信用制度只有在不仅加速生产,而且也加速消费的情况下,才会使周转发生变化。

第十章 关于固定资本和流动资本的理论。重农学派和亚当·斯密

这一章和下一章是评述资产阶级古典政治经济学关于固定资本和流动资本的理论。

这一章首先评述重农学派关于固定资本和流动资本的理论,肯定了它的贡献,也指出了它的错误及局限性。然后,着重批判了亚当·斯密关于固定资本和流动资本的理论,特别指出斯密在固定资本和流动资本划分标准上的错误。

> 评述重农学派关于固定资本和流动资本的理论(第211—212页)

1. 重农学派理论本身没有固定资本和流动资本的范畴,他们认为投在农业上的资本是唯一能够增殖的资本,因而是唯一的生产资本。在生产资本内部分为两类:一类是每年预付和周转一次的资本叫"年预付",另一类是多年预付和周转一次的资本叫"原预付"。"年预付"就相当于"流动资本","原预付"就相当于"固定资本"。

2. 重农学派的贡献:重农学派的理论贡献主要有两点:(1)认为只有生产资本才能分为"原预付"和"年预付",这说明没有混淆生产资本和流通资本。(2)把"原预付"和"年预付"的划分标准,归结为价值的转移方式。

3. 重农学派的局限性:重农学派认为只有农业劳动才是生产劳动,因此只有农业生产资本才能有这种划分,这有很大的狭隘性。

> 批判斯密关于固定资本和流动资本的理论（第212—239页）

亚当·斯密的唯一进步是把重农学派的"年预付"和"原预付"这两个范畴普遍化为流动资本和固定资本的范畴，但斯密关于固定资本和流动资本的说明，远远落在重农学派的后面。

1. 斯密在划分固定资本和流动资本标准上的错误。(1)斯密把流动资本与流通资本相混。(2)斯密把生产资本两个组成部分价值的不同转移方式与预付资本价值在循环过程中所采取的不同形态变化混为一谈。(3)斯密把不需要更换所有者就能提供利润的资本称为固定资本，作为生产资本，不管是固定资本和流动资本都不更换所有者。(4)斯密把劳动过程中保持原状的资本说成是固定资本也是错误的。(5)斯密按获得利润方法来区分固定资本和流动资本的标准其错误在于：①把劳动资料和固定资本混为一谈；②把流动资本和流通资本相混淆；③把可变资本和不变资本中的流动部分相混淆。这三种混淆掩盖了剩余价值的来源。(6)斯密把种子列入固定资本也是错误的。

2. 批判斯密在划分固定资本和流动资本构成上的错误。斯密认为固定资本由四方面构成：(1)企业中使用的机器和工具。(2)经营企业所需要的建筑物。(3)农业经营的土地改良。(4)雇佣工人的才能。

斯密认为流动资本由四方面构成：(1)货币。(2)准备出售的食品。(3)生产者和商人手中的材料。(4)准备出售的产品。

马克思指出其错误在于：

(1) 斯密把工人才能当作固定资本是完全错误的。

(2) 斯密关于流动资本的四条，除第三条外都是流通资本，按斯密的观点，任何固定资本都来源于流动资本，因而斯密把流动资本与流通资本相混淆。

(3) 斯密以物的自然属性作为区分固定资本和流动资本的标准，把物品本身固有的物质性看成固定资本和流动资本的性质，而不是从物品在生产过程中的职能来说明。

(4) 斯密把工人的生活资料说成是流动资本，却在流动资本构成中忘记了劳动力。

斯密的错误掩盖了可变资本的性质，掩盖了剩余价值的来源。

第十一章　关于固定资本和流动资本的理论。李嘉图

马克思在这一章专门批判李嘉图关于固定资本和流动资本的错误。

李嘉图关于固定资本和流动资本的理论,基本上是继承亚当·斯密的错误。他主要是把固定资本和流动资本的区分与不变资本和可变资本相混淆,并以物的耐久性作为划分固定资本和流动资本的标准。

把固定资本与流动资本和不变资本与可变资本相混淆（第240—242页）

1. 李嘉图错误地把投在劳动资料上的资本作为固定资本,而把投在劳动力上的资本作为流动资本。

2. 李嘉图一方面把流动资本与可变资本混为一谈,另一方面不是从价值增殖过程而是从流通过程得出的混淆,有双重错误。

（1）把固定资本耐久程度的差别,即把固定资本与流动资本结合比例的差别,同不变资本与可变资本的比的有机构成的差别同样看待。

（2）由于李嘉图把固定资本看做投在劳动资料上的资本,把流动资本看作投在劳动力上的资本,这样投在原材料和辅助材料上的资本就不见了。

把流动资本混同于可变资本（第242—246页）

由于李嘉图把流动资本中投在原材料上的资本抹杀了,余下的就只是可变资本了。所以李嘉图实际上把流动资本同投在劳动力上的可变资本混为一谈。这一混淆的错误是明显的。

1. 李嘉图从流通来考察可变资本，它就只当作流动资本了。这样，可变资本和不变资本之间的决定性区别就被抹杀了，而且剩余价值形成和资本主义生产的全部秘密也被掩盖了。

2. 李嘉图沿袭斯密那里传下来的"维持劳动力的资本"这一名称，完全抹杀了可变资本的本质规定。事实上，并没有"维持劳动力的资本"，而只有由别人劳动来维持的资本。

用物的耐久程度作为划分固定资本和流动资本标准的错误（第240—250页）

李嘉图用物的耐久性作为划分固定资本和流动资本的标准也是错误的。固定资本和流动资本划分的标准只能是以价值转移为标准，而不能以物的自然属性、耐久程度作为划分标准。

批判李嘉图把工人用工资购买的生活资料作为流动资本（第250—254页）

李嘉图还将工人用工资购买的生活资料，当作流动资本的物质形式，并将它与劳动资料相对立，从而造成一种使生活资料的价值在劳动过程中转移到产品中去的假象，这样：(1)完全抹杀了可变资本和不变资本的区别，从而掩盖了剩余价值的源泉；(2)为"工资规律"提供了理论依据，认为工资的多少好像取决于工人的人数多少和一定量的流动资本的比例；(3)使李嘉图本人对利润率的研究走上了歧途。

斯密谬误所引起的结果（第254页）

最后马克思指出了李嘉图划分固定资本和流动资本的标准与斯密有区别，但与斯密有关系，斯密的错误不但引起了李嘉图的错误，还引起了很大的后果。

(1) 把固定资本和流动资本混同于生产资本和流通资本。
(2) 把所有的流动资本同投在工资上的资本相混淆。
(3) 把不变资本和可变资本与固定资本和流动资本相混淆。
(4) 把固定资本与流动资本的区别混同于定期存款与活期存款。

第十二章 劳动期间

影响资本周转速度的因素,除了固定资本和劳动资本的区分及其比例外,还有生产时间和流通时间的影响。

前几章是分析生产资本的各个组成部分对资本周转的影响,从第十二章到第十四章,则是研究周转时间对资本周转速度的影响。

资本的周转时间由生产时间和流通时间构成,而劳动期间是生产时间的重要组成部分,这一章研究劳动期间,分析劳动期间对资本的周转速度和预付资本量的影响。

研究的顺序是:先说明什么是劳动期间,劳动期间的差别和形成差别的原因,然后分析劳动期间及其差别对资本周转的影响,最后说明如何缩短劳动期间。

劳动期间的差别和形成这种差别的原因(第255—257页)

1. 什么叫劳动期间?马克思指出劳动期间是指一定生产部门为提供一件成品所需要的相互联系的工作日数目。"由许多依次进行,互相联系的工作日构成的工作日,我称为劳动期间。我们讲工作日,指的是工人每天必须耗费劳动力,每天必须劳动的劳动时间的长短。而我们讲劳动期间,指的是一定生产部门为提供一件成品所必需的互相联系的工作日的数目。"(第257页)

2. 生产某一产品劳动期间的长短是由产品的性质、规模和生产技术条件决定的。"产品的特殊性质或制造产品时应达到的有用效果,使劳动期间有长有短。"(第259页)(1)不同生产部门由于产品的性质不同,所需要的劳动期间就不同。一般说来,重工业的劳动期间要比轻工业长。例如,机器制造业生产一台机车需要几个月,而棉纺织业,每天都可以提供棉纱、棉布。(2)即使是同一生产部门,由于所提供的产品的规模大小不同,劳动期间长短也不同。例如,同样是机器制造业,生产一台机车是几个月,而生产一艘大型轮船需要一年或几年。(3)同一产品由于生产技术条件不同,劳动期间的长短也不同。例如,做一件衣服,用手工缝制需要几天,而用缝纫机制作只要几小时。

> 劳动期间对资本周转和资本预付量的影响(第256—261页)

1. 劳动期间长短的差别,必然影响资本周转速度的差别,从而影响既定资本预付时间的差别。劳动期间长,则资本周转速度慢;劳动期间短,则周期速度快,两者成反比。"生产行为持续时间的差别,在资本支出一样多的时候,必定引起周转速度的差别。从而引起既定资本的预付时间的差别。"(第256页)

不过,劳动期间的差别对资本周转速度的影响,只是对流动资本才起直接作用,对于固定资本则不是如此。因为在劳动期间,固定资本不管它的折旧率如何,总会留在生产过程中继续发挥作用。流动资本则不同,劳动时间越长,流动资本价值被束缚在劳动期间的时间也就越长,流动资本的周转就越慢。

2. 劳动期间的长短,不仅直接影响流动资本的周转速度,而且还直接影响流动资本的预付量,但不影响固定资本的预付量。因为固定资本总是要在一个较长的时间才能更新,因此固定资本的价值总是在每一个劳动期间结束后,经过产品出售,一部分一部分地流回。只要每个劳动期间,比固定资本存在的期间短,那么同一固定资本就会在若干劳动期间,继续在生产过程中执行职能。劳动期间的差别会影响流动资本的预付量,只要产品还不具备完整的商品形态,为购买劳动力、原料、燃料等投下的流动资本就不能流通,而被束缚在生产领域。并且,劳动期间越长,还必须按比例地有新的资本,不断在工资、原料和辅助材料上预付下去,从而增加流动资本预付量。所以,在资本主义生产初期,资本家很少经营劳动期间很长、规模很大的事业,只有在资本积聚已十分可观,信用制度十分发达的情况下才能进行这些事业。"在资本主义生产不太发达的阶段,那些需要很长劳动期间,因而需要在较长时间内大量投资的企业,特别是只能大规模经营的企业,例如筑路、开凿运河等等,或者完全不按资本主义的方式经营,而由公共团体或国家出资兴办。"(第260页)"举办劳动期间相当长而规模又很大的事业,只有在资本积累已经十分显著,另一方面信用制度的发展又为资本家提供方便的手段,使他可以不用自己的资本而用别人的资本来预付、来冒险的时候,才完全成为资本主义的事情。"(第261页)

3. 劳动期间的差别在生产过程受到中断和扰乱情况下,会造成不同的后果。"社会生产过程的中断、紊乱(例如发生危机),对于具有可分离性质的劳动产品和那些在生产上需要有一个较长的相互联系的劳动期间的劳动产品,会产生极不相同的影响。"(第257页)如经济危机时劳动期间长的产品,遭受损失大,劳动期间短的产品损失较小。

为了加速资本周转必须缩短劳动时间
(第262—265页)

劳动时间的缩短,可以加速流动资本的周转速度和减少流动资本的预付量,因此资本家总是极力设法缩短劳动期间。缩短劳动期间的方法如下。

1. 最主要的方法是提高劳动生产力。通过协作、分工和机器的使用,既可增加一个工作日的产品数量,又可在相互联系的生产行为中缩短劳动期间,但通过这些改良而缩短的劳动期间,从而缩短流动资本的预付时间,通常是同固定资本的支出联系在一起。同时,预付资本的量是随着预付时间的缩短而增加的。

2. 信用事业的发展,可以引起并加速扩大资本积聚,可以缩短劳动期间。因为这可以更好地实行协作和社会分工,使用更先进的技术和设备。

3. 有些特殊的部门如畜牧业,由于受自然条件影响,上述办法不能采用,而通过照料时间的改进,通过选择良种、改良技术等方法,也可在一定程度上缩短劳动期间。(第264页)

缩短劳动期间的方法,按不同程度适应于不同生产部门,但不会抵消不同部门劳动期间的差别。

劳动期间只是生产时间的一部分,是主要部分,但不是全部。生产时间＝劳动期间＋自然作用时间＋准备时间。

第十三章　生　产　时　间

　　生产时间就是资本停留在生产领域的时间。劳动时间始终是生产时间，但是生产时间不都是劳动时间。生产时间是包括劳动时间和劳动过程中断的时间，劳动过程中断的时间是指劳动对象受自然过程支配的时间和生产资料储备时间。

　　上一章分析了生产时间中的劳动期间对资本周转的影响，这一章讲生产时间，实际上只是讲生产时间中的非劳动时间，即自然作用时间和生产资料储备时间对资本周转的影响。这种影响关系到资本周转速度的快慢，关系到预付资本量的大小，以及由此引起的利润率的差异。

{自然作用时间（第266—272页）}　　1. 自然作用时间是指与劳动过程长短没关系，但受劳动产品性质和制造产品方式制约所中断的劳动时间。在劳动中断期间劳动对象受自然过程支配，产品经历物理的、化学的、生理的变化。其中，生理过程缩短较难。例如，铁铸件需要一个冷却时间，酿酒需要一定的发酵时间，养猪需要一个育肥时间，等等。在这个期间，劳动过程全部停止或局部停止。这样，由于生产部门的自然条件，或者由于劳动对象的自然性质，使生产时间长于劳动时间。

　　2. 自然作用时间对预付资本的影响。预付资本在生产时间总是由两部分构成：(1)是资本处在劳动过程的期间；(2)是资本受自然过程支配的期间，只有到生产期间结束以后，才能实现从生产资本形式到商品资本形式的转化。因此，资本的周转期间，也会根据自然作用时间的长度而延长。如果超过劳动时间的生产时间，不是由固定的自然规律决定，那么生产时间可以人为缩短,资本周转期间也可或多或少地得到缩短。科学技术的进步,可以人为缩短自然作用时间,但这样也会使预付的固定资本投资相应增加。

3. 农业中的自然作用时间最为显著,在农业中自然作用时间较难缩短,因为农业主要是生理变化过程。(1)农业生产时间和劳动时间差别大,因为农业劳动主要受季节的影响,在北方寒冷地区 1 年只有很短的时间在田间劳动。(2)这种差别是形成农业和农村副业相结合的自然基础。因为生产期间和劳动期间差别越大,农民从事农业的劳动期间越少,也就可以充分利用自然作用时间搞农村副业。

4. 农业生产时间和劳动时间的差别,对流动资本的支出有很大影响,资本回流有它的特点。(1)气候越是不利,农业的劳动期间就越要在短时间里完成,在这个期间就需要支出大量的资本和劳动。(2)流动资本在农忙季节是分批支出,回流则是按自然条件所规定的时间,收获后一次收回。

5. 由于自然作用时间长,从而生产时间长,固定资本转移价值较多,产品就会变贵,因为转移到产品中去的价值,不是按固定资本执行职能的时间,而是按固定资本丧失价值的时间计算的,即使当固定资本闲置不用时,也要把折旧的这部分价值算入产品中去。

6. 在农业中,劳动期间和自然作用时间都很长,需要的资本多,由于农民不能不断地支付这些资本,使高利贷乘虚侵入农村。

7. 在林业中,自然作用时间最长,因此资本周转很慢使造林不适合私人经营,从而不适合资本主义经营。"资本主义经营本质上就是私人经营,即使由联合的资本家代替单个资本家,也是如此。文明和产业的整个发展,对森林的破坏从来就起很大的作用,对比之下,对森林的护养和生产,简直不起作用。"(第 272 页)

生产资料的储备时间(第 272—274 页)　　生产资料的储备时间是指生产资料进入生产领域,但还没有进入生产过程的劳动资料和原材料储备的时间。例如,纺织厂在每年秋后棉花大量上市季节,购买了大批棉花。这些棉花虽然进入了工厂的原料仓库,但还没有进入生产过程。这段时间就是原材料的储备时间。为了生产的正常进行,生产储备是必要的。储备量大小取决于四个因素:

(1)取决于生产过程的需要量;(2)取决于流通过程是否通畅、供给能力和渠道;(3)生产场地和原材料供应地的距离;(4)交通运输是否发达。

生产资料储备量的大小会影响以生产储备形式存在的资本的最低限额,从而影响预付资本量和资本预付时间。但是,生产储备形式时间的长短,又是由上述流通领域的情况决定的,所以资本的周转虽然取决于生产储备时间,而后者又受市场情况影响,它本身也就受流通时间的制约。

> 生产时间和劳动期间存在差别的各种情况(第274页)

生产时间和劳动期间的差别有四种情形。

1. 流动资本在进入真正的劳动过程以前,已进入生产时间,即先有个自然作用时间,然后再有劳动期间。如鞋楦制造在备料的时候,要让木料有一个自然干燥过程。

2. 流动资本在通过真正的劳动过程之后,仍然处在生产时间内。如酿酒,在投料以后,要有一个自然发酵时间。

3. 生产时间或有劳动时间插进来。如在农业,从播种到收获,有较长的自然作用时间,但有劳动时间穿插进去。

4. 有些能流通的产品,很小一部分进入流通,而很大部分仍处在生产过程。如林业和畜牧业。

总之,流动资本以可能的生产资本形式投入的时间的长短,以及投入的资本量的大小,取决于生产过程的种类和市场远近等流通领域的情况。

在资本主义农业中,轮作制引起了特殊的周转周期,因而土地租期一般不短于一次轮作的周转周期。

第十四章　流通时间

第十二章从劳动期间，第十三章从自然时间和生产资料储备时间看生产时间如何影响资本周转速度。马克思说，资本的周转时间除去生产时间以外，还有流通时间，"流通时间的长短不一会造成周转时间，从而造成周转期间的长短不一"（第276页）。所以，这一章则从狭义流通时间进一步研究流通时间和资本周转的关系，并考察影响流通时间的各种因素。

前面所讲的关于引起不同部门的不同资本的周转差别，从而引起资本预付时间的差别的一切情况，都是在生产过程本身发生的。由于资本的周转时间等于它的生产时间和它的流通时间，所以流通时间的长短也会对周转时间发生影响。马克思在本章考察这种影响时，假定固定资本和流动资本的构成已定，劳动期间已定，只有流通时间是可变的。流通时间分为出售时间和购买时间两个部分。因此，马克思分别考察了各种因素对以上两部分时间的影响。

流通时间由出售时间和购买时间构成。流通时间影响到资本周转的速度。

出售时间（第276—281页）　出售时间是指资本处在商品资本状态的期间。出售时间是流通时间中具有决定意义的一部分。流通时间，从而整个周转时间，是按照出售时间的相对长短延长或缩短。

出售时间的构成：(1)商品资本的储备时间；(2)运往市场时间；(3)市场上等待出售时间。

影响出售时间的因素：第一，商品的销售市场和生产地点的距离，是使出售时间,从而使整个周转时间产生差别的一个经常性原因。(第277页)第二,交通运输的条件。首先,"交通运输工具的改良,会绝对缩短商品的移动时间"(第277页),特别是交通运输工具先进,运输速度快,出售时间就短;交通运输工具落后,运输速度慢,出售时间就长。其次,随着运输工具的发展,不仅速度加快,而且定向距离在时间上也缩短了。由于交通工具增多,运行次数增多,大大减少商品资本储存时间,也就缩短了出售时间,从而资本的回流时间缩短,周转时间也就缩短。再次,交通工具的变化会使生产地点和销售地点的位置发生变化。特别方便的交通会使生产、销售地点兴盛起来,使市场加速集中。所以交通运输条件是缩短流通时间加速资本周转的一个重要方面。随着资本主义生产进步和交通运输工具的发展,一方面会缩短商品流通时间,另一方面又引起开拓越来越远的市场和世界市场的必要性,这样运往远地的商品会大大增加。因而,又会绝对地和相对地增加社会资本,投在交通运输工具上的固定资本和流动资本也会增加,这又会延长资本流通时间和缓慢资本周转。第三,市场的供求状况。"周转时间的差别也是由供货契约的范围引起的。契约范围随着资本主义生产的范围和规模一同扩大。作为买者和卖者之间的交易的供货契约,是一种与市场即流通领域有关的业务。"(第281页)销售市场是繁荣还是萧条,需要量是增加还是减少,都会影响出售时间的长短。供应渠道是畅通还是阻塞,商品的供应是否适销对路,是否物美价廉,都影响购买时间的长短。因此,资本家为了缩短流通时间,加速资本周转,总是不断研究市场供求状况的。

购买时间(第281—284页)

购买时间指资本由货币形式转化为生产资本要素的时间,即资本处在货币资本状态的时间。

影响购买时间的两个因素。第一,原料主要供应地的远近。如果距离很远,人们则必须为较长期间买进大量原料,作为生产储备。这样,在生产规模不变的情况下,一次预付的资本量就增大,资本预付时间也会延长。这样购买时间也就延长。因为资本必须不断地处于货币资本形式,并且随着这样的预付。货币在较长时间里,还必须作为准备金,积累起来,用来购买或支付。第二,交通运输条件。交通运输条件不仅影响出售时间,同样影响购买时间。从而影响到流通时间和资本周转速度。

第十五章 周转时间对预付资本量的影响

这一章考察周转时间对预付资本量的影响,资本周转一次要经过生产时间和流通时间,在生产过程中的资本和在流通过程中的资本之间,要有一个数量比例关系,这种数量比例关系又是和生产时间同流通时间的比例关系相适应的。所以,马克思首先从生产时间和流通时间的不同比例关系来考察周转时间对预付资本量的影响;然后在假定生产时间=劳动期间的前提下,具体研究了劳动期间等于流通期间、劳动期间大于流通期间、劳动期间小于流通期间这三种情况下对预付资本量的影响;最后得出结论:生产要能按原有规模连续进行,预付资本的一部分就必须经常处于货币形式上。正如恩格斯所指出的:"本文的要点在于论证:一方面,产业资本的一个可观的部分必须不断处于货币形式;另一方面,一个更加可观的部分必须暂时取得货币形式。"(第316页)

本章由一个序言和五节组成。分两部分,序言和前四节为一个部分,讲周转时间对预付资本量的影响;第五节为第二部分,是讲价格变化、资本周转对预付资本量的影响。

这一章考察周转时间对预付资本量的影响。

> 周转时间构成与预付资本量(第285—295页)

周转时间由生产时间和流通时间组成。因此,资本周转量不完全是由生产时间所需要的资本量决定,而是由生产时间所需要的资本量和流通时间所需要的资本量共同决定。在假定生产时间=劳动期间的前提下,资本周转量就由劳动期间所需要的资本量和流通时间所需要的资本量共同决定。

由于流通时间所需要的资本加进后,资本要正常进行生产,就只能有两种选择:(1)缩小生产规模;(2)追加资本。但生产规模是不能随意缩小的,所以流通时间加进后,就要增加资本量Ⅱ。

追加资本Ⅱ的量,是由流通时间和周转期间之比决定的。因为追加资本量Ⅱ和原有资本量Ⅰ同样都加入资本周转。而且前者同后者一样,也是由它的周转次数来决定它的数量。但它"不是由一年内流通时间的总量或总数决定的,而只是由流通时间和周转期间之比决定的"。(第291页)

追加资本Ⅱ的目的,就是把劳动过程中因流通时间而引起的空隙填补起来,使生产保持一定的连续性。

原预付资本Ⅰ要分为两部分:一部分投在不变的流动资本上(如原料、辅助材料上),另一部分投在可变的流动资本上,追加资本Ⅱ同样要分割为这两个部分。至于这个追加资本Ⅱ有多大部分保持追加的货币资本形式,则取决于一定生产部门的特殊条件、当地情况和原料价格波动。

为保证生产的连续进行,追加了资本Ⅱ,就使得预付资本量增加,并且总资本的预付时间也增加。这种增加的资本部分,特别会作为货币资本的形式而存在。

总之,要使生产过程正常进行,产业资本必须分成两部分:一部分处在生产期间,当作生产资本;另一部分作流通资本,处在流通时间。马克思说:"生产要不间断地进行,产业资本就始终只能有一部分实际上加入生产过程。当一部分处在生产期间的时候,另一部分必须总是处在流通期间。换句话说,资本的一部分,只有在另一部分脱离真正的生产而处于商品资本或货币资本形式的条件下,才能作为生产资本执行职能。忽视这一点,也就完全忽视了货币资本的意义和作用。"(第295页)

资本周转中劳动期间和流通的构成不同,对资本周转和预付资本的需要量有不同的影响。

(一) 劳动期间等于流通期间

假定劳动期间是4.5周,流通期间也是4.5周,在这种情况下:

1. 资本Ⅰ和资本Ⅱ交替发挥作用,并各有自己独立的劳动期间和流通期间。

2. 假定1年为51周,这里劳动期间加流通期间为9周,假定每周投下100元,从第一周开始投下的资本Ⅰ为450元($=100\times4.5$),1年周转$5\frac{2}{3}$次$\left(=\frac{51}{9}\right)$,从第4.5周开始投下的资本Ⅱ为450元($100\times4.5$),1年周转$5\frac{1}{6}$次$\left(=\frac{51-45}{9}\right)$。

$$资本的总周转次数 = \frac{450\times5\frac{2}{3}+450\times5\frac{1}{6}}{450+450} = 5\frac{5}{12}次。$$

(二) 劳动期间大于流通期间

假定劳动期间为6周,流通期间为3周,在这种情况下:

1. 资本Ⅰ和资本Ⅱ不是交替发生作用,而且交叉在一起,资本Ⅱ没有自己独立的劳动期间和流通期间,而是和Ⅰ交融在一起。

2. 和前面的假定一样,这里资本的总周转次数

$$= \frac{600\times8+300\times\frac{1}{3}}{600+300} = 5\frac{4}{9}(次)$$

(三) 劳动期间小于流通期间

假定劳动期间为3周,流通期间为6周,在这种情况下:

1. 如果流通期间正好是劳动期间的倍数,这时可生成三个300元的资本Ⅰ、Ⅱ和Ⅲ交替发生作用;如不是倍数,则资本Ⅰ和资本Ⅱ交叉在一起。

2. 和前面的假定条件一样的话,资本Ⅰ和Ⅱ的总周转次数

$$= \frac{300\times5\frac{2}{3}+300\times5\frac{1}{3}+300\times5}{300+300+300} = 5\frac{1}{3}(次)$$

(四) 结论

根据以上研究,可得出如下结论。

1. 为了使资本的一部分能够在其他部分处在流通期间的时候,不断处在劳动期间,必须把资本分成两个不同的部分:生产资本和流通资本。

2. 由于资本分成两个部分,在资本周转时,两部分有时交替,有时是交错。因此,必然会有一部分货币游离出来,形成货币的游离资本。

3. 这种游离的货币资本,不但个别资本会产生这种现象,社会总资本也会产生这种现象,社会总资本也会游离出货币资本。因此,1年周转多次的社会流动资本会有相当大的部分,在年周转周期中,周期地处于游离资本的形式,随着资本主义生产的发展,这种游离资本的量还与生产规模一起增大。

4. 如果资本不分为两部分,生产过程就会中断,生产就不能连续。这样撇开固定资本在闲置时会有更大的损耗不说,也不说全年支付的劳动会更昂贵,生产过程的这种有规则的中断,和现代大工业的经营根本不相容,因为生产的"这种连续性本身就是一种劳动生产力"。(第312页)

5. 由周转中游离出来的货币资本的相当大的部分是采取了货币资本形式。这不仅包括由于流动资本周转而游离出来的货币资本,而且包括固定资本的特殊周转以折旧基金形式存在的货币资本。这些货币资本还是形成信用制度的基础之一。

在"结论"的最后,恩格斯作了简要说明,指出了两点:(1)马克思在数学上的计算不是很熟练的;(2)这一章重点主要论证一方面产业资本的一个可观的部分,必须不断处于货币形式,另一方面一个更加可观的部分,必须暂时取得货币形式。(第316页末段)

(五) 价格变动的影响

以上是假定价格不变,生产规模不变,周转时间对预付资本量的影响,现在假定周转时间不变,生产规模不变,价格变动对预付资本量的影响。

价格变动及其影响（第317—319页）

1. 价格变动的内容。价格变动包括:(1)生产要素的价格变动即购买的原料、辅助材料、劳动力价格变动;(2)产品价格的变动。

2. 价格变动的影响。生产要素价格的变动和产品价格的变动这两种变动对预付资本价值量影响不一致。

(1) 如果流动资本要素价格下降,即使产品价格不变的话,就会从原来的生产力过程中游离出一部分货币资本,从而意味着预付资本的量减少。

(2) 如果流动资本要素价格上涨,这样在产品价格不变的情况下,企业要按原有规模继续经营下去,就要追加投资,从而预付资本量增大。

(3) 如果流动资本要素价格不变,产品价格上涨,那么和(1)情况相同,就会游离出一部分货币资本,即减少预付资本量;如果产品价格下跌,那么和(2)情况相同,就要追加投资,从而增大预付资本量。

{影响预付资本量的三种情况(第319—326页)}

根据以上分析,从流通角度考察,下述三种情况都会影响预付资本量。

第一种情况:生产规模不变,生产要素不变,价格不变,流通期间从而周转期间发生变动,预付资本量要发生变动。而流通期间的变动,又主要是由于商品类的时间的变化或所购买生产要素的时间发生变化。

第二种情况:生产材料价格变动,其他条件不变,预付资本量也发生变化。

第三种情况:产品价格的变动,预付资本量也要发生变动。

第十六章　可变资本的周转

这一章着重分析流动资本的可变部分的周转对剩余价值生产的实现的影响。

第十五章考察了资本周转时间对预付资本量的影响，这章则进一步考察资本周转中的可变资本的周转对价值增殖的影响。因为在预付资本的周转中，其他部门的周转都是原有价值的转移，只有可变资本的周转才创造价值和剩余价值。所以，要分析可变资本的周转问题。

这一章共分三节。第一节通过对年剩余价值率的分析，揭示剩余价值与预付可变资本的关系；第二节从单个企业的角度研究周转时间的长短，对预付可变资本量的影响；第三节从社会的角度考察可变资本的周转，说明周转时间长和周转时间短的生产部门之间必须保持一定的比例关系。这一章的中心是在第一节，即关于年剩余价值率的问题。

（一）年剩余价值率

可变资本的周转与年剩余价值率
（第 327—341 页）

1. 年剩余价值率。（一般用 M' 表示）指 1 年内生产的剩余价值总和与预付可变资本的比例。马克思说："我们把一年内生产的剩余价值总额和预付可变资本的价值额之比，称为年剩余价值率。"

（第 329 页）

2. 可变资本周转与年剩余价值率的关系。由于在预付资本量中，只有用来购买劳动力的可变资本才能创造剩余价值。因此，资本周转速度快，其中预付可变资本的周转速度也快。这样，1 年中同量预付可变资本，就可以雇佣更多的工人,榨取更多的剩余价值,表现为更高的年剩余价值率。例如,有 A、B 两个资本,每周雇佣同等的劳动力,都要预付可变资本 100 元,剩余价值率也相等,都是 100%。但是,这两个资本的周转速度不一样:资本 A 每年(假设是 50 周)周转 10 次,每 5 周就可以周转 1 次,每周预付 100 元,1 年实际使用可变资本 5 000 元,获取剩余价值 5 000 元;而资本 B 每年只周转 1 次,因此,它实际使用的可变资本与 A 一样也是 5 000 元,获取剩余价值也是 5 000 元。由于它们的周转速度不同,A 全年只要预付可变资本 500 元就够了。

这样,资本 B 年剩余价值率 $=\dfrac{5\,000}{5\,000}=100\%$,资本 A 年剩余价值率 $=5\,000/500=1\,000\%$。这就是说,资本 A 的周转速度是资本 B 的 10 倍,因而年剩余价值率也是资本 B 的 10 倍,资本 A 由于周转速度快,以较少的预付可变资本,可以获得更多的剩余价值。

3. 年剩余价值率(M')和剩余价值率(m')的关系:年剩余价值率(M')是 1 年内生产的剩余价值总额与预付可变资本的比率;剩余价值率(m')则是一个生产过程获取的剩余价值 m 与同期实际使用的可变资本的比率。两者的关系如下:

(1) M' 和 m' 在量上的差别:即使剩余价值率相同,但如果资本周转速度不同,年剩余价值率也会大大高于剩余价值率,年剩余价值率和剩余价值率量的差别列表如下:

年剩余价值率与剩余价值率在量上的差别

资 本	预付可变资本	周 转 时 间	年周转次数	所用可变资本	M	m'	M'
	1	2	3	$4=1\times 3$	5	$6=\dfrac{5}{4}$	$7=\dfrac{5}{1}$
A	500	5	10	5 000	5 000	100%	1 000%
B	5 000	50	1	5 000	5 000	100%	100%

从上表可以看到:资本 A 和资本 B,周转次数不同,但 m' 却是相同的,都是 100%,但 M' 却不同,资本 A M' 是 1 000%,而资本 B M' 却是 100%。

(2) M' 和 m' 差别形成的原因:在于预付可变资本和实际使用可变资本的差别。年剩余价值率(M')是剩余价值总额与预付可变资本的比率,剩余价值率(m')则是剩余价值与实际使用的可变资本的比率。

从资本 A 看:预付资本 500,1 年周转 10 次,

$$M' = \frac{5\,000}{500} = 1\,000\%$$

而 $\quad m' = \frac{5\,000}{500 \times 10} = 100\%$

从资本 B 看:预付资本是 5 000,1 年周转 1 次,

所以 $\quad M' = \frac{5\,000}{5\,000} = 100\%$

$$m' = \frac{5\,000}{5\,000} = 100\%$$

实际生产剩余价值的是实际使用的可变资本。实际使用的可变资本称所用可变资本。"生产剩余价值的,只是劳动过程中实际使用的资本。一切有关剩余价值的规律,包括在剩余价值率已定时剩余价值量由可变资本相对量决定的规律,也只是适用于这种资本。"(第 332 页)

(3) 预付可变资本和所用可变资本的差别,来源于周转的差别,是由于可变资本的周转次数不一样,产生预付和所用可变资本的差别。"一切会使预付的可变资本和使用的可变资本的比例发生变化的情况,总起来说,就是周转期间的差别(或者由劳动期间的差别决定,或者由流通期间的差别决定,或者由二者的差别决定)。"(第 333 页)

所以,年剩余价值率和剩余价值率差别的原因是周转的差别,这又是周转时间不一样产生的。周转不同,就使实际使用的可变资本不一样,从而产生不同的 M'。

所以,从 M' 和 m' 的差别,我们可以知道资本周转的次数,仍以上表数字为例,我们可以得到:

资本 A: $M' = 1\,000\%$ $\qquad m' = 100\%$

$$n = \frac{1\,000}{100} = 10(次)$$

资本 B：$M' = 100\%$ 　　　　　$m' = 100\%$

$n = \dfrac{100}{100} = 1$（次）

(4) 从上述关系中可以知道 $M' = n \cdot m'$，由此可以推论出：如果周转次数等于1，则剩余价值率等于年剩余价值率，即 $M' = m'$。但是，即使数量上相等，预付资本和所用资本、年剩余价值率和剩余价值率，还是有本质的区别。

如果周转次数大于1，年剩余价值率就大于剩余价值率，即 $M' > m'$。

如果周转次数小于1，则年剩余价值率小于剩余价值率，即 $M' < m'$。

{预付资本本身的特点(第341—342页)}　由于资本周转总是指预付资本的周转，而年剩余价值率也是由预付资本引起的，所以马克思最后进一步分析了预付资本的特点。

1. 第1卷已经指出，预付资本是预付的，不是花掉的，要流回来的资本。从资本的循环运动看，资本通过各个阶段最后要流回到出发点并发生价值增殖，进一步表明资本价值是为获取剩余价值而预付的。

2. 资本预付的时间，是从它的出发点到它的复归点所经历的全部时间，也就是资本周转一次的时间。

3. 预付资本周转一次，就增殖一次。因此，周转次数愈多，则生产的剩余价值愈多。

4. 不管资本周转多少次，即预付多少次，预付的总是同一个资本价值，因此作为 M' 计算的仍然是同一个预付资本的价值。

(二) 单个可变资本的周转

单个可变资本周转的特点。它不是旧价值的转移，而是新价值的创造。因此，单个可变资本的周转，是用它的新价值来更新。"剩余价值的生产，取决于所使用的可变资本的量和劳动剥削程度。"（第347页）因此，可变资本周转速度的快慢，体现着新价值再生产速度的快慢，以及生产剩余价值速度的快慢。而不变流动资本的周转，只是原有价值的转移，是旧价值的重现，所以不管周转速度的快慢，它都不会创造价值和剩余价值。

如果可变资本的周转速度不同，新创造的价值中用于补偿预付可变资本部分会转化为货币,并重新作为新的预付资本来发生作用的时间就会不同,直接会影响到预付资本量的大小。仍以前表中的数字来说:资本 A 周转快,500 元可在新产品价值中得到补偿,并重新作为可变资本来执行职能;而对周转慢的资本 B 来说,它一开始的预付资本量就要加大,这样就会影响到年剩余价值率,但它对剩余价值生产本身没有关系,即对剩余价值率没有关系。

(三) 从社会的角度考察的可变资本的周转

从社会角度考察,可变资本周转时间长,和周转时间短的不同部门,应保持一定的比例。但在资本主义社会,这种比例经常遭到破坏,就增加了危机的可能性。

从社会的观点看:周转周期为 5 周的资本 A 和周转周期为 50 周的资本 B,1 年使用的劳动力相同,都用 $5\,000V$,并由此从社会取出同额的生活资料,但由于这两个资本周转速度不同,对社会的影响就不同。

第一,周转周期不等。对资本价值和社会产品供应的影响不同。(1)从价值上看,周转快的部门,可变资本价值所表现的货币,即购买劳动力的货币不是资本家预付的,而是由工人自己上次生产过程创造的价值;而周转慢的部门在生产过程未结束前,仍然要预付工人工资。(2)从物质形态看,周转快的部门,可变资本的价值,在社会中拿出一部分产品,同时很快又投入新的产品,即不断消费,不断投入;而生产周期慢的部门,要不断地从市场取走生产资料和生活资料,却不能把任何产品投入市场,这样一来,就会对社会产品供应造成紧张现象,需要增加,供给不够,遂使物价上涨。

接着马克思以共产主义社会与资本主义社会对比,说明在共产主义社会,首先货币消失,其次,社会必须预先计算好,能把多少劳动、生产资料和生活资料用在这样一些产业部门,而不致受重大损害……即通过计划使周转慢的部门和周转快的部门之间保持一定的比例关系。

但在资本主义社会,只有通过破坏和危机达到。

第二,周转周期不等,对货币需求影响和对危机的影响。由于周转期长的部门不断需要大规模地长期预付货币资本,使货币市场受到压力;另一方面,它又是不断地从市场上取走生产资本的物质要素,而投入的只是货币等价物,从而使有支付能力的社会需求增加,使生活资料和生产资料价格上涨。由于价格上涨,投机盛行,又会引起资本大规模转移,一些投机家发财致富,又引起市场上强烈的消费需求,引起外国商品和奢侈品输入的增加,造成输入过剩;另一方面,价格提高,又把大量潜在的相对过剩人口,甚至已就业的工人,吸引到新产业部门,造成社会经济盲目扩张和虚假繁荣现象。这种资本主义全力扩张时期,通常就是生产过剩危机的前奏。

第三,在周转周期长短是由劳动期间决定的条件下,周转快的部门可以用它自身的产品来供给它的可变的或不变的流动资本的需要。反之,则不可能。

第十七章 剩余价值的流通

这一章在前一章基础上进一步研究资本周转速度对剩余价值流通的影响,以及剩余价值借以实现的货币从哪里来的问题。

这一章由三个部分组成:引言部分一般说明资本周转速度对剩余价值流通的影响;第一节着重说明在简单再生产条件下,剩余价值的实现所需要的货币从哪里来的问题;第二节着重说明在扩大再生产条件下,剩余价值的实现所需要的货币从哪里来的问题。

资本周转速度不仅对剩余价值的生产有重大影响,而且对剩余价值的流通也有影响。

> 资本周转与剩余价值的流通(第355—356页)

1. 由于资本周转速度不同,剩余价值流通的速度也就不同,会引起资本家个人消费基金预付上的差别。资本周转速度快的资本家,他的个人消费基金可以由实现了的剩余价值来偿付;而资本周转速度慢的资本家,他的个人消费基金必须由自己预付。

2. 由于资本周转速度不同造成的剩余价值流通的快慢,还会引起固定资本维修所必需的追加资本上的差别。资本周转速度快的资本,固定资本维修的追加资本,完全可以用实现了的剩余价值来解决;而资本周转速度慢的资本必须预付一笔资本用于固定资本的维修。

3. 信用发展以后,原预付资本和资本化的剩余价值的关系就更加复杂。例如,资本周转速度快的资本家的原预付资本是向银行借来的,那么,它就是作为银行存款的其他资本家所占有的剩余价值的资本化。

剩余价值转化为资本进行积累来扩大再生产,可以是从外延方面添设新工厂,也可以从内含方面扩充原有生产规模。

> 剩余价值用于积累的不同情况(第356—360页)

1. 生产规模的扩大可以小部分地进行。例如,使用一部分剩余价值来从事改良,以提高所使用劳动的生产力,或者同时加强对劳动的剥削,或者只追加支出流动资本,或者在市场上进行原料投机等等。

2. 生产规模的扩大可以通过增加企业的整个设备来进行。这需要有大量的追加资本,要靠剩余价值的多年积累才能取得。

3. 生产规模的扩大除了实际的积累或者剩余价值向生产资本的转化以外,还须进行货币积累。"即把一部分剩余价值作为潜在的货币资本积攒起来的,这部分货币资本只有达到一定数量以后,才会作为追加的能动的资本执行职能。"(第357页)这种追加的潜在资本所能采取的最简单形式,就是货币贮藏。它可能是金银,还可能是价值符号。

再生产只能有两种正常的情况:(1)生产按原有规模进行,即简单再生产;(2)积累,进行扩大再生产。剩余价值流通在这两种情况下是不同的,需要分别考察。

(一) 简单再生产

简单再生产情况下剩余价值流通的公式: $w-g-w$,第一步由商品表现的 m 转化为货币,第二步货币表现的 m 购买消费品。这里讨论其中的 g 的流通所需要的货币从哪里来?

因原来资本家投入的货币是 $c+v$,现在这个 m 的货币哪里来?以下从四个角度回答这个问题。

> 剩余价值流通和货币流通(第360—370页)

按照商品流通规律,货币总量必须等于流通中所需要的货币量加上处于贮藏形式的货币量。而这个总量是社会逐渐积累起来的货币贮藏。

在简单再生产条件下,假定:(1)流通中都使用金银货币;(2)决定货币必要量的条件不变;(3)把用于奢侈品的金银生产撇开;(4)每年生产的金银只用于补偿货币在流通中的磨损。现在讨论:为

实现剩余价值的 g 的货币从何而来？

1. 剩余价值实现与货币总量无关。货币总量总是适应待实现的商品总量，而不管这个价值总量中是否包含有剩余价值构成的部分。因此，实现剩余价值的货币额 g 已经包括在流通的货币总量当中。而货币总量采取两种形式，一个是流通中的，另一个是贮藏的，因此有多少商品总量就有多少货币量，不管是否加进一个剩余价值，事先都已准备好，当剩余价值商品进入流通后，贮藏的货币出来解决问题。

2. 资产阶级经济学家回避剩余价值形成的秘密。在流通表面现象上兜圈子，问实现剩余价值的货币从何而来？即：资本家投入流通的货币是 $(c+v)$，从流通中取出的货币是 $(c+v+m)$，这个为实现 m 的货币 g 从何而来？这个问题本来是不存在的，因为货币总额并不因商品价值中包括 m 而改变，只不过是由假象引起的。

3. 实际上，g 也是资本家投入的，不过不是当作预付资本投入，而是当作个人消费品的购买手段而投入的，不是作为货币资本家投入流通的货币，而是作为消费者投入的货币，现在又作为他所生产的剩余价值的货币形式流回到他手里。

4. 以商品形式生产出来的剩余价值，之所以能在流通中找到自己货币化所需要的货币，还因为一方面剩余价值每年以金的形式生产出来。所以，资本家是货币投入流通的起点，他们投入的货币可能是新生产出来的金银，也可能是原有的贮藏货币，但无论哪一种，都是被资本家无偿占有的工人的劳动产品，即从事金生产的工人的产品。

【工资变动与货币流通(第376—379)】

工资变动（如工资提高了），这个货币如何而来？

假定劳动外延量、内含量和劳动生产力不变，那么，工资变动只是价值产品在工资和剩余价值之间分配的变动，从而不会对流通货币量发生影响。

事实是：(1)工资是随消费资料提高而提高，而不是倒过来是工资提高了才提高消费资料价格；(2)工资也可能有局部提高，工资个别部门提高了，会引起局部价格提高，但从全社会看没有这个问题；(3)在工资普遍提高时可变资本占优势的部门的产品价格上涨，但在不变资本占优势的产业部门的产品价格将会下跌。

资本周转与货币流通（第379—382页） 资本循环的三个流通阶段包含在一般货币流通之中,因而资本周转加速,货币流通也加速。所以,资本周转加速本身包含着货币流通的加速。

但是,一般货币流通不仅包含资本流通,而且包含非资本流通。货币流通速度的加快,不仅可以由资本周转速度引起,也可以由改进货币流通的技术设备而加速,所以货币流通的加快不一定包含资本周转的加快,即不一定包含再生产过程的缩短和它更新的加速。

追加的商品所需要追加的货币,主要由金银的生产来解决,但这已是扩大再生产问题了。

(二) 积累和扩大再生产

在积累和扩大再生产条件下,剩余价值的流通是

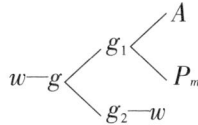

这里主要仍是讨论作为剩余产品的 w 实现的货币 g 从何而来。而在 g 分为 g_1 和 g_2 后,作为积累的 g_1 往往是先作为货币资本积累起来,这里把积累分为"实际的积累"和先行的"货币积累"两种情况讨论。

实现追加剩余产品的货币来源（第382—385页） 如果实际的资本积累采取扩大再生产形式,货币来源也没有问题。

1. 为追加生产资本而投入流通的货币资本,是由一部分已实现的剩余价值提供的,与简单再生产情况相同,只不过将用于消费的货币转用于积累。

2. 但追加生产资本后,市场商品量会因此增大,为实现这些追加的商品的货币从何而来,马克思认为:(1)可以通过加速货币流通速度;(2)把一部分贮藏货币投入流通;(3)增加金银生产或进口金银;(4)发展信用制度来解决。

> 先行的"货币积累"的货币来源
> （第385—388页）

1. 在局部积累时：当一部分资本家进行货币积累时，会有另一部分资本家在进行实际积累，把已经积累起来的货币投入流通，两者会互相抵消。

2. 在全部积累时：主要可以依靠追加的金银生产来解决。资本主义实际的非现金的货币积累的主要形式有：(1)银行存款；(2)公债券；(3)股票。而以现金形式积累的货币资本是贮藏货币的一类。

第三篇

社会总资本的再生产和流通

简　介

　　《资本论》第三篇的篇名是"社会总资本的再生产和流通",简单地说,就是社会再生产的理论。马克思的社会再生产理论告诉我们,要使社会再生产能够顺利地进行,生产资料生产和消费资料生产之间必须保持适当的比例关系,使社会再生产从物质方面和价值方面都得到补偿。因此,社会再生产的核心归根到底是社会再生产如何按比例发展的问题。

一、研 究 对 象

　　关于第三篇的研究对象,马克思说:"现在,我们就要考察作为社会总资本的组成部分的各个单个资本的流通过程(这个过程的总体就是再生产过程的形式),也就是考察这个社会总资本的流通过程。"(第392页)这就是说,本篇的研究对象就是社会总资本的流通过程,或者说就是社会再生产过程。要弄清这一篇的研究对象,就要弄懂以下三个问题。

　　1. 社会总资本或叫社会资本,是指资本主义社会中互相联系的所有单个资本的总和。首先,社会总资本的运动是由各个单个资本的循环交错形成的。马克思说:"社会资本＝单个资本……之和,社会资本的总运动＝各单个资本的运动的代数和"(第113页),"社会资本的运动,由社会资本的各个独立部分的运动的总和,即各个单个资本的周转的总和构成"(第390页)。其次,还要懂得:什么叫再生产? 生产过程的不断更新,不断重复,就是再生产。

　　2. 研究社会总资本的再生产,就是研究各单个资本运动总和的不断更新、不断重复的生产过程。作为社会总资本的再生产和流通,与个别资本的再生产和流通,其研究对象和范围是有很大区别的。

由于商品资本循环既包括生产消费又包括个人消费,既包括资本流通又包括剩余价值流通和一般商品流通,所以社会总资本再生产和流通的分析是以商品资本循环为对象的。马克思说:"在 $W'\cdots W'$ 运动中,正是要通过说明总产品 W' 的每一价值部分会变成什么,才能认识社会再生产的条件。在这里,总的再生产过程既包括资本本身的再生产过程,也包括以流通为媒介的消费过程。"(第 436 页)

3.《资本论》第 2 卷第三篇的研究对象与《资本论》第 1 卷第七篇研究对象的区别。

(1) 虽然两者都是研究再生产,但是第 1 卷第七篇主要是研究资本主义生产关系的再生产,即研究资本价值的再生产、资本家与雇佣工人的再生产。马克思说:"把资本主义生产过程联系起来考察,或作为再生产过程来考察,它不仅生产商品,不仅生产剩余价值,而且还生产和再生产资本关系本身:一方面是资本家,另一方面是雇佣工人。"(第 1 卷,第 634 页)而第 2 卷第三篇是研究社会再生产实现的条件,研究社会再生产两大部类之间及其内部的比例关系,研究社会再生产价值补偿和物质补偿的问题。"为了我们当前的目的,再生产过程必须从 W' 的各个组成部分的价值补偿和物质补偿的观点来加以考察。"(第 436 页)

(2) 第 1 卷第七篇研究的再生产过程是资本的直接生产过程,在那里再生产过程是抽象掉流通过程孤立地研究剩余价值是怎样转化为资本的。而第 2 卷第三篇是从生产过程和流通过程的统一研究资本的再生产过程。马克思说:"资本的直接生产过程,就是资本的劳动过程和价值增殖过程。这个过程的结果是商品产品,它的决定性动机是生产剩余价值。资本的再生产过程,既包括这个直接的生产过程,也包括真正流通过程的两个阶段。"(第 389 页)

二、结 构 体 系

本篇由四章组成。

第十八章导言,主要是告诉我们这一篇研究的对象是社会总资本的再生产和流通。

马克思关于社会总资本的再生产理论是在批判资产阶级古典政治经济学基础上建立起来的。因此,第十九章前人对这个问题的阐述,主要是评价资产阶级古典政治经济学的再生产理论。

马克思在第十九章批判地研究了资产阶级古典政治经济学的再生产理论以后,接着在第二十章和第二十一章正面阐述自己关于社会再生产的理论,由于社会再生产可以分为简单再生产和扩大再生产两种类型,而且简单再生产是扩大再生产的基础和出发点,所以第二十章先分析简单再生产。马克思在第二十章研究了简单再生产以后,第二十一章就研究积累和扩大再生产。

学习这一篇的重点应放在第二十章和第二十一章,然而第十八章也是比较重要的,不能忽视。

三、方　　法

这一篇在方法上,除掉以上所提到的方法以外,具有以下三个特点。

1. 宏观分析法。《资本论》第2卷第一篇和第二篇是分析单个资本的循环和周转,是分析微观经济,它的分析方法也是微观分析法。第三篇分析社会总资本的再生产和流通是宏观经济,马克思运用的分析方法也是宏观分析法,即总体分析法。《资本论》从对资本的微观分析到宏观分析,就是从这一篇开始的。可以说,《资本论》第1卷和第2卷第一篇、第二篇都是或基本上是微观分析,从第2卷第三篇起和第3卷都是或者说基本上是宏观分析。

2. 平衡分析法。马克思在这一篇突出的运用了平衡分析法,无论是分析简单再生产还是扩大再生产,都不仅分析了再生产实现的前提条件,而且分析了平衡条件和平衡公式。例如,$I(v+m) = IIc$,既是简单再生产实现的前提条件又是平衡条件。又如,扩大再生产,马克思不仅分析了扩大再生产的前提条件之一是:$I(v+m) > IIc$,而且分析了它的平衡条件是:$I(v+m) = IIc + I\Delta c + II\Delta c$。再生产实现的前提条件说明符合这个条件再生产就有可能进行,有了平衡条件说明符合这个条件再生产才能顺利实现。在再生产中不断求得新的平衡,不仅是第2卷第三篇运用的一种方法,而且也是再生产顺利实现的重要条件。

3. 简单到复杂的方法。第三篇中分析社会总资本的再生产和流通,马克思先分析简单再生产,再分析扩大再生产,就是从简单到复杂的方法,这种方法实际上也就是抽象到具体的方法,简单再生产既简单又抽象,扩大再生产既复杂又具体,简单再生产不仅是一种抽象,而且现实生活的历史进程也是先维持简单再生产,然后才有可能进行扩大再生产。所以,这种简单到复杂的方法,与历史进程也是一致的。

四、第三篇在《资本论》中的地位

第三篇是马克思政治经济学理论体系的一个极为重要的组成部分,是马克思对于政治经济学基本原理的伟大的贡献之一。解决了资产阶级经济学者花费了一个多世纪的时间所没能解决的难题。这也是《资本论》第2卷最精深和最卓越的部分。

恩格斯对于这一篇理论的精深和重要,曾称赞说:"第三篇,这是重农学派以后第一次在这里对资本主义社会商品和货币的总循环最出色的阐述。"[①]

列宁也异常称颂地说:"马克思在《资本论》第2卷中对社会总资本的再生产的分析,也是极其重要和新颖的。马克思在这里考察的也不是个别现象,而是普遍现象,不是社会经济的零星部分,而是全部社会经济的总和。"[②]

马克思在这里所揭示的再生产的一般原理,不仅对资本主义是完全适用的,如果撇开资本主义的实质,对于社会主义也是完全适用的。

---

① 恩格斯:《致维克多·阿德勒》,《马克思恩格斯全集》第39卷,第414页。
② 《列宁全集》第2卷,第594页。

第十八章 导 言

第十八章是第三篇的导言,主要是阐明第三篇的研究对象。资本的再生产过程,是生产过程和流通过程的统一。关于直接生产过程,已在《资本论》第1卷叙述过了,关于单个资本的再生产和流通,已在本卷第一、二篇研究过了,现在研究对象侧重在社会总资本的流通过程,主要是社会总产品的实现问题。在联系《资本论》第1卷和第2卷第一、二篇研究对象,阐明本篇的研究对象后,马克思又分析了货币资本在资本运动中的作用。

(一) 研究的对象

> 研究对象是社会总资本的再生产和流通(第389—391页)

第三篇的研究对象是社会总资本的再生产和流通,或者说是社会总资本的运动。

1. 社会总资本的再生产。(1)社会资本的再生产过程,包括直接的生产过程和流通过程。资本的直接生产过程,就是资本的劳动过程和价值增殖过程。这个过程的结果是商品产品,它的决定性动机是生产剩余价值。资本的再生产过程不仅包括这个直接的生产过程,而且包括真正的流通过程的两个阶段,即包括全部循环。在单个资本的再生产过程中,生产过程和流通过程是互为条件、互为媒介的。(2)社会总资本的运动,是由社会资本的各个独立部分的运动总和所构成,也就是由各个单个资本的周转的总和所构成的。所以,社会总资本的再生产和流通,是直接生产过程和流通过程的统一。"资本的再生产过程,既包括这个直接的生产过程,也包括真正流通过程的两个阶段,也就是说,包括全部循环。"(第389页)

2. 社会总资本的再生产和流通的特点。作为社会总资本的再生产和流通,其研究对象和范围是有很大区别的。

第一,社会总资本的再生产和流通,不仅包括生产消费,而且包括个人消费。"这个总过程,既包含生产消费(直接的生产过程)和作为其媒介的形式转化(从物质方面考察,就是交换),也包含个人消费和作为其媒介的形式转化或交换。"(第390页)从个别资本来看,资本家也要以一部分剩余价值作为收入,供个人消费;工人所得工资也要用于个人消费,但这种个人消费是在资本的运动过程以外进行的,不属于资本流通的范围。但是,从社会角度来看,资本家和工人购买个人消费品的过程,同时也就是生产消费品的资本主义企业出卖商品的过程,就是他的商品资本转化为货币资本的过程。所以,在社会总资本的运动中包括个人消费。

第二,正由于社会总资本的运动包括个人消费,所以社会总资本的运动不仅包括资本流通,而且包括媒介个人消费的一般商品流通。"社会总资本的循环却包括那种不属于单个资本循环范围内的商品流通,即包括那些不形成资本的商品的流通。"(第392页)

第三,社会总资本的再生产和流通,不仅包括资本的流通,而且包括剩余价值的流通。剩余价值的流通,一般说来可以分为两部分:一部分作为追加资本加入资本流通,另一部分作为收入进行个人消费,加入一般商品流通。"资本的循环也包括剩余价值的流通,因为剩余价值构成商品资本的一部分。"(第391页)

> 从《资本论》第1卷和第2卷前二篇看本篇的研究对象
> (第391—392页)

从《资本论》第1卷看,研究的是资本的直接生产过程,既作为孤立过程又作为再生产过程分析了剩余价值的生产和剩余价值转化为资本的过程。但在那里,流通过程只是作为既定的前提条件,没有进行分析。

《资本论》第2卷第一篇,主要是考察资本在循环中所采取的不同形式和循环本身的各种形式。除了第1卷考察的劳动时间外,又加上了流通时间。

《资本论》第2卷第二篇,是把循环当作周期的运动考察,即作为周转来考察:一方面,指出了固定资本和流动资本怎样在不同时间以不同的方式完成循环;另一方面,又研究了决定劳动时间和流通时间长短不同的各种情况,同时指出了循环期间及其组成的不同比例,对于生产过程本身的范围和年剩余价值率的影响。

但是,前二篇始终考察的只是单个资本,只是社会总资本中的一个独立部分的运动;而第三篇考察的是社会总资本的流通过程。

(二) 货币资本的作用

货币资本的作用,本来是本篇后面的内容,现在一开始就研究它,是把货币资本作为社会总资本的一个组成部分来考察。也就是说,货币资本是社会总资本的一个组成部分,在社会总资本的再生产和流通中具有重要作用,因此必须放在导言中先分析。

<u>从单个资本运动看货币资本的作用(第393页)</u> 在单个资本周转时,货币资本显示了两个作用:第一,资本运动总是从货币开始的,"它是每个单个资本登上舞台,作为资本开始它的过程的形式。因此,它表现为发动整个过程的第一推动力"(第393页)。第二,预付资本任何时候都有一部分保持货币形式。但是,"由于周转期间的长短不同和周转期间两个组成部分——劳动期间和流通期间——的比例不同,必须不断地以货币形式预付和更新的那部分预付资本价值与它所推动的生产资本即连续进行的生产的规模之间的比例,也就不同"(第393页)。

<u>从社会总资本运动看货币资本的作用(第393—397页)</u> 上述货币资本这两方面的作用,对于社会总资本来说,也是存在的,但又不完全相同。

关于第一点,由于商品生产以商品流通为前提,商品流通又以货币流通为前提,所以在社会总资本运动中,货币仍起着"新开办企业的第一推动力和持续的动力"(第393页),但决不能由此得出结论说,生产的绝对界限是由预付资本的大小决定的。实际上,"并入资本中的各种生产要素的扩大,在一定界限之内,不是取决于预付货币资本的量"(第393—394页)。这是因为:第一,通过延长劳动时间,提高劳动强度,加强对劳动力的剥削,可以扩大再生产;第二,通过对自然物进行充分合理的使用,可以扩大生产规模;第三,通过更加有效

地利用劳动资料,提高设备利用率或延长设备使用时间,可以扩大生产规模;第四,通过充分利用科学技术的成果,可以扩大生产规模;第五,通过劳动的社会结合和提高劳动力的熟练程度,可以扩大再生产;第六,通过提高劳动生产率来扩大生产规模;第七,通过加强资本的集中,也可以扩大生产规模;第八,通过缩短周转时间,也可以扩大生产规模。以上"这一切显然和真正的货币资本问题无关。这只是表明,预付资本……在转化为生产资本之后,包含着生产的潜力,这些潜力的界限,不是由这个预付资本的价值界限规定的,这些潜力能够在一定的活动范围之内,在外延方面或内含方面按不同程度发挥作用"(第395页)。

关于第二点,也有两点需说明:(1)社会劳动和生产资料每年都必须有一部分用来生产金或购买金以补充铸币的磨损,这对社会生产规模是一种削减,但这是不可避免和必要的。(2)在社会总资本的运动中,由于周转期间长短不同,推动生产资料所必要的货币资本量也有大有小。劳动期间长的企业,需要的货币资本量大。从这个意义上讲,货币资本量对单个企业生产规模,仍起重要限制作用。但从社会总资本看,这种限制则被信用制度和联合经营所打破,信用制度和股份公司的发展,这种货币资本不再受单个资本家所拥有的货币资本量的限制。但另一方面,又使生产更加盲目发展,加剧了生产过程固有的矛盾。

最后,马克思指出,社会生产必须按比例发展,这在资本主义社会不可能,在社会公有的生产中,必须有计划按比例地安排生产,"有些事业在较长时间内取走劳动力和生产资料,而在这个时间内不提供任何有效的产品;而另一些生产部门不仅在一年间不断地或者多次地取走劳动力和生产资料,而且也提供生活资料和生产资料。在社会公有的生产的基础上,必须确定前者按什么规模进行,才不至于有损于后者"。不过,"在社会公有的生产中,货币资本不再存在了。社会把劳动力和生产资料分配给不同的生产部门。生产者也许会得到纸的凭证,以此从社会的消费品储备中,取走一个与他们的劳动时间相当的量。这些凭证不是货币,它们是不流通的"(第396—397页)。所以,也就没有货币资本的作用问题。

第十九章　前人对这个问题的论述

　　马克思关于社会总资本再生产的理论,是在批判资产阶级古典政治经济学的基础上建立起来的。所以,第十九章在未正式阐述社会总资本的再生产和流通理论以前,马克思先批判资产阶级古典学派的再生产理论,主要是评述对再生产有重大研究的魁奈和斯密。马克思肯定了魁奈再生产理论的某些方面,然后集中批判了"斯密的教条"。

　　这一章共分三节:第一节评述重农学派关于社会总资本再生产的观点;第二节叙述和批判斯密的教条;第三节评述斯密以后经济学家关于社会总资本再生产的观点。

第二十章 简单再生产

马克思在第十九章批判资产阶级再生产理论后,在第二十、二十一章两章,从正面阐述自己的社会再生产理论。马克思对社会资本再生产的分析是从简单再生产开始的,因为简单再生产是积累的一个现实因素,而对再生产分析的主要困难也在简单再生产上。

本章的研究对象是简单再生产。中心是考察在简单再生产之下,社会产品实现所要具有的条件。

这一章共十三节,大体上可以分为以下四个部分。

第一部分,包括第一节和第二节,是讲本章研究的对象、前提和出发点等问题。

第二部分,包括第三节、第四节、第六节、第七节、第八节、第十一节,是分析简单再生产实现的条件问题,是本章的中心和主要内容。

第三部分,包括第五节和第十二节,是主要内容的引申和补充。

第四部分,包括第九节、第十节和第十三节,是继续批判资产阶级再生产理论。

(一)问题的提出

研究社会再生产,首先要明确社会再生产所考察的对象、范围、公式、前提和出发点。

> 社会资本再生产和流通要以商品资本及其循环为考察对象(第435—436页)

1. 社会再生产的范围。社会资本的再生产过程,社会总产品表现为总商品资本 W'。年总商品产品 W' 既包括用于生产的消费部分,也包括社会产品用于个人的消费部分。个人消费既然包括资本家阶级与工人阶级的消费,也就包括总生产过程的资本主义生产关系的再生产。

2. 社会再生产以商品资本的运动为研究对象。分析社会总资本的再生产和流通,实际上也就是分析社会总商品资本的循环和周转的运动。年商品产品的运动公式就是 $W'\cdots W'$,即

$$W'—G'\begin{cases} G—W^A_{Pm}\cdots P\cdots W' \\ g—w \end{cases}$$

在 $W'\cdots W'$ 中,通过说明总产品的 W' 的每一价值部分会变成什么,才能认识社会再生产的条件,它既包括资本本身的再生产,也包括以流通为媒介的消费过程。

> 社会再生产的价值补偿和物质补偿(第436—438页)

分析单个资本时,是假定资本通过售卖,使资本从商品形态转化为货币形态,然后再从市场上购买各种物质要素,转化为生产资本。但在分析社会资本再生产时,仅有假定不能说明再生产过程,必须说明社会再生产的条件。社会总资本再生产的条件,就是社会总产品各个组成部分如何实现的条件,也就是社会再生产的价值补偿和实物补偿的问题。社会总资本的运动"不仅是价值补偿,而且是物质补偿,因而既要受社会产品的价值组成部分相互之间的比例的制约,又要受它们的使用价值,它们的物质形式的制约"。(第437—438页)

> 分析社会再生产应从简单再生产开始(第438页)

研究社会资本再生产,首先要研究原有规模的再生产,即简单再生产。其次不仅要假定产品按照它们的价值交换,而且要假定生产资本的组成部分没有发生任何价值革命。

资本主义再生产的特点是规模扩大的再生产,而不是简单再生产。分

析社会总资本的再生产要从简单再生产开始,因为:

1. 简单再生产是资本主义经济现实的一个抽象。"在资本主义基础上,没有积累或规模扩大的再生产,是一种奇怪的假定,另一方面,生产条件在不同的年份不是绝对不变的(而假定它们是不变的),那么规模不变的简单再生产就只是一个抽象。"(第438页)

2. 简单再生产是扩大再生产的一个现实因素。"只要有积累,简单再生产总是积累的一部分,所以,可以就简单再生产本身进行考察,它是积累的一个现实因素。"(第438页)

3. 简单再生产是实现扩大再生产的物质基础。"如果只考虑价值量,扩大再生产的物质基础是在简单再生产内部生产出来的。"(第560页)

(二) 社会生产的两个部类

这一节分析简单再生产的前提和基本交换关系。社会资本再生产的核心问题,是社会总产品的实现问题。只有弄清社会产品的组成,才能分析社会总产品的实现问题。

再生产理论的基本前提(第438—440页)

1. 从实物形态看,社会总产品,从而社会总生产,分成两大部类。社会总产品从实物形态看是由生产资料和消费资料两部分组成的。(1)生产资料就是具有必须进入或至少能够进入生产消费的商品。(2)消费资料就是进入资产阶级和工人阶级的个人消费的商品。从而,社会总生产也就分为生产资料的生产部类(第Ⅰ部类)和生产消费资料的生产部类(第Ⅱ部类)。

2. 每一部类的资本,从价值形态来看可分成不变资本、可变资本和剩余价值三部分。不变资本部分(以 c 表示),就是已消耗的生产资料的价值,是旧价值的转移;可变资本部分(用 v 表示),就是劳动力价值的等价,相当于资本家支付的工资;剩余价值(用 m 表示),就是产业工人剩余劳动创造的价值。所以,每一部类的全部年产品的价值和每个个别商品的价值一样,也分成 $c+v+m$。

3. 关于不变资本 c,有一点要注意:由于固定资本使用中存在所用资本和所费资本的差别,所以代表生产上消费掉的不变资本的那部分价值,和在生产上使用的不变资本价值是不一致的。在考察社会总产品及其价值时,是假定 c 在一年的生产过程中,全部转移到年产品中去。本章的第 11 节将专门考察固定资本在当年因损耗而转移到年产品中去的那部分价值的补偿和实物替换问题。

> 简单再生产的基本交换关系(第 440—442 页)

研究简单再生产的图式是

I　　$4\,000c + 1\,000v + 1\,000m = 6\,000$

II　　$2\,000c + 500v + 500m = 3\,000$

在以上图式中第 I 部类产品的价值是 6 000,其实物形态都是生产资料;第 II 部类产品的价值是 3 000,其实物形态是消费资料,全部产品总价值为 9 000。为了保证简单再生产的顺利进行,两大部类的产品必须经过相互间的交换,才能得到价值补偿和实物补偿。简单再生产有三个基本交换关系。

1. 第 II 部类工人的工资 $500v$ 和资本家的剩余价值 $500m$,必须用于消费资料。它们将在第 II 部类内部的相互交换中实现。这样,就有 II $(500v + 500m) = 1\,000$,以消费资料形式从总产品中消失。

2. 第 I 部类的 $1\,000v + 1\,000m$,同样必须用于消费资料,即用于第 II 部类的产品。因此,它们必须同第 II 部类与它们价值相等的不变资本部分 $2\,000c$ 进行交换。这样,第 I 部类得到价值相等的消费资料;第 II 部类得到价值相等的生产资料。因此,就有 II $2\,000c$ 和 I $(1\,000v + 1\,000m)$ 从计算中消失。

3. 还剩下 I $4\,000c$,它们由生产资料构成,只能用于第 I 部类,以便补偿该部类消费掉的不变资本。因此,要通过第 I 部类内部的相互交换来解决。

以上三种基本交换关系可以图示如下

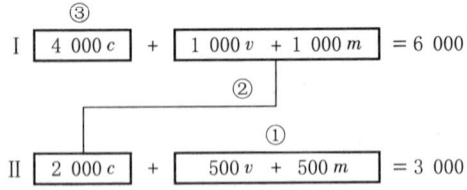

(三) 两个部类之间的交换：I(v+m)和IIc的交换

马克思对社会年产品两大部类基本交换关系的分析，是从两大部类之间的交换开始的。社会年产品实现的困难主要不在两大部类内部的交换，而在于两个部类之间的交换。I(v+m) = IIc是简单再生产实现的基本条件。

> 两大部类交换过程
> (第442—446页)

1. 两大部类之间交换内容是I(v+m)=IIc的交换。I(1 000v+1 000m)的实物形式是生产资料，II 2 000c 实物形式是消费资料，经过两大部类之间的交换，I(1 000v+1 000m)的生产资料得到售卖和实现，转化为消费资料实物形式，用于资本家和工人消费。II 2 000c 的消费资料得到售卖和实现，转化为生产资料形式，重新当作不变资本来执行职能。

2. 两大部类交换的具体过程。(1)两大部类之间的交换是以货币为媒介的交换，包含着无数个单个资本家之间的交换。但为媒介商品交换而投下的货币，会按照它们各自的预付量，流回到预付者手中。(2)货币媒介两大部类之间的交换，是通过三个预付量来完成的。分成三个步骤：

① 资本家 I 预付货币 1 000 元购买劳动力 A，劳动者用它购买消费资料 Km(相当于 2 000c 的一半)，资本家 II 再用它购买生产资料 Pm(相当于 I v)，于是 I v 和 II $\frac{1}{2}c$ 交换实现，货币 1 000 也回到了资本家 I 手里。

② 资本家 II 预付 500 元向 I 购买 Pm(相当于 I m 的一半)，资本家 I 用得到的货币，反过来向 II 购买 $Km\left(\text{相当于 II}\,c\,\text{的}\,\frac{1}{4}\right)$，于是 I $\frac{1}{2}m$ 和 II $\frac{1}{4}c$ 实现了，资本家 II 也收回了预付的 500 元。

③ 最后，资本家 I 再预付 500 元向 II 购买 $Km\left(\text{相当于 II}\,c\,\text{的最后}\,\frac{1}{4}\right)$，II 再用它反过来向 I 购买 $Pm\left(\text{相当于 I}\,\frac{1}{2}m\right)$，于是余下的 I $\frac{1}{2}m$ 和 II $\frac{1}{4}c$ 也全实现了，这 500 元也回到 I 手中，从而完成两大部类之间的交换。

3. 通过货币媒介交换结果:(1)第Ⅰ部类和第Ⅱ部类都得到价值补偿;(2)第Ⅰ部类和第Ⅱ部类的物质也得到补偿;(3)货币回到原来的出发点。

> 简单再生产两大部类之间交换的实现条件(第446页)

"在简单再生产中,第Ⅰ部类的商品资本中的 $v+m$ 价值额(也就是第Ⅰ部类的总商品产品中与此相应的比例部分),必须等于不变资本Ⅱ c,也就是第Ⅱ部类的总商品产品中分出来的与此相应的部分;或者说,Ⅰ$(v+m)=$Ⅱc。"(第446页)这个结论告诉我们,简单再生产两大部类之间交换的实现条件的基本公式是

$$Ⅰ(v+m) = Ⅱc$$

这个公式的含义说明,第Ⅰ部类的可变资本加剩余价值,应等于第Ⅱ部类的不变资本。按照前例就是

Ⅰ　4 000c ＋ 1 000v ＋ 1 000m ＝ 6 000

Ⅱ　2 000c ＋ 500v ＋ 500m ＝ 3 000

Ⅰ$(v+m)=$Ⅱc 就是

Ⅰ$(1\,000v+1\,000m)=$Ⅱ$2\,000c$

这一公式体现了社会再生产两大部类之间的内在联系。

(四)第Ⅱ部类内部的交换。必要生活资料和奢侈品

这一节主要分析简单再生产基本交换关系的第二点,第Ⅱ部类内部的交换。简单再生产要顺利实现,不仅两大部类之间要保持一定的比例关系,需要平衡,而且第Ⅱ部类内部各分类之间也要保持一定比例关系,也要平衡。

> 第Ⅱ部类内部的交换(第447—455页)

1. 为了研究第Ⅱ部类内部交换的实现条件,又可以把第Ⅱ部类分成两个分部类。

(1)必要的消费资料(必需品),它们进入工人

阶级的消费,同时也构成资产阶级消费的一部分。马克思称之为Ⅱa。

(2) 奢侈消费资料(奢侈品),它们只进入资产阶级的消费,所以只能和花费的剩余价值交换。马克思称之为Ⅱb。

2. 第Ⅱ部类两个分部类之间的交换。

(1) 根据前面所举的例子(Ⅱ $2\,000c+500v+500m$),在简单再生产下,假定 m' 仍是100%,全部剩余价值被资本家消费,并把它的40%用于奢侈品消费,60%用于必要生活资料消费,于是,社会总剩余价值 $1\,500m$ (Ⅰ $1\,000m+$ Ⅱ $500m$)中,将有 $600m(=1\,500\times40\%)$ 消耗在奢侈品上,并仍根据先前的假定,$c:v=4:1$,所以在前面第Ⅱ部类例中,Ⅱ $2\,000c+500v+500m$,就具体化为

$$\text{Ⅱ}a\quad 1\,600c+400v+400m=2\,400$$
$$\text{Ⅱ}b\quad 400c+100v+100m=600$$

(2) 如果撇开第Ⅱ部类的 c 与第Ⅰ部类交换的情况不说,先看第Ⅱ部类内部的交换。由于资本家的剩余价值消费中,40%是用于奢侈品,60%用于必要消费品,这样第Ⅱ部类内部的交换情况如下

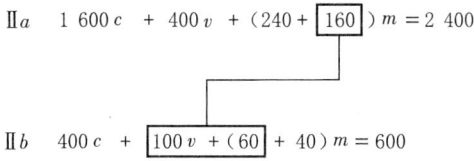

其中:Ⅱa 中的 $(400v+240m)$ 的实物形式是必要消费资料,在Ⅱa 内部实现。Ⅱb 中的 $40m$ 的实物形式是奢侈品资料,也在Ⅱb 内部实现。而Ⅱa 的 $160m$ 是资本家奢侈品消费,但它本身的实物形式是必要消费资料,Ⅱb 中的 $(100v+60m)$ 是Ⅱb 中工人和资本家所需的必要消费资料,但它本身的实物形式是奢侈品,这样通过两个分部类的交换得到实现。

(3) 如果将Ⅱ部类中的 c 的实现一起考虑进去考察,就会看到与 $2\,000$Ⅰ $(v+m)$ 相交换的 $2\,000$Ⅱc,其中有 $1\,600$ 用来交换必要生活资料的生产资料,有 400 用来交换奢侈品的生产资料。

因此,$2\,000$Ⅰ $(v+m)$ 本身也要分割为两部分:一部分 $(800v+800m)$Ⅰ

作为 a 的必要生活资料的生产资料;另一部分$(200v+200m)$Ⅰ则作为 b 的奢侈品的生产资料。只有Ⅰ也相应地分割为生产必要生活资料的生产资料和生产奢侈品的生产资料这两个分部类,两大部类之间的交换才能平衡。

(4) 结论:第Ⅱ部类分为两个分部类后,简单再生产的实现条件要有两条:

第一,从两大部类之间的交换看,Ⅰ年产品中新创造的价值$(v+m)$必须等于Ⅱ生产的年产品价值所包含的以消费资料形式再生产的不变资本价值 c,即Ⅰ$(v+m)=$Ⅱc 是简单再生产实现的前提条件。

第二,从Ⅱ的内部看,也要保持一定的比例。第Ⅱ部类内部交换的条件是

$$Ⅱbv < Ⅱam$$

就第Ⅱ部类内部的交换来说,由于生活必需品(即Ⅱa)部门中资本家获得的剩余价值,必须有一部分作为自己的消费,多余部分才能与生产奢侈品的部门Ⅱbv交换。因此,"投入奢侈品生产的 v,必须等于以必要生活资料形式生产的,m 中和它的价值量相适应的部分,因而就必然小于这整个 m,即小于(Ⅱa)m"(第453页)。

> 批判危机来自消费不足的谬论(第455—457页)

在分析第Ⅱ部类两个辅类的交换中,马克思结合批判了把经济危机归结为消费不足的谬论。

1. 从Ⅱbv只能在Ⅱam中余下部分实现这一点,可得出如下结论:年产品中奢侈品愈大,从事奢侈品生产的工人越多,这就愈取决于资产阶级对奢侈品的挥霍浪费。

2. 危机与消费的关系:每一次危机会减少奢侈品的消费,一些奢侈品卖不掉,Ⅱb就要紧缩生产,工人也随之失业;Ⅱb一部分工人失业,对Ⅱa的相应的有支付能力的需求也减少,从而又使Ⅱa的商品实现成为问题。

资产阶级经济学家洛贝尔图斯等人认为,危机来自消费不足,只要资本家提高工人工资,危机就会消除,实际上危机前夕,无须资本家发善心,工人的消费客观上会提高,但这只是让工人享受一下相对的繁荣,而这种繁荣往往是危机的先兆。如果按照危机来自消费不足的观点,这个时期危

机应该消除,但事实粉碎了这种消费不足的谬论。

3. 危机的原因,不是消费不足,而在于资本主义生产方式的基本矛盾。

(五) 货币流通在交换中的媒介作用

社会产品之间的交换不是物物交换,而是以货币为媒介的交换。第三节已经分析了货币在流通中的媒介作用,并显示了一个规律:谁预付就流回到谁手里。这一节进一步论证了这一点。

> 货币在商品流通媒介作用中的一般规律(第458—461页)

货币在媒介商品流通中的一般规律,这个问题第3节已讲过。对商品流通来说,投入流通的商品和投入流通的货币总是必要的,商品流通不是物流通,它必须以货币为媒介,并且是谁预付货币购买别人的商品,谁就会在出售自己商品时重新得到货币,这是一个一般规律。按照这个规律,可以顺便得出:如果社会上大量的流通货币是属于银行等形式组织和积聚的货币资本部门,以贷款形式给产业资本家,那么这个货币不管在流通中经过多少次转手,最后复归点仍是这个银行资本家的口袋。

但要注意的是,货币在媒介商品交换时流通的形式却不完全相同,货币流通的两种形式。

1. 直接流回。如Ⅱv的资本家用货币支付给工人工资,工人用工资直接购买Ⅱa资本家的生活必需品。

2. 间接流回。如Ⅰv和Ⅱb的资本家,以货币形式预付的可变资本却不能直接流回,而是间接流回,即:Ⅰ资本家和Ⅱb资本家把货币支付给工人工资,工人用工资购买生活必需品,然后经Ⅱa资本家的支付货款才能流回。

> 从货币流回角度考察两大部类交换关系(第461—469页)

在社会再生产、经济的平衡发展中,货币流通对社会资本运动和社会产品实现皆具有极为重要的作用,马克思又从货币流回角度考察两大部类之间的交换关系。

1. Ⅰv的实现,由资本家Ⅰ预付货币1 000元,Ⅰm的实现是Ⅱ资本家投入500元来实现。(第461.3—466.2页)

2. Iv 的实现是 I 资本家预付货币 1 000 元，Im 的实现也由资本家 I 预付 500 来完成。(第 466.3—469.1 页)

两种情况都要经过七个阶段

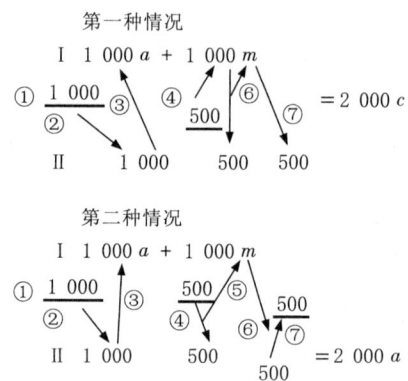

从上图可见：

① 参加流通的商品价值总额有 5 000(包括劳动力价值 1 000)，但实际流通所需货币只有 1 500。如果流通阶段所区分的次数更多一些，流通速度更快一些，则所需货币数量更少。

所以"假定周期较短，或者，从简单商品流通的观点来看，投入流通的货币流通较快，为了使交换的商品价值流通，只要有较少的货币就够了。如果相继进行的次数已定，这个货币额总是由流通商品的价格总额或价值总额决定"。(第 465 页)

② 同一数额的货币，在上述各个流通阶段执行不同的职能。当货币作为 c 和 v 的流通媒介时，它是货币资本。如果只是充作消费的媒介手段，则是货币。此外，资本家以充作可变资本而预付的货币资本，是构成整个货币流通的相对重要的部分。

{剩余价值是通过资本家把货币投入流通实现的(第 469—470 页)}

由于资本家通过出售商品而能将其投入流通的货币收回，所以，他最初为购买消费资料而投入流通的货币，可以借此而实现剩余价值。"对整个资本家阶级来说，为了使他们的剩余价值实现，就必须自己把货币投入流通这样一种说法，不仅不是奇谈怪论，

而且还是整个机构的必要条件。"(第469页)

资本家用以购买消费资料的货币不再流回,它"已经走尽了尘世的道路"(第468页)。

在现实经济中,有两个问题没注意:第一,商业资本家和货币资本家的出现,他们好像是货币的预付者;第二,土地所有者和食利者等剩余价值的分割者,是作为买者而与产业资本家相对立,容易使人们忘记他们的货币来源,以致认为产业资本家是从他们那里得到货币。

(六) 第Ⅰ部类的不变资本

这一节研究第Ⅰ部类内部的交换。简单再生产的顺利实现,不仅有两大部类之间的交换、第Ⅱ部类内部的交换,而且还有第Ⅰ部类内部的交换。

> 第Ⅰ部类内部的交换(第470—473页)

1. 从价值上看,Ic的价值等于第Ⅰ部类的商品产品中再现的价值,即在这个商品量的生产上所消费的生产资料的价值。这个再现的价值并不是Ⅰ在生产过程中新生产出来的,而是当年以前作为不变的价值,作为生产资料既定的价值,进入这个生产过程的。

2. 从使用价值看,Ic是生产资料的生产资料,Ic在第Ⅰ部类的用途是供生产资料消费之用。有两种情况:(1)一部分作为本部门的生产资料直接进入本生产部门。例如,煤炭用于煤炭生产,钢铁以机器的形式进入钢铁的生产。(2)Ic产品的另一部分,可以是在Ⅰ内部不同部门之间交换,供不同生产部门消费。

> 生产公有下第Ⅰ部类内部交换(第473—474页)

如果生产是社会公有的,第Ⅰ部类内部的交换也同样有两种情况,一部分留在本部门消费,另一部分转移到其他部门消费。"如果生产是社会公有的,而不是资本主义的,那末很明显,为了进行再生产,第Ⅰ部类的这些产品同样会不断地再作为生产资料在这个部类的各个生产部门之间进行分配,一部分直接留在这些产品的生产部门,另一部分则转入其他生产场所,因此,在这个部类的不同生产场所之间发生一种不断往返的运动。"(第473—474页)

在生产公有的条件下,这种第Ⅰ部类内部生产资料的交换,仍将继续和普遍地进行,但将不是"交换",而是"分配"。

(七) 两个部类的可变资本和剩余价值

这一节分析从第Ⅱ部类角度来看的社会简单再生产的实现条件。

> 两个部类的 v 和 m 等于第Ⅱ部类的产品总价值(第474—475页)

1. 每年生产的消费资料总价值,等于当年再生产的第Ⅱ部类的可变资本价值和新生产的第Ⅱ部类的剩余价值,加上当年再生产的第Ⅰ部类的可变资本价值和新生产的第Ⅰ部类的剩余价值。用公式表示

$$\text{Ⅱ}(c+v+m) = \text{Ⅱ}(v+m) + \text{Ⅰ}(v+m)$$

这个公式表明:(1)在简单再生产的前提下,每年生产的消费资料的总价值,等于年价值产品,即等于社会劳动在当年生产的全部价值。(2)一年生产的消费资料总价值,等于社会总工作日在当年生产的总价值,等于社会可变资本的价值加上社会剩余价值,等于当年的全部新产品。

2. 要注意的是:虽然第Ⅱ部类全部产品价值和 $\text{Ⅰ}(v+m)$ 与 $\text{Ⅱ}(v+m)$ 价值量是相等的,但这只是就价值数量相等而言,并不是就消费资料的价值构成而言,消费资料的价值构成,同一切社会商品一样,仍然是由 $(c+v+m)$ 构成。"这就表明,为什么尽管对第Ⅱ部类的资本家来说,他们的产品价值分成 $c+v+m$,但是从社会的角度来考察,这些产品的价值却可以分成 $v+m$,其所以如此,只是因为 $\text{Ⅱ}c$ 在这里等于 $\text{Ⅰ}(v+m)$,社会产品的这两个组成部分通过交换来互相交换它们的实物形式,$\text{Ⅱ}c$ 就再以生产资料的形式存在,而 $\text{Ⅰ}(v+m)$ 则再以消费资料的形式存在。"(第475页)斯密不了解这一点,所以他断言年产品价值都分解为 $v+m$。

> 两个部类的交换实质是Ⅰ的当年劳动与Ⅱ的过去劳动的交换。(第475—478页)

由此可得出如下结论:

虽然社会劳动日和每个单个劳动日一样,只分成必要劳动和剩余劳动,从而它所生产的价值也只分成 v 和 m,但从社会使用价值看,社会总劳动日中总有一部分是专门用来生产新的不变资本的。所以,$\text{Ⅱ}c$ 与 $\text{Ⅰ}(v+m)$ 的交换实际上是一定量的过去

劳动与当年劳动的交换。两者必须保持平衡,才能使社会再生产得以顺利发展。

(八) 两个部类的不变资本

这一节分析 $I(c+v+m) = Ic + IIc$,是从第 I 部类角度来看的社会简单再生产的实现条件。

> 两个部类的不变资本价值之和等于第 I 部类总价值(第 478—481 页)

生产资料(I)的总价值,等于以生产资料(I)的形式再现的不变资本价值同以消费资料(II)形式再现的不变资本价值之和,所以等于在社会总产品中再现的不变资本价值之和。

用公式表示: $I(c+v+m) = Ic + IIc$。

这个公式表明"不变的,仅仅再现的那部分价值,等于由生产资料构成的那部分产品的价值,并在这部分产品中体现出来"(第 480 页)。

> 社会产品价值构成和物质组成的比较时产生的错觉(第 481—487 页)

不管是对个别产品还是对社会产品来说,对价值的分解是不会发生困难的,困难的是把社会产品价值组成部分和它的物质组成部分作比较时产生的。

1. 从 $I(c+v+m) = Ic + IIc$ 看,很容易产生一种错觉,似乎 I 的产品没有耗费一点当年劳动,只是由 c 组成,都是过去劳动。这是不对的。从社会资本再生产和流通所表现的价值关系来说,绝不是意味着它的产品价值构成,只能分解为两大部类的 c,而不含 $v+m$。这个错觉从单个资本考察就不会产生。单个资本的产品价值非常明显地将预付资本价值分解为 $c+v+m$。但从社会总资本的角度看,就容易区别不清。因为再生产的一切物质要素,都必须以它们的物质要素组成,这个产品的各个部分,已经消耗的不变资本部分,必须用新的生产资料的实物形式来补偿,而这部分实物的价值,只相当于已消耗的全部不变资本价值的再现。所以,社会地考察社会总资本和考察单个资本不同。

2. 同样,从物质组成部分来看,生产消费资料的社会工作日部分,也不生产社会的补偿资本的任何部分。它只生产这样的产品,这些产品按其实物形式来说,要用来实现第 I 部类和第 II 部类的可变资本价值和剩余价值。

（九）对于亚当·斯密、施托尔希和拉姆赛的回顾

在社会的总产品中,每年只能有一部分作为收入供个人消费,另一部分作为生产基金发挥资本的作用。施托尔希、斯密、拉姆赛三个人对此都有错误的理解。

（十）资本和收入:可变资本和工资

这一节有正面论述,也有批判。主要是批判资产阶级学者的观点:即对一个人是资本的东西,对另一个人是收入的观点。

> 资本主义社会的年劳动大部分用来生产生产资料（第 488—490 页）

社会总产品价值是指全年所生产的商品价值总量,即 $(c+v+m)$。价值产品是指当年以商品形式新创造的价值,即 $(v+m)$。根据前面的例子,全年的产品价值是

$$\text{I} \quad 4\,000c + 1\,000v + 1\,000m = 6\,000$$
$$\text{II} \quad 2\,000c + 500v + 500m = 3\,000$$
$$\text{I}(v+m) + \text{II}(v+m) = 2\,000 + 1\,000 = \text{II}(c+v+m) = 3\,000$$

所以,新创造的价值量(价值产品)总是小于全年总产品的价值。

从上面例子中我们可以看到年产品价值 9 000 中,生产资料的产品价值是 6 000,消费资料的产品价值是 3 000,从而可以看到两点:第一,在资本主义社会中每年的大部分劳动用来生产生产资料;第二,在原始社会开始就有生产资料生产和消费资料生产的区别。

> 批判"对一个人是资本的东西,对另一个人是收入"（第 490—502 页）

马克思指出:这种观点只有部分是正确的,如果把这种观点普遍化,则是错误的。其错误在于它把资本和货币混为一谈,资本作为自行增殖的价值,永远不会变为收入,它只是在运动中变换自己的形式。资本和收入,或者说可变资本和工资是两个本质上不同的范畴。对此,马克思又从两个方面进行了批判。

1. 批判可变资本在资本家手里作为资本执行职能和在工人手里作为收入执行职能。

可变资本对资本家来说是资本,而对工人来说工资是一种收入的货币形式。所以,不是可变资本有两种职能:(1)作为资本家的资本,(2)作为工人的收入,而是货币有两种用途。同一个货币在买者手中有一种用途,在卖者手中又有另一种用途,即在资本家手中作为可能的可变资本,在工人手中作为充当出卖劳动力的等价物。资产阶级经济学家认为劳动力是资本则是错误的。

2. 从两大部类的交换情况作进一步批判。

(1) 从 I v 对 II c 的交换来看:①从交换的一方工人的角度来看,第 I 部类工人把劳动力出卖给第 I 部类资本家,得到货币形式的工资收入,它不是可变资本。②从交换的另一方第 II 部类的资本家角度来看,第 II 部类资本家通过第 I 部类工人购买其商品,所得的货币在他手中是货币资本,然后他再用这货币资本向第 I 部类购买生产资料,补偿已消耗掉的不变资本,并作为生产资本要素来执行职能。③再从第 I 部类资本家的角度看,I v 对他则完全是执行着资本的职能。I v 是他手中的货币资本,用它购买了劳动力后,则转化为生产资本。经过生产过程后,则以商品资本形式存在,向第 II 部类出售生产资本后,又重新恢复原来货币资本职能,资本在运动中并没有转化为收入。

(2) 从 II v 内部的交换来看:第 II 部类的资本家用 II v 购买了劳动力,工人用他出卖劳动力所得的货币向第 II 部类的资本家购买消费资料,这样这些货币又重新回到第 II 部类资本家手中,又作为可能的可变资本,重新用来购买劳动力。

(3) 从 II a 与 II b 的交换来看:它的情况是和 I v 的情况相同的。II b 的资本家用预付可变资本购买劳动力,出卖劳动力的工人向 II a 购买生活资料;II a 的资本家又向 II b 购买奢侈品,这样 II b 资本家作为预付的可变资本的货币,又流回到自己手中。

所以,可变资本总是以某种形式保留在资本家手中,它不会转化为某人的收入。工人以工资形式得到的货币,则是他的收入而不是资本。工资是作为收入花掉的,从而使两个部类的可变资本和一部分不变资本恢复了它们货币资本的形式。

（十一）固定资本的补偿

在前面分析简单再生产的社会产品的实现条件时，都假定不变资本一次转移其价值，但实际上不变资本中相当一部分由固定资本构成。固定资本的使用价值能长期发挥其作用，价值逐渐转移的这种特点，必定会影响社会产品的实现。这一节研究在固定资本实际上不是一次转移其价值的情况下，社会产品的实现问题。

> 固定资本的补偿及其研究的问题和范围（第502—506页）

1. 固定资本补偿所要研究的问题。在阐述年再生产的各种交换时，遇到的巨大困难是固定资本的补偿问题。固定资本的价值是逐渐转移到产品中去的。它的使用价值一般在一年内并未完全消耗掉，可以在多年的再生产过程中继续发挥作用。"因此，就年再生产来说，在这里我们从一开始要考察的只是固定资本中那些寿命在一年以上的组成部分。"（第502页）

2. 固定资本折旧基金的特殊性质和独特的作用。(1)性质：由于固定资本的价值多次转移和实物一次更新的这个特点，使得由于固定资本损耗而转移的价值以折旧基金的形式贮存起来。但是，用作价值上和实物上补偿固定资本之用的折旧基金，绝不能和各种修理费用混为一谈。为购买原材料和辅助材料等的生产储备而暂时积累起来的货币，是停留在货币形式上的生产资本。而固定资本折旧基金的货币，是以货币形式在生产资本旁边沉淀下来，用来对固定资本实行物质补偿的。这些货币不是不变资本价值的固定部分的货币形式，它本身是资本主义再生产过程的一个要素。(2)作用：货币在这里起着一种独特的作用，它以折旧基金的形式为固定资本价值的再生产作了必要准备。

3. 固定资本补偿研究的范围。本节着重考察第Ⅱ部类的固定资本补偿问题。虽然Ⅰc和Ⅱc中都包含有一部分固定资本的补偿问题。但是，这里主要是以Ⅱc为例，因为Ⅱc中的固定资本的补偿问题是直接涉及到两个部类之间进行交换这个社会再生产的核心问题。

第2卷 资本的流通过程

> 损耗的价值部分在
> 货币形式上的补偿
> (第506—512页)

引进固定资本的补偿后在两大部类交换上的困难。

在 $I(1000v+1000m) = II 2000$ 的交换中,由于 $II 2000c$ 中补偿固定资本价值的部分形成折旧基金,以货币形式而贮存,所以 $II 2000c$ 的价值中要用货币来补偿的损耗和正在执行职能的固定资本数量是不适应的。固定资本每年要有一部分用实物来补偿,也就要求第II部类资本家要有个先行的货币积累。

这样就产生了一个矛盾:在 $I(1000v+1000m)$ 与 $II 2000c$ 的交换中,由于 $II 2000c$ 中有 $200c(d)$ 是作为折旧基金以货币形式贮藏起来,这样 $I(v+m)$ 和 IIc 就不能等价交换。两大部类交换的比例就遭到破坏,从而使第I部类有200生产资料过剩,预付的200货币也不能流回,不仅 $I 200m$ 不能实现,而且 $II 200$ 消费资料也不能实现。

在再生产过程中,资本家预付到流通中的货币,必须重新回到它的起点,这是一个规律。这样就排除了 $II 200c(d)$ 是靠第I部类资本家预付的货币来实现的假设。并且它也不可能是天上掉下来的和商人预付的。

> 固定资本的实物补
> 偿(第512—517页)

前面假定,第I部类的资本家预付货币使 $II 200c(d)$ 货币化这一假定被否定后,现在只有一种假定:即第II部类资本家自己把货币投入流通,以便补偿固定资本损耗的价值组成部分得以转化为货币。

由于第II部类资本家是由许多单个资本形成的,在社会再生产过程中,各个资本家的固定资本可以处在不同的使用阶段。一部分资本家的固定资本在提取折旧基金,进行货币积累,暂时不买。另一部分资本家的固定资本已经折旧完毕,可以用积累的货币来进行固定资本更新。所以,第II部类资本家可以分为两类: $IIc(1)$ 和 $IIc(2)$。当 $IIc(1)$ 把已经储存的折旧基金货币投入流通购买新的生产资料来更新固定资本时, $IIc(2)$ 正好把这部分货币以折旧基金形式储存起来。这里的先决条件,在简单再生产条件下:

1. 一年更新的固定资本价值总额必须等于这一年贮藏的折旧基金总额,也就是拿出实际更新用的货币要等于折旧贮存的货币,即 $IIc(1) = IIc(2)$。"因此,这样一种平衡,好像就是规模不变的再生产的规律了。"(第521页)

2. 在Ⅰ供给Ⅱ的生产资料中,作为Ⅱ的流动成分(原料等)和作为固定成分(劳动手段)的生产之间,必须保持不变的比例,也就是在 $Ⅰ(v+m) = Ⅱc$ 中,$Ⅱc$ 的固定资本和流动资本要保持一定的比例。

简单再生产要顺利进行,需要 $Ⅱc(1) = Ⅱc(2)$。实际上,两者不可能完全相等。

当 $Ⅱc(1) > Ⅱc(2)$ 时,就会出现货币多余,商品不足;

当 $Ⅱc(1) < Ⅱc(2)$ 时,就会出现货币不足,商品过剩。

这样为了使简单再生产实现,就要依靠外贸。在 $Ⅱc(1) > Ⅱc(2)$ 时,要从国外进口商品。$Ⅱc(1) < Ⅱc(2)$ 时,就要出口商品。以上两种情况,不仅对简单再生产,而且对扩大再生产都是值得注意的。

> 结论(第 524—527 页)

在生产规模不变、劳动生产率不变条件下,如果 $Ⅱc$ 的固定要素今年比去年有更多的部分要更新,即 $Ⅱc(1) > Ⅱc(2)$,就会引起下列情况:

1. 如果第Ⅰ部类为第Ⅱ部类再生产的固定部分供给增加,那么供给第Ⅱ部类的流动部分就会减少,要保证流动部分不减少,Ⅰ就要扩大再生产。

2. 由于第Ⅱ部类要有更多的固定资本更新,就有更多的货币流到第Ⅰ部类手中,它超过了 $Ⅱc(2)$,使 $Ⅰm$ 的一部分不能转变为Ⅱ的商品,而是要保留在货币形式上。反之,情况也一样。

因此,尽管是简单再生产,生产危机还是会发生的。

在 $Ⅱc(1) < Ⅱc(2)$ 时,会产生生产不足;在 $Ⅱc(1) < Ⅱc(2)$ 时,会产生生产过剩。这两种情况虽然都可以用外贸补救,但外贸始终不是单纯补偿各种要素,而只会把危机更加扩大和恶化。

在资本主义废除后生产公有的情况下,消费资料生产中执行职能的固定资本需要在实物上进行更新的数量,也是逐年不同的。这种情况只有用不断的相对的生产过剩来补救。固定资本和流动资本的储备,都要超出每年的直接需要,这样来调节再生产过程中的比例关系。但是,在资本主义下这种生产过剩是无政府状态的一个要素。

(十二) 货币材料的再生产

这一节讲货币材料的再生产,就是讲金和银的再生产,因为这里把金银当作货币材料。要使社会再生产正常进行,不但要生产生产资料,生产消费资料,还要生产货币材料,作为Ⅰ和Ⅱ部类交换的工具。并且,回答了资本家从流通中取出的货币为什么会多于他们投入流通中的货币的问题。

金的再生产和流通中货币量的形成(第527—532页)

1. 金的再生产属于生产资料的生产,即属于第Ⅰ部类。

2. 金作为货币材料的流通有其特点:(1)作为货币材料的金银可以和一切商品交换,可随时投入流通。因此,生产金银的资本家可以将其产品直接当作货币投入流通,从流通中取出商品。(2)这种投入流通的货币,有相当大的部分形成货币贮藏。

3. 流通中货币量的形成。简单再生产虽然不包括本来意义上的积累,即规模扩大的再生产,但必须包括货币贮藏。再生产开始时,就有一个与商品交换相适应的货币量存在,商品量与货币流通量相适应。

随资本主义生产发展,资本家积累的货币总是越来越大。但是,每年新生产的金占总量的比例越来越小。所以,即使在简单再生产条件下,第Ⅰ部类金生产部门也会不断生产金产品。金产品除了一部分用作生产的材料外,其余部分则作为货币材料进入流通,实现商品交换,并有一部分转化为贮藏货币。正因为Ⅰ和Ⅱ的资本家手中都贮存了一定数量的货币,在社会总资本的再生产和流通中实现两大部类之间及本部类商品交换所需要的货币,最初总是由资本家预付的。

实现剩余价值的货币来源(第532—537页)

这个问题第十七章已具体进行了分析,现在再把第十七章的阐述归纳于下。

1. 这里唯一必要的前提是总要有足够的货币来使年商品产品进行交换。这个货币量的多少与每个商品的内部价值构成中是否包含剩余价值无关。

2. 在购置固定资本要素时,就一年来讲,从流通中取出的货币比投入的货币要少的情况也是有的。

3. 就流动资本来讲,当其他资本家从流通中取出的货币多于他们投入的货币时,生产金的资本家会不断地把货币投入流通。

4. 贮藏货币还会补充所需流通的货币,并且小生产者自给性产品是不需要货币的。

所以,年产品借以流通的货币量是社会原有的、逐年积累起来的,这个货币量不是当年的价值产品,但是用来补偿已经磨损的铸币的金是例外。

{自然形式表现的货币流通(第538—540页)}

本章假定只有贵金属货币的流通,且只有现金买卖,对于这种以自然形式表现的货币流通表明:

1. 在雇佣劳动制度发展的条件下,货币流通也越发展。因为劳动力成为商品,一切产品都转化为商品。

2. 在资本主义基础上,货币在流通中自发地流出,又自发地流回。对于这种自发运动,既可利用来作为信用制度的各种机械性的补助手段,又可用来实现捞取现有的可贷资本。

(十三)德斯杜特·德·特拉西的再生产理论

这一节批判特拉西认为利润来源于在成本以上出卖的谬论。

第二十一章 积累和扩大再生产

简单再生产是扩大再生产的基础和出发点,扩大再生产是简单再生产的实现和发展,简单再生产只是一个抽象,积累和扩大再生产才是资本主义生产的实际。按照由抽象到具体的叙述方法,这一章在分析社会资本简单再生产的基础上,进一步分析社会资本的扩大再生产,在更加具体的形式上阐述资本主义再生产的特征。

本章中心:分析在扩大再生产情况下,社会产品实现的条件,包括扩大再生产的前提条件和扩大再生产的平衡条件。

本章结构:除一个前言外,分四节:第一节分析第Ⅰ部类积累;第二节分析第Ⅱ部类积累;第三节用公式说明两大部类实现扩大再生产的条件;第四节对扩大再生产在流通中的货币来源问题作了些补充。

{积累是如何进行的(第551页)} 单个资本的积累是剩余价值的资本化,即资本家将实现的剩余价值的货币,再转化为追加资本的生产要素,从而扩大再生产。单个资本的积累过程是如此,社会资本的积累过程也是如此。"在单个资本上发生的情况,也必然会在全年总再生产上出现。"(第551页)

{扩大再生产的条件(第551—553页)} 但是,剩余价值资本化,实行扩大再生产,必须具备两个条件。

1. 必须把一部分转化为货币的剩余价值贮藏起来进行货币资本的积累,并且要积累到一定数量,足够在实际上去扩大生产规模,达到与从事扩大再生产相适应的水平,因此在实行扩大再生产以前,需要有一个货币积累过程。

2. 由于货币本身不是实际再生产的要素,生产资本的实物要素是生产资料和劳动力,所以还必须能够在市场上买到追加的生产资料和劳动力,以及维持追加劳动力所必需的消费资料。在资本主义社会,由于存在大量失业工人,要追加劳动力是不成问题的。"一方面的货币就能引起另一方面的扩大再生产,就是由于再生产扩大的可能性在没有货币的情况下就已经存在;因为货币本身不是实际再生产的要素。"(第552页)

由此可见,资本积累过程包括由剩余价值转化为贮藏货币和再由贮藏货币转化为生产资本两个环节,前者是货币积累,后者是实际积累,货币积累是实际积累的先行阶段,货币积累只有发展为实际积累才能进行现实的扩大再生产。

> 积累货币的来源
> (第553—554页)

每个资本家都要进行积累和扩大再生产,为此,都要先有货币积累,这只有卖而不买才能做到。大家都卖,那么买者是谁呢?也就是为进行积累的货币到底从何而来?如果说金的生产者是只买不卖的,但因此就认为其他一切商品生产者都是只卖不买地将其商品卖给金生产者,显然是荒谬的,要解决这个问题,就要把Ⅰ和Ⅱ的积累区别开来分析。

(一) 第Ⅰ部类的积累

要扩大再生产,第Ⅰ部类首先要积累。第Ⅰ部类积累包含:货币积累和实际积累,货币积累要先于实际积累,实际积累就是追加不变资本和可变资本。

> 货币积累过程(第554—559页)

货币积累过程是一部分人只卖不买进行货币贮藏,但要有另一部分人只买不卖,把货币投入流通,这种情况是可能的,因为一部分人进行货币积累时,另一部分资本家在进行实际积累,把货币投入市场,前者卖而不买,后者买而不卖,前者能够从流通中取出货币进行贮藏,是因为后者同时向流通中投入货币,积累的货币是由进行实际积累的资本家提供的。

这种货币贮藏,虽然在简单商品流通时就已存在,但在资本主义下它是资本主义生产过程的一个内在要素,且在信用制度下这种货币贮藏是积聚在银行手中的,成为了可供支配的资本。"可贷资本"、货币资本,即成为生利的东西。这种货币贮藏的前提,是要转化为货币的剩余价值的承担者——剩余产品的连续生产。

由于货币积累,从而所发生的单纯的卖,必须要有单纯的买与之相适应,否则再生产就会遭到破坏。要使再生产顺利进行,条件是投入市场的货币必须等于积累的货币,这样才能达到平衡。在资本主义社会,"平衡本身就是一种偶然现象"(第558页)。而这种不平衡则增加了资本主义经济危机的可能性。

追加的不变资本
(第559—565页)

1. 追加不变资本的形成。(1)第Ⅰ部类追加的不变资本是第Ⅰ部类工人剩余劳动创造的部分剩余产品转化而来的,它的实物形态是生产生产资料的生产资料。(2)这部分剩余产品是第Ⅰ部类货币积累者 A、A'、A''…的产品,卖给第Ⅰ部类实际积累者 B、B'、B''…去作为追加的不变资本的要素。所以,它在 A、A'、A''等手中是潜在的追加不变资本,在 B、B'、B''等的手中执行不变资本的职能。

2. 追加不变资本的用途。追加不变资本是用来生产生产资料的生产资料,以扩大本部类的再生产,而不是用来生产消费资料的生产资料,以其用来和Ⅱc相交换以取得消费资料。"因此,为了从简单再生产过渡到扩大再生产,第Ⅰ部类的生产要能够少为第Ⅱ部类制造不变资本的要素,而相应地多为第Ⅰ部类制造不变资本的要素。"(第560页)由此得出结论:如果只考虑价值量,扩大再生产的物质基础是在简单再生产内部生产出来的,这种物质基础就是,直接用在第Ⅰ部类生产资料的生产上的,用在第Ⅰ部类潜在的追加资本的制造上的第Ⅰ部类工人的剩余劳动。

3. 追加不变资本的数量。追加不变资本的数量取决于生产规模、劳动生产力,技术发展水平等因素。"已经在一个国家执行职能的生产资本(包括投入生产资本的劳动力,即剩余产品的制造者)越多,劳动的生产力,从而生产资料生产迅速扩大的技术手段越发展,因而剩余产品的量无论在价值方面或在价值借以体现的使用价值量方面越大。"(第561页)

4. 追加不变资本的货币来源,由潜在的追加资本变为现实的追加资本,需要经过流通,由此引出一个问题:追加不变资本的货币又从哪里来?其实,这个问题不难解决。(1)购买剩余产品的 B、B'、B''等人,同 A、A'、A''

等人一样，通过出售自己的剩余产品而形成的货币贮藏。(2)从简单再生产过渡到扩大再生产来看，最初由于生产资料的商品总量没有变化，变动的只是它的用途，也就是说，现在第Ⅰ部类 A、A'、A'' 等不把他的剩余产品全部卖给Ⅱc 作为Ⅱc 的要素，而是把一部分卖给Ⅰ的 B、B'、B'' 等去作为追加的不变资本要素，这样为流通所需要的货币量也不变。(3)不过，随着再生产的扩大，流通所需要的货币量也会随之扩大。

{追加的可变资本（第565—566页）} 在资本主义制度下，追加可变资本是不成问题的。(1)资本主义社会只存在相对过剩的人口，劳动力总是准备好的。(2)资本有机构成不断提高，不增加劳动力（人数）也可以推动更多的劳动。虽然没有积累还是能在一定界限内扩大再生产。但是，这里讲的是特定意义的扩大再生产，即通过资本积累来扩大再生产。因此，生产的扩大要取决于剩余价值到追加资本的转化。

(二) 第Ⅱ部类的积累

这一节主要说明第Ⅰ部类单方面的积累对第Ⅱ部类引起的困难，从整个社会资本再生产的角度来考察积累，要求两大部类各要素必须重新组合。

{第Ⅱ部类积累过程（第566—568页）} 1. 第Ⅱ部类积累的必要。社会资本实现积累和扩大再生产，不仅第Ⅰ部类需要积累，而且第Ⅱ部类也需要积累。因为如果第Ⅱ部类不进行资本积累和扩大再生产，则不仅第Ⅰ部类所增产的生产资料除本部类使用外的多余部分不能实现，形成生产过剩，并且第Ⅰ部类扩大再生产所需追加的劳动力，亦不能获得必要的消费资料，所以第Ⅱ部类也要进行积累。

2. 第Ⅱ部类的积累与第Ⅰ部类一样，也就是剩余价值不能全部用于资本家个人消费，还要有一部分剩余价值转化为资本。

{第Ⅱ部类积累遇到的困难（第568—570页）} 由于第Ⅰ部类为了进行积累，在由简单再生产过渡到扩大再生产时，Ⅰm 不是全部用来和Ⅱc 交换，而是用一部分作为追加的不变资本，这样Ⅱ部类的再生产就发生了困难。如果Ⅰ$1000m$ 中有

500 I m 用于追加的不变资本,不能和 II c 交换,II 2 000c 中的 500c 就不能实现,就会发生生产过剩。II 的生产过剩也会严重影响 I,以致不仅不能达到扩大再生产的目的,甚至连简单再生产也不能维持。

有人企图以商品储备形式回避这个困难,这是不能解脱困境的,这是因为,为了扩大再生产,I 的各个要素之间有了不同的组合,并要求 II 的各要素与其相适应,因此,两个部类都要扩大再生产,必须改变各部类内部的组合及其相互之间的比例关系。为此,必须用公式来说明进行积累时 I、II 两部类各要素组合的变化及其比例关系。

(三) 用公式来说明积累

这一节是本章的核心部分,重点是分析在扩大再生产条件下,社会总产品如何实现问题,揭示扩大再生产的基本规律。

> 要扩大再生产年产品就要重新组合 (第 571—572 页)

要扩大再生产,年产品就要重新组合。从第 571—572 页,马克思列举了(a)、(b)两个公式来比较说明。

(a) I $4\,000c + 1\,000v + 1\,000m = 6\,000$
   II $1\,500c + 376v + 376m = 2\,252$ $\Big\} = 8\,252$

(b) I $4\,000c + 875v + 875m = 5\,750$
   II $1\,750c + 376v + 376m = 2\,502$ $\Big\} = 8\,252$

比较公式(a)和(b),可以看到:(1)两个公式的价值总量相同($=8\,252$),但组合不同。(2)从价值上看,公式(a) I($1000v+1000m$)$>$ II$1500c$,第 I 部类有余额,构成扩大再生产的物质基础。公式(b) I($875v+875m$) $=$ II $1\,750c$,第 I 部类只能进行简单再生产。(3)因此,可以说,"规模扩大的再生产,(在这里,这种再生产只是指用较大的投资来进行的生产)与产品的绝对量无关。"(第 571 页)(4)规模扩大的再生产的物质前提是,既定产品的各种要素已经有了不同的组合,即 I($v+m$) $>$ IIc。

> 对公式(a)的分析 (第 572—573 页)

由于公式(a)符合扩大再生产的基本条件,而(b)是简单再生产公式,我们现在研究扩大再生产,所以抛开公式(b),着重分析公式(a)。假定两大部

类都把剩余价值的一半用作积累,对公式(a)的分析可以看到:

1. 用于积累的 $500\,\text{I}\,m$,并不是全部用于追加的不变资本(Δc),还要以相应的一部分用作追加的可变资本(Δv)。同样,第 II 部类用于积累的 $188\,\text{II}\,m(=376\times 1/2)$,也要分解为追加的不变资本($\Delta c$)和追加的可变资本($\Delta v$),这样,全部剩余价值在扩大再生产条件下,要分解为 $\Delta c+\Delta v+m/x=m$。

2. 本来由于 $\text{I}(1\,000m)$ 中有 $500m$ 用于积累后,$\text{I}(1\,000v+500m)=\text{II}\,1\,500c$,两大部类正好能够交换。现在由于用于积累的 $500\,\text{I}\,m$ 还要分解为追加的不变资本(Δc)和追加的可变资本(Δv),并且第 II 部类用于积累的剩余价值也要分解为 Δc 和 Δv,这都使 $\text{I}(v+m)$ 和 $\text{II}\,c$ 的比例发生变化,所以还要重新考察两大部类之间的交换。

3. 因此,这个例子说明:$\text{I}(v+m)>\text{II}\,c$,虽然是扩大再生产的必要条件,但还不是扩大再生产实现的平衡条件。

那么,扩大再生产实现的平衡条件是什么?为了说明这个问题,马克思下面用第一例和第二例作例证进行分析。

第 II 部类扩大再生产的货币来源(第 573—576 页) 从第 573—576 页,马克思又插进了一个新问题,即公式(a)中由于第 II 部类要追加不变资本,需要用现金向 I 部类购买,这个货币的来源问题。马克思主要批判了两种看法:(1)有人认为 II 资本家可以通过克扣工人工资,降低实际工资来解决;(2)有人认为 II 的一部分资本家用提高产品价格来解决货币的来源问题。马克思说此路不通。问题将在本章第四节得到解决。

第一例

1. 扩大再生产的开端公式

$\text{I}\ 4\,000c+1\,000v+1\,000m=6\,000$

$\text{II}\ 1\,500c+750v+750m=3\,000$

这个公式的假设条件是:第一,第 I 部类的总产品价值大于第 II 部类;第二,$\text{I}(v+m)>\text{II}\,c$;第三,第 I 部类有机构成是 4∶1,第 II 部类的有机构成是 2∶1;第四,两大部类的剩余价值率都是 100%;第五,第 I 部类的积累率为 50%。

2. 由于第 1 年进行扩大再生产而改变了两大部类的组合。

(1) 按照上面的假设条件,第 I 部类由于积累率是 50%,因此第 I 部类积累额就等于 $Im(1\,000) \times 50\% = 500$,$Im\,1\,000$ 减去 500 积累额剩下来的就是 500 剩余价值供资本家消费。又由于第 I 部类的有机构成是 4:1,因此,作为积累基金的追加资本 500,400 用于不变资本,因而,$Ic = 4\,000 + 400 = 4\,400$;100 用于追加可变资本,因而,$Iv = 1\,000 + 100 = 1\,100$。

第 II 部类,由于积累率是 20%,因此第 II 部类的积累额等于 $IIm(750) \times 20\% = 150$,$IIm\,750$ 减去 150 积累额剩下来的 600 剩余价值供资本家消费。又由于第 II 部类的有机构成是 2:1,因此作为积累基金的追加资本 150 中,100 用于追加不变资本,$IIc = 1\,500c + 100c = 1\,600c$;50 用于追加可变资本,$IIv = 750v + 50v = 800$。

(2) 这样使得 $I(1\,100v + 500m/x) = II(1\,600c)$,于是两大部类的组合公式变为

$$I\ 4\,400c + 1\,100v + 500m/x = 6\,000$$
$$II\ 1\,600c + 800v + 600m/x = 3\,000$$

从而使两大部类的扩大再生产都能实现。

(3) 到第 2 年结束时,由于有了追加的资本,生产扩大地进行了。第 2 年年终就可得出

$$\left\{\begin{array}{l} I\ 4\,400c + 1\,100v + 1\,100m = 6\,600 \\ II\ 1\,600c + 800v + 800m = 3\,200 \end{array}\right\} = 9\,800$$

这样,由于 $I(1\,100v + 1\,100m)$ 仍旧大于 $II\,1\,600c$,所以生产仍能扩大地进行。

以此类推:

第 3 年年终为

$$\left\{\begin{array}{l} I\ 4\,840c + 1\,210v + 1\,210m = 7\,260 \\ II\ 1\,760c + 880v + 880m = 3\,520 \end{array}\right\} = 10\,780$$

第 4 年年终为

$$\left.\begin{aligned}&\text{I } 5\,324c + 1\,331v + 1\,331m = 7\,986\\&\text{II } 1\,936c + 968v + 968m = 3\,872\end{aligned}\right\} = 11\,858$$

第 5 年年终为

$$\left.\begin{aligned}&\text{I } 5\,856c + 1\,464v + 1\,464m = 8\,784\\&\text{II } 2\,129c + 1\,065v + 1\,065m = 4\,259\end{aligned}\right\} = 13\,043$$

第 6 年年终为

$$\left.\begin{aligned}&\text{I } 6\,442c + 1\,610v + 1\,610m = 9\,662\\&\text{II } 2\,342c + 1\,172v + 1\,172m = 4\,686\end{aligned}\right\} = 14\,346$$

"在五年规模扩大的再生产期间,第Ⅰ部类和第Ⅱ部类的总资本,已经由 $5\,500c + 1\,750v = 7\,250$,增加到 $8\,784c + 2\,782v = 11\,566$,也就是按 100∶160 之比增加了。总剩余价值原来是 1 750,现在是 2 782。已经消费的剩余价值,原来在第Ⅰ部类是 500,在第Ⅱ部类是 600,合计 = 1 100,但是在最后一年,在第Ⅰ部类是 732,在第Ⅱ部类是 745,合计 = 1 477,因此,是按 100∶134 之比增加了。"(第 580 页)

(4) 但在这个过程中要注意,第Ⅱ部类的积累率是根据第Ⅰ部类的需要而变化的,如果从第二年开始,第Ⅱ部类的积累率不变即第Ⅱ部类仍为 20% 的积累率,两大部类的生产就不能平衡进行。以第 2 年为例:

由于第Ⅰ部类积累额为:$1\,100m \times 50\% = 550$

按 4∶1 构成追加:$\Delta c = 550 \times 4/5 = 440\Delta c$

$\Delta v = 550 \times 1/5 = 110\Delta v$

第Ⅱ部类积累额为:$8\,000m \times 20\% = 160$

按 2∶1 构成追加:$\Delta c = 160 \times 2/3 = 107\Delta c$

$\Delta v = 160 \times 1/3 = 53\Delta v$

按上述数字追加,得公式为

$$\text{I } 4\,400c + 440\Delta c + 1\,100v + 110\Delta v + 550m/x = 6\,600$$
$$\text{II } 1\,600c + 107\Delta c + 800v + 53\Delta v + 640m/x = 3\,200$$

但是,重新组合后的两大部类交换并不能平衡,即

$$\text{I}(1\,110v+550m/x) \neq \text{II}\,1\,707c$$

所以,为了要使重新组合后的两大部类平衡,第Ⅱ部类的积累率必须相应地进行调整,即把第Ⅱ部类的积累率由原先的20%调整为30%,则第2年的年终产品组合就是

$$\text{I}(4\,400c+440\Delta c)+(1\,100v+110\Delta v)+550m/x = 6\,600$$
$$\text{II}(1\,600c+160\Delta c)+(800v+80\Delta v)+560m/x = 3\,200$$

这样,$\text{I}(1\,110v+550m/x)=\text{II}\,1\,760c$,两大部类之间的交换又重新平衡。

以后各年第Ⅱ部类的积累率也这样要根据第Ⅰ部类需要进行调整。

以上过程分析,说明了一些重要原理:(1)积累首先从Ⅰ开始,扩大再生产从Ⅰ积累开始;(2)积累要分成两部分,不变资本和可变资本;(3)Ⅱ部类积累要和Ⅰ部类相适应,Ⅱ积累由Ⅰ决定,并且"如果要使事情正常进行,第Ⅱ部类就必须比第Ⅰ部类积累得快"(第579页)。

第二例

第二例和第一例相比,是假定在资本有机构成较高的情况下进行积累。第Ⅰ部类为5∶1,第Ⅱ部类也为5∶1。主要是分析扩大再生产的第一个前提条件和平衡条件。同时,它将说明第Ⅰ部类的积累也必须依赖于第Ⅱ部类的扩大再生产。

第二例的公式是

$$\left.\begin{array}{l}\text{I}\,5\,000c+1\,000v+1\,000m = 7\,000\\ \text{II}\,1\,430c+285v+285m = 2\,000\end{array}\right\}=9\,000$$

在这里假定,Ⅰ按50%的积累率进行积累,按照5∶1的资本构成追加。既然假定第Ⅰ部类的积累率$=\frac{1}{2}m(=50\%)$,$1\,000\,\text{I}\,m$中会有$500\,\text{I}\,m$用作资本家个人消费,$500\,\text{I}\,m$用作积累。这样,首先我们可以看到:

(1)扩大再生产已经包含了简单再生产的要素。因为第Ⅰ部类积累后,与第Ⅱ部类的交换是$\text{I}(1\,000v+500m)$要转化为$1\,500\,\text{II}\,c$,但这里Ⅱc

只有 $1\,430c$，因此必须从 $\mathrm{II}\,m$ 中补进 70，同时由于 $70\,\mathrm{II}\,m$ 并入 $\mathrm{II}\,c$ 就会有 $70/5=14$ 作为追加的可变资本并入 $\mathrm{II}\,v$。所以，第 II 部类的 $285\,\mathrm{II}\,m$ 现在就剩下：$285\,\mathrm{II}\,m-70\,\mathrm{II}\,m-14\,\mathrm{II}\,m=20\,\mathrm{I}\,m$，因此我们得出

$$\mathrm{II}\,(1\,430c+70\Delta c)+(285v+14\Delta v)+20\,\mathrm{I}\,m$$

而在这里，关于 $\mathrm{I}\,1\,500\left(v+\dfrac{1}{2}m\right)$ 与 $1\,500\,\mathrm{II}\,c$ 的交换已在简单再生产时阐明。不过，这里同第一例比较，具有了新的特征："这些特征所以会发生，是由于在有积累的再生产中，$\mathrm{I}\left(v+\dfrac{1}{2}m\right)$ 不是简单由 $\mathrm{II}\,c$ 来补偿，而是由 $\mathrm{II}\,c$ 加 $\mathrm{II}\,m$ 的一部分来补偿。"（第 582 页）

（2）扩大再生产的第一个前提条件。扩大再生产必须有追加的生产资料，作为两个部类追加不变资本之用。这种追加的生产资料是由第 I 部类的剩余产品提供的。"既然把积累作为前提，$\mathrm{I}\,(v+m)$ 就大于 $\mathrm{II}\,c$ 而不像简单再生产那样，和 $\mathrm{II}\,c$ 相等；因为 1. 第 I 部类已经把它的一部分剩余产品并入自己的生产资本，……2. 第 I 部类要用它的剩余产品，为第 II 部类进行积累时所必需的不变资本提供材料。"（第 582 页）用公式表示

$$\mathrm{I}\,(v+m) > \mathrm{II}\,c \qquad (1)$$

这个公式(1)表明，为了能够提供追加的生产资料，第 I 部类中代表可变资本和剩余价值的这两部分产品，在价值总量上必须大于第 II 部类的不变资本。只有这样，这两部分产品在补偿了第 II 部类已消耗的生产资料之后，才能余下一部分生产资料来满足扩大再生产追加生产资料的需要。

同时，"就像第 I 部类必须用它的剩余产品为第 II 部类提供追加的不变资本一样，第 II 部类也要在这个意义上为第 I 部类提供追加的可变资本。就可变资本来说，当第 II 部类以必要消费资料的形式再生产它的总产品的大部分，特别是它的剩余产品的大部分时，它就既为第 I 部类，又为它自己进行积累了"（第 584 页）。

（3）扩大再生产的平衡条件和平衡公式。从公式 $\mathrm{I}\,(v+m) > \mathrm{II}\,c$ 看，两大部类为扩大再生产相互之间的交换是不平衡的，要使扩大再生产能够顺利实现，两大部类之间还必须保持适当的比例关系，即还要有平衡条件

和平衡公式。从第Ⅰ部类追加生产资料来看扩大再生产的平衡条件和平衡公式就是

$$\mathrm{I}(v+m) = \mathrm{II}c + \mathrm{I}\Delta c + \mathrm{II}\Delta c$$

马克思说:"在以资本的增加为基础的生产中,$\mathrm{I}(v+m)$必须$=\mathrm{II}c$加上再并入资本的那部分剩余产品,加上第Ⅱ部类扩大再生产所必需的不变资本的追加部分。"(第585页)这就是说,扩大再生产要能顺利进行,第Ⅰ部类可能追加的生产资料必须和两大部类需要追加的生产资料相等。公式$\mathrm{I}(v+m) > \mathrm{II}c$,只回答要扩大再生产必须有追加的生产资料,而没有回答要追加多少生产资料。公式$\mathrm{I}(v+m) = \mathrm{II}c + \mathrm{I}\Delta c + \mathrm{II}\Delta c$,不仅包含$\mathrm{I}(v+m) > \mathrm{II}c$,而且回答了$\mathrm{I}(v+m)$比$\mathrm{II}c$大的部分要正好等于第Ⅰ部类和第Ⅱ部类追加的不变资本。

(4)扩大再生产条件下,两大部类交换的特征。前面分析了第Ⅰ部类按50%积累后,$\mathrm{I}\left(v+\frac{1}{2}m\right) > \mathrm{II}c$。在这种条件下,两大部类的交换具有如下一些特征:①由于1 430 $\mathrm{II}c$小于1 500 $\mathrm{I}\left(v+\frac{1}{2}m\right)$,"因此,在和1 500 $\mathrm{I}(v+m)$交换时,第Ⅱ部类的一部分剩余产品$=70$,会立即由此实现"(第585页)。这里补充的70 $\mathrm{II}m$,对于第Ⅰ部类来说,仅仅是以消费资料补偿收入,属于简单再生产过程。而对于第Ⅱ部类来说是它的一部分剩余产品由消费资料形式转化为追加不变资本的形式,是直接的积累过程。如果第Ⅰ部类用70货币购买第Ⅱ部类的消费资料,而第Ⅱ部类却不再向第Ⅰ部类购买生产资料,把70货币贮藏起来,那么第Ⅱ部类方面的这种货币积累,同时是70 $\mathrm{I}m$的生产资料卖不出去的表现。"因此,第Ⅰ部类会发生相对的生产过剩,这是同第Ⅱ部类方面的再生产不同时扩大相应的。"(第585页)②70 $\mathrm{I}m$并入第Ⅱ部类的不变资本,同时要求第Ⅱ部类的可变资本增加14,这种增加是以第Ⅱ部类的再生产包含着必要生活资料构成的那部分剩余产品的增加为前提。

积累时Ⅱc的交换

这一节是对"第一例""第二例"所作的小结,并着重分析了扩大再生产的第二个前提条件。

> 积累时与 IIc 交换的种种情况（第 588—590 页）

在积累时,首先考察的是积累率。当第 I 部类的积累率 $=\frac{1}{2}m$ 时,会有三种情况。

1. $I\left(v+\frac{1}{2}m\right) = IIc$。如第一例中 $I(1\,000v + 1\,000m/2) = 1\,500c$,因此,$IIc$ 必然小于 $I(v+m)$,即小于 $I(1\,000v + 1\,000m)$,否则第 I 部类无法积累。

2. $I\left(v+\frac{1}{2}m\right) > IIc$。如第二例中 $I(1\,000v + 1\,000m/2) > II\,1\,430c$。在这种情况下,要使第二例中 $I(1000v+1000m/2)$ 得到补偿,就必须从 $IIm(285\,IIm)$ 中取出 70,追加到 $1\,430\,IIc$ 中去,使 IIc 的总额与 $I(v+m/2)$ 相等。

3. $I(v+m/2) < IIc$。在这种情况下,第 II 部类没有通过这种交换全部再生产出它的不变资本,只能通过向第 I 部类购买,才能补偿这种不足。在这种情况下,已不需要第 II 部类可变资本进行积累,因为第 II 部类的不变资本只是通过这种购买,再生产出其原有数量。而第 I 部类仅仅积累追加货币资本的那一部分资本家,却已经通过这种交换完成了这种积累的一部分。

除了以上三种基本情况外,还有两种特殊情况:

4. 虽然资本主义是以扩大再生产为特征的事实排斥 $I(v+m) = IIc$ 这一可能性,但在积累过程中仍然可能发生这样的情况:由于过去一系列生产期间进行积累的结果,IIc 不仅与 $I(v+m)$ 相等,而且甚至大于 $I(v+m)$。这就是说,第 II 部类生产过剩了,而这只有通过一次危机才能恢复平衡。其结果是,一部分资本由第 II 部类转到第 I 部类。

5. 如果第 II 部类自己再生产一部分不变资本,例如在农业中使用自己生产的种子,那也不会改变 $I(v+m)$ 和 IIc 的关系。IIc 的这一部分和 Ic 一样,无须加以考察。如果 II 的一部分产品作为生产资料进入第 I 部类,那也不会改变问题的实质,因为这一部分产品会和第 I 部类提供的一部分生产资料互相抵消。

> 扩大再生产的第二个前提条件(第590页)

扩大再生产还必须有追加的消费资料,作为两个部类追加可变资本之用。就像第Ⅰ部类必须用它的剩余产品为第Ⅰ部类和第Ⅱ部类追加生产资料一样,第Ⅱ部类也要在这个意义上为第Ⅰ部类和第Ⅱ部类提供追加的消费资料。"因此,在资本主义生产中,$Ⅰ(v+m)$不能与$Ⅱc$相等;或者说,二者不能在交换时互相抵销。如果$Ⅰ(m/x)$是$Ⅰm$中作为第Ⅰ部类资本家的收入花掉的部分,那么,$Ⅰ(v+m/x)$就可以等于、大于或小于$Ⅱc$;但是,$Ⅰ(v+m/x)$必须总是小于$Ⅱ(c+m)$,其差额就是第Ⅱ部类的资本家在$Ⅱm$中无论如何必须由自己消费的部分。"(第590页)我们认为,这可以看做是扩大再生产的第二个前提条件。

(四) 补充说明

这一节主要是补充说明积累中的货币来源问题。

1. 对第Ⅱ部类来说,原始的货币源泉,是第Ⅰ部类的金生产者和$Ⅱc$的一部分进行交换的$v+m$,才进入第Ⅱ部类,在那里形成新的货币贮藏。另外,供给第Ⅰ部类作原料的金也会形成第Ⅱ部类货币的源泉。

2. 为了将来扩大再生产,在两大部类的交换中,两个部类都会形成一部分货币贮藏。对第Ⅰ部类来说,以$Ⅰm$的一部分单方面地、没有相应的购买而卖给第Ⅱ部类,供给第Ⅱ部类作为追加的不变资本的要素发挥作用,第Ⅰ部类因而得到货币。第Ⅱ部类也可以单方面卖而不买得到货币。

3. 第Ⅱ部类内部的交换,也是一部分处在货币积累阶段,另一部分处在实际积累阶段。"一方面还处在货币贮藏,只卖不买的阶段,另一方面却已经处在实际扩大再生产,只买不卖的阶段。"(第592页)

第 3 卷

资本主义生产的总过程(上)

《资本论》第 3 卷介绍

《资本论》第 3 卷和第 2 卷一样,是由恩格斯根据马克思遗留下来的手稿整理出版的。它出版于 1894 年,比第 2 卷迟了 9 年,比第 1 卷迟了 28 年。马克思约 1865 年写好这个草稿,整整 30 年后才得以出版。

第 3 卷的主要部分是马克思写的,有一部分是恩格斯增补的。例如,第四章,马克思原来只有一个标题,内容都是恩格斯写的。恩格斯说过:第 3 卷有些地方所加的变更或增补,不只有编辑的性质,有些地方是根据马克思所提供的事实材料,或根据马克思的精神,而自行推得的结论。所以,恩格斯对第 3 卷的出版,也花了艰辛的劳动。

一、《资本论》第 3 卷的研究对象

《资本论》第 3 卷的标题是资本主义生产的总过程,这就是说,作为《资本论》第 3 卷的研究对象,应该是资本主义生产总过程。但是,对资本主义生产总过程应当有个全面正确的理解。

1. 资本主义生产总过程,是生产过程、流通过程和分配过程三者的统一。这和第 1 卷和第 2 卷都不同,第 1 卷只研究直接生产过程,第 2 卷是研究作为生产过程和流通过程统一的流通过程,而第 3 卷是研究作为生产过程、流通过程和分配过程统一的资本主义生产总过程。

2. 资本主义生产总过程,也是资本主义社会再生产的总过程。它既是前一次生产过程的结束,又是下次生产过程的开始。这里不是研究再生产的直接生产过程,也不是研究再生产的实现过程,而是研究再生产过程的

结果,各种资本形式分配剩余价值的结果。这种剩余价值的分配又是现实资本再生产的条件。因为如果各部门的资本或各资本集团不能按资本主义商品经济运行的规律瓜分到一定量的剩余价值的话,就会发生资本(或生产要素)的转移和投资中止,从而影响再生产。所以马克思说:"从长期来看生产价格是供给的条件,是每个特殊生产部门商品再生产的条件。"(第221页)"利润不是表现为产品分配的主要因素,而是表现为产品生产本身的主要要素,即资本和劳动本身在不同生产部门之间分配的因素。"(第998页)从剩余价值分配的终点引出社会再生产继续进行的起点,又从起点到终点,它既是社会再生产不断重复的过程,同时也是现实的资本主义生产总过程。恩格斯说:"第3卷,将阐明马克思对资本主义基础上的社会再生产过程的研究的最终结论。"(第2卷,第25页)

3. 资本主义生产总过程,不是个别资本的运动过程,也不是研究某一种资本运动的总过程,而是研究社会各种资本形式运动的总过程。所以,它与《资本论》第2卷第三篇所研究的社会总资本的运动又是不同的,《资本论》第2卷第三篇所研究的社会总资本的运动,还仅仅是产业资本即资本的一种形式的总资本的运动,而第3卷研究的是社会总资本各种形式,包括产业资本、商业资本、生息资本等各种资本形式的总运动过程。

4. 资本主义运动总过程是"揭示和说明**资本运动过程作为整体考察**时所产生的各种具体形式"(第29页),怎么理解这句话呢?

我们认为无论从字面来看,还是从《资本论》第3卷实际揭示的内容来看,不能认为第3卷只是指资本的各种形式,它还包括资本运动总过程中产生的各种具体形式。具体说它包括以下一些内容。

(1) 资本的各种具体形式,包括产业资本(任何按资本主义方式经营的生产部门的资本,如工业、农业、建筑业、交通运输业等)、商业资本(流通领域发生职能的资本,包括商品经营资本和货币经营资本)、生息资本(为获取利息而贷给别人使用的资本)。除这些具体形式外,还有更具体的高利贷资本(以贷放货币或实物方式获取高利的资本)、借贷资本(为获得利息而暂时贷给职能资本家使用的货币资本)、银行资本(进行银行业务带来银行利润的资本)、虚拟资本(以有价证券形式存在并能给持有者带来一定收入的资本)等等。

(2) 剩余价值的各种具体形式,如产业利润(物质生产部门的资本家所获取的利润)、商业利润(以平均利润形式归商业资本家的一部分剩余价值)、利息(系指借款人因借款而支付给贷款人的报酬,它是平均利润的一部分)、企业主收入(平均利润减去利息的余额,也就是产业利润和商业利润的总和)和地租(土地所有权在经济上的实现形式,是超过平均利润以上的余额)等。

(3) 价值的各种具体形式,如社会价值(社会必要劳动时间决定的价值)、个别价值(个别劳动时间决定的价值)、平均价值(社会平均劳动时间决定的价值)、市场价值("不同的个别价值,必须平均化为一个社会价值,即上述市场价值")、名义价值(对商品价格实行名义上的加价)、虚假的社会价值(农产品社会价值总和与个别价值总和的差额)等。

(4) 价格的各种具体形式,如生产价格(价值的转化形式,等于成本价格加平均利润)、市场价格(价值的货币表现形式)、资本价格(利息的不合理形式)、股票和证券价格、土地价格(资本化的地租)等。

(5) 阶级矛盾的各种具体形式。在资本主义生产总过程中,阶级关系也更复杂了。《资本论》第1卷、第2卷,主要分析了工业资本家和雇佣工人的矛盾,这个第3卷则分析了整个工人阶级和整个资产阶级的矛盾。并在这个主要矛盾基础上,分析了工业资本家之间,工业资本家、商业资本家、生息资本家、农业资本家以及土地所有者之间的矛盾,即剥削阶级内部的矛盾。在资本主义社会,工人阶级和资产阶级之间的矛盾是主要矛盾,资产阶级各个剥削集团内部的矛盾是次要矛盾,次要矛盾服从于主要矛盾。

二、《资本论》第3卷的中心

《资本论》第3卷的中心是什么? 恩格斯在介绍第3卷时曾明确指出:"第3卷所阐述的就是剩余价值的分配规律。"①"剩余价值的分配就像一根

---

① 《马克思恩格斯全集》第22卷,第511页。

红线一样贯串着整个第3卷。"①这就是说,《资本论》第3卷的中心是分析剩余价值的分配问题。

资本主义生产总过程的实质是剩余价值的生产、实现和分配的过程,而剩余价值的生产和实现在第1卷和第2卷已经分别分析了,现在第3卷则着重分析剩余价值的分配过程。通过分析剩余价值的分配说明资本主义实现再生产和流通所必须的条件,从而在总体上揭示资本主义生产关系的本质。

从阶级关系来看,资产阶级和工人阶级的矛盾,其实质是资产阶级榨取整个工人阶级生产的剩余价值,从资产阶级各个剥削集团的内部矛盾来看,其实质就是他们之间怎样来瓜分工人阶级生产的剩余价值。

那么,资产阶级怎样瓜分剩余价值,有哪些集团参加瓜分剩余价值呢?

第一,通过利润率的平均化首先在产业资本家内部进行瓜分(第二篇);

第二,商业资本家以商业利润形式参与瓜分(第四篇);

第三,借贷资本家以利息形式参与瓜分(第五篇);

第四,土地所有者凭借土地所有权以地租形式参与瓜分(第六篇);

第五,资产阶级政府及其官吏凭借国家权力以税收的形式参与瓜分。这个问题,马克思在第3卷没有讲到,但在第2卷提到了这个问题。马克思说:"剩余价值——必然总是首先在产业资本家手中——分成不同的范畴。作为这些范畴的承担者出现的,除产业资本家以外,还有土地所有者(就地租而言)、高利贷者(就利息而言)等,同时还有政府和它的官吏、食利者等等。"(第2卷第470页)

剩余价值分配理论从另一个角度看,它又是剩余价值转化形式的理论。《资本论》第3卷是怎样分析剩余价值转形问题的呢?简单说来,可以归结为三类、六个阶段、九种形式。

先说三类。

第一类,是剩余价值经过利润转化为平均利润(第一——四篇)。它表明产业资本内部以及产业资本与商业资本之间的关系,说明等量资本获取等

---

① 《马克思恩格斯全集》第22卷,第512页。

量利润,是职能资本利益分配的基本原则。

第二类,是平均利润转化或分解为企业主收入和利息(第五篇)。它表明资本所有权与使用权的关系、职能资本家与借贷资本家的关系;说明资本有偿让渡(或资本所有权在经济上实现)的分配原则。

第三类,是超额利润转化为地租(第六篇)。它表明资本权力与土地所有权的关系,资本家与土地所有者之间的关系;说明土地(自然资源)有偿让渡(或土地所有权在经济上实现)的分配原则。

那么,这三类转化经过了哪六个阶段呢?

第一阶段,不变资本和可变资本转化为成本价格;

第二阶段,剩余价值率转化为利润率,剩余价值转化为利润;

第三阶段,利润转化为平均利润,商品价值转化为生产价格;

第四阶段,商业资本参加利润平均化,剩余价值转化为商业利润;

第五阶段,平均利润转化为或分解为企业主收入和利息;

第六阶段,超过平均利润的余额,即超额利润转化为地租。

在这些阶段中,具体有哪九种转化形式呢?

① 成本价格是商品中不变资本和可变资本的转化形式;

② 利润率和平均利润率是剩余价值率的转化形式;

③ 利润是剩余价值的转化形式;

④ 平均利润是利润的转化形式;

⑤ 生产价格是价值的转化形式;

⑥ 商业利润是平均利润的转化形式;

⑦ "监督工资"是企业利润的转化形式;

⑧ "资本价格"是利息的转化形式;

⑨ 地租是超额利润的转化形式。

三、《资本论》第3卷的结构和重点

1. 第3卷是《资本论》中章数最多的一卷,一共七篇五十二章,通常分成三大部分。

第一部分是第一篇至第三篇,分析利润问题。第一篇剩余价值转化为利润和剩余价值率转化为利润率,是讲利润的形成;第二篇利润转化为平均利润,是讲利润的平均化;第三篇利润率倾向下降的规律,是讲利润率的趋势。这三篇中心是说明在产业资本家内部怎样瓜分剩余价值的问题。

第二部分是第四篇至第六篇。第四篇商品资本和货币资本转化为商品经营资本和货币经营资本(商人资本),是分析商业资本如何获得商业利润;第五篇利润分为利息和企业主收入与生息资本,是分析生息资本如何获得利息;第六篇超额利润转化为地租,是分析土地所有者如何获得地租。这一部分中心是说明产业资本家和各个剥削集团如何瓜分剩余价值的问题。

第三部分是第七篇各种收入及其源泉。它不仅是第3卷,而且是《资本论》前3卷即理论部分的总结。

2. 关于《资本论》第3卷的学习重点,恩格斯在给维·阿德勒的信中曾作了如下提示。

"第一篇的第一至四章是重要的,而第五、六、七章对总的联系不太重要,所以暂时不必在上面花费很多时间。

第二篇。第八、九、十章**非常重要**。第十一和第十二章泛读一遍就行了。

第三篇。第十三至十五章全部都**非常重要**。

第四篇。第十六至二十章也非常重要,可是容易读。

第五篇。第二十一至二十七章非常重要。第二十八章不那么重要。第二十九章重要。第三十至三十二章总的说来对于你的目的是不重要的,第三十三和第三十四章谈的是纸币等等,也重要;第三十五章关于国际汇兑率,重要,第三十六章你会感到非常有趣,也好懂。

第六篇。地租。第三十七和第三十八章重要。第三十九和第四十章不那么重要,但都需要通读。第四十一至四十三章(级差地租Ⅱ,各种特殊情况)可以比较粗略地读过去。第四十四至四十七章又是重要的,大部分也容易读。

第七篇很精彩,遗憾的是只有一个骨架,而且叙述还带有失眠症的明显痕迹。

如果你按照这个办法把主要的东西弄通,次要的东西开头先粗略地读一遍(最好先把第一卷中主要的东西再读一遍),那你就会对全书有一个概貌,以后再钻研那些被忽略的地方也就比较容易了。"①

我们认为基本上可以按照恩格斯提示的重点来学习。

四、《资本论》第 3 卷的地位和意义

1.《资本论》第 3 卷是整个《资本论》不可缺少的一个组成部分,具有重要的地位。

恩格斯对《资本论》第 3 卷作过许多很高的评价。恩格斯说过:"现在我正在搞第 3 卷,这是圆满完成全著的结束部分,甚至使第 1 卷相形见绌。……这个第 3 卷是我所读过的著作中最惊人的著作,极为遗憾的是作者未能在生前把这项工作做完,亲自出版并看到此书必定会产生的影响。在这样清楚地叙述了以后,就不可能再有任何直接的异议了。最困难的问题这样容易地得到阐明和解决,简直像是做儿童游戏似的,并且整个体系具有一种新的简明的形式。"②"我还在继续口授《资本论》第 3 卷。这是一部光彩夺目的著作,在学术上甚至超过第 1 卷。"③"我钻研得越深,就越觉得《资本论》第 3 卷伟大,……一个人有了这么巨大的发现,实行了这么完全和彻底的科学革命,竟会把它们在自己身边搁置 20 年之久,这几乎是不可想像的。"④

就《资本论》第 3 卷的内容来看,恩格斯对它的评价是完全恰如其分的。

首先,《资本论》第 3 卷是对资本主义生产方式理论分析的最后完成(不是全书的完成,还有第 4 卷对剩余价值的历史分析)。恩格斯在第 2 卷序言中说:"这个第 2 卷的卓越的研究,以及这种研究在至今几乎还没有人进入的领域内所取得的崭新成果,仅仅是第 3 卷的内容的引言,而第 3 卷,

---

① 《马克思恩格斯〈资本论〉书信集》,第 581—582 页。
② 《马克思恩格斯全集》第 36 卷,第 299 页。
③ 同上书,第 325 页。
④ 同上书,第 285 页。

将阐明马克思对资本主义基础上的社会再生产过程的研究的最终结论。"(第2卷,第25页)

其次,《资本论》第3卷完成了剩余价值理论的论证。马克思的剩余价值学说包括剩余价值的生产、实现和分配三个组成部分,第1卷分析剩余价值的生产,第2卷分析剩余价值的实现,第3卷分析剩余价值的分配,这是剩余价值理论不可缺少的一个重要组成部分,没有它,剩余价值理论就是不完整的。

此外,《资本论》第3卷是从总的联系中,对全部资本主义生产的全面考察。恩格斯说:"第3卷则又如雷鸣电闪,因为它第一次从总的联系中考察了全部资本主义生产,完全驳倒了全部官方的资产阶级经济学。"①

《资本论》第3卷还是对整个旧经济学的彻底变革。恩格斯说:"这个包含着最后的并且是极其出色的研究成果的第3卷,一定会使整个经济学发生彻底的变革,并将引起巨大的反响。"②"我正在搞第三册。它是卓越的,出色的。这对整个旧经济学确实是一场闻所未闻的变革。"③

2.《资本论》第3卷中许多重要原理对于分析和认识现代资本主义的本质仍然是重要指导思想。

(1) 第3卷中关于资本主义社会的阶级构成,主要矛盾和次要矛盾的分析仍然是观察现代资本主义国家阶级关系的准绳。例如,在《资本论》第十章马克思通过平均利润和生产价格的形成指出,在资本主义社会资本家和工人的矛盾,不是个别资本家与个别工人的矛盾,而是整个资产阶级与整个工人阶级的矛盾,是整个资产阶级剥削整个工人阶级。马克思说:"根据以上所说可以得出结论,每一单个资本家,同每一个特殊生产部门的所有资本家总体一样,参与总资本对全体工人阶级的剥削,并参与决定这个剥削的程度,这不只是出于一般的阶级同情,而且也是出于直接的经济利害关系。"(第220页)马克思还指出,尽管资产阶级内部存在着矛盾,但是从工人阶级身上榨取更多的剩余价值这一点上,他们有共同的利益。因

---

① 《马克思恩格斯全集》第36卷,第322页。
② 同上书,第288页。
③ 同上书,第292页。

此,在资本主义社会,工人阶级与资产阶级的矛盾是主要矛盾,而资产阶级内部的矛盾是次要矛盾。马克思说:"资本家在他们的竞争中表现出彼此都是虚伪的兄弟,但面对着整个工人阶级却结成真正的共济会团体。"(第221页)

(2)《资本论》关于经济危机的理论没有专章专节,在第3卷第十五章对资本主义经济危机的根源作了深刻的分析。马克思指出:"在资本主义生产方式内发展的、与人口相比显得惊人巨大的生产力,以及虽然不是与此按同一比例的、比人口增加快得多的资本价值(不仅是它的物质实体)的增加,同这个惊人巨大的生产力为之服务的、与财富的增长相比变得越来越狭小的基础相矛盾,同这个日益膨胀的资本的价值增殖的条件相矛盾。危机就是这样发生的。"(第296页)在第四篇、第五篇,马克思又对经济危机爆发的具体原因、传导机制以及它与商业投机、信用膨胀的关系作了大量的说明。

(3)第3卷对垄断资本、垄断的腐朽性等等问题已经有了许多重要的提示。马克思和恩格斯在世时,已经觉察到资本走向垄断是资本主义的一种必然趋势,在《资本论》第3卷,马克思和恩格斯对资本主义垄断的有关问题已经初步作了提示。他们已经看到垄断组织卡特尔(包括国际卡特尔)、托拉斯的出现,指出在某些部门竞争已经为垄断所代替。"在英国,在这个构成整个化学工业的基础的部门,竞争已经为垄断所代替,并且已经最令人鼓舞地为将来由整个社会即全民族来实行剥夺作好了准备。"(第495页)

垄断要求国家的干涉,导致国家垄断。"它在一定部门中造成了垄断,因而要求国家的干涉。"(第496页)并且指出,垄断产生资本主义的腐朽性。"它再生产出了一种新的金融贵族,一种新的寄生虫,——发起人、创业人和徒有其名的董事;并在创立公司、发行股票和进行股票交易方面再生产出了一整套投机和欺诈活动。"(第496页)

3.《资本论》第3卷中马克思对社会主义(或共产主义)许多经济规律和经济范畴有直接提示或科学预见,对社会主义经济也有指导意义。例如:

(1)股份公司和合作工厂是资本主义过渡到社会主义的过渡的形式。

(2) 只有社会主义社会才能直接按社会需要生产。
(3) 在社会主义社会一般的剩余劳动仍然存在。
(4) 共产主义的价值决定和经济核算。
(5) 社会主义要以最小的劳动消耗进行适合人类本性的物质生产。
(6) 在共产主义社会应该取消一切土地所有权。
(7) 社会主义才有合理的农业。
(8) 在社会主义社会,强加给工人的纪律是多余的。

此外,《资本论》第3卷在揭示资本主义经济规律的同时,不仅直接揭示了社会主义经济运动的一系列规律,而且揭示了一些人类社会普遍适用的经济规律。

(1) 劳动生产率增长是社会发展的一般经济规律。
(2) 农业是国民经济的基础,这也是人类社会一切历史时期都发生作用的经济规律。

最后在第3卷中马克思所阐明的许多原理,除去它的资本主义性质和形式,对研究我国社会主义建设中的许多重大经济问题,也都具有巨大的理论意义和实际意义。例如:第一篇、第二篇关于利润、平均利润和生产价格的理论,对于研究社会主义的利润和社会主义价格的形成理论有重要指导意义;第二篇和第六篇有关价格、价值的理论不仅对第1卷劳动价值理论有重大发挥和补充,而且对于研究社会主义社会价值规律的作用和运用价格杠杆以及我国的价格改革也有重要意义;第四篇关于商业资本和商业利润等的论述,对于社会主义如何搞好商业、商品流通和正确对待商业劳动也是有关的;第五篇关于银行、利息等的论述对于社会主义如何发挥信贷和利息的杠杆作用有重要启示;第六篇关于地租的理论,对于研究社会主义社会有没有级差地租和绝对地租,以及对于农业经济方面方针、政策的制订都是重要借鉴;第六篇关于农业是基础的理论,对于正确处理农轻重的关系提供了理论根据。

所以,认真学习《资本论》第3卷,无论在理论上和实际上都是有重要意义的,特别是对完整地、准确地掌握和领会马克思主义的政治经济学,进一步深入学习和研究一些问题也是必不可少的。

《资本论》第 3 卷序言

一、主 要 内 容

第 3 卷的序言是恩格斯写的。这篇序言包括以下两大部分。

> 第 3 卷迟迟出版的原因(第 3—12 页)

首先,恩格斯的眼病所导致的视力衰退。1888 年,他的眼病开始严重起来,1889 年已经不能再在灯下看书了。

其次,许多别的重要工作需要花精力去做。例如,马克思和恩格斯以前的各种著作的新版和翻译,以及由此引起的订正、作序和增补等,这些工作往往需要新的研究,它们占用了恩格斯大量的时间。

第三,马克思逝世以后,日益壮大的国际工人运动的领导工作,落在恩格斯身上,他要在这方面花费最大的精力。所以,恩格斯和马克思一样,不仅从事艰苦的理论创造,而且亲自参加革命运动。恩格斯说:"谁要是像我这样五十多年来一直在这个运动中从事活动,他就会把由此产生的各项工作看成一种义不容辞的、必须立即履行的义务。在我们这个动荡不定的时代,也像 16 世纪一样,在公共利益的范围内,只是在反动派方面还有单纯的理论家,正因为如此,这些先生们根本就不是真正的理论家,而只是反动派的辩护士。"(第 4 页)

最后,是由于第 3 卷只有一个初稿,而且极不完全,文稿带有草稿的性质,而且马克思手稿的原文,甚至恩格斯也经常费很大的劲才能辨认。因此,恩格斯首先要把全部手稿口授一遍,弄出一个易读的抄本,然后再进行编辑工作。这就花费了大量时间。在序言里,恩格斯详细介绍了各篇手稿的情况,指出主要困难在第五篇,那里讨论的也是全卷最复杂的问题。

> 许多资产阶级经济学家不懂得马克思关于平均利润率是在价值规律基础上形成的学说(第12—26页)

恩格斯在第2卷的序言中,曾经揭发和批判了洛贝尔图斯的谬论,并要那些吹捧洛贝尔图斯的资产阶级先生们论证:"相等的平均利润率怎样能够并且必须不仅不违反价值规律为基础来形成。"他们一个也回答不了。

相反地,另外有些人,例如:威·勒克西斯、康拉德·施米特、彼·法尔曼等倒认为值得下点功夫来研究一下这个问题。他们或者正确地提出了问题,或者已经接触到问题的关键,但是却没有正确地解决这个问题。

此外,还有三个人尤利乌斯·兴尔费、阿基尔·洛里亚、乔治·斯蒂贝林,他们对平均利润率和价值规律的关系乱加解释。

所以,其他人都没有解决这个问题,只有马克思才正确地解决了这个问题。

第一篇

剩余价值转化为利润和剩余价值率转化为利润率

简 介

《资本论》第 3 卷第一篇至第三篇中心是分析利润问题,第一篇讲利润的形成,第二篇讲利润的平均化,第三篇讲利润率的趋势。这三篇实际上是分析工业资本家内部如何分配剩余价值的问题。现在先把第一篇作个简单的介绍。

一、对　　象

这一篇的题目叫剩余价值转化为利润和剩余价值率转化为利润率,主要是分析利润的形成,以及决定和影响利润率的各种因素。实际上是分析了三个转化形式:第一,产品价值中的不变资本和可变资本部分转化为成本价格,也就是劳动的消耗转化为资本的消耗;第二,剩余价值转化为利润,也就是剩余劳动的无偿占有转化为资本的自行增殖;第三,剩余价值率转化为利润率,也就是剥削程度转化为资本的获利程度。这些转化形式进一步掩盖了剩余价值的真正来源,掩盖了资本主义的剥削。

二、结　　构

这一篇由第一到第七章组成,大体上可以分为三个部分:

第一部分,即第一章成本价格和利润,分析商品价值中的不变资本和可变资本如何转化为成本价格,和剩余价值如何转化为利润。

第二部分,即第二章利润率,分析剩余价值率如何转化为利润率。

第三部分，主要是分析决定和影响利润率的各种因素。第三章是从量的方面分析利润率和剩余价值率的关系，指出剩余价值率和资本有机构成是决定利润率的两个主要因素。第四章分析资本周转对于利润率的影响。第五章分析不变资本使用上的节约对利润率的影响。第六章分析价格变动的影响，主要是指原料价格的变动对利润率的影响。

　　最后，第七章补充说明是用三个片断着重指出，剩余价值转化为利润和剩余价值率转化为利润率后，掩盖了资本主义的剥削。

三、重　　点

　　学习这一篇可以以第一章和第二章为重点。

第一章　成本价格和利润

这一章的中心是利润形成的问题,主要分析了两个转化:所费资本 $c+v$ 转化为成本价格和剩余价值转化为利润。在资本主义生产的商品价值中,补偿所费资本的价值部分颠倒地表现为商品价值的形成要素,并且采取成本价格的形式,而剩余价值则表现为产品价值超过成本价格的余额,并进一步表现为全部预付资本的产物,即表现为利润。这样,商品价值 $c+v+m$ 就表现为成本价格加上利润。

> 成本价格是 $c+v$ 的转化形式(第30—41页)

1. 什么叫成本价格。成本价格就是生产商品所费的不变资本和可变资本之和,或者说,成本价格是商品价值中必须用来补偿为生产该商品所耗费的不变资本和可变资本部分。因此,成本价格是一个补偿价值。"商品价值的这个部分,即补偿所消耗的生产资料价格和所使用的劳动力价格的部分,只是补偿商品使资本家自身耗费的东西,所以对资本家来说,这就是商品的成本价格。"(第30页)如果把成本价格叫做是 k,那么,商品价值 $W=c+v+m$ 就转化为 $W=k+m$。

2. 为什么 $c+v$ 成为成本价格?这是因为商品使资本家耗费的东西和商品的生产实际所耗费的东西,是两个不同的量。生产一个商品实际耗费的东西是全部劳动耗费,也就是不仅要耗费死劳动,即生产资料的价值,而且包括全部活劳动。工人在生产过程中耗费的活劳动,除掉补偿劳动力价值的等价以外,还有一个剩余价值被资本家无偿占有去了。$c+v$ 是生产商品资本家所费的东西,商品的资本主义生产费用是由资本的支出来计量的,$c+v$ 是资本家生产商品所花费的本钱,所以称为成本。成本价格的范畴,与商品的价值形成无关,也与资本的增殖过程无关。

3. 成本价格在资本主义实际活动中的作用。成本价格不是一个仅仅存在于资本家账簿上的项目,这个价值部分的存在,在资本主义实际经济活动中有着重大的作用。

首先,由于成本价格是一个补偿价值,因此它会通过流通过程不断购回生产上耗费的各种生产要素,并转化为生产资本,进行再生产。

其次,成本价格决定着资本家竞争能力的大小。因为只要商品的出售价格高于成本价格,资本家就可以赚钱。在其他条件相同的情况下,商品的成本价格越低,资本家出售商品的价格也就可以越低,他的竞争能力就越大,竞争中就处于有利的地位,他就可以扩大商品销路,击败竞争对手。马克思说:"关于资本主义竞争的基本规律,即调节一般利润率和由它决定的所谓生产价格的规律,也是建立在商品价值和商品成本价格之间的这种差别之上的,建立在由此引起的商品低于价值出售也能获得利润这样一种可能性之上的。"(第45页)

4. 成本价格的概念掩盖了资本主义的剥削。成本价格作为不变资本和可变资本之和的转化形式,掩盖了资本主义剥削。这是因为,不变资本和可变资本在价值增殖中起着不同的作用。不变资本只是转移价值,只有可变资本能增殖价值,产生剩余价值。但是,把商品生产上耗费的不变资本和可变资本笼统地归结为成本,既掩盖了商品价值的实质,从而把两种资本在价值增殖中的不同作用抹煞了;又掩盖了资本的实质,从而把剩余价值的真正来源掩盖了。"我们只看到完成的现有的价值,即加入产品价值形成中的预付资本的各个价值部分,但看不到创造新价值的要素。不变资本和可变资本的区别也就消失了。"(第39页)"这样,资本的增殖过程的神秘化也就完成了。"(第41页)

> 剩余价值转化为利润(第41—48页)

1. 利润是剩余价值的转化形式。"剩余价值,作为全部预付资本的这样一种观念上的产物,取得了利润这个转化形式。"(第44页)就是说,如果把剩余价值看成是全部预付资本生产出来的,剩余价值就转化为利润了。如果我们把利润叫做 p,那么,$W = c + v + m = k + m$ 这个公式,就变成 $W = k + p$,而 $p = W - k$。

2. 利润与剩余价值的关系。利润和剩余价值本来是一个东西,所不同的是,剩余价值是相对于可变资本而言的,利润是相对于全部预付资本而言的。剩余价值是利润的内容,利润是剩余价值的表现形式。

在商品按价值出售的情况下,利润量和剩余价值量也是相等的。"这个利润等于商品价值超过商品成本价格的余额,也就是等于商品价值中包含的全部剩余价值。"(第45页)例如,一个商品的价值是1 000元,它由不变资本(c)600元,可变资本(v)200元和剩余价值(m)200元构成。这个(m)200元,作为可变资本的产物,就叫剩余价值;作为$c+v$即全部预付资本的产物,就是利润。但是,它的价值量200元并没有变,所以利润和剩余价值本来是一个东西,而且在量上也是相等的。

但是,剩余价值转化为利润以后,掩盖了资本主义的剥削实质。这是因为,在利润形式上,利润表现为资本本身生产出来的。那是全部预付资本的产物,而它的真正来源,即剩余价值是由工人的劳动创造的,是由可变资本带来的真相被掩盖了。这样,就把资本家榨取工人剩余价值的剥削与被剥削的关系完全掩盖起来了。

3. 剩余价值为什么会转化为利润? 在资本主义社会,剩余价值采取利润的形式,表现为全部预付资本的产物,这种观念是资本主义生产关系的产物。"这个神秘化的形式必然会从资本主义生产方式中产生出来。"(第44页)

在资本主义社会,利润之所以在观念上被当作全部预付资本的产物,这是因为:

第一,由于商品价值中的不变资本和可变资本之和采取了成本价格的形式,因此剩余价值就好像不是由可变资本产生,而是由全部预付资本产生的了。"因为成本价格的形成具有一种假象,使不变资本和可变资本之间的区别看不出来了,所以在生产过程中发生的价值变化,必然变成不是由可变资本部分引起,而是由总资本引起。"(第44页)

第二,由于工资表现为劳动的价值,好像工人的全部劳动都得到了报酬,因此,剩余价值也好像是由资本产生的了。"因为在一极上,劳动力的价格表现为工资这个转化形式,所以在另一极上,剩余价值表现为利润这个转化形式。"(第44页)

4. 批判庸俗的利润理论。(1)批判托伦斯认为利润产生于消费者通过交换付出的代价大于成本的谬论,指出马尔萨斯的让渡理论就是以此为根据的。(2)批判普鲁东认为商品的成本就是商品的价值,而剩余价值是由于商品高于价值出售而产生的谬论,指出这是他的人民银行改革方案的理论基础。

第二章 利 润 率

马克思说:"应当从剩余价值率到利润率的转化引出剩余价值到利润的转化,而不是相反。"(第51页)因此,要了解剩余价值转化为利润,还得了解剩余价值率转化为利润率。因为所谓利润表现为总资本的产物,必须通过利润对预付总资本的对比关系(即利润率)才能体现出来。资本家正是按照利润率来计算利润的。利润率不仅在数量上小于剩余价值率,而且掩盖了资本对雇佣工人的剥削关系。

> 利润率的形成与实质(第49—53页)

1. 利润率的形成。利润率是剩余价值与总资本的比率。用公式表示,即 $p' = \dfrac{m}{C}$。马克思说:"用总资本来计算的剩余价值的比率,叫作利润率。"(第51页)

利润率是怎样形成的呢？在资本主义生产过程中,资本家要剥削活劳动,必须同时预付这种活劳动实现的条件,即在购买劳动力的同时,必须购买劳动手段和劳动对象。"因为资本家只有预付不变资本才能对劳动进行剥削,因为他只有预付可变资本才能使不变资本增殖,所以在他的心目中,这两种资本就完全混同在一起了。而且,因为他实际获利的程度不是决定于利润和可变资本的比率,而是决定于利润和总资本的比率,即不是决定于剩余价值率,而是决定于利润率,所以情形就更是这样。"(第50页)

总之,由于资本家把利润看做是产品价值超过全部预付资本的余额,这个余额和总资本的比率,就是利润率。因此,利润率不是利润与可变资本之比,也不是与所费资本之比,而是与预付总资本即所用资本之比。

2. 剩余价值率转化为利润率与剩余价值转化为利润的关系。这两者的关系也就是谁先转化的问题,马克思说:"应当从剩余价值率到利润率的转化引出剩余价值到利润的转化,而不是相反。"(第51页)

为什么先是剩余价值率转化为利润率,再引申出剩余价值转化为利润呢?这是因为:

第一,资本家惟一而且首先关心的是剩余价值和预付总资本的比率。所以,从理论上分析,是先有剩余价值与预付总资本的比率,即利润率,然后再按利润率取得利润。

第二,从历史上说,利润率也是出发点。剩余价值和剩余价值率相对地说是看不见的东西,是要通过研究加以揭示的本质的东西。利润率,从而剩余价值的形式即利润,却会在现象的表面上显示出来。

3. 流通过程的假象进一步使剩余价值或利润表现为商品的出售价格超过成本价格或商品内在价值的余额。

(1) 剩余价值虽然是在生产过程中创造的,但流通过程也会对它发生各种影响。第一,剩余价值虽在直接生产过程中产生,但只有在流通过程中才得到实现,尽管它对剩余价值的大小和性质不发生影响,但会改变剩余价值的分配;第二,在流通过程中除劳动时间外流通时间也限制着可以在一定时间内实现的剩余价值的量;第三,流通过程还会对直接生产过程产生决定性的影响,如商品销售不出去,会引起企业倒闭。以上种种情况会造成一种错觉,似乎流通过程和生产过程同样决定剩余价值,因此,剩余价值或利润表现为商品的出售价格超过商品的成本价格或商品内在价值的余额。

(2) 利润率掩盖着资本主义剥削关系。马克思说:"剩余价值借助利润率而转化为利润形式的方式,只是生产过程中已经发生的主体和客体的颠倒的进一步发展。"(第53页)这就是说,利润率掩盖着资本主义剥削关系,为什么呢?

① 利润率实际上只表示预付总资本的增殖程度。

② 总资本与剩余价值没有直接的内在联系。

③ 利润率不能表明剩余价值的来源。

④ 利润率和剩余价值率在数量上不同,而剩余价值和利润实际上是一回事,并且数量相等。剩余价值率转化为利润率以后,不仅剩余价值与

可变资本的关系被抹煞了,从而,剩余价值的真正源泉被掩盖了,而且由于利润率和剩余价值率在量上也不等了,这就进一步掩盖了资本主义的剥削。"因此,尽管利润率和剩余价值率在数量上不同,而剩余价值和利润实际上是一回事并且数量上也相等,但是利润是剩余价值的一个转化形式,在这个形式中,剩余价值的起源和它存在的秘密被掩盖了,被抹杀了。"(第56页)

第三章 利润率和剩余价值率的关系

前两章从质的方面分析剩余价值率转化为利润率,从而剩余价值转化为利润。本章现在从量的方面分析利润率和剩余价值率的关系。

这一章有一个引言和结尾,中间有三节,一共五个部分组成。马克思在这一章运用数学方法研究了利润率与剩余价值率的关系,指出"利润率是许多变数的函数"(第69页),强调剩余价值率和资本有机构成是决定利润率高低的两个重要因素。

{引言(第58—63页)} 在引言部分,马克思提出了问题,交待了解决问题的前提和方法等。

1. 前提:假定利润额和剩余价值相等。

2. 方法:纯粹数学的演算。

3. 基本公式:$p' = \dfrac{m}{C} = \dfrac{m}{c+v}$。

由于 $m = m' \cdot v$,所以用 $m'v$ 值代替 m,又可改为

$$p' = m' \dfrac{v}{C} = m' \dfrac{v}{c+v}$$

从基本公式 $p' = m' \dfrac{v}{c+v}$ 可以看出,决定利润率的主要因素是 m' 和资本构成 $\dfrac{v}{c+v}$。

4. 影响利润率的其他因素:(1)货币的价值;(2)周转的时间;(3)劳动生产率;(4)工作日长度;(5)劳动强度;(6)工资。

5. 分析的顺序:把 $m'\dfrac{v}{C}$ 这个乘积分成两个因素,m' 和 $\dfrac{v}{C}$。

(1) 首先,把 m' 当作是不变的,研究 $\dfrac{v}{C}$ 的各种可能变化的情况。

(2) 然后,把 $\dfrac{v}{C}$ 这个分数当作是不变的,使 m' 发生各种可能的变化。

(3) 最后,假定一切因素都是可变的,由此推出利润率的各种规律。

(一) m' 不变,$\dfrac{v}{C}$ 可变

既然 m' 不变,p' 就随 $\dfrac{v}{c+v}$ 而变,也就是 p' 随资本有机构成而变。也就是说,利润率的变动率为 $p':p'_1 = m'\dfrac{v}{C}:m'\dfrac{v_1}{C_1} = \dfrac{v}{C}:\dfrac{v_1}{C_1}$,这又包含以下几种可能性。

1. m' 和 C 不变,v 可变。如果 v 变,但 C 不变,p' 就只随 v 而变,即利润率的变动率为 $p':p'_1 = m'\dfrac{v}{C}:m'\dfrac{v_1}{C_1} = v:v_1$。

这种变动不外乎是两种情况的结果:(1)劳动生产率发生了变动引起资本的技术构成发生了变动;(2)生产要素的价值或价格发生了变动,从而资本的价值构成发生了变动。

2. m' 不变,v 可变,C 因 v 的变化而变化,这里问题的实质仍然和上面一样,仍然是 p' 随 v 而变。

3. m' 和 v 不变,c 可变,因而 C 也可变,这时 p' 是与总资本 C 的变动成反比例的。也就是说,利润率的变动率是 $p':p'_1 = C:C_1$。

4. m' 不变,v、c 和 C 都可变。这仍然不出上面所说的范围,当然,还可以推出很多情况。

但是,v、c 和 C 同时发生变化的情况,没有提出任何新的观点。

(二) m' 可变

这里又有两种情况。

1. m' 可变,$\dfrac{v}{C}$ 不变。这时利润率的变动率为 $p':p'_1 = m'\dfrac{v}{C}:m'_1\dfrac{v}{C} =$

$m':m'_1$。这个时候 m' 的变动受以下三个因素的影响：

第一，工资水平发生变化。

第二，劳动强度发生变动。

第三，工作日的长度发生变动。这和劳动强度变动的结果一样，总是引起劳动支出的变动，从而引起 m' 的变动。

工资的增减会以相反的方向，劳动强度的增减和工作日的延长缩短会以相同方向，影响 m' 的变动，并在资本有机构成不变时，以相同程度，影响 p' 的变动。

2. m' 和 v 可变，C 不变。这是一个特例，在这种条件下，利润率之比等于相应的剩余价值量之比。这就是说，利润率的变动率为

$$p':p'_1 = m'\frac{v}{C} : m'\frac{v_1}{C_1} = m'v : m'_1 v_1 = m : m_1。$$

（三）m'、v 与 C 都可变

这个情况不提供任何新的观点，仍然可以（二）即 m' 可变这一节中求得的总公式来解决。

小结（第79—83页）

马克思指出："可见，利润率取决于两个主要因素：剩余价值率和资本的价值构成。"（第82页）

一般说来，利润率与剩余价值率成正比，剩余价值率提高，利润率也提高；剩余价值率下降，利润率也下降。但由于种种原因，利润率的变动方向，可以与剩余价值率变动的方向不一致。

1. 剩余价值率大小的变动对利润率的影响，大致有五种情况：

（1）如果 $\frac{v}{C}$ 不变，那么，p' 和 m' 会按照相同的比率提高或降低。

（2）如果 $\frac{v}{C}$ 和 m' 按照相同的方向变化，即 m' 提高，$\frac{v}{C}$ 也提高，m' 降低，$\frac{v}{C}$ 也降低，那么，p' 会比 m' 按照更大的比率提高或降低。

（3）如果 $\frac{v}{C}$ 和 m' 按照相反的方向，但是 $\frac{v}{C}$ 比 m' 按照更小的比率变化，

那么 p' 会比 m' 按照更小的比率提高或降低。

(4) 如果 $\frac{v}{C}$ 和 m' 按照相反的方向，但是 $\frac{v}{C}$ 比 m' 按照更大的比率变化，那么，尽管 m' 降低，p' 还是会提高，或者尽管 m' 提高，p' 还是会降低。

(5) 如果 $\frac{v}{C}$ 和 m' 按照相反的方向，但是恰好按照相同的比率在大小上发生变化，那么，尽管 m' 提高或降低，p' 还是会保持不变。

"因此，从所有以上五种情况可以得出结论：剩余价值率降低或者提高，利润率可以提高；剩余价值率提高或者降低，利润率可以降低；剩余价值率提高或者降低，利润率可以不变。"（第82页）

2. 利润率与资本有机构成成反比。一般说来，资本有机构成高，利润率低；资本有机构成低，利润率高。例如，有两个资本，总资本量相等都是 100 000 元，假设剩余价值率也相等，都是 100%，但是，资本有机构成不等，资本甲不变资本是 80 000 元，可变资本是 20 000 元，那么，剩余价值就是 20 000 元，其利润率是 $\frac{20\ 000}{100\ 000}=20\%$。资本乙不变资本是 60 000 元，可变资本是 40 000 元，那么，剩余价值就是 40 000 元，其利润率就是 $\frac{40\ 000}{100\ 000}=40\%$。资本乙的利润率之所以高于资本甲，是由于资本乙的资本有机构成低于资本甲。

综上所述，剩余价值率和资本的价值构成是决定利润率的两个主要因素。这两个因素的作用，可以概括如下：

"两个资本的利润率或同一个资本在两个连续的、不同的状态下的利润率，

在下列情况下，是**相等**的：

(1) 资本的百分比构成相等，剩余价值率也相等。

(2) 资本的百分比构成不等，剩余价值率也不等，但是剩余价值率和按百分比计算的可变资本部分（m' 和 v）的乘积相等，也就是说，按总资本的百分比计算的剩余价值量（$m=m'v$）相等，换句话说，在这两个场合 m' 和 v 两个因素互成反比。

在下列的情况下，是**不等**的：

(1) 资本的百分比构成相等,但是剩余价值率不等。这时,利润率之比等于剩余价值率之比。

(2) 剩余价值率相等,资本的百分比构成不等。这时,利润率之比等于可变资本部分之比。

(3) 剩余价值率不等,资本的百分比构成也不等。这时,利润率之比等于 $m'v$ 的乘积即按总资本的百分比计算的剩余价值量之比。"(第82—83页)

第四章　周转对于利润率的影响

整个第四章都是恩格斯补写的。恩格斯在序言中指出："第四章只有一个标题。但因为这一章研究的问题即周转对利润率的影响极为重要,所以由我亲笔写成,因而全章的正文都放在括号内。从这里我又发现,第三章的利润率公式实际上需要作些修改才能普遍适用。"(第8页)

【周转时间的缩短可以提高利润率（第84页）】周转时间由生产时间和流通时间两部分组成,其中任何一个部分的缩短,都可以增加剩余价值量,从而提高利润率。这是因为,在全部资本中,只有一部分资本直接用在生产资本上,生产剩余价值,而另一部分资本则属于流通资本,采取货币资本和商品资本的形式。这两部分资本的周转时间越短,也就是处在闲置中的资本越少,直接发挥作用的资本越多,它所生产的剩余价值也就越多。由于利润率是剩余价值与预付总资本的比率,因此,剩余价值量增加,利润率也就提高。

【如何缩短周转时间（第84—86页）】1. 缩短生产时间的主要方法是提高劳动生产率,这就是人们通常所说的工业进步。提高劳动生产率,引起生产时间的缩短。从而,缩短周转时间,它可以提高利润率。如果由于提高劳动生产率,要添置昂贵的机器,引起总投资的大大增加,也可能降低利润率。但是,有的企业由于最先采用新技术,虽然会引起总投资增大,有机构成提高,然而由于其产品的个别价值,低于社会价值的差额扩大,从而取得超额利润,因此仍然可以提高利润率。

2. 缩短流通时间的主要方法是改进交通。

> 周转时间与利润率成反比(第86—88页)

在资本构成相等,剩余价值率相等,工作日相等的情况下,两个资本的利润率与它们的周转时间成反比。也就是周转时间长,利润率低;周转时间短,利润率高。

"周转时间的缩短对剩余价值的生产,从而对利润生产的直接影响,在于使可变资本部分由此提高效率。"(第86页)由于剩余价值是由实际使用的可变资本产生的,因此,周转时间越快,实际使用的可变资本量就越大,生产的剩余价值量就越多,利润率就越高。例如,有两个资本,预付资本都是500元(不变资本)+500元(可变资本)=1 000元,但资本甲一年周转1次,而资本乙一年周转10次。假设,剩余价值率都是100%,则资本甲一年生产剩余价值只有500元,利润率为50%;而资本乙,一年可以生产剩余价值5 000元,利润率为500%。这是因为"一年内占有的剩余价值量,等于可变资本一个周转期间所占有的剩余价值量乘以一年内可变资本周转的次数。"(第88页)

> 周转使利润率转化为年利润率(第88—91页)

把周转因素考虑进去的利润率,就是年利润率,其公式为

$$p' = m'n \frac{v}{C}$$

年利润率实际上是年剩余价值率的转化形式,而年剩余价值率又是由剩余价值率转化而来的。

"要使年利润率的公式完全正确,我们必须用年剩余价值率代替简单的剩余价值率,即用 M' 或 $m'n$ 代替 m'。换句话说,我们必须让剩余价值率 m'——或者让 C 中所含的可变资本部分 v——乘以这个可变资本在一年内周转的次数 n,由此就得到 $p' = m'n \frac{v}{C}$。这就是年利润率的计算公式。"(第89页)

从以上公式,还可以看出年利润率是由年剩余价值率和资本有机构成两个因素所决定的。

第五章 不变资本使用上的节约

马克思指出,利润率是各种变数的函数。在第三、四章分析了剩余价值率、资本有机构成和资本周转速度对利润率变动的影响。现在,第五章分析不变资本使用上的节约对利润率的影响。

本章共五节,第一节论述了节约不变资本的各种途径。各种途径归结起来,无非是通过企业内部生产协作、规模的扩大、提高生产资料的利用率和通过社会分工获取生产资料生产部门劳动生产力提高和科学技术进步的好处。但是,它在资本主义社会中以扭曲的形式表现出来。第二节至第五节,分别对节约不变资本的各种途径加以例解。所以,这一章最主要的是第一节。

(一)概论

在其他因素不变的条件下,通过各种途径节约不变资本,可以使剩余价值同总资本的相对比例提高。也就是说,不变资本使用上的节约与利润率成反比。

> 节约不变资本的各种途径(第92—102页)

1. 通过延长工作日节约固定资本。工作日的延长可以通过充分利用固定资本而使不变资本相对节约,并由此提高利润率。这是因为工作日延长从而绝对剩余价值的增加,并不需要增加固定资本的支出。而且,工作日延长从而提高设备的利用率,还可以缩短固定资本的更新时间,也就是可以缩短资本为获得一定额利润所必需的预付时间。所以,资本家一方面要不断更新固定资本来提高劳动生产率,在竞争中打败对手并获取超额利润;另一方面,他又要尽可能地延长工作日来生产绝对剩余价值,并提高设备利用率以提高利润率。

2. 通过延长工作日节约非生产费用。延长工作日不仅可以节约固定资本,而且可以节约其他经常性的非生产费用。因为企业中许多支出,如监督费用、税款、保险费、雇员工资、机器贬值和工厂的其他非生产费用,一般说不会因劳动时间的长短而相应变化。因此,同利润相比,这些费用就相应地减少了。

3. 通过扩大生产规模,相对节约不变资本支出。在劳动社会化的条件下,生产设备是由总劳动共同消费的,因而大规模的协作可以节省动力、发动机、传动设备、机器、建筑物、灯光等各种支出。"这种由生产资料的集中及其大规模应用而产生的全部节约,是以工人的聚集和共同工作,即劳动的社会结合这一重要条件为前提的。因此,这种节约来源于劳动的社会性质。"(第94页)同时,由于总体工人在协作生产中取得的社会经验和观察,还可以不断地改良现有生产资料及其组合。

4. 大规模社会劳动还可以大量利用生产的排泄物。生产消费中的废料和边角料在生产规模扩大时,"这些废料本身才重新成为商业的对象,从而成为新的生产要素"(第95页)。这种废料既可以作为新的生产要素起作用,又可以通过重新出售降低原料的费用。"因为正常范围内的废料,即原料加工时平均必然损失的数量,总是要算在原料的费用中。"(第95页)

5. 机器改良引起的不变资本的节约。由于机器改良引起的不变资本节约又可分为四种情况:(1)机器的材料改良了,使机器更加耐用;(2)由于机器制造的改良,使机器更便宜;(3)通过改良现有机器,使它们的使用更便宜和更有效;(4)由于机器的改良使废料减少了。这种节约主要是使用机器的部门利用了生产机器部门劳动生产率提高和科技发展的好处。"在这里,一个产业部门利润率的提高,要归功于另一个产业部门劳动生产力的发展。""生产力的这种发展,归根到底总是来源于发挥着作用的劳动力的社会性质,来源于社会内部的分工,来源于智力劳动特别是自然科学的发展。在这里,资本家利用的,是整个社会分工制度的优点。"(第97页)

总之,以上五种不变资本使用上的节约"部分地只是生产资料作为结合工人的共同生产资料起作用和被消费的结果,所以这种节约本身就是直接生产劳动的社会性质的产物;但是部分地又是那些为资本提供生产资料的部门的劳动生产率发展的结果"(第100页)。在这里,资本家"不仅从他自己的工厂的劳动生产率中,而且也从其他工场的劳动生产率中得到利益"(第100页)。资本攫取社会劳动生产率的好处,还颠倒地表现为这是资本本身固有的力量和标志。资本不仅靠发展劳动生产率而提高利润率,而且还通过破坏劳动生产率来获取好处。

6. 靠牺牲劳动者而实现的劳动条件的节约。资本主义生产方式还以牺牲工人的生命和健康,靠压低劳动安全防护等工人生存的正常条件作为节约不变资本,从而提高利润率的手段。"资本主义生产尽管非常吝啬,但对人身材料却非常浪费,正如另一方面,由于它的产品通过商业进行分配的方法和它的竞争方式,它对物质资料也非常浪费一样;资本主义生产一方面使社会失去的东西,就是另一方面使单个资本家获得的东西。"(第102页)

> 不变资本的节约是资本的内在趋势(第103页)

在资本主义商品经济中,由于追求利润的内在冲动和竞争的外在压力,迫使资本节约生产商品的各种费用。因此,"资本有一种趋势,就是在直接使用活劳动时,把它缩减为必要劳动,并且利用劳动的各种社会生产力来不断缩减生产产品所必要的劳动,因而尽量节约直接使用的活劳动,它还有一种趋势,要在最经济的条件下使用这种已经缩减到必要程度的劳动。也就是说,要把所使用的不变资本的价值缩减到它的最低限度。……这样一来,商品的价格就会缩减到它的最低限度,因为生产商品所需要的劳动的每一个部分都缩减到它的最低限度了"(第103页)。

马克思指出,不变资本的节约和由于资本集中和积聚所产生的不变资本的增加并不矛盾。不变资本的节约只是就所加工的材料量和被剥削的劳动量来说,这种支出的价值相对地减少了。

下面几节,马克思列举事实,说明资本主义不变资本节约的特征。

(二)靠牺牲工人而实现的劳动条件的节约

这一节用煤矿和工厂作为实例,从资本主义的工矿企业中,毫无安全设备,以及空间狭小又缺乏通风设备等等状况,来说明靠牺牲工人而实现的劳动条件的节约。这类节约明显地表示:"资本主义生产对已经实现的、物化在商品中的劳动,是异常节约的。相反地,它对人,对活劳动的浪费,却大大超过任何别的生产方式,它不仅浪费血和肉,而且也浪费神经和大脑。在这个直接处于人类社会实行自觉改造以前的历史时期,实际上只是用最大限度地浪费个人发展的办法,来保证和实现人类本身的发展。"(第105页)

(三)动力生产、动力传送和建筑物的节约

这一节中心讲的是动力的节约。为此,就要在动力生产、动力传送、动力所到达的地点以及使用动力的工作机等一系列环节上采取措施。具体说来就是:动力生产的节约,一方面要节约能源,使燃料不浪费,另一方面要改良动力机,使燃料高效能发挥作用;为此,还要改良动力传送装置和工作机,以减少动力在传送过程中和使用过程中的消费;并要求合理布局机器安装以及由此合理布局建筑物。这不仅可以缩短动力传送过程,减少传送装置,而且可以节约生产上其他方面使用的物化劳动和活劳动。

(四)生产排泄物的利用

排泄物的利用会随着资本主义生产的发展而扩大。排泄物有生产排泄物和消费排泄物,前者指工农业生产排泄的废气、废液、废渣等,后者指人身排泄物和消费品消费以后残留的东西等。人身的排泄物对农业很重要,但资本主义经济却不能合理应用。

至于生产排泄物的利用,由于原料日益昂贵,自然成为废料利用的刺激。总的说来,这种再利用的条件是:这种排泄物必须大量产出;机器必须改良,使这些废物得以再利用;科学特别是化学必须进步,让那些废物的有用性质表现出来。

(五)由于发明而产生的节约

这里指的是由于力学和化学上各种发明在工艺上的应用而产生的不变资本的节约。这种节约只有在大规模生产中才有可能;也只有结合劳动者的经验,才能发现和得以实现。

第六章 价格变动的影响

这一章分析价格(主要指原料价格)的变动对利润率的影响,而机器制造和其他加工工业原料中的主要要素,往往是土地产品,因此原材料价格变动受劳动的自然生产力影响,但是"在这里表现为资本的自然生产率,并且是一个不以工资的高低为转移的决定利润率的要素"(第122页)。

本章共分三节,依次说明原料价格变动对利润率的直接影响、间接影响及其例证。

(一) 原料价格的波动及其对利润率的直接影响

关于原材料价格波动对利润率的直接影响,大体有以下四种情况。

1. 在补偿所费资本的成本价格中,"原料是不变资本的一个主要部分"(第122页)。原料的价格波动会相应地影响利润率,"在其他条件不变的情况下,利润率的高低和原料价格成反比"(第123页)。因此,原料价格的低廉对工业国来说是非常重要的。

2. 由于对外贸易会影响工业和农业所使用的原料或辅助材料的价格,所以对外贸易也会影响利润率。同时,这也说明"废除或减轻原料关税,对工业具有很大的意义"(第123页)。

3. 由于原料和辅助材料的价值是一次全部转移到产品中去的,而固定资本的价值只是按其磨损程度逐渐加入到产品中,因此,利润率虽然受全部预付资本的影响,但原料的价格对产品价格的影响,要比固定资本的价格对产品价格的影响更大。而且,"随着劳动生产力的发展,原料的价值会在商品产品的价值中形成一个越来越大的组成部分,这不仅因为原料会全部加入商品产品的价值,而且因为在总产品的每一部分中,由机器磨损形成的部分和由新的追加劳动形成的部分会越来越小"(第125页)。从再生产的角度说,原料和辅助材料还必须通过产品的每次出售得到全部补偿,因此,"原料价格的提高就会缩小或阻碍全部再生产过程"(第125页)。

4. 最后,由废料引起的费用和原料价格的波动成正比。原料价格提高,它就提高;原料价格下降,它就下降。废料增加也就等于原料价格的上涨,所以,不断减少废料就相当于原材料价格下降,从而提高利润率。

(二) 资本的增值和贬值、游离和束缚

这里讲的是资本各种物质要素的价格波动,通过使资本发生增值和贬值、游离和束缚,对利润率的间接影响,这是针对已经处在周转中执行职能的资本来讲的。

资本的增值和贬值指的是:预付在生产中的资本,在价值上提高或降低了。资本的束缚和游离指的是:在资本的再生产过程中,资本总是不断重新预付(束缚)下去,或者因某种原因可以部分地游离出来。资本的增值或贬值表示资本自身的价值发生的变动,它是指预付在生产中的资本,在价值上提高或降低了。资本的束缚或游离表示资本的预付量发生的变动,资本产生多余就是游离,追加预付资本就是束缚。这些都会使利润率变动。

> 资本的增值和贬值
> 对利润率的影响
> (第128—131页)

1. 如果原料涨价,则半制品、在制品、成品都会随着涨价。如果库存原料与成品很多,资本价值就会增加。所以,由原料价格上涨从而预付资本增大而产生的利润率的下降,可能和资本价值增加结合在一起,甚至用来抵消因利润率下降的损失而有余。相反,由预付资本减少而产生的利润率上升,也可能和资本价值的贬值结合在一起。

2. 不变资本的固定部分,由于机器的不断改良,增加了机器的精神磨损,可以使资本贬值。又由于机器制造劳动生产力的提高,使机器更便宜地生产出来。

3. 在农业方面,农产品价格的提高或下降,会使资本相应地增值或贬值。

4. 可变资本,由于必要生活资料价格变动而增值或贬值,又是和剩余价值的减少和增加联系在一起的。

<资本的游离和束缚对利润的影响（第 131—134 页）>

1. 先就可变资本的游离和束缚来讲:(1)如果工资水平因劳动力价值下降而下降,就会带来 m' 和 p' 的提高。对于资本家来说,还会有多出的资本游离出来,可以另行支配。(2)如果工资上涨,v 增大,则不仅 m' 和 p' 下降,而且要追加资本,要有更多的资本束缚起来,才能维持原有的生产规模。(3)劳动力价值从而工资水平不变时,资本的游离或束缚还是会发生的。由于生产力发展,推动同量不变资本所必要的劳动者数减少了,可变资本也会游离出来。或者,有机构成下降了,也会有追加可变资本的束缚发生。

2. 再就不变资本的游离和束缚来讲,有三个原因:(1)如果是价值变动,在价值上升时,有更多的资本被束缚,反之则有一部分被游离。(2)如果是劳动生产力变动,在生产力提高时,同量劳动可以推动更多的不变资本,也就有更多的资本被束缚;反之,则有一部分被游离。(3)在农业中也可能发生特殊情况,例如,因自然灾害使生产力减低时,同量劳动生产同量产品,就要投下更多的种子、肥料、排泄设备等生产资料,也就是有更多的资本被束缚起来。

<原料价格剧烈变动对再生产的影响（第 141—154 页）>

原料价格的剧烈变动,会使再生产过程引起中断,发生巨大的冲突,甚至灾难。因为在原材料中,从有机自然界得到的原料,由于受到自然条件的制约,使同量劳动表现为不等量的使用价值,因此一定量的这种使用价值会有不相同的价格。马克思指出:"按照事物的性质,植物性物质和动物性物质不能以像机器和其他固定资本、煤炭、矿石等等那样的规模突然增加,因为前二者的成长和生产必须服从一定的有机界规律,要经过一段自然的时间间隔。而后面这些东西在一个工业发达的国家,只要有相应的自然条件,在最短时间内就能增长起来。"（第 135 页）在资本积累过程中,必然会发生对有机原料的需求比它的供给增长得快,于是使原料价格上涨。

原料价格上涨会产生如下结果:(1)原料从远地运来,因为提高的价格可以弥补较贵的运费。(2)原料的生产会增加,但要经过一定的自然周期后才实际增加产量。(3)各种代用品会被利用,废料也会被更经济地利用。

原料价格提高如果明显地影响生产扩大和供给,则又会对原料价格产生反作用。它会通过价格的突然跌落,阻碍原料的再生产。

"资本主义生产越发达,因而,由机器等不变资本部分突然增加和持续增加的手段越多,积累越快,机器和其他固定资本的相对过剩也就越严重,植物性原料和动物性原料的相对生产不足也就越频繁,上面所说的原料价格上涨的现象以及随后产生的反作用也就越显著。因此,由再生产过程的一个主要要素的这种剧烈的价格波动引起的激变,也就越频繁。"(第136页)

原料价格的暴涨暴跌,影响了再生产的正常进行。因此,"在原料昂贵时期,产业资本家就联合起来,组成协会,来协调生产"(第137页)。马克思指出,这种对生产的控制"整个说来是和资本主义生产的规律不相容的。因而始终只是一种善良的愿望,或者只是在面临巨大危险和走投无路时例外采取的一种共同步骤"(第137页)。恩格斯在附注中也指出:"虽然生产需要调节,但是负有这个使命的,肯定不是资本家阶级。在此期间,这种卡特尔只有一个目的,那就是小资本家比以前更快地被大资本家吃掉。"(第138页)

(三)一般的例证:1861—1865年的棉业危机

这一节以英国1861—1865年的棉业危机为例,说明棉花价格变动对棉纱业的严重影响。

第七章 补充说明

这一章用三个片断对利润和利润率作补充的说明。

利润形式掩盖对劳动的剥削（第155—156页）

在这一章中,都是假定利润量和剩余价值总量相等。但是,即使如此资产阶级也不把两者看作是同一的东西。其原因是：

首先,资本家在流通过程中忘记了生产过程。在他们看来,商品价值的实现就是剩余价值的生产。

其次,虽然利润的本质是剩余价值,但剩余价值又是通过利润率这个环节转化为利润的。p'除受m'的影响外,还受其他因素的影响,特别是资本的有机构成、资本周转速度、不变资本的节约、价格的变动等等因素的影响,资本家就以为他的利润不是来自对劳动的剥削,至少有一部分不是来自剥削,而是来自他个人的活动。因此,利润的来源也就由此被掩盖了。

批判洛贝尔图斯的谬论（第156—157页）

洛贝尔图斯错误地认为,如果利润量变化,所用资本的量也会相应地同比例地变化。由此又错误地认为,资本量的变化不会影响利润率。

影响利润率的各种原因（第158页）

利润率的提高,往往是由于以下一些原因:剩余价值与全部预付资本相比,相对地或绝对地增加了;这是由于资本有机构成的降低,使p'向它的最高限m'接近,p'和m'之间的差额缩小。p'的变动,也可以和资本有机构成或资本绝对量的变化无关,而由资本自身价值的变动所引起。

第二篇

利润转化为平均利润

简　介

一、对　象

　　上一篇讲了剩余价值转化为利润,这一篇分析利润转化为平均利润。由于利润转化为平均利润,是以利润率转化为平均利润率为前提的,而且,利润转化为平均利润以后,价值就转化为生产价格。所以,这一篇中心是讲平均利润和生产价格的形成,实际上又分析了三个转化:第一,利润率转化为平均利润率;第二,利润转化为平均利润;第三,价值转化为生产价格。这三个转化并没有违背马克思的劳动价值论,而且进一步说明了三个决定:第一,社会必要劳动时间决定价值;第二,剩余价值决定平均利润;第三,价值决定生产价格。

　　上一篇,马克思分析了单个产业资本的利润形成以及个别生产部门的利润率及其决定因素。本篇则从个别生产部门进入产业资本总体分析。马克思根据普遍的经济现象,而不是个别偶然现象出发,根据全部社会经济的本质,而不是竞争的表面现象,得出了这样的结论:生产价格的出现并没有违背价值规律,平均利润的出现并没有违背剩余价值规律,从而把政治经济学向前推进了一大步。正如列宁所指出的:"在《资本论》第3卷里,解决了在价值规律的基础上形成平均利润率的问题。马克思把经济学推进了一大步,这表现在他是根据普遍的经济现象,根据全部社会经济来分析问题,而不是像庸俗政治经济学或现代的'边际效用论'那样,往往只限于分析个别偶然现象或竞争的表面现象。"①

　　这一篇通过论证平均利润的形成,揭示出资本家结成一个阶级共同剥削整个工人阶级;在此基础上,个别资本家又通过加重对本部门劳动者的剥削,来追求超过平均利润的超额利润。

二、结　　构

　　本篇由第八章到第十二章组成。第八章先分析不同生产部门的资本的不同构成和由此引起的利润率的差别,这是提出问题。第九章一般利润率(平均利润率)的形成和商品价值转化为生产价格,是回答前一章提出的问题,分析各部门不等的利润率如何平均化为一般利润率,利润怎样转化为平均利润,以及价值怎样转化为生产价格。第十章,是在上一章分析平均利润和生产价格形成的基础上,进一步分析一般利润率通过竞争而平均化、市场价格和市场价值、超额利润,所以,这一章的重点是关于价值和价格的理论。第十一章工资的一般变动对生产价格的影响和第十二章补充说明,都是对生产价格的补充说明,都反复强调平均利润是由剩余价值决定的,生产价格是由价值决定的。

---

① 《列宁选集》第2卷,第594页。

第八章　不同生产部门的资本的不同构成和由此引起的利润率的差别

不同生产部门的利润率平均化起因于不同生产部门利润率的差别。所以,在研究平均利润率时,先研究不同生产部门利润率的差别问题。

造成个别资本在不同时间利润率发生变化的因素,同样也是造成在同一时间内不同生产部门利润率出现差别的因素。现在仍然假定剩余价值率和工作日长度不变。这样,引起不同生产部门利润率差别的主要因素就是资本有机构成上的差别和资本周转时间上的差别。所以,这一章主要分析资本构成不同和资本周转时间不同引起的利润率的差别。

> 各部门资本构成不同会引起利润率的差别(第162—169页)

1. 什么叫资本构成:一定量的生产资料与一定量的工人之比率形成资本的技术构成,可变资本与不变资本的比率称为价值构成;"由资本技术构成决定并且反映这种技术构成的资本价值构成,叫资本的有机构成。"(第163页)

2. 资本有机构成不同引起的利润率差别,关键是等量预付总资本中可变资本的大小。各生产部门资本构成与利润率的关系,实质上是由可变资本推动的剩余劳动决定的。可变资本所占比重越大,推动的剩余劳动就越多,剩余价值从而利润就越多,利润率也就越高。"因为在不同的生产部门由于资本的有机构成不同,它们的可变部分也就不同,因而它们所推动的活劳动量也就不同,它们所占有的剩余劳动量,即剩余价值从而利润的实体的量,也就不同。在不同生产部门,总资本各个相等的部分,

包含着剩余价值的大小不等的源泉,而剩余价值的唯一源泉是活劳动。"(第166—167页)

{各部门资本周转时间不同也会引起利润率的差别（第169—171页）}
利润率的不等还有另外一个源泉,即不同生产部门资本的周转时间不同。在资本构成相同,其他条件也相同时,利润率和周转时间成反比。这个源泉实质上也要从可变资本所推动的剩余劳动来理解。如果两个相等的可变资本的周转时间不同,它们在一年内推动的剩余劳动也不同,生产的年剩余价值量也不等,从而利润和利润率也不等。

{利润率的差异与等量资本取得等量利润相矛盾（第171—172页）}
根据以上所述,各生产部门资本有机构成和资本周转时间不等,在商品按价值出售的假定下,会有不等的利润率。但是,现实的经济运动都是等量资本在相同时间内提供等量利润。也就是价值理论好像同现实的运动不一致,同生产的实际现象不一致。

然而,"不管所生产的价值和剩余价值多么不同,成本价格对投在不同部门的等量资本来说总是一样的。成本价格的这种等同性,形成不同的投资竞争的基础,而平均利润就是通过这种竞争确定的"(第172页)。这就是说,平均利润要在成本价格的基础上通过竞争才能形成。

第九章 一般利润率(平均利润率)的形成和商品价值转化为生产价格

这一章回答前一章提出的问题,分析各部门不等的利润率如何平均化为一般利润率,利润怎样转化为平均利润以及价值怎样转化为生产价格。并指出,平均利润和生产价格形成后,尽管利润和一个部门生产的剩余价值发生量的偏离,成本价格也和生产要素的价值发生偏离,同时,一个部门的商品生产价格也和商品价值发生偏离,但这只是价值规律和剩余价值分配规律综合作用的结果。从社会总和来看,个别部门的这些离差会在总和中互相抵消,剩余价值总和仍等于平均利润总和,生产价格总和等于商品价值总和。从而证明了平均利润是剩余价值的转化形式,生产价格是价值的转化形式。

〔平均利润率和平均利润的形成(第173—192页)〕

1. 竞争形成平均利润率:由于不同部门的资本有机构成不同,就会有各不相等的利润率,但竞争会使不同利润率平均化为一般利润率。在现实过程中,利润率的平均化是在资本家追逐有利投资场所,通过资本的不断转移而实现的。"这些不同的利润率,通过竞争而平均化为一般利润率,而一般利润率就是所有这些不同利润率的平均数。"(第177页)但是,马克思在这里先撇开了竞争的现象,分析了平均利润率形成过程的内在联系。

2. 平均利润:由于利润率转化为平均利润率,利润就转化为平均利润,"按照一般利润率归于一定量资本的利润,就是平均利润"(第177页)。资本家在出售商品时"不只得到了本部门生产这些商品时所生产的剩余价值或利润。而只是得到了社会总资本在所有生产部门在一定时间内生产的总剩余价值或总利润均衡分配时归于总资本的每个相应部分的剩余价值或利润"。就平均利润来说，"不同的资本家在这里彼此只是作为一个股份公司的股东发生关系，在这个公司中，按每100资本均衡地分配一份利润"（第177—178页）。

3. 平均利润率只是资本主义经济的一种内在趋势。平均利润并不是利润的绝对平均化，而只是资本主义经济的一种内在趋势。"总的说来，在整个资本主义生产中，一般规律作为一种占统治地位的趋势，始终只是以一种极其错综复杂和近似的方式，作为不断波动中得出的，但永远不能确定的平均情况来发生作用。"（第181页）

4. 平均利润率的计算应该加权平均，也就是除了考虑各部门的个别利润率以外，还要考虑各个部门的资本在社会总资本中所占的比重。"在一般利润率的形成上，不仅要考虑到不同生产部门利润率的差别，求出它们的简单平均数，而且还要考虑到不同利润率在平均数形成上所占的比重。而这取决于投在每个特殊部门的资本的相对量，也就是取决于投在每个特殊生产部门的资本在社会总资本中占多大的部分。"（第182页）

5. 平均利润率取决于两个因素：(1)不同生产部门的资本的有机构成，从而各个部门有不同的利润率；(2)社会总资本在这些不同部门之间的分配，即投在每个特殊部门因而有特殊利润的资本的相对量（第183页）。

6. "一般利润率的实际变化，在不是例外地由特殊的经济事件引起的时候，总是由一系列延续很长时期的波动所造成的，很晚才出现的结果，这些波动需要有许多时间才能固定成为和平均化为一般利润率的一个变化。"（第186页）

生产价格的形成
（第176—177页）

利润转化为平均利润，商品的价值就转化为生产价格。

1. 什么叫生产价格：利润转化为平均利润，商品的价值就转化为生产价格。所以，生产价格是价值的转化形式，它等于商品的成本价格加平均利润。"求出不同生产部门的不同利润率的平均数，把这个平均数加到不同生产部门的成本价格上，由此形成的价格，就是生产价格。"(第176页)"商品的生产价格,……等于商品的成本价格加上平均利润。"(第176—177页)商品的生产价格是怎么形成的,请见下表。

生产部门	资本			剩余价值	消耗的 c	成本价格	商品价格	个别利润率	平均利润率	平均利润	生产价格	生产价格与价值之差
	总额	c	v									
1	2	3	4	5	6	7	8	9	10	11	12	13
(1)	100	80	20	20	50	70	90	20%	22%	22	92	+2
(2)	100	70	30	30	51	81	111	30%	22%	22	103	−8
(3)	100	60	40	40	51	91	131	40%	22%	22	113	−18
(4)	100	85	15	15	40	55	70	15%	22%	22	77	+7
(5)	100	95	5	5	10	15	20	5%	22%	22	37	+17
合计	500	390	110	110	202	312	422		22%	110	422	0

从表中可以看出:

(1) 生产价格的形成是以平均利润率的存在为前提的。

(2) 生产价格就是成本价格加平均利润。无论从个别生产部门和全社会来说都是这样。例如,上表(1)的生产价格(92)=成本价格(70)+平均利润(22),合计的生产价格(422)=成本价格(312)+平均利润(110)。

(3) 生产价格与价值的差额同平均利润与剩余价值的差额,两者是一致的。如上表(3)生产价格与价值之差是−18,平均利润(22)与剩余价值(40)之差也是−18。

【生产价格和商品价值的关系(第177—187页)】 生产价格的形成使个别部门的剩余价值与平均利润发生偏离,进而使生产要素的价值和成本价格发生偏离,但是只要我们从全社会总和的角度来考察,就可以看到,剩余价值总量和平均利润总量相等,成本价格总和等于生产要素价值总和。因而价值总和等于生产价格总和,可见,生产价格只不过是商品价值的转化形式。它们的关系可以从以下三个方面考察。

第一,从个别部门来看,资本有机构成高的部门资本家获得的平均利润高于本部门工人所创造的剩余价值[如上表中(5)平均利润比剩余价值大17];资本有机构成低的部门资本家获得的平均利润小于本部门创造的剩余价值[如上表中(3)平均利润比剩余价值少18]。从全社会来看,平均利润总额和剩余价值总额是相等的(都是110)。另外,由于生产要素在市场上是按生产价格购买的,这就会发生生产要素中包含的利润进入另一个生产部门的成本价格,从而发生利润的重复计算现象。马克思指出,每个部门在计算自己的利润收入时,新增加的利润只会计算一次。因此,"如果我们把全国商品的成本价格的总和放在一方,把全国的利润或剩余价值的总和放在另一方,那么很清楚,我们就会得到正确的计算。……从总的计算来看,只要一个生产部门的利润加入另一个生产部门的成本价格,这个利润就已经算在最终产品的总价格一方,而不能再算在利润一方。如果这个利润算在利润一方,那只是因为这个商品本身已经是最终产品,它的生产价格不加入另一种商品的成本价格"(第179—180页)。"不过这一切总是这样解决的:加入某种商品的剩余价值多多少,加入另一种商品的剩余价值就少多少,因此,商品生产价格中包含的偏离价值的情况会互相抵消。"(第181页)

第二,从个别部门看,虽然一些部门商品的生产价格高于它的价值[如上表中(5)生产价格比价值高17];一些部门商品的生产价格低于它的价值[如上表中(3)生产价格比价值低18],但从全社会来看,生产价格的总和等于价值的总和(都是422)。"如果把社会当作一切生产部门的总体来看,社会本身所生产的商品的生产价格的总和等于它们的价值的总和。"(第179页)"必须记住,如果在一个特殊生产部门把商品的成本价格看作和生产该商品时所消费的生产资料的价值相等,那就总可能有误差。对我们现在的研究来说,这一点没有进一步考察的必要。"(第185页)

第三,生产价格的变动仍然以价值为基础。商品生产价格的变动取决于:(1)平均利润率变化,由于利润率 $p' = m/c$,所以,"在每一个场合,一般利润率的变动,都以那些作为形成要素加入不变资本,或加入可变资本,或加入两者的商品的价值变动为前提"(第187页)。(2)成本价格变动,而它的变化主要是由于生产要素的价值发生了变化。(3)两者一起变化,而归根到底是由于价值的变化。"生产价格的变化显然总是要由商品的实际的价值变动来说明,也就是说,要由生产商品所必需的劳动时间的总和的变动来说明。"(第186页)

> 平均利润和生产价格的形成进一步掩盖了资本主义的剥削(第187—192页)

剩余价值率转化为利润率,剩余价值转化为利润已经掩盖了资本主义剥削。但是,在这种情况下,剩余价值率和利润率不一致,而利润量和剩余价值量还是相等的。平均利润率和平均利润形成以后,各部门的剩余价值和平均利润量、价值和生产价格的量都发生了背离,因此价值和剩余价值的真正源泉就被掩盖起来了,从而进一步掩盖了资本主义剥削。

第十章 一般利润率通过竞争而平均化。市场价格和市场价值。超额利润

这一章在上一章分析利润和生产价格形成的内在本质的基础上,进一步具体分析了一般利润率如何通过竞争而平均化。在这里,特别对市场价格和市场价值问题作了深入的分析。因为,利润转化为平均利润、价值转化为生产价格的过程,也就是商品按价值交换,发展为按生产价格交换的过程,而要弄清按价值交换如何发展为按生产价格交换,就必须进一步分析市场价值和市场价格等有关问题。因此,本章的重点在于叙述市场价格和市场价值的问题。

这一章的最后讨论了超额利润的问题。在生产价格形成以后,如果个别生产价格低于社会生产价格,就能实现一个超过平均利润的超额利润。

> 竞争使利润率平均化(第193—195页)

利润率的平均化是由竞争形成的,在竞争中资本家会按照利润率的高低在不同部门之间转移资本,使社会资本在不同部门的分配都会得到一个平均利润。"这个平均利润只能是社会平均资本的利润,它的总和等于剩余价值的总和,并且由于这个平均利润加入成本价格而形成的价格,只能是转化为生产价格的价值。"(第194页)

> 商品按价值交换先于按生产价格交换(第193—195页、第219页)

商品按价值交换和按生产价格交换不是一回事,而是两回事。无论在理论上还是在历史上商品按价值交换都是先于按生产价格交换。"商品按照它们的价值或接近于它的价值进行的交换。比那种按照它们的生产价格进行的交换,所要求的发展阶

段要低得多。而按照它们的生产价格进行的交换,则需要资本主义的发展达到一定的高度。"(第 198 页)

商品按价值进行交换只要具备以下三个条件:(1)商品交换不是偶然的暂时的现象,而是经常的大量的现象;(2)商品生产者双方生产的商品量大体与需要量一致;(3)没有垄断,可以自由贸易。

但是,在资本主义生产关系中,"全部困难是由这样一个事实产生的:商品不只是当作商品来交换,而是当作资本的产品来交换。这些资本要求从剩余产品的总量中,分到和它们各自的量成比例的一份。或者在它们的量相等时,要求分到相等的一份。一定资本在一定时间内生产的商品的总价格应该满足这种要求"(第 196 页)。这种要求在实际生活中是通过资本在部门间的转移来实现的。而资本转移必须具备新的经济条件,因此,商品要按生产价格进行交换,就必须要比按价值交换具备更多的条件,它们是:(1)资本可以自由转移;(2)劳动力可以自由转移。

资本可以自由移动又必须有三个前提:①社会内部已经有了完全的商业自由,消除了自然垄断以外的一切垄断;②信用制度有了很大发展;③所有的生产部门都已被资本家控制。

劳动力的自由转移又必须具备五个前提:①废除了一切妨碍工人从一个生产部门转移到另一个生产部门的法律;②工人对自己的劳动内容是无所谓的;③一切生产部门的劳动都已最大限度地化为简单劳动;④工人抛弃了一切职业的偏见;⑤特别是工人受资本主义生产方式的支配。

{关于市场价值的形成问题(第 199—206 页)}

1. 什么叫市场价值?市场价值就是区别于个别价值的社会价值或平均价值。"不同的个别价值,必须平均化为一个社会价值,即上述市场价值。"(第 201 页)市场价值是市场价格涨落的重心。"它们的价值是它们的价格围绕着运动的重心,而且价格的不断涨落也是围绕这个重心来拉平的。"(第 199 页)

2. 部门内竞争形成市场价值,部门间竞争形成生产价格。"竞争首先在一个部门内实现的,是使商品的各种不同的个别价值形成一个相同的市场价值和市场价格。但只有不同部门的资本的竞争,才能形成那种使不同部门之间的利润率平均化的生产价格。"(第 201 页)

3. 市场价值的决定:"市场价值,一方面,应看作是一个部门所生产的商品的平均价值,另一方面,又应看作是在这个部门的平均条件下生产的、构成该部门的产品很大数量的那种商品的个别价值。"(第199页)

"现在假定这些商品的很大数量是在大致相同的正常社会条件下生产出来的,因而社会价值同时就是这个很大数量的商品由以构成的各个商品的个别价值。"(第203—204页)

具体说来:(1)如果中等生产条件生产的商品量占很大数量,市场价值就按中等生产条件下的商品的个别价值来决定。

(2)如果最坏生产条件生产的商品量占很大数量,那么,市场价值就按最坏生产条件下的商品的个别价值来决定。

(3)如果最好生产条件下生产的商品量占很大数量,那么,市场价值就按最好生产条件下的商品的个别价值来决定。

(4)严格说来,市场价值是按各生产条件下生产的商品总量的总价值除以商品总量决定的。"每一单个商品或商品总量的每一相应部分的平均价格或市场价值,在这里是由那些在不同条件下生产的商品的价值相加而成的这个总量的总价值,以及每一单个商品从这个总价值中分摊到的部分决定的。"(第205页)

供求与市场价格、市场价值的关系
(第206—218页)

1. 关于供给与需要的一般分析。

(1) 什么是供给? 供给就是生产量的总和。"供给,这就是处在市场上的产品,或者能提供给市场的产品。"(第208页)这个生产量不仅是满足人类需要的使用价值,而且还以一定量存在在市场上。其次,这个商品量还有一定的市场价值。

(2) 什么是需求或需要? 需要就是消费量的总和,或者说是商品购买量的总和。应当注意:①一般说需要是指有支付能力的需要。"社会需要,也就是说,调节供求原则的东西,本质上是由不同阶级的互相关系和它们各自的经济地位决定的。"(第203页)②需要包括生产消费的需要和个人消费的需要。

(3) 供给和需要相一致的标志:当供给和需求相一致时,各种商品能够按照它们的市场价值出卖,但事实上,供给和需要是很少一致的,纵有也是偶然的。

2. 供求关系的作用:供求决定市场价格与市场价值的偏离,从而自发的起着商品生产调节者和商品流通调节者的作用。马克思指出:"供求关系一方面只是说明市场价格同市场价值的偏离,另一方面是说明抵消这种偏离的趋势,也就是抵消供求关系的影响的趋势。"(第212页)

(1) 供求调节生产。如果一种商品求大于供,价格就高于价值,其他部门的资本,就流到这个部门来。因此,这个部门的生产规模就会扩大,产量就会增加。如果供大于求,价格就会低于价值,资本家就会从这个部门撤出,使这个部门规模缩小,产量下降。

(2) 供求调节流通,需求按照和价格相反的方向变动,如果价格跌落,需求就增加;相反,价格提高,需求就减少。供给按照和价格相同的方向变动,价格低,供给减少;价格高,供给增加。商品的价格对商品的供给具有决定意义。

3. 供求和市场价值的关系。

(1) 市场价值决定供求。"供求关系并不说明市场价值,而是相反,市场价值说明供求的变动。"(第214页)

(2) 供求可以间接影响价值。"如果需求非常强烈,以致当价格由最坏条件下生产的商品的价值来调节时也不降低,那么,这种在最坏条件下生产的商品就决定市场价值。这种情况,只有在需求超过通常的需求,或者供给低于通常的供给时才可能发生。最后,如果所生产的商品的量大于这种商品按中等的市场价值可以找到销路的量,那么,那种在最好条件下生产的商品就调节市场价值。"(第200页)

由此可见,竞争、与供求关系的变动相适应的市场价格的波动所促成的供求的新的平衡,是形成新的市场价值的外部条件。

供求关系与社会生产比例(第208—209页,第215页)

1. 满足需要的办法是按比例分配社会劳动。在商品生产条件下,为满足社会需要,就必须为这种物品进行支付。因为商品生产是以分工为条件的,所以,社会购买这些物品的方法,就是把它所能利用的劳动时间的一部分用来生产这些物品,也就是说,用该社会所能支配的劳动时间的一定量来购买这些物品。社会的一部分人,由于分工的缘故,要把他们的劳动用来生产这种既定的物品;这部分人,当然也要从体现在各种满足他们需要的物品上的社会劳动中得到一个等价物。

2. 供求和生产比例。在生产的无政府状态下,"尽管每一物品或每一定量某种商品都只包含生产它所必需的社会劳动,并且从这方面来看,所有这种商品的市场价值也只代表必要劳动,但是,如果某种商品的产量超过了当时社会的需要,社会劳动时间的一部分就浪费掉了,这时,这个商品量在市场上代表的社会劳动量就比它实际包含的社会劳动量小得多。(只有在生产受到社会实际的预定的控制的地方,社会才会在用来生产某种物品的社会劳动时间的数量,和要用这种物品来满足的社会需要的规模之间,建立起联系。)因此,这些商品必然要低于它们的市场价值出售,其中一部分甚至会根本卖不出去。如果用来生产某种商品的社会劳动的数量,同要由这种产品来满足的特殊的社会需要的规模相比太小,结果就会相反"(第209页)。只有当用在某种商品生产上的社会劳动时间,正好和社会需要的规模相适应,供求才能一致,价格和价值才能一致。马克思认为,商品按照它们的价值来进行交换,本来是商品平衡的内在规律,应当从这个规律出发说明偏离的现象,而不能相反,从偏离出发来说明规律本身。

3. 价值规律通过竞争和价格波动调节生产比例。"要使一个商品按照它的市场价值来出售,也就是说,按照它包含的社会必要劳动来出售,耗费在这种商品总量上的社会劳动的总量,就必须同这种商品的社会需要的量相适应,即同有支付能力的社会需要的量相适应。竞争,同供求关系的变动相适应的市场价格的波动,总是力图把耗费在每一种商品的劳动的总量化为这个标准。"(第215页)也就是迫使在每一种商品上的劳动总量同这种商品的社会需要量相一致。

4. 商品供求体现的关系。在商品的供求关系上再现了下列关系:第一,使用价值和价值的关系,商品和货币的关系,买者和卖者的关系;第二,生产者和消费者的关系(虽然它们可以由第三者商人来代表)。供给由某种商品的卖者或生产者的总和来代表,需求由这同一种商品的买者或消费者(包括个人消费和生产消费)的总和来代表。竞争和价格波动则促使各种关系在矛盾中趋于平衡。"当供求是在资本主义基础上发生的时候,当商品是资本的产品的时候,供求以资本主义生产过程为前提,因而是和单纯的商品买卖完全不同的复杂化了的关系。"现在"供求还以不同的阶级和阶层的存在为前提,这些阶级和阶层在自己中间分配社会总收入,把它当作收入来消费,因此形成那种由收入形成的需求;另一方面,为了理解那种由生产者自身互相形成的供求,就需要弄清资本主义生产过程的全貌"(第217—218页)。

> 从平均利润和生产价格形成中应该得出的政治结论(第220—222页)

1. 资本家和工人的矛盾,不是个别资本家与个别工人的矛盾,而是整个资产阶级与整个工人阶级的矛盾,是整个资产阶级剥削整个工人阶级。马克思说:"根据以上所说可以得出结论,每一单个资本家,同每一个特殊生产部门的所有资本家总体一样,参与总资本对全体工人阶级的剥削,并参与决定这个剥削的程度,这不只是出于一般的阶级同情,而且也是出于直接的经济利害关系。因为在其他一切条件(包括全部预付不变资本的价值)已定的前提下,平均利润率取决于总资本对总劳动的剥削程度。"(第220页)

但是,每个资本家为了获得超额利润又特别关心自己所使用的劳动者的剥削程度,因为它会使他的商品的个别价格低于市场价格。

2. 尽管资产阶级内部存在着矛盾,但是从工人阶级身上榨取更多的剩余价值这一点上,他们有共同的利益。因此,在资本主义社会工人阶级与资产阶级的矛盾是主要矛盾,而资产阶级内部的矛盾是次要矛盾。马克思说:"资本家在他们的竞争中表现出彼此都是虚伪的兄弟,但面对着整个工人阶级都结成真正的共济会团体。"(第221页)

> 超额利润(第222页)

超额利润是指超过平均利润以上的利润,它的获得有两种情况。

1. 在按市场价值或市场价格(市场价格在一定期间在同一市场是相同的)出售的情况下,生产条件最好的人可以获得超额利润。

2. 由于人为垄断或自然垄断形成的超额利润(如地租)。这个问题将在第六篇加以进一步研究。

第十一章 工资的一般变动对生产价格的影响

这一章讨论工资的变动对生产价格的影响,这是一个次要问题。在这一篇研究的问题中,仅仅这个问题是李嘉图曾经研究过的。然而,他对这个问题的研究则是片面的,有缺陷的。事实上,工资的变动涉及新创造的价值在工人和资本家之间的分配问题。因此,工资的变动会影响生产价格(平均利润和工资会发生相反方向的变动)而不会改变价值。李嘉图的错误在于混同了生产价格和价值,从而把价值的分配和价值的创造混同,因此他无法解释工资变动和生产价格的关系,只好把它说成是价值规律的例外。

工资变动对生产价格的两种情况
(第223—227页)

在本章,马克思具体说明,工资的一般变动对于生产价格的影响,对于不同资本有机构成的部门有着不同的情况。

1. 工资上涨对生产价格的影响。(1)对平均构成的资本来说,工资上涨,生产价格不变;(2)对低位构成的资本来说,工资上涨,生产价格上涨;(3)对高位构成的资本来说,工资上涨,生产价格不变。

2. 工资下降对生产价格的影响。(1)对平均构成的资本来说,工资下降,生产价格不变;(2)对低位构成的资本来说,工资下降,生产价格下降;(3)对高位构成的资本来说,工资下降,生产价格提高。

第十二章 补充说明

这一章是对生产价格的补充说明,是由三个部分组成的,这一章作为第二篇主要观点的小结,反复强调平均利润是由剩余价值决定的,生产价格是由价值决定的。

> 引起生产价格变化的各种原因(第228—229页)

生产价格等于成本价格加平均利润。因此,一个商品生产价格发生变化,归结起来,只能有两个原因。

第一,一般利润率发生变化。这或者是由于劳动力的价值降低或提高;或者是由于所占有的剩余价值的总额和预付社会总资本的比率发生变化。

第二,商品价值的变动。这又可能由于:(1)生产商品的劳动增加或减少了;(2)生产商品本身的劳动生产率发生了变动;(3)生产生产资料部门的劳动生产率发生了变动。商品生产价格的一切变动最终都可以归结为价值的变动,但并不是商品价值的一切变动都要表现为生产价格的变动,因为生产价格不只是由特殊商品的价值决定,而且还由一切商品的总价值决定。

> 中等构成的商品的生产价格(第230—231页)

生产价格同价值的偏离是由下述原因造成的:
第一,平均利润偏离剩余价值;
第二,成本价格偏离资本价值。

> 资本家的补偿理由(第231—234页)

1. 竞争使不同生产部门的利润率平均化为平均利润率。

2. 但是,竞争是表面现象,它没有表明支配生产运动的是决定生产价格的价值。竞争反而造成错觉:(1)平均利润与一定生产部门的资本构成独立无关,也就与一定剥削部门所占有的活劳动量独立无关;(2)工资变化会引起生产价格变化,好像生产价格与价值无关;(3)市场价格的变动,会使一定期间内的商品平均价格,不趋于市场价值,而趋于与其价值不一致的生产价格。这一切现象,好像都和劳动决定价值,剩余劳动决定剩余价值,价值决定生产价格的性质相矛盾。所以,在竞争上面,一切都是颠倒地表现着。

3. 由于利润率的平均化,由于平均利润的形成,资本家的基本观念就是:等量资本,必须在同时间内,生出同样大的利润,他就因此作为补偿理由来计算他的商品价格。

第三篇
利润率趋向下降的规律

简 介

一、对 象

第3卷第一篇至第三篇都是分析利润问题,第一篇讲利润的形成,第二篇讲利润的平均化,第三篇讲利润的发展趋势。在资本主义社会,利润率存在趋向下降的规律,这是以发展劳动生产率为手段追求资本增殖的必然结果。马克思通过对利润率趋向下降规律的分析,进一步揭示了资本主义生产关系与生产力的矛盾,指出了资本主义生产方式的历史局限性。

二、关 系

第三篇不仅与第一篇、第二篇,而且与第1卷、第2卷存在着内在的联系。从本篇与第1卷的联系来说,它是第1卷第七篇资本积累理论的继续;从本篇与第2卷的联系来说,它是第2卷第三篇社会总资本的再生产和流通的继续。从本篇在第3卷的地位来说,它是第一篇、第二篇利润理论的直接继续。

三、结 构

本篇由三章组成,从第十三章到第十五章。第十三章讲利润率趋向下降规律本身的问题;第十四章讲阻碍利润率下降的各种因素;第十五章讲利润率趋向下降规律使资本主义各种内在矛盾进一步激化。

第十三章 规律本身

在资本主义生产方式的发展中,随着资本积累的增进,资本有机构成不断提高,利润率有一个下降的趋势。

这一章是分析利润率趋向下降的规律本身的问题,论证利润率下降的必然性及其表现形式,揭示利润率下降和利润绝对量的增加、单个商品价格下降和通过商品总量的销售所实现的利润量的增加等问题。

【利润率下降趋势的规律(第235—241页)】

1. 利润率存在下降趋势的原因,是随着社会生产力的日益发展,资本有机构成不断提高,可变资本同不变资本相比日益相对减少,结果导致在劳动剥削程度不变甚至提高时,剩余价值率会表现为一个不断下降的一般利润率:"因此,一般利润率日益下降的趋势,只是劳动的社会生产力日益发展**在资本主义生产方式下所特有的表现**。"(第237页)

2. 利润率的下降表示剩余价值本身和全部预付资本的比率的下降,同剩余价值在资本各个集团之间的分配没有关系。

3. 比较不同国家的利润率,必须注意以下三个问题:

(1) 不发达国家剩余价值率较低而利润率较高,发达国家剩余价值率高而利润率较低,这是由于两者的资本有机构成不同而引起的。

(2) 不发达国家的利息率一般比发达国家要高,所以不能用各国利息率的水平来衡量各国利润率的水平。

(3) 正常工作日较短的国家比正常工作日较长的国家,可以有较高的剩余价值率。

所以,剩余价值率的增加,可以同样表现为利润率的下降。这不论对一个国家的不同发展阶段,还是不同发展阶段的国家之间,都是起作用的。

<u>利润率下降和利润绝对量增加是一个二重的规律</u>
(第241—251页)

1. 利润率下降并不排斥剩余劳动绝对量的增大。这是因为利润率下降是由于可变资本相对减少,而不是绝对减少。所以,尽管利润率下降,但是资本所使用的劳动者人数,所推动的劳动量,所吸收的剩余劳动的绝对量,从而它所生产的剩余价值量,也就是它所生产的利润绝对量仍然可以增加。

2. 利润率下降,利润量增加是资本积累规律作用的必然结果。资本主义的生产过程本质上同时就是积累过程。资本积累,一方面使利润率有下降的趋势,另一方面可以使利润量增加。资本积累为什么可以使利润增加呢?

(1) 资本积累,使可供剥削的劳动人口增加。

(2) 随着资本积聚,被剥夺者人数增加使资本可以支配越来越大的劳动军。

(3) 工作日的延长和强化,工资价值的下降,绝对利润量都会增加。

3. 利润率下降,利润量增加的条件——总资本量增加。

(1) 总资本已定,有机构成提高,利润率下降,利润量也减少。总资本量增加,利润率下降,利润量才会增加。

(2) 要使利润量不变或增加,就要使资本比利润率下降依照更大比例来增加。

(3) 资本主义愈发展使用同量劳动力需要更多的资本。

所以,利润率的下降和绝对利润量的同时增加是产生于同一些原因的二重性的规律。

<u>商品价格下降和商品总量所实现的利润量增加同时并存</u>
(第251—257页)

商品价格下降和通过商品总量的销售而实现的利润量增加同时并存,是利润率下降,利润量增加这一二重规律的另一种表现。

(1) 随着生产力的发展,单个商品价格下降,是因为单位商品中人的劳动量减少,商品的价值量也减少了。

(2) 劳动生产率提高,商品价格下降,但商品的利润量,却会因为剩余价值率的提高而增加。

（3）单位商品价格下降，单个商品的利润量，总商品的利润率下降，但由于商品总量的增加，利润量也会增加。

此外，恩格斯在第253页作的一段补充中指出，按总资本计算的利润率和按成本价格计算的利润率是不等的。

第十四章 起反作用的各种原因

　　为什么把一般利润率下降称为趋向下降的规律呢？这是因为还有许多因素起着相反的作用,阻碍着利润率的下降。在这一章中,马克思举出了如下一些因素:首先,是劳动剥削程度的提高;其次,是工资被压低到劳动力的价值以下;第三,是不变资本各要素变得便宜;第四,是相对过剩人口;第五,是对外贸易;第六,是股份资本的增加。因此,马克思在本章分六个小节,分别说明了这些因素。

<u>劳动剥削程度的提高(第258—261页)</u>　　劳动剥削程度的提高,也就是剩余价值率的提高,剩余价值率的提高可以缓和利润率的下降。那么,怎样提高剩余价值率呢？(1)通过使一个工人看管更多的机器,加快运转速度来提高劳动强度;(2)延长工作日;(3)大量使用女工和童工。马克思说:"利润率下降的趋势特别会由于工作日的延长所产生的绝对剩余价值率的提高而减弱。"(第260页)

<u>工资被压低到劳动力的价值以下(第262页)</u>　　工资被压低到劳动力的价值以下,一方面可以增加剩余价值,另一方面又减少了预付可变资本,从而减少了预付总资本。所以,它是阻碍利润率下降趋势的重要的原因之一。

<u>不变资本各要素变得便宜(第262—263页)</u>　　不变资本各要素变得便宜可以阻碍利润率下降是由于:

　　1. 不变资本价值的下降,使不变资本价值增加的程度,不与它的物质量(生产资料)的增加按同一比例增加,从而减弱资本有机构成提高的速度,所以可以阻碍利润率的

下降。

2. 不变资本价值下降可以使现有资本贬值，从而也阻碍利润率的下降。

相对过剩人口（第263—264页） 相对过剩人口的存在：一方面，可以使劳动力价值下降，意味着可变资本的减少，资本总量也减少，同时又使剩余价值量增加，从而阻碍利润率下降；另一方面，劳动力价值下降，可以使有些部门宁愿使用手工劳动而不使用机器，从而延缓资本有机构成的提高，会使利润率下降受到阻碍。

对外贸易（第264—267页） 1. 外贸对利润率的作用是二重的。一方面，由于资本主义发达国家通过对外贸易，特别是对经济落后国家的贸易，输入廉价的原材料和粮食，会使不变资本的要素变得便宜，使可变资本转化成的必要生活资料变得便宜，从而具有提高利润率的作用；另一方面，由于对外贸易的扩展，促使生产规模扩大，因而，它加速积累，也加速可变资本同不变资本相比的相对减少，从而加速利润率的下降。

2. 投在对外贸易上的资本能提供较高的利润率。是因为：(1)资本主义发达国家劳动生产率高，单位商品价值低，不发达国家则相反，而在对外贸易中是根据国际价值，即国际范围内的平均价值进行交换的。因而，发达国家的劳动，当作强化的劳动，其单位商品价值低于国际价值，可以实现超额利润；(2)投在殖民地的资本有机构成低，剥削程度高，因而利润率也高。

股份资本的增加（第267—268页） 股份资本提供给股东的不是平均利润，而是通常比平均利润小的股息。由于股份资本不参加利润的平均化过程，所以，从理论上说，它就阻碍平均利润率的下降。但是，马克思指出：阻碍利润率下降的各种因素，只能削弱利润率下降的作用，并不能取消它。"引起一般利润率下降的同一些原因，又会产生反作用，阻碍、延缓并且部分地抵消这种下降。这些原因不会取消这个规律，但是会减弱它的作用……所以，这个规律只是作为一种趋势发生作用；它的作用，只有在一定情况下，并且经过一个长的时期，才会清楚地显示出来。"（第266页）

第十五章 规律的内部矛盾的展开

这一章通过利润率趋向下降规律的内部矛盾的论述,使资本主义基本矛盾从总体上呈现出来。

利润率趋向下降的规律是在资本主义生产关系下生产力发展的一种表现形式。因此,这个规律的内部包含着资本主义基本矛盾。资本主义基本矛盾通过利润率下降同时利润量增长的规律,展开为剩余价值生产和剩余价值实现的矛盾,生产扩大和价值增殖的矛盾,人口过剩和资本过剩的矛盾等等。这些矛盾的激化就爆发为危机。危机只能暂时克服这些矛盾,并使矛盾更加深刻和扩大。从危机中可以看出,在资本的限制下,社会生产力只能通过破坏既得的生产力来求自身的发展,从而说明资本主义制度的历史局限性和暂时性。

(一) 概论

这一节主要讲剩余价值生产和剩余价值实现的矛盾,即生产与消费的矛盾,实际上分析了三个问题。

> 批判李嘉图在利润率下降规律认识上的错误(第269—271页)

第一,李嘉图把利润率混同于剩余价值率。并且,只考察在工作日的内涵和外延都不变的前提下的剩余价值率。

第二,李嘉图认为利润率下降,是由于工资上涨引起的,而工资上涨又是由于农业劳动生产力下降从而粮价上涨引起的。这样,他就把利润率下降(李嘉图把它等同于剩余价值率下降)和资本积累对立起来了。

第三,李嘉图意识到了利润率的下降对资本主义生产方式是一种威胁,但只是把这种威胁归因于自然(或土地肥力递减)。

第四,李嘉图和他的学派错误地假设产业利润加利息包含全部剩余价值。其实,剩余价值总额除了包含产业利润和利息以外,还有地租。

{利润率下降使剩余价值生产和剩余价值实现的矛盾激化(第271—273页)}

1. 资本主义生产本质上是剩余价值的生产。进行剩余价值生产的条件:(1)有足够的生产资料;(2)必要的劳动人口;(3)一定高度的剥削率。

2. 剩余价值生产和剩余价值实现的条件是不一致的:(1)在时间上不一致;(2)在空间上不一致;(3)在概念上不一致;(4)剩余价值生产只受社会生产力的限制,而剩余价值实现要受不同生产部门的比例和社会消费力的限制。社会消费力又取决于两个因素:(1)对抗性的分配关系的限制;(2)追求积累的欲望的限制,扩大资本和扩大剩余价值生产规模的欲望的限制。

3. 剩余价值生产和实现的矛盾,引起生产和消费的矛盾,"生产力越发展,它就越和消费关系的狭隘基础发生冲突"(第273页)。生产和消费矛盾的发展就要导致经济危机的爆发。

{利润率下降趋势规律与资本集中的关系(第273—275)}

在利润率的下降趋势的情况下,为取得较多的利润量就要增大资本,因此利润率下降并不是延缓了资本的积累和集中,而是加速了资本积累和集中的过程。资本积累和资本集中的加速,反过来又促使利润率下降。

(二) 生产扩大和价值增殖之间的冲突

这一节分析资本主义生产目的和手段的矛盾,说明资本主义的局限性,以及这个矛盾的发展导致危机爆发。

{生产力发展在利润率上的表现(第275—276页)}

1. 生产力发展,就所用资本来说表现在:(1)资本总量增加;(2)资本构成提高。这两者都引起利润率下降。

2. 生产力的发展,就所用的劳动力来说也表现在两方面:第一,表现再生产劳动力所必需的必要劳动时间的缩短上,从而表现在剩余价值率的提高上面;第二,表现在推动一定量资本所使用的劳动力的减少上面。前一方面会使 p' 上升,后一方面又使 p' 下降。并且,要使 m' 的提高来补偿工人人数的减少,是有某些不可逾越的界限;因此,这种补偿能够阻碍利润率下降,但不能制止它下降。

总之,生产力的发展的多方面表现,有的会使 p' 上升,有的会使 p' 下降。但是,使 p' 下降的因素压倒了使 p' 上升的因素,因而 p' 还是有下降的趋向。

资本贬值和资本增殖的矛盾(第276—278页) 随着资本主义生产方式的发展,一般利润率会下降,生产总资本则会增加,从而利润量会增加。

另一方面,劳动生产力的增进,会使现有资本贬值;现有资本贬值,又使利润率上升,使资本增殖。

可见,资本主义生产方式是在矛盾中发展的:(1)生产力发展时,利润率会下降,资本的总量则会增加;资本量的增加,同时会发生贬值的现象;(2)资本贬值,利润率会上升,又刺激资本的积累,贬值又成为直接增殖的手段;(3)资本价值的贬值,同时作为资本的物质要素的使用价值的增加,又成为间接增殖资本的手段;(4)资本积累会刺激劳动人口的增加,同时通过资本有机构成的提高,又造就一个人为的过剩人口。

这各种对抗要素之间的冲突周期地在危机中表现出来,不过危机只是现有矛盾的暂时的暴力的解决,由此暂时把已经破坏的平衡恢复一下。

生产力的发展和资本增殖的矛盾(第278页) 在资本主义制度下,生产力的发展受到资本主义生产关系的限制,从而才产生了各种矛盾。马克思说:"总的说来,矛盾在于:资本主义生产方式包含着绝对发展生产力的趋势,而不管价值及其中包含剩余价值如何,也不管资本主义生产借以进行的社会关系如何;而另一方面,它的目的是保存现有资本价值和最大限度地增殖资本价值(也就是使这个价值越来越迅速地增加)。它的独特性质是把现有的资本价值用作最大可能地增殖这个价值的手段。它用来达到这个目的的方法包含着:降低利润率,使现有资本贬值,靠牺牲已经生产出来的生产力来发展劳动生产力。"(第278页)

在资本主义制度下,这些矛盾是无法克服的。资本主义生产总是竭力克服它所固有的这些限制,但是它用来克服这些限制的手段,只是这些限制以更大的规模重新出现在它面前。

> 资本主义生产的真正限制是资本本身
> (第278—279页)

资本及其增殖是生产的目的和动机,是为资本而生产。这种以广大劳动者的被剥夺和贫困化为基础的资本价值的保存和增殖的有限目的,与无条件地发展劳动社会生产力的生产方法是相矛盾的。"手段——社会生产力的无条件的发展——不断地和现有资本的增殖这个有限的目的发生冲突。"(第279页)因此,如果说资本主义生产方式曾经历史地发展了生产力,那么,资本主义生产关系,又同时和这个发展中的生产力经常处在矛盾状态。

(三) 人口过剩时的资本过剩

资本积累一方面引起人口过剩,另一方面又引起资本过剩。这一节主要是分析人口过剩时的资本过剩问题。

> 资本过剩的含义
> (第279—282页)

1. 什么叫资本过剩:所谓的资本过剩,实质上总是指那种利润率下降不会由利润量的增加得到补偿的资本的过剩,或者是指那种自己不能独立行动而以信用形式交给大产业部门的指挥人去支配的资本过剩。

2. 资本过剩的形成:资本过剩和相对过剩人口一样,也是由资本积累引起的,因而资本过剩是人口过剩的补充现象,不过两者是处在对极上面:一方面是失业的资本,另一方面是失业的工人人口。

3. 资本过剩的实质:资本过剩不外就是资本的积累过剩。这就是说,在积累过程中,当着追加资本不能生产剩余价值的时候,以致增加以后的资本,和增加以前的资本相比,只生产一样多甚至更少的剩余价值,那就发生资本的生产过剩。这种生产过剩不只影响这个或那个两三个重要的生产部门,而是发生在一切生产部门,也就是说,不是相对于某一局部来讲,而是在范围上成为绝对的。

4. 资本过剩引起资本家内部的矛盾。在平均利润率形成时,竞争会表现为资本家的兄弟情谊,使他们按照各人的投资,按比例地分配共同赃物;

但在损失分配时,各资本家就在竞争中尽力设法减少自己的损失,并把它转嫁到别人头上。

资本过剩与经济危机(第282—285页) 资本过剩会引起竞争,促使商品的生产过剩,只好通过经济危机来强制的、暂时的解决。在危机中,大量资本闲置,甚至被破坏掉。价格普遍下跌,再生产过程陷入停滞和混乱。另一方面,危机使大量工人失业,从而迫使在业工人工资下降。这样,不变资本的贬值和工资的下降,又意味着利润率的提高。这样又为以后的生产扩张准备了条件。在生产和市场扩大以及生产力提高的情况下,同样的恶性循环将再次出现,从而使危机呈现出周期性。但是,资本的绝对过剩不是指一般意义的生产资料和生活资料的绝对过剩,而是指它们不能作为资本按照资本主义生产发展的需要的剥削程度来实现增殖。"资本的生产过剩,仅仅是指可以作为资本执行职能即可以用来按一定剥削程度剥削劳动的生产资料——劳动资料和生活资料——的生产过剩;而这个剥削程度下降到一定点以下,就会引起资本主义生产过程的混乱和停滞、危机、资本的破坏。"(第285页)

资本过剩与相对人口过剩(第285页) 社会生产力的发展,一方面会造成上述资本过剩,另一方面又会造成相对人口过剩。这些人口不能为过剩的资本所使用,因为他们只能按照很低的劳动剥削程度来使用,或者至少是因为他们按照一定的剥削程度所提供的利润率已经很低。(第285页)

资本过剩与商品生产过剩(第285—287页) 资本是由商品构成的,因而资本的生产过剩包含商品的生产过剩。

资本的生产过程,按其范围来讲是绝对的。所以,商品的生产过剩不是指一个或几个生产部门局部的生产过剩,而是指普遍的、一般的生产过剩。

资产阶级经济学家对待这个问题有着不少谬论。(1)他们在承认资本过剩的同时荒谬地否认商品的生产过剩。(2)他们只承认局部的生产过剩而否认一般生产过剩。(3)他们把资本主义生产的目的看成是满足消费,从而否定生产过剩。(4)总之,这一切企图否认生产过剩的谬论都可以归结为否认生产的限制来自资本本身。其实,"这种资本主义生产方式的矛盾正好在于它的这种趋势:使生产力绝对发展,而这种发展和资本在其中运动,并且只能在其中运动的特有的生产条件不断发生冲突"(第287页)。

资本过剩和人口过剩以及商品生产过剩是相对于资本价值增殖来说的。所以,它们又是相对的:(1)不是所生产的生活资料,与现有的人口相比而言太多了,而是太少了;(2)也不是为了要使人口中有劳动能力的那一部分人能够就业,生产资料已经生产得太多了,正好相反,它们还是太少了;(3)不是财富生产得太多了,而是资本主义的对抗性的形上的财富周期地生产得太多了。

{资本主义生产方式的局限性(第287—289页)}
资本主义生产方式的限制表现在:(1)劳动生产力的发展使利润率的下降成为一个规律,这个规律在某一点上和劳动生产力本身的发展发生最强烈的对抗,因而必须不断地通过危机来克服。

(2)资本主义生产的动机和目的是无酬劳动的占有,从而是利润率的一定水平,而不是满足社会的需要。

利润率是资本主义生产的推动力;只有那种在生产上提供利润的东西才会被生产出来。就是为了这个缘故,李嘉图对利润率下降深感不安,这表明他对资本主义生产条件的深刻了解,但他并不懂得这是资本主义生产方式内在矛盾发展的必然结果,也没认识到资本不过是一个历史的、过渡的生产方式。

(四) 补充说明

这里共有四个片断,都是为了补充说明生产力的发展所受到资本主义生产关系的限制。

{劳动生产率提高的规律对资本主义不是无条件适用的(第289—292页)}
1. 劳动生产率与自然条件有关系。劳动生产力的发展,在不同生产部门不仅极不平衡,而且往往方向相反。这不仅是由竞争的无政府状态和资本主义生产方式的特性产生的,而且与自然条件有关。

但是,这里要研究的,不是采用新机器在某些特殊场合所遇到的自然限制，而是要分析采用新机器所受到的资本主义制度的限制。

2. 劳动生产率提高的标志。劳动生产率的提高正是在于："活劳动的份额减少，过去劳动的份额增加，但结果是商品中包含的劳动总量减少。因而，所减少的活劳动要大于所增加的过去劳动……由于活劳动的减少而减少的价值部分必须抵销一切增加的价值部分而有余。因此，加入商品的劳动总量的这种减少，好像是劳动生产力提高的主要标志，无论在什么条件下进行生产都一样。在生产者按照预定计划调节生产的社会中，甚至在简单的商品生产中，劳动生产率也无条件地要按照这个标准来衡量。"（第290—291页）

3. 对资本来说，劳动生产力提高的规律不是无条件适用的，对资本来说，这种生产力，并不是在活劳动一般的节约比过去劳动的增加还多的时候，而只是在活劳动有酬部分的节约，比过去劳动的增加还多的时候，才算是提高了。这就是他采用新机器的界限。

4. 资本主义的历史使命是发展生产力，为生产而生产，从而推动劳动生产率的发展。但它的直接目的是资本增殖，当生产率的提高与这一目的发生对抗时，它就会阻碍生产力的发展。因此，资本主义生产方式还存在推动生产率发展与阻碍劳动生产率发展的矛盾。这就再度证明，资本主义制度已经变得衰老了，越来越过时了。

资本主义在使用劳动力问题上的局限性（第292—294页） 生产力的发展会表现为资本构成的提高，也就是会表现为可变资本的相对减少。但是，可变资本的相对减少，在许多生产部门同时包含着它的绝对量的增加，在有些部门也可能同时是绝对量的减少。也就是说，劳动者就业人数一般会绝对地增加，在有些部门也会绝对地减少。

但是，对资本家来说，他并不关心劳动力的使用，他并不关心整个社会是否能赢得剩余劳动或绝对的剩余时间，他只关心他是否能占有工人的剩余时间，如果不能的话，他就让这些工人成为相对的过剩人口。"资本主义生产的限制，是工人的剩余时间。社会所赢得的绝对的剩余时间与资本主义生产无关。生产力的发展，只是在它增加工人阶级的剩余劳动时间，而不是减少物质生产的一般劳动时间的时候，对资本主义生产才是重要的；

因此,资本主义生产是在对立中运动的。"(第293—294页)

生产力发展受利润率下降趋势规律的限制（第294—296页）　生产力的发展受到了利润率下降的限制,但生产力的发展又是和利润率的下降纠缠在一起的。所以,新的生产方法即使有很高的效率,但只要它会引起利润率的下降,资本家就不会使用它。在现实中,个别资本家通过运用新生产方法总可以获得超额利润。通过竞争又使其他资本家也采用新的生产方法,这样,资本构成就会普遍提高,从而导致利润率下降。

但是,尽管利润率下降,积累的欲望和能力仍然会增加,这是由于:(1)有增大的相对过剩人口;(2)资本物质要素的量会增加;(3)生产部门会多样化;(4)发达的信用制度使货币容易转化为资本;(5)需要和致富欲望的增长;(6)对固定资本的大量投资的增长;如此等等。不过,现实的累进的积累又使利润率进一步地下降。

资本主义生产关系和生产力的矛盾导致危机的爆发(第296页)　资本主义生产的三个主要事实:

(1) 被资本家私人占有的生产资料社会化了。"生产资料集中在少数人手中,因此不再表现为直接劳动者的财产,而是相反地转化为社会的生产能力,尽管首先表现为资本家的私有财产。"(第296页)

(2) 劳动也社会化了。"劳动本身由于协作,分工以及劳动和自然科学的结合而组成为社会的劳动。"(第296页)

(3) 世界市场的形成。在资本主义生产方式内部发展起来的社会化生产创造了惊人巨大的生产力,但它又受限于资本主义私有制,这就是资本主义的基本矛盾,这个矛盾的激化就会爆发危机。所以,经济危机的原因在于资本主义的基本矛盾。

第四篇

商品资本和货币资本转化为商品经营资本和货币经营资本(商人资本)

简　介

一、对　象

这一篇研究商业资本,即商人资本,包括商品经营资本和货币经营资本。

以前各篇、章(包括第 1 卷和第 2 卷)都是以产业资本和产业资本家为研究对象的,并假定流通过程的一切职能由产业资本家自己经营。这一篇则把商业资本作为独立的资本与产业资本相对立,把商业利润当作剩余价值的特殊形式与产业利润相对立,把商业资本家当作商业资本的人格化与产业资本家相对立,分析厂商之间瓜分剩余价值问题,或分析厂商之间分配剩余价值的原则。

二、中　心

这一篇通过商业资本的研究,中心是揭示商业资本家是怎样参与瓜分产业工人所创造的剩余价值的。商业资本家是以商业利润的形式来占有剩余价值的。商业资本按照等量资本获取等量利润的原则,参与利润平均化,获得平均利润。

三、结　　构

这一篇由第十六章到第二十章一共五章组成。大体上是三个部分：第一部分，从第十六章到第十八章是分析商品经营资本，研究了商业资本、商业利润和商业价格；第二部分是第十九章，分析货币经营资本；第三部分是第二十章，关于商人资本的历史考察。

第十六章　商品经营资本

这一章主要分析商品经营资本的形成和作用。商品经营资本是产业资本运动中商品资本的转化形式,适应着社会化大生产的这种分工,采取商业资本或商人资本的特殊形式,它有助于提高资本的效率。商业资本虽然不创造价值,因而也不创造剩余价值,但是它能通过节约流通费用而间接地使产业资本增加剩余价值。

> 商品经营资本的形成(第297—305页)

1. 商品经营资本是商品资本的转化形式

《资本论》第2卷在研究产业资本的循环时曾经指出,产业资本在它的运动中顺次地采取货币资本、生产资本和商品资本这三种不同的形态,并完成不同的职能。整个运动用公式表示就是:$G—W \cdots P \cdots W'—G'$。在那里,假定产业资本循环的每一阶段,包括商品资本的实现阶段即 $W'—G'$ 在内,都是由产业资本家自己来完成。但是,随着资本主义的发展,一部分商品资本就逐渐从产业资本的运动中分离出来,它们的职能固定地由一部分不从事生产活动而专管商品买卖的商业资本家来完成。这样,商品资本就转化成了商业资本。马克思写道:"只要处在流通过程中的资本的这种职能独立起来,成为一种特殊资本的特殊职能,并且固定下来,成为一种由分工给予特殊种类资本家的职能,商品资本就成为商品经营资本或商业资本。"(第298页)

商品经营资本是流通资本的一部分的转化形式。"商品经营资本只是这个不断处在市场上、处在形态变化过程中并总是局限在流通领域内的流通资本的一部分的转化形式。"(第299页)为什么只是一部分呢?这是因为商品的买卖总有一部分是在产业资本家之间直接进行的。

2. 商品经营资本从产业资本当中分离出来之后,仍然是执行商品资本的职能。

因为当产业资本家把商品卖给商人之后,对产业资本来说,他靠商人的货币实现了他的商品的价值,完成了他的商品资本到货币的转化。但是,对商品本身来说,它并没有因此而退出流通领域,仍旧处在市场上,它只是变更了所有者,即由产业资本家手中转入商人手里,商品中所包含的价值和剩余价值并没有最后实现,这就是说,商品资本的职能还有待商人继续完成。只有当商人把商品卖给消费者,商品从流通领域进入消费领域时,商品资本到货币资本的转化过程才真正结束,商品资本的职能才最后实现。因此,"商人的活动只是为了把生产者的商品资本转化为货币所必须完成的活动,只是对商品资本在流通过程和再生产过程中的职能起中介作用的活动"(第301页)。

所以,商业资本的职能和商品资本的职能实际上是一回事,所不同的只是以前这些职能是由产业资本家作为自己的附带业务来完成,而现在则成为商业资本家的专门业务了。马克思说:"商品经营资本无非是生产者的商品资本,这种商品资本必须经历它转化为货币的过程,必须在市场上完成它作为商品资本的职能;不过这种职能已经不是生产者的附带活动,而是一类特殊资本家即商品经营者的专门活动,它已经作为一种特殊投资的业务而独立起来。"(第301页)

但是,商品经营资本已经从产业资本中分离出来,它就不再是产业资本的一个单纯的环节,而是作为一个独立的资本来发挥作用。那么,使商业资本成为独立执行职能资本的条件是什么呢?

3. 商业资本成为独立执行职能资本的条件。

第一,由于社会分工,商品的买卖已经不由产业资本家来兼任,而是专门由商人来担任,商品的买卖已经成为商人专门从事的独立的业务。

第二,商人必须预付(自有的或借入的)货币资本,以便向产业资本家购买商品,然后再卖出去,变为更多的货币。

总之,从商品经营资本的来源、职能以及与产业资本的相互关系来看,商业资本不外就是商品资本的转化形式,是产业资本的一个独立部分。

> 商业资本的作用
> （第 305—312 页）

商业资本是流通资本的独立形式，只要商业资本不超过它的必要的比例，它对产业资本就有如下的作用。

1. 由于社会分工，商业资本的存在可以为产业资本家节约流通资本，从而扩大生产规模。"如果没有商人的介入，流通资本中以货币准备金形式存在的部分，同以生产资本形式使用的部分相比，必然会不断增大，与此相适应，再生产的规模就会受到限制。而现在，生产者能够把他的资本中较大的部分不断地用于真正的生产过程，而把较小的部分用作货币准备金。"（第306页）

2. 商业资本的存在可以使产业资本家节省销售时间，用来管理生产。"如果商人仍然是商人，那么，生产者就可以把出售商品的时间节省下来用于监督生产过程。"（第306—307页）

商业资本的存在可以加快资本的周转速度，使商品资本可以更快的转化为货币资本。

3. 商业资本的存在对于总资本来说，商业资本的一次周转，不仅可以代表一个生产部门内许多资本的周转，并且可以代表不同生产部门若干资本的周转。"因此，同一商人资本，可以依次对投入一个生产部门的各个资本的不同周转起中介作用"；"……还可以同样有效地对不同生产部门的资本的周转起中介作用"（第308页）。

商业资本如果和信用制度结合在一起，它的货币资本部分，同它所完成的交易额相比，就会更加减少。"信用制度越发达，这个部分同总资本相比就越小。"（第311页）

但是，商业资本的这些作用仍然要受现实再生产的制约。因为商业资本本身的流通速度取决于：(1)生产过程更新的速度和不同生产过程互相衔接的速度；(2)消费的速度。

总之，商业资本不创造价值和剩余价值，但可以间接为产业资本家增加剩余价值。具体说来：(1)它可以通过流通时间的缩短，间接的帮助产业资本家增加剩余价值；(2)它可以帮助扩大市场，媒介成资本家之间的分工，从而使产业资本扩大生产规模，提高劳动生产率，增加积累；(3)它可以缩短流通时间，减少流通资本，从而提高产业资本利润率；(4)它可以通过流通资本的减少，增加生产资本，从而雇佣更多的工人，加大剥削的范围。

第十七章 商业利润

这一章说明商业利润只能来源于产业工人所生产的剩余价值,由于商业资本家不仅要预付资本购买商品,而且要预付资本作为流通费用。所以,这一章还要研究商业流通费用的补偿和它如何取得利润的问题。又由于商业利润虽然是由产业工人创造的剩余价值的一部分,但它又是在流通中借助商业工人的劳动取得的。所以,这一章还分析了商业劳动的特点。

商业利润的来源及其实现的形式（第313—321页）

商业利润是从事买卖所占有的那部分剩余价值,商业利润的来源是产业工人创造的剩余价值的一部分。

商业资本家也是按照等量资本获得等量利润的原则获得平均利润。

从表面上看,商业利润是通过商品的购买价格和它的出售价格之间的差额实现的。但是,商人的出售价格之所以高于购买价格,个是因为他的出售价格高于总价值,而是因为他的购买价格是在总价值以下。贱买贵卖只是商业资本获利的形式,商业利润的实质是商业资本家从事买卖从而从产业资本家那里瓜分来的一部分剩余价值。"因为商人资本本身不生产剩余价值,所以很清楚,以平均利润的形式归商人资本所有的剩余价值,只是总生产资本所生产的剩余价值的一部分。"（第314页）

商业资本不生产剩余价值,但是它在流通中实现剩余价值,这个流通过程"形成再生产过程的一个阶段,所以在流通过程中独立地执行职能的资本,也必须和在不同生产部门中执行职能的资本一样,提供年平均利润"（第314页）,从而参加利润的平均化。这种平均化是通过竞争实现的。如果商业利润总是低于产业利润,商业资本就会转移到产业资本中去;反过来,如果商业利润高于产业利润,产业资本也会转移到商业中去。通过竞争,它们获得大致相等的平均利润。

由于商业资本参与剩余价值的分割,就会造成以下结果:(1)和产业资本相比,商业资本越是大,产业利润率就会愈少;(2)直接从事剥削的资本家的平均利润率本来就比实际剩余价值率小,现在,由于商业资本的介入,使这个利润率表现得比实际剥削率更小。

在科学分析的进程中,平均利润率的形成好像是由产业资本及其竞争出发,后来才由商业资本的加入,从而修正、补充平均利润率。但在,历史发展的进程中,情形却正好相反,是先有商业资本后有产业资本,是商业利润决定产业利润。

> 商业流通费用的补偿和利润的获得方式(第 321—322 页)

1. 在商业资本的运动中,除了预付购买商品的资本外,商业资本家还必须支付一定的商业流通费用。商业流通费用是商人的追加资本,所以它既要得到补偿也要获得利润。

2. 在商业流通费用中,由于移动商品使用价值的位置和保存使用价值而需要的费用,包括运输费、保管费、包装费等,它们是生产过程在流通领域的继续和延长,可以增加商品的价值。这部分费用可以直接加到商品的价值中去。《资本论》第 2 卷第六章已经一般地论述过生产性的流通费用,显然这部分费用的补偿是不成问题的。

问题是单纯由商品买卖而耗费的流通费用,也就是纯粹流通费用。这种费用无论是不变的,如广告费、纸张、邮资等,还是可变的,即雇佣商业工人的工资,也都是商业资本家追加的资本,不仅资本本身要补偿,而且作为资本它还要获得利润。但是,商业纯粹流通费用,纯粹是由价值转形而引起的费用,它不能创造价值,更不能创造剩余价值,对社会来说,这是一种虚费。因此,商业纯粹流通费用,就有一个如何补偿的问题。

商业纯粹流通费用既然不能创造价值和剩余价值,因此不能直接从商品价值中得到补偿。在现实生活中,在形式上它是通过商品售卖价格的加价来解决的。例如,一个商品按照价值出卖应该是 100 元,但是,由于商品流通要支出商业纯粹流通费用 10 元,而且这种支出作为商业资本家追加的资本,它还要获得平均利润。假设,平均利润率是20%,那还要加2元的平均利润。这样,商品的出卖价格就是100+10+2,等于112元。"不管这些流通费用属于什么种类,不管它们是从纯粹的商人业务本身中产生的,因而属于商人的特有的流通费用,还是代表那种因为在流通过程中有生产过程(如运送、运输、保管等等)补充进来而产生的费用,它们总是以下面这一点为前提:商人除了为购买商品而预付的货币资本以外,总是还要预付一个追加的资本,用来购买和支付这种流通手段。如果这个成本要素是由流动资本构成的,它就全部作为追加要素加入商品的出售价格,如果这个成本要素是由固定资本构成的,它就按照自己损耗的程度,作为追加要素加入商品的出售价格;不过,这样一个要素,即使它和纯粹的商业流通费用一样,不会形成商品价值的实际追加,也会形成一个名义上的价值。但是,这整个追加资本不管是流动的还是固定的,都会参加一般利润率的形成。"(第321页)可见,纯粹流通费用要由剩余价值来补偿,预付在这项费用上的资本,同样要在商业利润形式上分割一部分剩余价值。由此,平均利润率就会表现得更低一些。

商业劳动的特点及其工资(第323—337页)

1. 商业劳动是必要活动,但不增加价值。"这些活动所花费的劳动时间,是用在资本的再生产过程的必要活动上的,但它不会加进任何价值。"(第323页)

2. 商业工人也是工资雇佣劳动者。这是因为:第一,商业劳动是商人预付可变资本购买的,商人购买这种劳动是为了增殖;第二,他的劳动力价值即工资,是由生产和再生产劳动力的费用决定的,而不是由他的劳动产品决定的。

3. 商业工人的无酬劳动不创造剩余价值,但它会为商业资本家占有剩余价值。所以,他对商业资本来说,仍然是利润的源泉。

商业劳动有益于资本家是由于他的无酬劳动减少了资本家实现剩余价值的费用。

4. 商业劳动属于熟练劳动,有较高的工资。"真正的商业工人是属于报酬比较优厚的那一类雇佣工人,他们的劳动是熟练劳动,高于平均劳动。"(第335页)但是,随着资本主义的发展,工资有下降的趋势。这是因为:第一,商业事务所内部的分工,劳动能力只需要有片面的发展;使商业劳动者的培养费用减少,从而使劳动力价值下降;第二,科学和国民教育的发展,商业知识和语言知识等等可以更迅速、更容易的获得、普及,更便宜地再生产出来;第三,国民教育的普及增加了商业工人的供给,使竞争者增加。

5. 商业工人的工资是社会总剩余价值的扣除。"为雇用商业雇佣工人的支出,虽然表现为工资,但不同于购买生产劳动时耗费的可变资本。它增加了产业资本家的支出,增加了必须预付的资本的量,但不会直接增加剩余价值。因为它是用来支付那种只是实现已经创造出来的价值的劳动的支出。"(第334页)这种劳动的增加,始终是剩余价值增加的结果,而决不是剩余价值增加的原因。

6. 对产业资本来说,流通费用看来是并且确实是非生产费用。但对商人来说,流通费用表现为他的利润的源泉。因此,投在这种流通费用上的支出,对商业资本来说,是一种生产投资。所以,它所购买的商业劳动,对它来说,也是一种直接的生产劳动。

第十八章 商人资本的周转。价格

这一章是研究商业资本周转的特点及其对商品价格的影响。前一章分析商业资本如何参加平均利润率的形成,如何获得商业利润。这一章要进一步分析商业利润如何分摊在各个商品的出售价格上。这个问题取决于商业资本周转的速度。商业资本周转得越快,商业利润分摊到商品出售价格上面去的部分就越小。所以,商业资本周转速度对商品价格的影响就是本章要研究的中心问题。

在这一章马克思首先分析了商业资本周转的特点及其对经济危机的促进作用,然后分析商业资本周转的速度对商品价格的影响。

商业资本周转的特点(第338—340页) 商业资本周转的特点,是与产业资本周转与货币周转相对而言的,它的四个特点如下。

(1) 与产业资本周转相比,产业资本的周转是其生产时间和流通时间的统一,即包括整个生产过程,而商业资本的周转只是商品资本独立化的运动,只是商业资本到货币资本的转化,也就是表现为 $G—W$、$W—G$ 才是商人资本的周转。所以,商业资本的周转不外就是,商人用货币购买商品,然后再出售商品收回货币,它永远处在流通领域,它的周转时间只由流通时间所构成。

(2) 对产业资本来说,在流通中的形态变化总是表现为 $W_1—G—W_2$,是同一货币两次转手,货币运动是商品交换的媒介。就商业资本来说,流通中的形态变化表现为 $G—W—G'$,是同一商品两次转手,商品运动是货币流回到商人手中的媒介。商业资本"一年中周转的次数则取决于 $G—W—G'$ 这个运动在一年中反复进行的次数"。(第338页)

(3) 商业资本的周转次数和货币作为单纯流通手段的流通次数,十分相似,但又有区别。相似在于:一个流通 10 次的货币,会实现 10 倍于它的商品价值,同样,一个周转 10 次的商业资本,也能实现 10 倍于它的商品价值。区别在于:货币作为流通手段流通时,是同一货币经过不同人的手,流通的货币量是由流通速度来弥补。但是,货币作为商业资本来周转,是同一货币资本反复买卖商品,但"从流通中取出的货币总是比投入流通的货币多","这就是它的资本周转作为资本的周转所具有的特征"(第 339 页)。

(4) 商业资本的反复周转,始终只是表示买和卖的反复,而产业资本的反复周转,则表示总再生产过程的周期性和更新。但是,商业资本的周转不仅离不开生产,而且也离不开消费,并由两者所限制,商人资本周转的第一个界限是生产时间,第二个界限是全部个人消费的速度和规模。(第 339—340 页)

{商业资本周转对经济危机的促进作用 (第 340—342 页)}

商业资本活动使产业资本的商品资本提前实现,从而缩短了它的资本流通时间;同时,在资本主义信用制度发展的情况下,商业资本支配着社会总货币资本的一个很大的部分。所以,它能在购买的商品最后卖出以前,可以再进行购买。因此,它会产生一种虚假的要求,使产业资本的生产盲目膨胀起来,从而促进着经济危机的爆发。马克思说:"由于商人资本的独立化,它的运动在一定界限内就不受再生产过程的限制,因此,甚至还会驱使再生产过程越出它的各种限制。内部的依赖性和外部的独立性会使商人资本达到这样一点,这时,内部联系要通过暴力即通过一次危机来恢复。"(第 340 页)

因此,在危机中发生的现象是:危机不是首先暴露和爆发在零售商业中,而是首先暴露和爆发在批发商和向它提供社会货币资本的银行业中。

但是,必须指出,商业资本的运动并不是危机的原因,危机的原因是资本主义的基本矛盾。商业资本的运动只是促进了危机的爆发,或者说加深资本主义的基本矛盾。

{商业资本周转速度对商品价格的影响 (第 342—345 页)}

马克思首先分析了商人出售商品的价格的两个界限,然后分析商人资本的周转怎样通过商业利润在各个商品上的分摊来影响商品的价格,这个问题的分析可分为三点。

1. 商品出售价格的两个界限。商人出售商品的价格不是由商人的主观愿望决定的,它取决于两个因素:一是商品的生产价格;二是平均利润率。这两者商人都是做不了主的,他能够决定的只有一件事情,就是他愿意经营昂贵的商品还是经营便宜的商品。"商人怎么干,完全取决于资本主义生产方式的发展程度,而不是取决于商人的愿望。"(第343页)那些认为商人能够任意决定商品出售价格的观点,除了发生于商人的偏见以外,还因为被竞争的假象所迷惑。马克思在第1卷已经指出:商品价格的高低取决于商品的价值,即取决于物化在商品中的劳动的总量。

2. 商业资本周转对利润率的影响。商业资本周转对利润率的影响不是直接的,只是在商业资本的周转使商业资本的相对量发生变化的限度内,才影响利润率。

产业资本的周转,对于一年内生产的剩余价值量,从而对一般利润率形成起决定作用。但是,对商业资本来说,平均利润率是一个已定的量,一方面由产业资本所生产的利润量决定,另一方面由总商业资本的相对量决定,也就是由总商业资本同预付在生产过程和流通过程中的资本总额的数量关系决定。总商业资本的相对量越小,产业资本的相对量就越大,从而利润率就会提高,如果商业资本的相对量越大,产业资本的相对量就越小,利润率就会下降;由于商业资本的绝对量与它的周转速度成反比,所以商业资本的周转次数,对商业资本和总资本的比例,对于流通上必要的商业资本量是有决定作用的。商业资本的周转速度越快,流通所需要的商业资本就越少,它的相对量也会减少,从而利润率提高。商业资本周转就是这样间接地促使利润率的提高。

3. 商业资本周转对商品出售价格的影响。不同商业部门的商业资本的周转次数不直接影响利润率,但会直接影响到商业价格。这是因为如果商业资本周转速度愈快,它周转的商品数量就会愈多,而将这一定量的商业利润分摊到单位商品上去的份额就必然愈少。马克思说:"商业加价的多少,一定资本的商业利润中加到单个商品的生产价格上的部分的大小和不同营业部门的商业资本的周转次数或周转速度成反比。如果一个商人资本一年周转五次,而另一个商人资本一年只能周转一次,那么,前者对同一价值的商品资本的加价,就只有后者对同一价值的商品资本的加价的

1/5。"(第348页)

由于商业资本周转速度对商业价格的这种影响,会造成一种假象,好像流通过程本身也决定商品的价格,好像商人可以任意加价,好像周转本身决定价格。其实,决定商业价格的客观因素是生产价格和平均利润率,至于商业资本的周转,只能影响到分摊给单位商品的利润的份额。所以,马克思说:"如果我们更精确地考察一下周转时间对价值形成的影响,我们就会回到商品价值由商品中包含的劳动时间决定这一个一般规律和政治经济学的基础上来。"(第349页)

4. 商业资本周转和超额利润。对个别商人来说,他的资本周转如果超过平均速度,就会赚得一个超额利润;反之,他就得不到平均利润。如果他的资本周转得十分快,他即使把商品卖得比别人便宜些,仍然可以赚得平均以上的利润。例如,某市场商业资本的平均周转为5次,商品的零售价为103元,年销售额为515万元,可得利润15万元。如果某个商人年周转8次,并压低商品单价来扩大销路,每个商品只卖102元,年销售额为816万元,得利润16万元,其中16－15＝1万元为超额利润。如果周转加快是由于商店处在市中心的位置,他的超额利润的一部分就会转化为地租,支出给土地所有者。

第十九章　货币经营资本

马克思在本篇一开始就指出商业资本包括商品经营资本和货币经营资本。前三章分析了商品经营资本，这一章就是专门分析货币经营资本的。货币经营资本是职能资本中的货币资本职能在流通过程中的独立化。它的独立化可以缩减社会纯粹流通费用，从而提高利润率。它的业务是由货币的各种职能所引起的技术性活动。它的运动形式是 G—G'。

货币经营资本及其基本业务（第352—354页）

什么叫货币经营资本呢？货币经营资本就是为完成产业资本和商品经营资本，从货币资本运动所引起的各种纯粹技术性活动而专门预付的一种独立的资本。"这里也是在流通过程中以货币资本形态存在的一部分产业资本分离出来，替其余的全部资本完成再生产过程中的这些活动。所以，这种货币资本的运动，仍然不过是处在自己的再生产过程中的产业资本的一个独立部分的运动。"（第352页）

货币经营的基本业务是货币的收付和结算、差额的平衡、往来账的登记、货币的保管，等等。

这些不同的业务，是从货币的各种职能，"从而也是资本在货币资本形式上必须执行的各种职能中产生的"（第354页）。

货币经营业的发生和发展（第354—357页）

货币经营业就是经营货币商品的商业。它首先是从国际交易中发展起来的。兑换业和以金银作为商品的贸易是货币经营业的自然基础，是货币经营业最原始的形式。

在资本主义生产过程中，出现两种情况：

1. 货币作为贮藏货币,不断在两种形式上出现:一是货币资本当作支付手段和购买手段的准备金的形式;二是在货币形式上闲置的、暂时不用的资本,包括新积累的尚未投入的货币资本。由这种货币贮藏首先引起保管和记账的业务。

2. 货币作为流通手段和支付手段,从而引起的收付和结算业务。

一旦借贷的职能和信用贸易同货币经营业的其他职能结合在一起,货币经营业就得到了充分的发展,而成为现代的银行业。关于这一点我们在下一篇再论述。

货币经营业的作用和特点(第 358—360 页) 在第 1 卷第一章已经指出,货币流通不过是商品流通的结果。这个货币流通本身,作为商品流通的一个要素,对货币经营来说是已定的。货币经营业作为媒介,它的作用是担任货币流通的各种技术性业务,使之集中、缩短和简化,具体表现在如下四个方面。

1. 货币经营业不形成货币贮藏,而是提供技术手段,使自愿进行的这个货币贮藏减少到它的经济上的最低限度。

2. 货币经营业不购买贵金属,只是在商品经营业买了贵金属以后对它的分配起中介作用。

3. 货币经营业在货币执行支付手段职能时,既不决定各种互相支付的联系,也不决定它的规模,而是使差额的平衡易于进行,并且通过多种人为的结算机构减少平衡差额所需要的货币量。

4. 货币经营业在货币作为购买手段时,不决定买卖的范围和次数,它只能缩短买卖引起的各种技术活动,并由此减少这种周转所必需的货币现金量。

总之,纯粹形式的货币经营业,即与信用制度相分离的货币经营业,它的运动只与货币流通的技术和由此产生的不同的货币职能有关。这是货币经营业和商品经营业的一个本质区别。商品经营业是商品的形态变化和商品交换的中介,它的独特的流通形式是 $G—W—G'$。这种特殊的运动形态货币经营业是不存在的。货币经营业的运动 $G—G'$ 与商品形态的物质要素无关,而只与它的技术要素有关。

由于货币经营业不创造价值,而是与实现价值有关,所以货币经营业的利润是剩余价值的扣除。

第二十章　关于商人资本的历史考察

这一章主要是研究资本主义以前的商业资本,这种商业资本不同于资本主义的商业资本,它不是隶属于产业资本的派生形式,而是一种独立形式的资本。

绪言部分主要是批判资产阶级经济学把商业资本和产业资本混为一谈的错误。

下文部分主要讲了三个问题。

> 商业资本产生的前提及其发展趋势
> （第363—368页）

1. 在资本主义生产方式以前就已经有商业资本。

2. 商业资本存在的条件就是简单的商品流通和货币流通。

3. 产品进入商业的规模取决于生产方式,而在资本主义生产充分发展时,这个规模达到最大限度。另一方面,商业会促进剩余产品的生产,因此商业使生产越来越具有为交换价值而生产的性质。

4. 商人资本的职能就是通过买卖交换商品。

5. 生产越不发达,货币财产就越集中在商人手中。

6. 在资本主义生产方式中商人资本只是表现为一种特殊职能的资本,在以前的一切生产方式中,商人资本表现为资本的真正职能。

7. 商人资本的存在和一定程度的发展是资本主义生产方式发展的历史前提。

8. 商业资本的独立发展意味着生产还没有从属于资本,它是与社会的一般经济发展成反比例的。

| 商业资本在资本主义生产方式以前的作用（第368—371页） | 1. 在资本主义生产方式以前是商业支配产业。但是，商业使生产日益从属于交换价值，由此使旧的生产关系解体。

2. 在资本主义生产方式以前是商业资本占据了剩余产品的绝大部分，它到处都代表一种掠夺制度。

3. 在资本主义生产方式以前，商业和商业资本的发展到处都使生产朝着交换价值的方向发展，使生产的规模扩大，使它多样化，并具有世界主义的性质，使货币发展成为世界货币。

4. 在资本主义生产方式以前，商业对各种已有的，以不同形式主要生产使用价值的生产组织，都或多或少地起着解体的作用。但是，它对旧生产方式究竟在多大程度上起着解体作用，这首先取决于这些生产方式的坚固性和内部结构。并且，这个解体过程会导向何处，也就是说，什么样的新生产方式会代替旧生产方式，这不取决于商业，而是取决于旧生产方式本身的性质。

商业资本在产业资本产生中的作用以及两者的辩证关系（第371—376页）

1. 商业依赖于城市工业的发展，而城市工业的发展也要以商业为条件。

2. 16世纪和17世纪，由于地理上的发现而发生的商业资本发展的大革命，是促使封建生产方式向资本主义生产方式过渡的一个主要因素。但是，这种情况是在已经形成的资本主义生产方式的基础上发生的。所以，在这里不是商业使工业发生革命，而是工业不断使商业发生革命。

3. 从封建生产方式开始的过渡有两条途径：(1)生产者变成商人和资本家；(2)商人直接支配生产。所以，商业资本向产业资本过渡会发生三种形式：第一，是商人直接成为工业家；第二，是商人把小老板变成自己的中间人，或者也直接向独立生产者购买；第三，是产业家成为商人，并直接为商业进行大规模生产。

4. 起初，商业是行会手工业、农村家庭手工业和封建农业转化为资本主义经营的前提。一旦资本主义生产相当巩固了，它又为自己创造市场，并用自己的商品来夺取市场。这时，商业就成了工业生产的奴仆，而对工业生产来说,市场的不断扩大则是它的生活条件。

5. 对资本主义生产方式最早的理论探讨是重商主义。"真正的现代经济科学,只是当理论研究从流通过程转向生产过程的时候才开始。"(第376页)

第五篇

利润分为利息和企业主收入。生息资本

简　介

本篇共有十六章300多页,是《资本论》中篇幅最大、内容最复杂,也是最困难的一篇。恩格斯在第3卷的序言中指出:"主要的困难在第五篇。那里讨论的也是全卷最复杂的问题,正当马克思写这篇时,上面提到的重病又一次发作了。因此,这一篇不但没有现成的草稿,甚至没有可以提供轮廓,以便加以充实的纲要,只不过是开了一个头,不少地方只是一堆未经整理的笔记、评述和摘录的材料。"(第9页)

我们现在使用的中共中央马、恩、列、斯著作编译的企业主收入这个概念,在郭大力、王亚南中译本中译为企业利润。根据德文原文,这两个译法都是可以的,为了在理解上避免不必要的误解,我们倾向于用企业利润。但是,因为我们学习是用的编译局本,所以下面出现这个概念时仍然用企业主收入。

一、对　　象

这一篇研究的对象是生息资本。中心是回答借贷资本家如何获得利息的问题,或者说是分析资本的所有权和使用权分离情况下的剩余价值分配问题。但是,这里涉及的问题很复杂,有生息资本、利息、利息率、信用制度、银行资本、股份资本、虚拟资本等,还有大量对资产阶级有关信用理论的批判。

二、结　构

　　这一篇从第二十一章到第三十六章一共十六章,大体上可分为五个部分:第一部分第二十一章到第二十四章,从货币资本家与职能资本家的对立分析借贷资本,即从最本质的层次上分析生息资本和利息的性质与特点;第二部分第二十五章到第二十八章,具体分析资本主义的商业信用和银行信用,以及两者之间的关系;第三部分第二十九章到第三十二章,主要分析货币资本与现实资本的联系和区别,以及虚拟资本等问题;第四部分第三十三章到第三十五章,主要分析信用制度与货币流通的关系;第五部分第三十六章,讲生息资本的发展史,通过分析借贷和高利贷资本的区别,进一步说明借贷资本的特点和作用。

第二十一章 生息资本

生息资本是为获得利息而贷给他人使用的货币资本。生息资本与利息是分不开的,所以这一章主要讲两个问题,首先分析生息资本的形成、流通及其性质,其次分析利息。

<生息资本的形成、性质和特征（第377—392页）>

1. 生息资本的形成。在资本主义生产方式中,货币除了作为货币具有使用价值外,货币又可以当作生产利润的手段,这时货币就成了资本商品。资本商品,也就是货币作为资本成了商品,或者说资本商品就是当作商品的资本。"就它作为可能的资本,作为生产利润的手段的这种属性来说,它变成了商品,不过是一种特别的商品。或者换一种说法,资本作为资本,变成了商品。"(第378页)但是,资本商品不是出卖,而是贷放。货币作为资本商品贷放就形成生息资本。

生息资本的形成,是资本的所有权与使用权分离的结果。这种经济关系以货币资本家和职能资本家的意志行为表现出来,表现为货币资本家和职能资本家的对立。

货币资本家和职能资本家既互相对立又互相联系。货币资本家如果不把货币贷给职能资本家使用,货币就不能当作资本来发挥机能,便不能取得利息。借入货币的职能资本家之所以能取得利润,首先因为货币资本家借了钱给他。

2. 生息资本的流通。(1)生息资本的特别流通形式是 $G—G'$。这个特别的流通掩盖了生息资本和职能资本之间的关系,它实际上是以职能资本的运动为前提、为中介的。

(2) 它是两次支出，先是货币，作为生息资本从货币资本家手中贷给职能资本家，再由职能资本家把它用来购买商品。

(3) 它又是两次回流，先是把它作为 G_1，或 $G+$ 平均利润，从运动中流回到职能资本家手中，然后由职能资本家让它带着一部分利润，作为已经实现的资本 G_2，作为 $G+$ 利息再偿还给货币资本家。

可见，生息资本的运动表面是在一定的法律形式下进行的，实际上，它要以货币经历双重支出和双重流回，即以实际从事现实再生产为基础。

3. 生息资本的性质。

(1) 生息资本的独特性质在于：

① 生息资本是当作资本才成为商品的。

② 生息资本不仅对让渡者而且对贷者也是当作资本的。

③ 生息资本这种资本商品"具有创造剩余价值、创造利润的使用价值"（第384页）。

④ 生息资本是贷放出去的，而不是卖出去的。"因此，它不过暂时离开他，不过暂时由它的所有者占有变为执行职能的资本家占有。"（第384页）

⑤ 生息资本的贷放以流回为条件的。"借贷资本的回流采取偿还的形式，因为它的预付、它的让渡，具有贷放的形式。"（第385页）

⑥ 生息资本运动的特征就是贷放和偿还。"作为生息资本的特征的，是它的表面的、已经和作为媒介的循环相分离的流回形式。"（第388页）"把货币放出即贷出一定时期，然后把它连同利息（剩余价值）一起收回，是生息资本本身所具有的运动的全部形式。"（第390页）

(2) 蒲鲁东对生息资本理解的错误。

第一，他把资本的贷放与普通商品的买卖混为一谈。

第二，蒲鲁东错误地认为产业资本家所得到的是他售卖商品的价值。他所取回的和他投在交换中的相等，而借贷资本家得到的比他投在交换中的东西多，他在资本以上得到一个利息。

第三，蒲鲁东把一般资本的运动说成是生息资本特有的运动。

利　息
（第392—400页）

1. 利息是平均利润的一部分，由职能资本家分割给货币资本家。

2. 利息为什么只能是平均利润的一部分。资本商品使用价值的实现,带来了平均利润。但是,借者只能以其一部分作为利息,附加在原有的资本价值上,归还给贷者。如果利息包括全部利润,贷者就未让渡使用价值;如果借者没有利润他就不会借钱。当然,也不能把全部利润归于借者,否则,他对于这种使用价值的让渡,就不曾支付什么了;就贷者来说,资本不能生息,也就不成其为资本了,没有利息,他是不会贷出的。因此,货币"所以能对双方都作为资本执行职能,只是由于利润的分割。其中归贷出者的部分叫作利息"(第396页)。

3. 不能把利息当作货币资本的价格。如果我们把利息叫作货币资本的价格,那就是价格的不合理的形式,与商品价格的概念完全矛盾。首先,在这里货币资本有了双重的价值,先是货币本身的价值,然后又有和这个价值不同的价格(利息)。本来价格只是价值的货币表现,怎么能在这个价格之外,还有另一个价格(利息)呢? 其次,价格和价值与使用价值本来有质的区别,但是货币资本的价格(利息)却变成了资本的使用价值(平均利润)的一部分。

4. 利息表现为资本商品的价格的原因。首先,在资本主义生产的基础上,货币作为潜在的资本即使不在生产过程也表现为资本所有权,因而它们能够作为资本商品来出售。其次,从利润中分割出的利息的大小"是由供求,从而由竞争来调节的,这完全和商品的市场价格是由它们来调节的一样"。(第399页)不过在普通商品的情况下,价格决定于价值,竞争只能暂时决定价格与价值的离差,这些偏离还会互相抵消。但是,资本商品价格(利息)只由竞争来决定。

5. 生息资本 $G—G'$ 这一外表运动,把资本剥削劳动的过程,把利息的真正来源掩盖起来了。在现象上,利息总是按一定借贷期限支付的。实际上,这只是资本的周转时间对生产利润或周转对利润率的影响在生息资本运动上的反映。

第二十二章　利润的分割。利息率。"自然"利息率

上一章说明利息是平均利润的分割部分,这一章则说明这个分割的比率——利息率。利息率的高低,不仅取决于平均利润率的大小,而且取决于平均利润的分割比例。平均利润的分割比例,主要取决于对借贷资本的供求关系,因此利息率的高低主要取决于竞争和供求,不存在什么"自然利息率"。

{决定利息和利息率的因素(第401—402页)}

1. 利息的界限。利息首先有个界限,因为利息只是平均利润的一部分,所以平均利润是利息的最高限;至于利息的最低限,则是偶然的、不定的,当然它不能小到零。

2. 决定利息和利息率的因素。利息的大小是由预付资本的大小、平均利润的高低和利息在平均利润中所占的比重三者来决定的。利息率的高低,则是由平均利润率的高低和利息在平均利润中的比重两个因素决定的。

{利息率的变化趋势(第402—405页)}

1. 利息率与利润率的变化趋势一致。由于利息是平均利润的一部分,在平均利润的分割比例既定的情况下,利息率和平均利润率成正比,因为平均利润率具有下降的趋势,所以可以推论利息率也有趋向下降的趋势。实际情况却不经常是这样,它主要取决于产业周期各阶段借贷资本的供求状况。

2. 经济周期与利息率的关系。一般说来,低利息率多数与繁荣时期或

有额外利润的时期相适应,利息的提高与繁荣到周期的下一阶段的过渡相适应。利息的最高限,一直高到高利贷性质的利息,则与危机相适应。因为,这时借贷资本供求的矛盾最为尖锐。

3. 信用制度发展和食利者人数增加使利息率下降。从资本主义发展的长期趋势来看,利息率也是倾向下降的。这不仅因为利润率下降,而且因为食利者阶级的增加和资本主义信用制度的发展会使生息资本的供给不断增加,从而也会使利息率具有下降的趋势。所以,"利息率也可以完全不以利润率的变动为转移而具有下降的趋势"(第405页)。

不存在"自然"利息率(第405—408页)

1. 市场利息率。由于利息率既取决于平均利润率,又取决于利润的分割比例。利润的分割比例又取决于生息资本的供求状态,所以从长期趋势来看利息率固然随平均利润率而倾向下降,但从一定时点来看,在不超过平均利润率范围内,利息率的高低则由贷者和借者的竞争来决定。这种依存于一定时点上的、由生息资本供求关系而确定的利息率就是市场利息率。

2. 平均利息率。市场利息率是不断变动的,就一个时期考察的这种市场利息率的平均数就是平均利息率。为了找出平均利息率:(1)必须计算出整个产业周期中利息率的平均数;(2)必须找出长期投资的利息率;(3)一个国家的习惯和法律的传统对市场利息率从而平均利息率起一定的影响作用;(4)世界市场"对确定利息率的直接影响,比它对利润率的影响大得多"。(第412页)

3. 不存在"自然利息率"。马克思指出,一个国家中占统治地位的平均利息率不能由任何规律决定,也就是说,不存在一个什么内在的"自然"利息率。原因在于利息本身的性质,利息不过是平均利润的一部分。借者和贷者对同一个利润都有要求权,因此,利润的分割只能由偶然的因素决定,即由资本的供求关系决定。

利息率与平均利润率的区别(第408—414页)

1. 利息率表现为相对固定的量。利润的分割比率从而利息率总是偶然的波动着,但利息率又总是表现为一个相对固定的、明确的量。这是因为:(1)利息率受利润率的影响,而一般利润率在较长时间内相对稳定不变;(2)虽然利息率的大小会变化,但它对所有的借款人都一样地发生变动,所以在他们面前总是表现为固定的量。

2. 利息率同利润率的关系,同商品市场价格对商品价值的关系相类似。"就利息率由利润率决定来说,利息率总是由一般利润率决定,而不是由可能在某个特殊产业部门内占统治地位的特别利润率决定,更不是由某个资本家可能在某个特殊营业部门内获得的额外利润决定。"(第 309 页)

3. 平均利润率的决定和市场利息率的决定不同。市场利息率是由供求关系直接地、不通过任何媒介决定的,平均利润率是由完全不同的、更复杂得多的原因决定的:(1)总资本所产生的剩余价值;(2)剩余价值和总资本的比率;(3)竞争。

第二十三章 利息和企业主收入

这一章分析平均利润怎样由量的分割表现为质的分割。也就是说,平均利润由单纯从数量上分割为利息和企业主收入两部分变成为所有权的资本带来利息,使用权的资本带来企业主收入这种质的分割。这种质的分割进一步掩盖了资本主义的剥削关系。马克思在这章中运用了由本质到现象逐步展开的叙述方法。平均利润的本质是剩余价值,而现象上却表现为利息和企业主收入。马克思不仅指出了它们之间本质与现象的关系,而且具体揭示了它们的历史演变过程,并对由此引起的阶级关系上的变化作了科学的分析。

利润由量的分割转变为质的分割（第412—424页）

前面的分析揭示了利息始终是利润即剩余价值的一部分,这部分利润是职能资本家在使用借入资本时必须支付给资本所有者的。"事实上,只有资本家分为货币资本家和产业资本家,才使一部分利润转化为利息,一般地说,才创造出利息的范畴;并且,只有这两类资本家之间的竞争,才创造出利息率。"(第415页)

但是,平均利润分为利息和企业主收入这种纯粹量的分割,却会转变为质的分割。也就是说,所有的资本,不管是不是借入的,都要将其收入分为利息和企业主收入,这是因为,利息对他来说,只表现为资本所有权的果实,而企业主收入则表现为资本使用带来的果实。"一个单纯表现为资本所有权的果实,另一个则表现为用资本单纯执行职能的果实。"(第420—421页)因此,利息和企业主收入,当着它们和资本的这两重规定性联系起来的时候,单纯量的分割便转化为质的分割了。"总利润的这两部分硬化并且互相独立化了,好像它们是出自两个本质上不同的源泉。这种硬化和互相独立化,对全体资本家阶级和全部资本来说现在必然会固定下来。而且,不管能动资本家所使用的资本是不是借入的,也不管属于货币资本家的资本是不是由他自己使用,情况都是一样。"(第421页)

对整个资本和整个资本家阶级来说,为什么会保持这个质的分割的性质呢?

第一,大多数产业资本家不仅使用自有资本而且借入资本来经营,他们就从经验中感到这种分割。

第二,生息资本从而利息,早在资本主义以前就已经发生,借入资本要支付利息,好像是理所当然的。此外,借贷资本不管是否实际作为资本使用,甚至在它只为消费而借的时候都会提供利息这个事实,使这个资本形式具有独立性这种看法固定下来。

第三,无论产业资本家的资本是自有的或借入的,在资本主义社会里,总有一个货币资本家存在。货币资本当作生息资本,利息就当作这特殊资本的剩余价值形式,来同产业资本家相对立。用自有资本经营的资本家,他必然把他的平均利润的一部分看作利息,看成是他的资本本身在生产过程之外生出的果实;再把扣除利息后的总利润的余下部分,看成是单纯的企业主收入。

{利润的质的分割进一步掩盖了资本主义剥削(第424—429页)}

1. 利润之分割为利息和企业主收入,好像是由资本和利润本身的性质产生的。利息和企业主收入,本来是剩余价值的分割部分,现在被表现得与剩余价值无关,好像是它们相互之间发生关系:因为利润的一部分转化为利息,所以它的另一部分才表现为企业主收入。

2. 在利息形式上,资本与雇佣劳动的对立消失了。因为生息资本本身只是与执行职能的资本发生对立关系,而不是直接与雇佣工人相对立。

3. 企业主收入也被表现得与雇佣劳动者无关,而只与利息相对立。如果平均利润已定,企业主收入率就不是由工资决定,而是由利息率决定,并与利息率成反比例。在职能资本家看来,对生产劳动的剥削是费力的,他不像生息资本家那样无所作为,他的企业主收入是他作为"劳动者"执行职能的结果。这就隐蔽了他与劳动者的对立。在他看来,企业主收入是监督劳动的工资,而且他认为,这种劳动是复杂的,这种工资也应该是比工人工资更高的工资。

事实上,利息和企业主收入不过是剩余价值的不同部分,利润这样的分割丝毫不能改变剩余价值的性质,它的起源和它的存在条件。在再生产过程中,执行职能的资本家不过是作为别人所有的资本的代表,同雇佣工人相对立;货币资本家则由执行职能的资本家来代表,参与对劳动的剥削。

人们之所以抹煞资本对劳动的剥削关系,还因为利润的分割是以利润的存在,以剩余价值已经占有作为前提的。资产阶级已经从无产阶级那里占有剩余价值,现在是资本家之间如何瓜分赃物的问题,所以也只表现为资本家之间的对立。于是,利润要在两种资本家中间实行分割的理由,就不知不觉地变为有待分割的利润即剩余价值存在的理由了。

> 企业主收入不是监督工资(第429—439页)

1. 企业主收入表现为监督劳动的工资。由于货币资本体现了资本的所有权,利息又表现为资本在这种条件下生产的剩余价值的一部分,所以剩余价值的另一部分,企业主收入就表现得不是由执行职能的资本生出的,好像是由资本家的"监督劳动"生出来的,从而,职能资本家也表现得好像是劳动者了。这样"剥削的劳动和被剥削的劳动,两者作为劳动成了同一的东西"。(第430页)

2. 监督劳动的两重性。怎样理解监督劳动呢?在直接生产过程具有劳动社会结合的场合,监督和指挥的劳动总会发生的。但是,监督劳动具有两重性:一是协作劳动所需要的监督;二是劳动者和生产资料所有者的对立所产生的监督。

3. 资本家"监督劳动"则是剥削劳动者的"劳动"实际上并不是劳动,而是剥削劳动者的活动。"同货币资本家相对来说,产业资本家是劳动者,不过是作为资本家的劳动者,即作为对别人劳动的剥削者的劳动者。他为这种劳动所要求和所取得的工资,恰好等于他所占有的别人劳动的量,并且当他为进行剥削而亲自花费必要气力的时候,还直接取决于对这种劳动的剥削程度,而不是取决于他进行这种剥削所作出的并且在他支付适当的报酬时可以让一个经理去作出的那种努力的程度。"(第435页)随着资本主义生产的发展,以致监督别人劳动的职能,资本家也交给他的代理人去执行。于是,职能资本家自己也变为多余的了。这在股份企业中表现最明显。

第二十四章 资本关系在生息资本形式上的外表化

这一章是在生息资本的形式上,分析资本与雇佣劳动的关系,或者说资本与剩余价值的关系,外表化为物与物的关系。

在生息资本上,"资本关系取得了最表面、最富有拜物教性质的形式"（第440—442页）

在生息资本上,$G—G'$一切中介过程都不见了,这当中的社会关系也不见了,余下来的,只是G和G',只是物(货币)的数量关系。"因此,在生息资本上,这个自动的拜物教,即自行增值价值的价值会生出货币的货币,就纯粹地表现出来了。并且在这个形式上再也看不到它的起源的任何痕迹了。"（第441页）社会关系最终成为一种物,即货币同它自身的关系。"创造价值,提供利息,成了货币的属性,就像梨树的属性是结梨一样。"（第441页）

不仅如此,职能资本的运动过程也会由此颠倒地表现出来。本来利息只是利润的一部分,现在却表现为资本自身本来就带来的东西;而转化为企业主收入的利润,却颠倒地表现为后来在再生产过程中附加进来的东西。利息本来是生产过程的结果,现在颠倒地表现为货币或商品独立于生产过程之外自行增殖的结果,因此在$G—G'$上我们看到了生产关系最高度的颠倒和物化。

批判庸俗经济学的资本拜物教（第442—449页）

对于要把资本说成是价值和价值创造的独立源泉的庸俗经济学家来说,在生息资本上资本关系的神秘化形式是它求之不得的。在这个形式上,利润的源泉再也看不出来了,资本主义生产过程的结果也离开过程本身而取得了独立的存在。"资本现在是物,而作为物它是资本。货币现在害了相思病。只要它被贷放出去。或者投到再生产过程中去,那就不论它是睡着,还是醒着,是在家里,还是在旅途中,利息都会日夜长到它身上来。"(第443页)

资本关系的这种物化形式,在不同历史时期引起资产阶级不同的反映。在封建制度行将崩溃的德国,依附在高利贷资本上面的这种物化形式,曾经被代表资产阶级的神甫路德所批判。在资产阶级兴起以后的英国,有些庸俗经济学家和普莱斯之流却又迷惑于这种物化形式,他完全不顾再生产和劳动的条件,把资本看作是一种按复利(即按几何级数增殖)自行运动的自动机,看作是一种纯粹的自行增长的数学。其实,即使把利润(剩余价值)中转化为资本的部分叫做利息,普莱斯的论点也是完全站不住脚的。这是因为:

1. 商品的价值不是由生产商品原来所耗费的劳动时间决定,而是由再生产商品所费的劳动时间决定,并且这种时间由于劳动的社会生产力的发展而不断减少。

2. 利润率不是不变的而是倾向下降的。那么,普莱斯的观点又怎么会发生呢?原因在于利息形式脱离了它的内在的联系。利息本是剩余价值的一部分,而剩余价值和剩余劳动具有同一性。剩余劳动从而剩余价值是资本积累的惟一源泉,从而也就为资本积累提供了一个质的界限:这个界限取决于(1)总工作日、(2)生产力、(3)人口(可以同时剥削的工作日数目由人口限定)在各个时期的发展水平。但是,剩余价值在利息这个形式上,这个质的界限就看不到了,界限就只是量的界限,资本的积累就可以在这个外表现象上超出任何想象。

第二十五章　信用和虚拟资本

从这一章开始,研究资本主义信用。所谓信用就是借贷行为,借者与贷者发生的一定关系就是信用关系。信用关系的本质是由生产关系决定的。资本主义信用包括商业信用和银行信用。银行作为经营资本商品的借贷中介,具有操纵或控制社会货币资本运动的能力,因此在商品经济运行中占有重要的地位,但银行信用的基础仍然是职能资本家之间的商业信用。因此,从商业信用和银行信用的关系上,可以透视出生息资本运动和现实资本之间的联系。

商业信用(第 450—452 页)　商业信用就是商品买卖的延期付款,商业信用和商品买卖是结合在一起的。它主要是为商品买卖服务的,即为实现商品服务。

资本主义商业信用的物质内容就是职能资本运动中的商品资本(W')的赊购期卖。资本主义信用的工具或信用凭据就是商业票据,马克思将它概括为"汇票","为了简便起见,我们可以把这种支付凭据概括为汇票这个总的范畴"。(第 450 页)

汇票在支付日到来之前,通过背书可以在一定范围内流通,这样,它们就在这个范围内取代了货币的职能。因此,马克思把它们称作"商业货币"。商业信用是资本主义信用制度的基础。商业票据在到期以前可以到银行贴现。由于商业票据有一定的适用范围,因此通过票据贴现而发放的银行券就在更大的社会范围内取代商业票据作为货币流通。马克思称之为"真正的信用货币"。因此,真正的信用货币不是以货币流通为基础,而是以汇票流通为基础。但是,商业信用活动的范围只局限在互相熟悉的职能资本家之间,它的量也只局限在职能资本中的闲置部分。为了资本主义发展的需要,在商业信用的基础上又产生了银行信用。银行信用则克服了商业信用在数量、范围和借贷方向上的局限性。

> 银行信用(第453—458页)

1. 银行和银行信用的产生。银行和银行信用是和货币经营业发展联系在一起的。货币经营业与生息资本结合起来便转化为银行。

2. 银行的业务就是货币的借入和贷出。银行是债权人和债务人的信用中介,它一方面代表着货币资本的集中、贷者的集中,另一方面又代表着借者的集中。

3. 银行利润是靠存款利息率小于放款利息率得来的。

4. 银行所支配的借贷资本的来源:首先,职能资本家以其准备金和闲置货币存入银行;第二,货币资本家的存款;第三,一切阶级的闲置货币存入银行;第四,逐渐花费的各种收入也会存入银行。马克思指出:"这种集中小金额的活动是银行制度的特殊作用,应当把这种作用同银行在真正货币资本家和借款人之间的中介作用区别开来。"(第454页)

5. 银行提供信用的形式。银行一方面把社会上闲置货币当作存款吸引进来,另一方面又通过各种途径把这些货币贷放出去。贷放是通过汇票贴现、抵押贷款、存款透支等等方式来进行的。银行提供的信用,可以采取多种形式,如可以向其他银行开出汇票、支票,或开立同样的信用账户来提供信用。有发行权的银行还可以发行银行券来提供信用。发行银行券的大银行往往有国家信用作为后盾,它发行的银行券可以当作货币来执行职能,所以特别引人注目。银行券一般作为批发商业的媒介,"而对银行来说具有最重要意义的始终是存款"(第454页)。

> 信用投机与经济危机(第458—467页)

恩格斯列举1845—1847年英国商业史说明银行信用和危机的关系。当时由于信息不是十分灵敏,所以鸦片战争开拓远东市场的消息刺激了英国棉纺织业和铁路的发展。商业投机刺激了信用膨胀,信用膨胀又助长了商业投机(为骗取贷款而对印度和中国实行委托销售制度),结果造成了商品过剩。由于苏伊士运河的沟通和电报通信的发达,用这种方式骗取贷款就行不通了。

1846年危机的基础是以上这种生产过剩,导火线是农作物的歉收。

第二十六章 货币资本的积累，它对利息率的影响

这一章首先摘录了一些材料来说明货币资本的积累对利息率的影响，然后就这方面问题对维护银行利益的通货学派的代表人物诺曼和奥维尔斯顿进行批判。

通货学派是货币数量论学派的变种，它们所宣扬的通货原理认为：货币的价值决定于流通中的货币数量，而为了保持货币流通的稳定，纸币的发行必须有黄金保证。它们还认为，资本主义的经济危机是来源于货币流通遭到破坏。它们在利息率问题上也是尽力歪曲。

【货币资本的积累对利息率的影响（第468—471页）】

这部分主要是摘录了一些材料。材料表明：随着资本主义生产的发展，在积累的过程中会发生资本过剩，闲置的货币资本会转化为生息资本，这样，货币资本的积累也就是生息资本的增加。由于利息率在不超过利润率限度内，是由利润的分割比例来决定，而分割比例又由竞争来决定。所以，货币资本的积累，从而生息资本的供给增加，会使利息率下降。反之，如果货币资本积累减少，从而供给减少，又会使利息率上升。

【批判诺曼和奥维尔斯顿在利息率问题上的错误（第471—479页）】

当时，为银行利益辩护的是通货学派的两个代表人物，诺曼和奥维尔斯顿。他们在利息率的问题上的观点是极为混乱的。例如利息率本来是由货币资本的供求来调节的。诺曼却认为是与此无关的普通商品的供求来调节的，奥维尔斯顿把由货币资本

需求的增长所引起的"资本的价值"的提高和由高利润率引起的"资本的价值"的提高(增殖)混为一谈。

> 批判奥维尔斯顿在资本问题上的错误
> (第479—491页)

奥维尔斯顿站在银行家的立场上,认为银行家总是"贷放资本"的人。他的顾客总是向他要求"资本"的人。他的这个观点是错误的。

关于这个问题,恩格斯指出要作具体分析:

1. 如果顾客没有提供担保品就获得银行的一笔贷款,这个顾客就借到一笔追加的资本。因此,他得到的不仅是货币,而且是货币资本。这种贷放就是资本的贷放。

2. 如果他以有价证券等为抵押得到这笔贷款,这就不是资本的贷放,而是货币的贷放。

3. 如果贷款采取汇票贴现的形式,那就连贷款的形式也消失了。这是一种纯粹的买卖。所以,不能认为把银行家交给顾客的货币一律称为资本。

只有第一种情况才是真正的资本贷放,后两种情况实际上是货币的贷放或融通,只不过在资本主义信用制度下采取借贷的形式罢了。马克思在第三十二章中也谈到了基本上相同的情况,"只要商人和生产者能够提供可靠的担保品,对支付手段的需求,就只是对转化为货币的可能性的需求"(第584页)。在第三十三章中又说:"在发达的信用制度下,货币集中在银行手中,银行至少在名义上贷放货币。这种贷放只与流通中的货币有关。这是通货的贷放,不是借助于这些通货而流通的资本的贷放。"(第602页)

第二十七章 信用在资本主义生产中的作用

这一章是第五篇中比较重要的一章。马克思在这一章不仅总结了信用在资本主义生产中的作用,而且论述了在资本主义信用的基础上,股份资本的产生和发展,揭示了资本主义生产关系的新变化和新特点,并且阐述了垄断、资本主义社会合作工厂的性质等其他重要的理论问题。

{信用在资本主义生产中的作用(第492—497页)}

1. 信用促进利润率的平均化。整个资本主义生产是建立在等量资本要占有等量利润的基础上,也就是建立在利润率平均化运动的基础上。而平均利润率是资本在各部门之间自由转移的结果。信用可以帮助资本在各部门之间自由转移,从而促成利润率的平均化。

2. 信用可以节约流通费用。

(1) 在金属货币流通的情况下,货币的生产和磨损是主要的流通费用。通过信用,货币会从以下三种方式得到节约:①信用使大部分买卖通过商业票据的相互抵消而实现,可以完全用不着货币;②流通手段的流通加速了,从而流通所需要的货币也就随之减少;③信用货币(纸币)代替金币,也节约了金币。

(2) 信用加速了资本流通,它不仅会缩短流通时间,而且可以使整个再生产过程加快,从而可以减少准备金,节约流通费用。

3. 信用促进股份公司的形成。"信用制度是资本主义的私人企业逐渐转化为资本主义的股份公司的主要基础。"(第498页)股份公司的成立,使资本主义生产关系出现了五个新的特点。

(1) 股份公司和股份企业的生产规模惊人地扩大了,这对个别资本来说是不可能有的。同时,过去由政府经营的企业,现在也变成了股份公司的企业。

(2) 股份公司从社会范围来讲,是对单个私人资本的扬弃。以社会化的生产方式为基础,并以生产资料和劳动力的社会集中为前提的资本,在这里直接取得了社会资本(即那些通过股份公司直接联合起来的私人资本)的形式,而与没有联合起来的单个私人资本相对立,并且它的企业也表现为社会企业,而与私人企业相对立。"这是作为私人财产的资本在资本主义生产方式本身范围内的扬弃。"(第493页)

(3) 股份公司从企业内部来讲,又是对职能资本家的扬弃。在股份公司内部,实际执行职能的资本家转化为单纯的经理,别人所有的资本的管理人;资本所有者则转化为单纯的所有者,单纯的货币资本家。在股份公司内,职能已经同资本所有权相分离,劳动也已经完全同生产资料的所有权和剩余劳动的所有权相分离。"资本主义生产极度发展的这个结果,是资本再转化为生产者的财产所必需的过渡点,不过这种财产不再是各个互相分离的生产者的私有财产,而是联合起来的生产者的财产。"(第494页)

(4) 股份资本和垄断。恩格斯补充说:自从马克思作了以上分析之后,在股份公司的基础上发展起了垄断组织,由于生产的扩张和市场的矛盾,一些生产部门的工业家就联合组织成卡特尔,由卡特尔确定产量,分配定货。在有些部门则进一步将工业部门的全部生产集中成为一个大股份公司,采取托拉斯形式。恩格斯指出,在这些部门"竞争已经为垄断所代替,并且已经最令人鼓舞地为将来由整个社会即全民族来实行剥夺做好了准备"(第495页)。

(5) 股份制度和金融贵族。股份制度是在资本主义体系本身的基础上,对资本主义私人财产的扬弃。它越是扩大,越是侵入新的生产部门,它就越会消灭单个的私人产业,在一定部门中形成了垄断,同时还会导致国家干涉,导致国家垄断。股份制度不仅会产生一种新的食利者,一种新的金融贵族;而且会在创立公司、发行股票和进行股票交易方面产生一整套投机活动。

4. 信用加速资本的集中。

(1) 信用投机和资本集中。信用使大资本家凭借它支配别人的资本可以加速资本的集中。大资本家特别是进行投机的大商人,他们拿社会的财产进行冒险,使可以伸缩的再生产强化到极限,使商业过度投机。信用导致资本的集中,从而导致最大规模的剥夺。在这里,剥夺已经从直接生产者扩展到中小资本家自身。同时,财产以股票形式存在,所以资本的集中成了交易所赌博的结果,或者说,赌博成了资本集中的手段。"在这种赌博中,小鱼为鲨鱼所吞掉,羊为交易所的狼所吞掉。"(第497页)

(2) 股份公司没有克服资本关系的对抗性。在股份制度内,已经存在着社会生产资料借以表现为个人财产的旧形式的对立面;但是,这种股份形式的转化本身,还是局限在资本主义界限之内。因此,这种转化并没有克服财富作为社会财富的性质和作为私人财富的性质之间的对立,而只是在新的形态上发展了这种对立。

信用和合作工厂(第497—498页)

在资本主义工厂制度和信用制度的基础上,发展起了合作工厂制度。关于资本主义社会内合作工厂,马克思指出了以下四个特征。

1. "工人自己的合作工厂,是在旧形式内对旧形式打开的第一个缺口。"但是,由于合作工厂在流通和其他环节中必然与资本主义企业发生业务往来关系,所以,"它在自己的实际组织中,当然到处都再生产出并且必然会再生产出现存制度的一切缺点"(第498页)。

2. 在合作工厂内,资本和劳动之间的对立已经扬弃。其形式是"工人作为联合体是他们自己的资本家,也就是说,他们利用生产资料来使他们自己的劳动增殖"(第498页)。

3. 合作工厂表明,一种新的生产方式可以从资本主义生产方式内部产生,"这种工厂表明,在物质生产力与之相适应的社会生产形式上的一定发展阶段上,一种新的生产方式怎样会自然而然地从一种生产方式中发展并形成起来"(第498页)。

4. 信用制度也是按或大或小的国家规模逐渐扩大合作企业的手段。

5. 合作工厂是由资本主义生产方式转化为社会主义生产方式的过渡形式,它是对资本主义生产关系的积极的扬弃。

> 资本主义信用制度的二重性（第498—499页）

1. 资本主义信用的二重作用。信用制度一方面促进了资本主义生产的发展；另一方面又加强了资本主义生产方式解体的各种要素。它是转到一个新生产方式的过渡形式。"因此，信用制度加速了生产力的物质上的发展和世界市场的形成；使这二者作为新生产形式的物质基础发展到一定的高度，是资本主义生产方式的历史使命。同时，信用加速了这种矛盾的暴力的爆发，即危机，因而加强了旧生产方式解体的各种要素。"（第499页）

2. 信用制度的二重性。信用制度的二重性是："一方面，把资本主义生产的动力——用剥削别人劳动的办法来发财致富——发展成为最纯粹最巨大的赌博欺诈制度，并且使剥削社会财富的少数人的人数越来越减少；另一方面，又是转到一种新的生产方式的过渡形式。"（第499页）

第二十八章　流通手段和资本。
图克和富拉顿的见解

这一章批判与通货学派相对立的银行学派。

银行学派的代表人物是图克和富拉顿等人。他们反对货币数量说，反对银行券要有十足的黄金担保，认为可以用信用保证来增发银行券的数量以满足流通的需要。银行学派的代表人物的这些论点还是比较正确的。但是，他们仍然分不清货币和资本的区别，把流通手段和资本混为一谈。

> 批判图克混淆货币和资本的区别
> （第500—507页）

图克认为，货币和资本的区别在于：当货币（流通手段）对收入的花费、对个人消费品的交易起中介作用时，它是货币；当货币对资本的转移起中介作用时，不管它是充当购买手段（流通手段）还是充当支付手段，它都是资本。

实际上，以上两方面的区别，不应是货币和资本的区别，而是收入的货币形式和资本的货币形式之间的区别。但是，在图克的见解中，却把媒介商人之间的流通的货币说成是资本。这是由于：

第一，混淆了职能上的规定，即分不清货币在一种形式上是通货，在另一种形式上是资本。

第二，混进了关于在两种职能上合计需要多少流通货币量的问题。

第三，混进了关于在两个职能上，从而在再生产过程的两个领域内流通的手段量的相对比例的问题。

图克所以会有这种错误，是因为他单纯站在银行家的立场。银行家发行的银行券，虽然无须花费分文，但它们却成为银行家资本增殖的手段。

> 批判富拉顿对货币和资本的见解（第507—522页）

1. 富拉顿认为,繁荣时期需要的是追加作为流通手段的货币,危机来临时期需要的是银行贷放的资本。而对借贷资本的需求和对追加流通手段的需求,是完全不同的两回事,也不是常常结合在一起的。当然繁荣时期,流通手段量必然会增加,流通手段量的需求也会增加。但是,富拉顿提出的那种对立,却是不对的。使停滞时期同繁荣时期区别的,并不是像对贷款的强烈需求,而是在繁荣时期这种需求容易得到满足,在停滞发生之后这种需求难以得到满足。因此,作为两个时期的特征的,并不是贷款需求的数量增加。

马克思指出,使两个时期互相区别的是:在繁荣时期,占统治地位的是对消费者和商人之间的流通手段的需求;在停滞时期,占统治地位的是对资本家之间的流通手段。由于在停滞时期银行券的发行因商业信用萎缩而停止,因此银行家必须出售作为准备的有价证券获得货币来发放贷款,而富拉顿站在银行家的立场上来理解资本,"资本这个词都只是在银行家的观点上使用的,即表示银行家被迫发放的贷款超过了他的单纯信用"(第511页)。

如果贷款需求是由国家的支付逆差引起的,并由此造成金的流出,事情就非常简单,外贸商的汇票就会用银行券贴现,然后再用银行券在银行发行部兑换成金,金再被输出。这等于银行在汇票贴现时直接支付金,而不用银行券做媒介。这种金,对银行和输出金的商人来说,虽然都代表资本,但这种对金的需求并不是作为对资本的需求,而是对作为结清支付逆差的世界货币的需求引起的。所以,金的流出并不像富拉顿和图克等人所说的那样,是"一个单纯的资本问题","而是一个货币问题"。

2. 马克思正面指出,虽然把贵金属从国内输出并投入国际流通,与银行券或铸币投入国内流通,不是一回事,但是在信用制度下,"在某些情况下,英格兰银行的金向国内流出的现象和它向国外流出的现象是可以结合在一起的"(第514页)。这是因为,本来,作为货币运动需要各种准备金。"它作为支付手段的准备金的职能;作为流通手段的准备金的职能;最后,作为世界货币的准备金的职能。"(第514页)但是,在信用制度下,货币集中在银行,"当所有这些职能都由唯一的一个准备金承担时,问题就复杂起来"。"使问题进一步复杂化的,还有那种任意加在这个贮藏货币上的新的职能,即在信用制度和信用货币发达的国家充当银行券自由兑换的保证金的职能。除此以外,最后还有(1)国家准备金集中在唯一的一家大银行手中;(2)这个准备金尽可能减少到最低限度的现象。"(第514页)

3. 如果把金的流出撇开不说,银行增加贷款对于需求者来说也不一定都是资本的借贷,这要从顾客的立场上来看贷款本身的性质,大体有三种情况(这在第二十六章曾提到过)。第一,货币需求者凭他个人信用,从银行获得贷款而没有为这种贷款提供任何担保品。在这个场合,他获得的贷款不仅是支付手段,而且也是一笔新资本。第二,货币需求者把有价证券、国债券或股票向银行抵押,从而获得现金贷款。在这个场合,他获得的是他所需要的支付手段,而不是追加资本。第三,货币需求者拿一张汇票向银行贴现,并在扣除利息之后得到一笔现金。在这里,根本不是什么贷款,而只是通常的买卖。

以上都是假定贷款是用银行券发放的。银行也可以不发行银行券,而为借款人开一个信用账户,使债务人变成银行想象的存款人,用透支的方式把钱贷给借款人。

总之,要说明在流通手段不变时,银行怎样满足对贷款扩大了需求问题,实际上是很简单的。因为在货币的紧迫时期,流通手段量会受到双重限制:(1)由于金的流出;(2)由于需要有货币作为单纯的支付手段。因此,这时需要银行通过各种信用交易来作为支付的媒介帮助结清各种支付。所以,当人们对贷款有迫切需求时,大量的这种交易在不扩大流通手段的情况下也能进行。

然而,富拉顿把作为购买手段的货币作为支付手段的货币之间的区别,变成通货和资本之间的虚假的区别了。其原因仍是囿于银行家关于流通的狭隘观点。实际上,在危机时期,无论在国际流通和国内流通,人们缺少的是作为支付手段的货币,而不是资本,因此"紧迫无论如何不是由商品资本的缺少引起的"(第523页)。

第 3 卷

资本主义生产的总过程(下)

第五篇

利润分为利息和企业主收入。生息资本(续)

第二十九章 银行资本的组成部分

本章通过银行资本的组成部分的分析,指出银行资本的组成包括两方面:物质组成和资金组成。但无论从哪一方面讲,银行资本的组成部分的大多数是虚拟资本。第二十五章的标题是信用和虚拟资本,实际上没有讲虚拟资本,而这一章倒是大量讲了有关虚拟资本的问题。

从物质形式看银行资本的组成(第525—532页)

银行资本就其物质形式来看,由现金(金或银行券)和有价证券(国债券、股票、汇票以及不动产的抵押单等)构成。这些大部分是虚拟资本。

虚拟资本以生息资本的存在为前提。因为生息资本的形式会引起如下的结果:每一个确定的和有规则的货币收入,都表现为资本的利息,而无论这种收入是不是由资本生出。就是说,定期的货币收入,首先被看做利息,然后回过头来推论,既然是利息就会是由一个资本生出。这种以物质形式存在的幻想的资本,它只是对定期的固定的货币收入的所有权证书,它本身并无价值,当然不会是资本价值,不是现实的资本,而只能说是一个幻想的、虚拟的资本。

在银行资本的构成中,虚拟资本占有相当大的比重。

1. 国债券。资本主义国家发行国债券之后,每年要付给债权人一定额的利息。债权人不能要求债务人解除契约,他只能出卖债券。尽管投入国债券的货币资本已经不复存在,但是国债券对它的所有者仍然还是资本,因为它会定期地带来收入。这种代表着不复存在的资本的所谓"资本"只能是幻想的虚拟的资本。

虚拟资本的形成实际上就是收入的资本化。"人们把每一个有规则的会反复取得的收入按平均利息率来计算,把它算作是按这个利息率贷出的资本会提供的收入,这样就把这个收入资本化了。"(第529页)

2. 股票。股票是代表资本的所有权证书。股票也是虚拟资本。不过和国债券不同,它又代表现实资本,即代表在股份公司中执行职能的资本。这可以从股票票面价值与股票价格的差别中看出,股票面值代表现实资本,但其买卖不是按股票面值而是按股票价格出售。股票价格=$\frac{股息}{利息率}$,而股息=股票票面价值×股息率。例如,股票票面价值100元的股票,出售的价格是200元,也就是相当于200元资本,这是一种虚拟资本,股票价格变化很大,是投机的场所。

在危机时,股票价格会加倍跌落,这是因为:(1)利息率提高;(2)证券所有者为追求现金而抛售股票;(3)股息收入减少。这种行情暴跌助长了投机,如果趁行情下跌时大量购进廉价证券,一旦风暴过去,价格回升,就能牟取暴利。同时,通过这种赌博行为使资本所有权在大金融家手中高度集中。

3. 汇票。汇票本来是产业资本家或商人的支付凭证,对银行家来说,这种票据也是有息证券。因为贷款人在购买汇票时,会扣除票据到期以前的利息。这就是所谓贴现。票据贴现不过是把原来的持票人A对支付人B的债权关系转移为银行对支付人B的债权关系,银行则通过这种活动等于把贷款放给支付人B。

4. 货币准备。银行资本还有一部分是由金和银行券构成的货币准备。其中银行券只是对金的支取凭证,它本身并无价值。

因此,银行家资本的最大部分纯粹是虚拟的,是由债权(汇票),国家证券(它代表过去的资本)和股票(对未来收益的支取凭证)构成的。

> 从资金来源看银行资本的构成(第532—537页)

从资金来源来看,又可分为银行家自己的投资和别人的存款。

1. 银行首先要有自己的投资,它拥有雄厚的自己的资本,才能得到存款人的信任,才能吸收更多的存款。但是,存款的数量总是大大超过银行的自有资本。

银行的自有资本不仅用于信贷业务,而且用作准备金。

2. 银行吸收的存款(外来资金)绝大多数是虚拟的。

(1) 银行存款的两重作用：银行存款不是锁在保险柜里的死资财，它的绝大部分通过贷放重新投放到流通中去了。一方面，银行利润的主要来源是存款和贷款的利息差；另一方面，存款又可用于账面划拨，结算债务，银行从中收取业务费用。

(2) 银行的存款创造。随着信用制度的发展，在整个银行体系内，银行具有创造存款的功能。例如，一笔初始存款 1 000 元存入银行，银行将它贴现为顾客 A，A 将它购买 B 的商品，B 再将这 1 000 元存入银行，这样，银行账面上的存款就有 2 000 元了。用这样的方法，银行可创造多倍的存款，因此"这种货币资本的最大部分纯粹是虚拟的"(第 533—534 页)。

(3) 银行准备金也是虚拟的。作为银行准备金，似乎应该是实在的，实际上它的绝大多数也是虚拟的。一方面，准备金本身大部分由有价证券组成；另一方面，私人银行的准备金又以存款形式存入英格兰银行，而英格兰银行则将其保留的准备金压低到应付支取必需的最低点。同时，这个微弱的准备金既是存款准备金，又是银行券兑现准备金。所以，一旦危机来临，银行往往就应付不了挤兑的风潮而破产。

第三十章 货币资本和现实资本。Ⅰ

从这一章开始到第三十二章是分析货币资本和现实资本的联系与区别。本章着重考察了国债券、股票商业信用与借贷资本积累和现实资本积累的关系,以及信用与虚拟资本运动与经济危机的相互制约关系。

这里所说的货币资本,是指狭义的货币资本,即生息的货币资本;这里所说的现实资本是指生产资本和商品资本。

国债券、股票和现实资本(第529—542页)

1. 国债券与现实资本:国债券和现实资本的积累毫无关系,因为国债券只是为原来借入并且早已用掉的资本而发行的债务证券,只是已经消灭的资本的纸制复本。国债资本的积累,不过是表明国债债权人阶级有权把税收中的一定数额预先划归自己所有。连债务的积累也能表现为资本积累这一事实,清楚地表明那种在信用制度中发生的颠倒现象已经达到完成的地步。

2. 股票与现实资本:股票和国债券不同,它是现实资本的证书,而不是代表已经不存在的资本。但有了这个证书,并不能支配这个资本,这个资本是不能提取的。如果说国债券是已经消灭的资本的纸制复本,那么股票则是现实资本的纸制复本,但也仅仅是纸制复本,现实资本是存在于这种复本之外的。因此,股票也是虚拟的资本。

3. 虚拟的资本积累在大多数情况下都大于现实资本的积累,虚拟资本本质上不同于现实资本,因而在量的积累上面也不同于现实资本。但是,在大多数情况下,虚拟资本的积累总是大大超过现实资本的积累,有三个方面原因。第一,股票资本即股票价值的总和,决定于股票的发行数量和每张股票的价格。如果股票数量的增加是由于某些单个资本合并为股份公司的结果,这时股票资本固然增大了,但现实资本并没有增加。第二,股票价格的变化取决于股息、利息率以及对股票的供求状况,而不是取决于现实资本的积累。第三,股票价格随着利润率趋向下降,从而随着利息率趋向下降而必然出现上涨的趋势。所以,虚拟资本增加不等于现实资本增加。总之,国债券、股票和其他有价证券,既不是现实的资本,也不是投在它们上面的借贷资本,只是虚拟资本。它们"是借贷资本即用于生息的资本的投资领域。它们是资本出借的形式。但它们本身不是投在它们上面的借贷资本"(第542页)。

商业信用与现实资本(第542—548页)

1. 所谓商业信用,就是从事再生产的资本家互相提供的信用。它是信用制度的基础,商业信用的代表是汇票。

2. 汇票就是一种有一定支付限期的债券,是延期支付的证书。

3. 商业信用必须注意:第一,这些相互的债权债务的结算,取决于资本的回流,即债务人的 $W—G$ 能够按期实现;第二,这种信用制度不排除现金支付的必要。

4. 商业信用的界限:(1)产业资本家和商人的财富,即在回流延迟时所能支配的准备资本;(2)回流本身。

5. 商业信用与现实资本的关系。商业信用与产业资本本身的规模一同增大。"在这里是互相影响的。生产过程的发展促使信用扩大,而信用又引起工商业活动的增长。"(第544页)商业信用扩大并不表示有大量闲置货币,"而是表明资本在再生产过程内已被大量动用"(第546页)。"在这里,信用的最大限度,等于产业资本的最充分的动用,也就是等于产业资本的再生产能力不顾消费界限的极度紧张。"(第546页)一旦再生产的扩大受到破坏,商业信用就会减少,特别在危机和萧条阶段,商业信用更是大量收缩,但这种收缩并不表示生产资本的缺乏,恰恰相反"正好在这个时候,生产资本是过剩了,无论就正常的、但是暂时紧缩的再生产规模来说,还是就已经萎缩的消费来说,都是如此"(第547页)。

借贷货币资本与现实资本（第 548—553 页）

借贷货币资本的增加，并不是每次都表示现实的资本积累或再生产过程的扩大。这种情况，在产业周期紧接着危机过后的那个（萧条）阶段中，表现得最为明显。这时，借贷资本大量闲置不用，利息率低微。这种低微的利息率仅仅表明：借贷资本的增加反而是由于产业资本的收缩和萎缩造成的。

银行制度的发展，还使私人贮藏货币或铸币准备金，都在一定时间内转化为借贷资本，但这并不表示生产资本的增加。总的说来，借贷资本的运动，和产业资本的运动是按相反的方向进行的。只有两个阶段（复苏和繁荣），充裕的借贷资本才和产业资本的显著扩大结合在一起，在产业周期的开端（萧条），低利息率所表示的充裕的借贷资本是和产业资本的收缩结合在一起，而在周期的末尾（危机），高利息率所表示的借贷资本的缺乏是和产业资本的过多结合在一起。

信用和经济危机（第 553—559 页）

1. 信用危机和生产过剩的关系。由于在危机时期，借贷资本几乎绝对缺乏和现实资本的过剩是结合在一起的，有人就认为危机来源于借贷货币资本的不足。实际上，现实资本的生产过程危机是来源于资本主义生产方式内部矛盾的激化。危机从根本上来说和借贷资本的供给没有关系。作为危机先兆的货币危机，并不是危机的原因。相反，它是资本产生过剩的结果和危机的表现形式。所以，"乍看起来，好像整个危机只表现为信用危机和货币危机。而且，事实上问题只是在于汇票能否兑换为货币。但是这种汇票多数是代表现实买卖的，而这种现实买卖的扩大远远超过社会需要的限度这一事实，归根到底是整个危机的基础"（第 555 页）。

2. 危机和商品价格。危机中产业资本的过剩又表现为商品过剩，而"商品资本本身同时也是货币资本，是表现在商品价格上的一定的价值额"（第 555 页）。"在危机前夕和危机期间，商品资本在作为可能的货币资本的这个属性中会表现为收缩。"（第 555 页）也就是说，商品价格会下跌。而这种价格的狂跌，只是和它以前的猛涨相抵消。马克思指出，当价格猛涨时，"非生产阶级和靠固定收入为生的人的收入……绝大部分还是保持不变。所以他们的消费能力会相对下降，同时他们对再生产总额中平常应归他们消费的那部分的补偿能力也会相对下降。他们的需求即使在名义上保持不变时,实际上也在减少"(第556页)。

3. 支付递差和危机在国际间的传导。在世界市场上,一国的进口过剩,同时是另一国的出口过剩,它们都是生产过剩在外贸上的表现。一旦发生进口过剩或出口过剩,就会出现巨额支付差额,国际信用就会中断,要求现金结算。例如,当 A 国出现支付逆差时,A 国的黄金就会输出,黄金的输出使 A 国银行准备金减少,于是银根紧缩,利率上涨,就会加剧国内货币信用危机。这时,A 国的出口商就会紧缩国际信用,于是与 A 发生贸易往来的 B 国就会出现支付逆差,于是 B 国的黄金外流,国内准备金减少和信用紧缩,从而加剧危机的情况同样也会发生。于是,危机就会相继在一切主要贸易国发生。"一切国家同时出口过剩(也就是生产过剩)和进口过剩(也就是贸易过剩),物价在一切国家上涨,信用在一切国家膨胀,接着就在一切国家发生同样的总崩溃。于是金流出的现象会在一切国家依次发生。这个现象的普遍性证明:(1)金的流出只是危机的现象,而不是原因。(2)金的流出现象在不同国家发生的顺序只是表明,什么时候轮到这些国家必须结清总账,什么时候轮到这些国家发生危机,并且在什么时候,危机的潜在要素轮到在这些国家内爆发。"(第557页)

总之,由于危机把国际间的支付差额和贸易差额之间的差别限制在一个短时间内,因而要求贵金属输出,而金的国际间的输出会恶化国内信用条件,从而加剧危机。

4. 危机和虚拟资本价格。在危机中,虚拟资本、生息的债券,它们的价格由于利息率提高而下降;其次,它们的价格还会由于信用的普遍缺乏而下降。这时,持券者会大量抛售证券,以便获得货币。股票的价格由于股息的减少而下跌,特别当股票代表那种带有欺诈性质的企业时更是如此。这些有价证券的名义价格的减少虽然和它们所代表的现实资本无关,"但是和它们的所有者的支付能力关系极大"(第559页)。

第三十一章　货币资本和现实资本。Ⅱ（续）

前一章论述借贷货币资本和现实资本的关系。两者究竟在多大程度上相一致的问题,还要继续探讨。这一章着重从货币转化为借贷资本的角度来探讨这个问题。

<u>货币转化为借贷资本(第560—568页)</u>　这里所讲的货币转化为借贷资本实际上是指闲置的货币转化为借贷资本的问题。其转化有三条途径：(1)在产业周期的萧条和复苏阶段,由已经缩小的生产过程所游离出来的货币,会转化为闲置的借贷资本。在这两个阶段,尽管利润率较低,但由于低微的利息率使利润中企业主收入部分相对增加,因而会促进现实积累的扩大。(2)借贷资本的积累,可以通过各种纯技术性的手段来实现,例如将节省的流通准备金或私人支付手段准备金,通过银行的贴现或再贴现业务,转化为借贷资本。(3)像铁路建筑那样大的企业,因为股东所缴纳的货币,在实际使用以前总会有一段时间留在银行手里,由银行把它暂时转化为借贷资本。这样增加的借贷资本都和现实积累没有关系。在这些场合,借贷资本虽然由货币转化而来,但是借贷资本的量和通货的量是完全不同的。这里讲的通货的量,是指一国现有的,流通的银行券和一切硬币的总和,其中包括贵金属条块。这个总量的一部分,形成银行不断变动的准备金。

由于银行具有创造存款的功能,因此通货的量和借贷资本的量完全不同。例如,如果20元每天贷出5次,那么就有100元的借贷资本总量。但马克思指出,银行存款的创造一方面取决于信用的发达程度,另一方面则

取决于货币现实的购买或支付。"在流通手段量较小时是否就能有巨额存款,仅仅取决于:(1)同一货币所完成的购买和支付的次数;(2)同一货币作为存款流回银行的次数。"(第566页)这两方面的运动是交错在一起的,也就是说,银行的存款创造仍要以现实货币流通为基础。

> 资本或收入转化为货币,这种货币再转化为借贷资本
> (第568—571页)

这里讲的货币资本的积累,是和现实资本积累联系在一起的积极的积累。其积累有两条途径:(1)利息转化为借贷资本,在这里,借贷资本的积累是现实资本的积累结果。"借贷资本的这种迅速发展是现实积累的结果。因为它是再生产过程发展的结果,而构成这种货币资本家的积累源泉的利润,只是从事再生产的资本家榨取的剩余价值的一种扣除。"(第569页)同时,由于在周期的不利阶段,利息率猛涨和证券价格猛跌,货币资本家乘机大发横财,所以"借贷资本靠同时牺牲产业资本家和商业资本家而进行积累"(第569页)。(2)利润转化为借贷资本,从职能资本家的货币积累来看,再生产过程所生产的利润会一部分作为追加资本,一部分作为收入。首先,转化为追加资本的货币,在它的数量还不足以转化为生产资本的时候,会暂时存入银行转化为借贷资本;其次,当作收入支出部分,是逐渐消费的,但在消费以前的一段时间里,它也会当作存款,形成银行家的借贷资本;第三,一切逐渐消费的收入,如地租、高级工资、非生产阶级的收入等等,转化为借贷资本。

第三十二章 货币资本和现实资本。Ⅲ（续完）

这一章继续阐述借贷资本与现实资本的关系，主要是说明两者在量上的差别以及论证了货币、信用与经济危机的关系。

<u>借贷货币资本的量总是超过现实资本的量（第572—575页）</u>

1. 由于用于资本家消费的收入部分的扩大，可以转化为货币资本的积累。所以，货币资本的积累所反映的资本积累，必然总是大于现实资本的积累。因为在这里，"个人消费的扩大，为现实的积累，为开辟新的投资场所的货币，提供了货币形式"（第573页）。年产品中的另一部分只是补偿资本的，它也可以用于货币积累。这种货币本来属于产业资本循环过程中的货币。但是，现在表现为这样的形式："一部分进行再生产的资本家把货币借给银行家，这个银行家又把货币借给另一部分进行再生产的资本家，因此，银行家就表现为恩赐者了。同时，对这种资本的支配权，就完全落到作为中介人的银行家手里了。"（第573页）

2. 货币资本的积累还有许多特殊形式。例如,(1)由于生产要素价格下降而游离出来的货币会转化为借贷资本;(2)某些商人由于营业中断而游离出来的货币也会转化为借贷资本;(3)一些发了财的产业资本家转化为单纯的货币资本家,他们的资本也转化为借贷资本的积累。

3. 利润中要用于现实积累的部分，如果它不能在本部门用来扩大营业，它也会转化为借贷资本。

4. 货币资本的积累还会来自地租、工资等等。所以，借贷资本的积累量总是超过现实资本的积累量。

总之,货币资本积累和现实资本积累是完全不同的。"货币资本积累的这种扩大,一部分是这种现实积累扩大的结果,一部分是各种和现实积累的扩大相伴随但和它完全不同的要素造成的结果,最后,一部分甚至是现实资本积累停滞的结果。"(第575页)由于货币资本积累总是大于现实资本积累,因此会在周期的一定阶段出现货币资本的过剩,"驱使生产过程突破资本主义界限的必然性,同时也一定会随着这种过剩而发展,也就是产生贸易过剩,生产过剩,信用过剩"(第575页)。

关于货币资本的几点说明(第576—580页)

首先,同一货币能够多次执行借贷资本的职能。这要取决于:(1)货币资本的流通速度,或者说,取决于实际交易的规模和数量;(2)支付的节约以及信用制度的发展;(3)银行信用的衔接和周转速度。

第二,既然同额货币可以转化为更多倍数的借贷资本,因此,即使借贷资本只是现实货币(金或银,或某种作为货币的一般等价物)的形式,这个货币资本也必然有一个很大的部分是虚拟的,也就是说,这部分借贷资本完全像价值符号一样,只是对价值的权利证书。"对贷款人来说,它已经转化为货币索取权,转化为所有权证书了。因此,同一数额的现实货币,可以代表数额极不相同的货币资本。"(第577页)

第三,随着现实积累而增大得更快的货币资本积累,意味着随着物质财富的增大,货币资本家阶级也会增大。一方面,随着财富的增加,会有更多的职能资本家转化为食利者;另一方面,信用制度的发展又使银行家、贷款人、金融家的人数增加起来。此外,"随着信用制度的发展,像伦敦那样大的集中的货币市场就兴起了。这个货币市场,同时还是这种证券交易的中心。银行家把公众的货币资本大量交给这伙商人去支配,因此,这帮赌棍就繁殖起来"(第579页)。

货币资本的供求和现实资本的供求(第580—589页)

1. 奥维尔斯顿把体现现实资本的供求关系的商品供求关系,和借贷资本的供求关系混为一谈,无非是站在银行家的立场上,为银行的高利息率进行辩解。

2. 货币资本的供求和现实资本的供求并不是一回事,这种差别突出表现在危机时期。在危机爆发的时候,借贷资本的供给最少而需要最大;相反,商品却是供给过剩而需要最少。

> 货币、信用和经济危机(第584—589页)

在危机时"对借贷资本的需求,就是对支付手段的需求,决不是什么别的东西"(第584页)。马克思指出:"货币作为独立的价值形式和商品相对立,或者说,交换价值必须在货币上取得独立形式,这是资本主义生产的基础。"(第584页)在生产正常时,货币一方面为信用经营所代替,另一方面为信用货币所代替。当危机时,信用收缩或紧迫时期,货币就会突然作为唯一的支付手段和真正的价值存在,绝对地和商品相对立,因此就会出现普遍追求货币的现象。"一般说来,只要货币有保证,商品价值作为货币价值就有保证。因此,为了几百万货币,必须牺牲许多百万商品。这种现象在资本主义生产中是不可避免的,并且是它的妙处之一。""一旦劳动的社会性质表现为商品的货币存在,从而表现为一个处于现实生产之外的东西,独立的货币危机或作为现实危机尖锐化的货币危机,就是不可避免的。另一方面很清楚,只要银行的信用没有动摇,银行在这样的情况下通过增加信用货币就会缓和恐慌,但通过收缩信用货币就会加剧恐慌。"(第585页)马克思还指出:"全部现代产业史都表明,如果国内的生产已经组织起来,事实上只有当国际贸易平衡暂时遭到破坏时,才要求用金属来结算国际贸易。国内现在已经不需要使用金属货币了,这已由所谓国家银行停止用现金支付的办法所证明。而且每当遇到紧急情况,这个办法总是被作为唯一的救急手段来使用。"(第585—586页)

第三十三章　信用制度下的流通手段

这一章的分析指出信用制度及其信用工具节约了大量流通手段,这种节约对银行家来说,则同时增大了借贷资本,成为牟取暴利的手段。

信用制度下流通手段的节约(第590—592页)　这个问题应该从两方面去理解。一方面,一切节约流通手段的方法都以信用为基础。例如,信用货币和支票等等可以作为支付手段来代替金属货币的流通。这种节约有两种情况:第一,借贷双方相互的债权债务,集中在同一个银行,银行家采用非现金结算的方法,把债权从一个户头划到另一个户头。第二,是由不同银行之间通过票据交换来进行结算。另一方面,信用制度又会加速货币的流通速度,而流通速度的加快,就意味着流通手段的量可以减少。

在以信用为媒介加速货币流通时,既取决于买卖的不断进行,也取决于各种支付的衔接。

银行券的流通规律(第592—598页)　在考察简单的货币流通时(第1卷第三章第二节),已经叙述过金属货币的流通规律。在银行券能够兑换黄金的条件下,银行券也受这个规律支配。按照这个规律,发行银行券的银行就决不能任意增加流通的银行券数目。

有些国家发行不能兑现的银行券,银行券蜕变为一般的纸币,成为一般的流通手段。因此,这种银行券就受不能兑现的国家纸币的流通规律的支配。

由于银行券是通过贴现发行出来的,而商业票据是以现实再生产为基础的,因此,"流通的银行券是按照交易的需要来调节的",而不是由银行任意决定的。同时,在银行券可以兑现的条件下,"每一张多余的银行券都会立即回到它的发行者那里去"(第594页)。由此可见,"银行券的流通既不以英格兰银行的意志为转移,也不以该行为保证银行券兑现而在地库中贮藏的金的数量为转移"(第596页)。"因此,只有营业本身的需要才会影响流通的货币即银行券和金的数量。"(第596页)

> 通货量和利息率的关系(第598—613页)

1. 危机时会发生对支付手段的全面追逐。"危机一旦爆发,问题就只是支付手段。但是因为这种支付手段的收进,对每个人来说,都要依赖于另一个人,谁也不知道另一个人能不能如期付款;所以,将会发生对市场上现有的支付手段即银行券的全面追逐。每一个人都想尽量多地把自己能够获得的货币贮藏起来,因此,银行券将会在人们最需要它的那一天从流通中消失。"(第598—599页)

2. 通货的绝对量只有在危机时才对利息率发生决定的影响。因为对支付手段的追逐表现为对银行借贷需求的增加,而恰恰在这时,银行本身面临提款和挤兑的危险。因此,在这个时候,通货的绝对量会对利息率产生决定的影响。

3. 在一般情况下,通货的绝对量不会影响利息率。原因是:"第一,这是因为通货的绝对量——假定周转的节约和速度不变——是由商品的价格和交易的总量决定的,最后是由信用的状况决定的;第二,这是因为在商品价格和利息之间并无任何必然的联系。"所以,利息率并不取决于流通的货币量。(第601—602页)

4. 除了银行券以外,"批发商业还有第二种而且对它来说是更重要得多的流通手段,这就是汇票"(第612页)。但是,流通的商业票据或汇票的数量和银行券的数量一样,完全是由现实交易的需要决定的。"在危机期间,汇票流通会完全停止;没有人能够使用支票凭证。因为每个人都只接受现金支付;至少直到现在在英国,只有银行券还保持流通的能力,因为国家以其全部财富作英格兰银行的后盾。"(第613页)

> 银行控制信用和创造资本的多种方法
> （第613—618页）

1. 大货币资本家通过操纵货币市场牟取私利。"他们有足够的力量在一定的时候使整个货币市场陷于混乱，并从中极其无耻地榨取那些较小的货币经营者。""有这样一些大鲨鱼，他们能够抛售一、二百万镑统一公债，从市场取走等额的银行券，因而使紧迫情况大大尖锐起来。只要三家大银行联合行动，就能够用同一手法把紧迫情况变为恐慌。"（第613页）

2. 处于半国家机关的英格兰银行，虽然不像私人银行那样以粗暴的方式来获取暴利。因为"英格兰银行作为一个受国家保护并赋有国家特权的公共机关，是不可能像私人营业那样肆无忌惮地利用自己的权力的"（第616页）。但是，"它还是清楚地知道要用什么手段和方法来牟取私利"（第614页）。例如，它可以发行没有准备金的银行券。这些银行券不仅是流通手段，而且按照它们的票面总额形成了追加的(虚拟)资本，这对发行银行券的私人银行来说也是适用的。银行券的发行节约了流通费用，但是在这里"国民节约表现为私人的利润"（第615页）。

3. 银行还有其他创造资本的手段：(1)开出一定期在外地兑付的汇票，但在开出汇票时，立即收进现金。这一纸汇票，便可创造出一定量的利息。(2)银行还可以付出已经贴现的汇票，这些票据因有银行背书而通行无阻。

4. 银行由于它能操纵信用和创造资本，它对金融市场就举足轻重。"如果英格兰银行在货币紧迫时期，如俗话所说，把螺丝拧紧，也就是把已经高于平均数的利息率再提高，那终究是营业生活上的一件严重的事情。"（第617页）由于英格兰银行的特殊地位，使它不轻易行动，"但它仍然可以取得十分可观的利润——至于自然而然落到那些有特别机会知道一般营业情况的董事先生们手里的私人利润就更不用说了"（第617页）。

5. 信用制度本身是一个巨大的集中，它使银行资本大量并吞产业资本，使产业资本屈从银行资本。"那种以所谓国家银行为中心，并且有大贷款的人和高利贷者围绕在国家银行周围的信用制度，就是一个巨大的集中，并且它给与这个寄生者阶级一种神话般的、不仅周期地消灭一部分产业资本家，而且用一种非常危险的方法来干涉现实生产的权力——而这伙匪帮既不懂生产，又同生产没有关系。"（第618页）

第三十四章 通货原理和1844年英国的银行立法

这一章马克思指出了以奥维尔斯顿为代表的通货学派的通货原理以李嘉图的货币数量说为基础,把信用货币和贵金属货币相混同,并试图从货币流通领域去寻找危机的根源和防止危机的办法。1844年英国的银行立法是通货原理的产物,它的暂停执行表明通货原理的破产。

通货原理及其错误
(第619—627页)

1. 通货学派的通货原理来源于李嘉图的货币数量说。李嘉图的货币数量说的主要内容是:(1)当货币数量同商品的数量和价格保持适当比例或处于平衡时,货币价值由其物化的劳动时间决定;(2)当货币数量超过商品数量的适当比例时,货币的价值就会下降,从而商品价格就会上涨;(3)在自由贸易条件下,国内过多的金银会输向国外去购买商品,其结果使货币总量与各国商业状况保持相对平衡;(4)在银行券保证与黄金自由兑换的条件下,如果银行券发行过多,货币价值就会下降,物价就会上涨。但过多的银行券通过兑换黄金输出国外,使国内恢复货币数量与商品的平衡。如果银行券不能兑现,就会失去其自行调节机制,造成通货膨胀和经济混乱。

通货学派继承李嘉图的理论,并把它推向极端。他们认为物价或通货的价值是由通货的数量决定的,银行券发行过多会使它的价值降低,并促使它兑换成黄金外流,黄金挤兑则诱发货币金融危机。因此,他们主张对银行券的发行进行调节,使银行券的发行严格按黄金数量增减而增减,使银行券的流通完全等同于金属货币流通。

2. 通货学派利用李嘉图的教条是为了从货币流通领域寻找危机的根源和防止危机的办法。李嘉图的教条和通货原理把以商业票据为基础发行的银行券等同于贵金属货币。这样,"19世纪的商业危机,特别是1825年和1836年的大危机,并没有使李嘉图的货币学说得到进一步的发展,但是确实使它得到新的运用"(第620页)。因为李嘉图的货币理论对危机中最注目的价格猛涨突跌赋予因果关系的假象。"人们从这个生产过程的最表面和最抽象的领域即货币流通的领域中去寻找这种大风暴的根源和抵御它的方法。这个经济气象学派所依据的真正的理论前提,实际上不过是以为李嘉图已经发现了纯粹金属流通规律这一信条。留给他们去做的,是使信用券或银行券流通也从属于这个规律。"(第620页)通货学派仿制李嘉图的教条,"这个理论的假定在这里变成了实际的试验",他们鼓吹银行券的发行应该随着金准备的增减而增减,通过1844年的银行法使它变成银行立法的基础。"这一信条在最大的、全国规模的试验之后,无论在理论上或实践上都遭到了可耻的破产。"(第622页)

3. 与通货学派相对立的银行学派,虽然对通货原理进行了批判,但由于"他们对于金的性质的看法也有很多缺点,并且没有弄清货币和资本的关系"(第622页)。所以,他们在强调银行券的信用保证的时候又忽视了它的黄金保证。

1844年英国的银行立法(第627—639页)

1. 1844年银行法的背景。1837年的危机带来了长期的痛苦后果,紧接着在1842年又发生了一次冲击范围很广的危机。加上产业家和商人对危机的性质不理解,坚决不肯承认生产过剩。庸俗经济学家也不承认危机的实质是生产过剩,致使人们思想十分混乱。这样,通货学派乘机在全国范围内实施他们的教条,于是通过了1844年的银行法。

2. 1844年银行法的主要内容。根据通货原理,1844年英国国会批准通过的庇尔银行条例的主要内容包括三点:(1)发行银行券必须有十足的黄金准备;(2)银行券的发行应集中于英格兰银行;(3)英格兰银行的发行业务和信贷业务必须严格分开,各由发行部和银行部实施。"这样,奥维尔斯顿理想中的严格遵循金属流通规律的纸币流通就实现了,按照通货学派的论断,危机因此就永远不可能了"。(第628页)

3. 银行法和通货原理在实践中破产。1844年银行法执行的结果是：在危机阶段，正当人们需要支付手段时，支付手段量却减少了。结果，"这个银行法并没有消除危机，却反而使危机加剧了，以致达到了不是整个产业界必然破产，就是银行法必然破产的程度"（第629页）。最后，在1847年和1857年的两次危机阶段，英国政府不得不颁布了暂停执行1844年银行法的法令，才克服了这两次危机。

4. 通货学派的理论和1844年银行立法是代表银行家利益的，它的一切规定的目的都是为了提高利息率，从而为银行家带来巨额利润。对此，马克思摘录了大量证词来加以揭露。

第三十五章 贵金属和汇兑率

这一章包括两节。第一节主要分析国际信用制度下作为世界货币的贵金属的流动,以及它与国内信用、经济危机的关系;第二节分析与贵金属的国际流动相联系的汇兑率问题。

(一) 金贮藏的变动

区别两种不同的贵金属流动(第640—642页)

贵金属的流出和流入要区别以下两方面情况。

1. 金银从它们的产地流入其他各国,在各国进入流通渠道,补偿货币的磨损,满足对奢侈品商品的一般需求。

2. 贵金属在不产金银的各国中间流来流去。这种流动不仅只是国际贸易差额的结果,而且是各项国际收支综合的结果。由于这种贵金属流动会互相抵消和中和,所以只有占优势的倾向或者由相当长时期输出、输入的倾向才能最后决定是流出还是流入。如果金的输出超过输入,就是流出;反之,就是流入。

贵金属流动与银行准备金从而国内信用的关系(第642—643页)

1. 贵金属的流出或流入,可以用中央银行的金属准备的变动来测量。这种测量的准确程度如何,取决于一国银行业务集中到什么程度。但是,这个尺度还可能由于以下情况而不能完全反映实际情况:(1)输入的贵金属为国内流通和奢侈品生产所吸收,因此并不影响银行准备金。(2)在没有发生国际流动的情况下,由于国内流通需要也可以动用准备金。

2. 如果一国贵金属减少表现为一种趋势,并使银行的金属准备下降到显著地低于中等水平,就会危及国内信用。人们对国内的货币形势就会失去信任,从而加剧危机的爆发。这种情况主要是由银行准备金的性质决定的。

3. 中央银行(或国家银行)贵金属准备的多重用途。货币流通的各种职能本来需要有各种准备金,在信用制度中,这种分散的准备金集中在银行,并尽可能地压低到最低点。但在信用制度中,这个微弱的准备金则身兼数任。银行准备金是三个方面的准备金:"(1)作为国际支付的准备金,也就是作为世界货币的准备金;(2)作为时而扩大时而收缩的国内金属流通的准备金;(3)作为支付存款和兑换银行券的准备金(这和银行的职能有联系,但和货币作为单纯货币的职能无关)。因此,这种金属准备会受到涉及这三种职能中任何一种职能的事情的影响。"(第643页)

贵金属流动与危机
(第643—650页)

1. 除极个别例外,现实危机总是爆发在反映贵金属变动的汇兑率已经发生转变之后。

2. 全面危机一旦过去,撇开贵金属从产地流向各国不说,金银就会依照正常情况下各国形成的特别贮藏的比例进行再分配。

3. 贵金属的流出,在大多数情况下总是对外贸状况变化的象征,而这种情况又是再次接受危机的预兆。

4. 如果贵金属的外流发生在危机前夕,就会加速危机的爆发。从产业循环的周期看,贵金属的流入主要发生在萧条和复苏阶段,而大量的流出则发生在危机前夕。危机前夕贵金属的大量外流必然会加速危机的爆发。因为在这时,每个人都想获取更多的现金,支配尽可能多的信用手段。可是事与愿违,这时市场过剩,信用极度收缩,银行提高贴现率,再加上贵金属的外流,更加激化了这个形势。因此,一般说来,金的流出数量仅是一国金贮藏中的一个微小数量,但在危机前夕,"它的作用,像加到天平秤盘上的一根羽毛的作用一样,足以决定这个上下摆动的天平最后向哪一方面下坠"(第647页)。

5. 金属准备是银行的枢纽。金属准备之所以具有这样敏感的作用,是因为:"信用制度和银行制度的发展,一方面迫使所有货币资本为生产服务

(也就是说,使所有货币收入转化为资本),另一方面又在周期的一定阶段,使金属准备减少到最低限度,使它不再能执行它应执行的职能。正是这种发达的信用制度和银行制度,引起了整个机体的这种过敏现象。"(第647—648页)

马克思指出:"中央银行是信用制度的枢纽。而金属准备又是银行的枢纽。"(第648页)一定的,和总生产相比为数很小的金属量,竟被认为是制度的枢纽,这看来是荒谬的,也引起资产阶级经济学理论的矛盾,但它又是根植于资本主义生产方式的基本特征的。

6. 货币是财富的社会性质的独立表现,是资本主义商品经济的基础。在资本主义生产方式中,"社会的财富,只是作为私有者个人的财富存在的。它之所以表现为社会的财富,只是因为这些个人为了满足自己的需要,而互相交换不同质的使用价值。在资本主义生产中,他们只有用货币作媒介,才能做到这点。所以,只是由于用货币作媒介,个人的财富才实现为社会的财富。这个财富的社会性质,就体现在货币这个东西上"(第649页)。不过,只要生产在进行,这点就会被人忘记。同样,作为财富的社会形式的信用,排挤货币,并篡夺它的位置。正是由于对生产社会性质的信任,产品的货币形式才表现为某种转瞬即逝的、观念的东西,表现为单纯想象的东西。一旦信用发生动摇——而这个阶段总是在生产周期中出现——一切现实的财富都会突然地要求转化为现实的货币,转化为金和银。在这个紧迫的时候,贵金属的外流当然会促使危机的爆发。

(二) 汇兑率

汇兑率问题是和贵金属在国际间流通相联系的国际信用问题。

> 黄金输出和国内利息率(第651页)

汇兑率超过一定比价时,国际间的支付就不是通过购买信用工具而是直接输出金比较合算。但是,如果贵金属的这种输出的规模比较大,持续的时间比较长,英国的银行准备金就会被动用。由于准备金削弱会威胁国内信用的基础,于是"以英格兰银行为首的英国货币市场就必然会采取保护措施。……这种保护措施,主要就是提高利息率"(第651页)。在贵金属大量输出时,国内货币市场紧张,对借贷资本的需求大大超过供给。利息率本来就会自然提高,英格兰银行适应这种情况,提高银行贴现率,相应地降低了有价证券的价格。这样,外国人会争相购买英国的股票,英国人也会争相抛售他们持有的外国股票。于是就会改变对英国不利的汇兑率,制止贵金属的输出。1857年银行法下院委员会提供的证明,证实了这一点。

> 批判威尔逊在汇兑率问题上的错误观点(第652—667页)

威尔逊把贵金属的输出对汇兑率的影响和一般资本输出对汇兑率的影响混同起来了。

实际上,资本输出不是作为支付手段或购买手段的输出,而是以投资为目的的输出。

1. 如果资本输出是以贵金属的形式进行的,一般就会影响贵金属输出国的货币市场,从而影响其利息率。它也会直接影响汇兑率,使汇兑率因此暂时变为对输出国不利;但从长期看,却是有利的,因为以后会从此不断向国外收取投资的利息、股息等等。

2. 如果资本输出是以实物形式进行的,就不会对汇兑率发生任何影响,因为输出国既没有输出黄金,也没有因输出这些实物而收入黄金。当然,从长期来看,以后不断有利息或股息汇回资本输出国,因而对以后的汇兑率有利。

> 汇兑率变化的原因(第668—669页)

汇兑率可以因以下原因而发生变化:(1)一时的国际收支差额。(2)一国的货币贬值或升值。这时汇兑率平价发生变动。(3)如果一国用银,一国用金作"货币",那么,汇兑率平价就由以下两个因素决定:①两国单位货币所含的纯金量和纯银量;②黄金白银在世界市场上的比价。如果比价发生变动,汇兑率平价就随之发生变动。

> 贵金属货币和信用的关系(第669—670页)

"货币主义本质上是天主教的;信用主义本质上是基督教的。"(第669页)这里,马克思把对贵金属货币的崇拜比做信仰天主教,把对信用的崇拜比做信仰基督教,说明金属货币与信用的关系。

信用的出现和发展,排挤贵金属货币,并篡夺了它的位置,但这是有一定限度的。因为它没有克服商品生产,特别是资本主义商品生产的基本矛盾,所以,正如"基督教没有从天主教的基础上解放出来一样,信用主义也没有从货币主义的基础上解放出来"(第670页)。

第三十六章 资本主义以前的状态

这一章叫资本主义以前的状态实际上是讲资本主义以前的生息资本。生息资本在资本主义以前的状态是高利贷资本。所以，这一章实际上是讲高利贷资本。

高利贷资本的产生和特点（第671—678页）

1. 高利贷资本的产生和发展。只要有商品流通，就会有货币流通，就会有货币各种职能的发展，特别是货币支付手段这一职能的发展，就会产生高利贷资本。高利贷资本和它的双胞胎兄弟商业资本一样，是前资本主义社会的资本形态。

高利贷资本的发展，和商人资本的发展，并且特别和货币经营资本的发展，是联系在一起的。

2. 高利贷资本的贷款对象：前资本主义社会的高利贷资本，主要以以下两种人作贷款对象：第一，地主阶级分子；第二，是小生产者（农民和手工业者）。高利贷资本一方面使富有的土地所有者破产，另一方面又吮吸小生产者的膏血，这两者都会引起货币资本的大量集中。同时，高利贷资本是同小生产占优势的情况相适应的。因为小生产经济极不稳定，最容易堕入高利贷的罗网。

3. 高利贷资本的剥削程度是很高的。"除了归国家所有的部分外，高利贷者的利息会占有全部剩余价值"（第673页），还会夺去小生产者的土地和房屋等等。

4. 高利贷资本的历史作用：(1)这种高利贷资本使这种生产方式陷入贫困的境地，不是发展生产力，而是使生产力萎缩；(2)高利贷在资本主义以前的一切生产方式中所以有革命的作用,只是因为它会破坏和瓦解这些所有制形式;(3)高利贷资本和商人财产促进了依赖于土地所有权的货币财产的形成。

> 从高利贷资本到近代银行制度(第678—689页)

1. 资本主义的信用制度是作为对高利贷的反作用而发展起来的。这种反作用就是要求生息资本服从于资本主义生产方式的条件和需要。

2. 在资本主义社会里高利贷依然存在,而且摆脱了旧的法律限制。在下述场合,它还有活动的地盘:(1)典当业;(2)贷给享乐的富人;(3)贷给小生产者;(4)贷给小业主。

3. 高利贷资本与借贷资本的区别在于贷款的对象发生了变化。高利贷以小生产者,以奴隶主和封建主为对象;近代的借贷资本,则以职能资本家为对象,并从属于职能资本的运动。

4. 银行的产生。从西欧反对高利贷资本和逐步建立资本主义信用制度的历史来看,反高利贷的激烈斗争,这种让生息资本从属于产业资本的要求,只是近代银行制度的先声。现代银行制度,一方面把一切闲置的货币准备金集中起来,并把它投入货币市场,从而剥夺了高利贷资本的垄断,另一方面又建立信用货币,从而限制了黄金的垄断。

但是,不能把银行支配的资金,单纯看做是有闲者的资金。首先,这是职能资本家以货币形式持有的暂时闲置的资本;第二,这是一切收入和积蓄中用于积累的部分。"这两点对于确定银行制度的性质具有重大意义。"(第685页)

5. 资本主义银行制度的地位和作用:(1)银行制度仍然以贵金属为基础,并且以社会生产资料在私人手里的垄断为前提。(2)银行制度就其组织和集中来说,是资本主义生产方式的最精巧和最发达的产物。(3)银行制度造成了社会范围的公共簿记和生产资料的公共的分配形式但只是形式而已。(4)银行制度限制了资本的私人性质,因为"信用制度和银行制度把社会上一切可用的、甚至可能的、尚未积极发挥作用的资本交给产业资本家和商人资本家支配,以致这个资本的贷放者和使用者,都不是这个资本的所有者或生产者"(第686页)。所以,它本身已经包含着资本本身的扬弃。(5)银行和信用是使资本主义生产超过它本身界限的最有力的手段,也是引起危机和欺诈行为的一种最有效的工具。(6)信用制度是资本主义向社会主义过渡的有力杠杆。"在由资本主义的生产方式向联合起来劳动的生产方式过渡时,信用制度会作为有力的杠杆发生作用。但是,它仅仅是和生产方式本身的其他重大的有机变革相联系的一个要素。"(第686页)

高利贷与生产方式及其作用(第679—690页)

1. 高利贷和商业一样,是剥削已有的生产方式而不是创造这种生产方式,它是从外部和这种生产方式发生关系。高利贷力图直接维持这种生产方式,是为了不断重新对它进行剥削。高利贷是保守的,只会使这种生产方式处于日益悲惨的境地。商品生产越是不发达,高利贷就越是兴隆。

2. 高利贷有两种作用:第一,总的说来,它同商人财产并列形成独立的货币财产;第二,它对形成产业资本的前提是一个有力的杠杆。

第六篇

超额利润转化为地租

简 介

一、对 象

《资本论》第3卷第六篇的标题叫超额利润转化为地租,但是,这一篇的研究对象又不能简单地把它称为地租理论。马克思说:"不论地租有什么独特的形式,它的一切类型有一个共同点:地租的占有是土地所有权借以实现的经济形式,……不同地租形式的这种共同性……使人们忽略了其中的区别。"(第714—715页)

这就告诉我们,《资本论》第3卷第六篇研究的不是一般地租,也不是封建地租,而是资本主义地租,是超额利润转化的地租。资本主义地租和封建地租是有很大区别的。主要表现在四个方面。

第一,两种地租反映的阶级关系不一样。封建地租体现封建地主与农民两个阶级的关系,是反映封建地主剥削农民的关系。资本主义地租体现资本主义社会土地所有者、资本家和工人三大阶级的关系,是土地所有者和资本家共同瓜分工人创造的剩余价值的关系。土地所有者和资本家是剥削阶级,工人是被剥削阶级。同时,土地所有者和资本家在怎样瓜分工人创造的剩余价值问题上也有矛盾和斗争。

第二,两种地租体现的剥削程度不一样。封建地租剥削的是农民的全部剩余劳动或全部剩余产品。资本主义地租剥削的是工人所创造的剩余价值的一部分,而不是全部。它是超过平均利润的那一部分剩余价值,或叫超额利润。

第三,封建地租是封建社会占统治地位的剥削形式;而资本主义地租不是资本主义社会占统治地位的剥削形式。资本主义社会占统治地位的剥削形式是剩余价值,而不是地租。

资本主义地租实质上是回答土地所有者如何参与瓜分剩余价值的问题。土地所有者实际上是参与瓜分整个工人阶级所创造的剩余价值,而不仅仅是农业工人创造的剩余价值。在资本主义农业中,按照优等条件生产的农产品的个别生产价格低于社会生产价格的差额而产生的超额利润转化为级差地租;由农产品价值高于社会生产价格的差额或者农产品价格超过其价值的差额而产生的超额利润转化为绝对地租。

第四,资本主义地租以资本主义土地所有制为前提,它体现着一种纯粹的经济关系,不存在经济外的强制关系。而封建地租以封建的土地所有制为前提,在不同程度上要和经济外的强制即农民对地主的人身依附关系相联系。

总之,这一篇的任务是"考察资本投入农业而产生的一定的生产关系和交换关系"(第694页)。也就是通过资本主义地租的分析,来揭示土地所有者阶级凭借土地私有权参与瓜分剩余价值的经济关系。

二、结　　构

这一篇由第三十七章到四十七章,一共由十一章组成。大体上可以分为四个部分。第一部分,导论,主要是第三十七章,说明产生资本主义地租的前提和一般的原理;第二部分,从第三十八章到第四十四章,一共有七章分析级差地租;第三部分,第四十五章和四十六章,分析绝对地租;最后,第四部分分析资本主义以前的地租和资本主义地租产生的历史。

三、意　　义

学习第六篇,无论在理论上和实践上都具有重要意义。从理论上来说:(1)地租理论本身是马克思的剩余价值理论的重要组成部分,是马克思对政治经济学的重要贡献之一。资产阶级古典政治经济学只有级差地租的理论,而没有绝对地租的理论。(2)这一篇对价值和价格的理论有重大发挥,是对《资本论》第1卷劳动价值论的很大补充。(3)这一篇还论述了农业和农业为基础的理论,也是一个重要贡献。从现实意义来说:①这一篇关于农业和农业为基础的理论,对于正确处理社会主义的工业和农业的关系具有重大指导意义;②地租理论特别是级差地租的理论对于制订农业的方针政策有重大指导意义;③这一篇关于地租和价值价格的理论对社会主义商品价格的形成,特别是农产品价格的制定也有重大指导意义。

第三十七章 导　　论

这一章是地租理论的导论。主要是说明资本主义地租的前提,基本内容和共同特点,以及研究资本主义地租应该注意的一些问题。除此而外,马克思对农业为基础的理论、两种含义的社会必要劳动时间的理论也作了深刻的阐述。

资本主义土地所有制的形成和特征（第693—697页）

地租是土地所有权的经济形式,一切形式的地租都是以土地所有权的存在为前提的。不同的土地所有制,产生不同形式的地租。这里所研究的地租,是资本主义地租。而要弄清资本主义地租,首先必须弄清资本主义的土地所有制。

1. 什么叫土地所有权？土地所有权是土地所有者对土地的垄断。"土地所有权的前提是,一些人垄断一定量的土地,把它作为排斥其他一切人的、只服从自己个人意志的领域。"（第695页）但是,土地所有权的利用不是以人们的意志为转移的,而是由客观经济条件决定的。

2. 资本主义土地所有权的形成：我们知道,资本主义生产方式的前提是：一方面,在破坏封建土地所有权的基础上,把直接生产者从土地的单纯附属物的地位中解放出来;另一方面,又在消灭个体农民经济的基础上,把广大农民的土地剥夺掉。从这个意义上说："土地所有权的垄断是资本主义生产方式的历史前提,并且始终是它的基础。"（第696页）所以,资本主义生产方式的建立,并没有废除土地所有权,而是改造原有的土地所有权,建立起适合于资本主义发展的新土地所有权。这种新的资本主义土地所有权,主要是从封建地主的土地所有权和个体农民的土地所有权转变而来的。

3. 资本主义土地所有权的基本特征:(1)这种资本主义土地所有权的基本特征是土地所有权已经不再有人身的依附和超经济的强制,而成为纯粹的经济形式,即能够取得一定货币收入的形式。也就是,它使土地所有权从统治和从属的关系下完全解放出来。(2)土地的经营同土地所有权和土地所有者完全分离。"土地对土地所有者来说只代表一定的货币税,这是他凭他的垄断权,从产业资本家即租地农场主那里征收来的。"(第697页)

4. 资本主义土地所有权的作用:相对于以前的土地所有权来说,资本主义生产方式的重大结果之一是:它一方面使农业摆脱分散落后的经营方式,而采用社会化的科学的方法来经营,从而使农业合理化,但是这种进步是以直接生产者的赤贫为代价而取得的;另一方面,它又把土地所有权还原为不合理的东西。它不仅不能消灭土地所有权,反而使土地集中垄断在不劳而获过着寄生生活的大土地所有者手里,从而又严重阻碍和破坏社会生产力的进一步发展。

资本主义的地租
(第697—714页)

1. 什么是地租和资本主义地租? 在资本主义制度下,实际耕种土地的人是受农业资本家雇佣的农业工人。而农业资本家只是把农业当作资本的一个特殊投资对象和剥削范围,农业资本家为了取得进行剥削的条件,向土地所有者租赁一定数量的土地,必须按照契约的规定向土地所有者支付一个货币额。这个货币额,不管是为耕地、建筑地段、矿山、渔场、森林等支付,都称为地租。所以,"地租是土地所有权在经济上借以实现即增殖价值的形式"(第698页)。资本主义地租的实质是剩余价值。

2. 资本主义地租所体现的阶级关系。作为资本主义地租,它体现着资本主义社会的三大阶级,即雇佣工人、产业资本家和土地所有者的对立。农业资本家从雇佣劳动者身上榨取剩余价值,土地所有者则凭借土地所有权,从农业资本家手里瓜分到平均利润以上的超额利润,即地租。

3. 地租有狭义和广义之分。农业资本家付给土地所有者的地租,往往不是真正的地租,而是租金。真正的地租和租金是有区别的。真正的地租是为了使用土地本身而支付的货币额,或称狭义地租。租金是指农业资本家为了取得经营土地权向土地所有者支付的全部货币额,或称广义地租。租金除了包括真正的地租外,还包括不是纯粹为土地本身而支付的项目,如利息、平均利润和工资,等等。

(1) 土地固定资本的折旧费和利息。农业资本家在租赁的土地上往往要投下一定的固定资本,比较短期的有土壤改良、施肥等,比较长期的有修排水渠、建设灌溉工程、平整土地、建造仓库房屋等。这些土地固定资本投入以后,有的需要经过相当长的时期,才能逐渐以折旧费的形式收回。如果在契约的租期内还没有完全收回,这些土地固定资本的折旧费和利息,就随着土地变为土地所有者的财产。在重订租约时,土地所有者就把这些土地资本的折旧和利息,加到真正的地租中去,所以,在农业资本家交付的租金中,除了真正的地租之外,还包括土地资本的折旧费和利息。正因为这个缘故,土地所有者总是企图缩短租期,以占有土地资本的折旧和利息,从而增加地租;而农业资本家则尽力延长租期,并尽量减少对土地的长期投资,加紧掠夺土地。因此,资本主义土地所有制不仅限制农业生产力的发展,而且加快了对土地生产力的破坏。

真正的地租和利息的区别,在英国建筑业表现得很明显。但是,剥削阶级的代言人,则往往把地租和利息混同起来。例如,凯里,作为土地所有权的代言人,把地租说成是和利息一样的东西;而为资产阶级辩护的诺思和洛克等人又把资本利息说成一种类似地租的形式,和杜尔哥由地租的存在推论出利息是正当的完全一样。

地租还可能在资本化的地租即土地价格的形式上,与利息相混同。在资本主义社会地租是以货币交付的,而任何一定的货币收入都可以资本化,也就是说,都可以看作一个想象资本的利息。例如,假定平均利息率是5%,那么一个每年200元的地租可以看作一个4 000元的资本的利息。这样,一个资本化的地租形成土地价格。因为土地不是劳动的产品,因而是没有价值的,所以土地价格是一个不合理的范畴。实际上,土地价格"不是土地的购买价格,而是土地所提供的地租的购买价格,它是按普通利息率计算的"(第703页)。这样,就可能把地租和利息混同起来。其实,土地价格是以已经存在的地租为前提,按利息率推算出土地价格,而不是倒过来把地租当作土地价格的利息。

由于土地价格等于地租除以利息率,所以假定地租不变,土地价格同利息率成反比。在资本主义社会,由于利润率有下降的趋势,再加上借贷资本的扩大,利息率也有下降的趋势。所以,土地价格有上涨的趋势。

(2) 农业资本家平均利润的一部分。在资本主义社会,农业资本家可能是一些小资本家,由于各种条件的限制,他们不得不把资本投到农业上,而为了允许他们把资本投入土地,他们被迫满足于平均利润以下的利润,并把其中一部分以地租形式交给土地所有者。

(3) 农业工人的部分工资。由于租金非常高,而农业资本家又要保持获得平均利润,他就通过克扣农业工人的一部分工资来支付高额的地租。因此,"一个更普遍得多更重要得多的事实是,真正农业工人的工资被压低到它的正常平均水平以下,以致工资的一部分由工人手中扣除下来,变为租金的一个组成部分,从而在地租的伪装下流到土地所有者而不是工人的手中"(第707页)。

4. 资本主义地租与一般剩余劳动(剩余产品)的区别:不仅要区分租金和真正的地租,而且也不能将资本主义地租混同于一般剩余劳动。"一般剩余劳动的自然基础,即剩余劳动的必不可少的自然条件是:只要花费整个工作日的一部分劳动时间,自然就以土地的植物性产品或动物性产品的形式或以渔业等产品的形式,提供出必要的生活资料。农业劳动(这里包括单纯采集、狩猎、捕鱼、畜牧等劳动)的这种自然生产率,是一切剩余劳动的基础,因为一切劳动首先而且最初是以占有和生产食物为目的的。"(第712—713页)

在人类社会初期,由于生产力水平低下,社会没有分工,"最初,农业劳动和工业劳动不是分开的;后者包括在前者中"(第713页)。当生产力发展到一定高度,出现了社会分工以后,"和一个工人的劳动分为必要劳动和剩余劳动一样,工人阶级的全部劳动也可以这样划分:为工人阶级生产全部生活资料(包括为此所需的生产资料)的那部分,完成整个社会的必要劳动;工人阶级所有其余部分所完成的劳动,可以看作剩余劳动。但是,必要劳动决不是只包括农业劳动,而且也包括生产其他一切必然进入工人平均消费的产品的劳动"(第713页)。

> 研究地租时应该避免的三个主要错误
> （第714—720页）

第一，不要把不同社会发展阶段相适应的不同地租形式混同起来。各种不同形式的地租，都有一个共同点：地租的占有是土地所有权借以实现的经济形式，而地租又是以土地所有权为前提。土地所有者可以是代表公社的个人(氏族的领袖)，也可以是某些人(奴隶主)对直接生产者人格的所有权的附属品，又可以是非生产者(地主)对自然的单纯私有权，最后，还可以是农民的小土地所有制。土地所有权不同，地租也就不同，是不能混同的。例如，与封建土地所有制相适应的封建地租，以农民对地主的人身依附为前提，它包含有超经济的剥削，不仅包括农民的全部剩余产品，而且包括部分必要产品，体现地主剥削农民的关系。与资本主义土地所有制相适应的资本主义地租，不再存在人身依附的关系，它是剩余价值超过平均利润以上的余额，即超额利润，体现资本家和土地所有者共同剥削工人的关系。

第二，地租的实质是剩余价值，但不能把剩余价值存在的条件当作就是地租的存在条件。剩余价值存在的主观条件是：直接生产者的劳动时间，必须超过再生产他们自己的劳动力所必需的时间，其客观条件是：自然条件也可以使他们不耗费全部劳动时间，就可以生产出他们所必要的生活资料。"在这里自然的肥力是一个界限，一个出发点，一个基础。另一方面，他们劳动的社会生产力的发展，则是另一个界限，出发点，基础。"（第715页）

在这里，马克思结合剩余价值存在的自然条件的问题分析了农业劳动生产率与社会分工的关系。马克思指出，从社会分工的角度考察，农业劳动属于社会的必要劳动。因为食物的生产是直接生产者的生存和一切生产的首要条件，所以生产食物的广义的农业劳动必须有足够的生产率，使社会可供支配的劳动时间，不致全部被直接生产者的食物生产占去。因此，"进一步说，社会上的一部分人用在农业上的全部劳动——必要劳动和社会劳动——必须足以为整个社会，从而也为非农业工人生产必要的食物；也就是使从事农业的人和从事工业的人有实行这种巨大分工的可能；并且也使生产食物的农民和生产原料的农民有实行分工的可能。虽然食物直接生产者的劳动，对他们自己来说也分为必要劳动和剩余劳动，但对社会来说，它所代表的，只是生产食物所需的必要劳动"(第716页)。

从社会生产比例性的角度考察必要劳动，"那么，不同类产品就按照它们的价值(后来发展为按照它们的生产价格)出售"，"事实上价值规律所影响的不是个别商品或物品，而总是各个特殊的因分工而互相独立的社会生产领域的总产品；因此，不仅在每个商品上只使用必要的劳动时间，而且在社会总劳动时间中，也只把必要的比例量使用在不同类的商品上"(第716页)。"因此，只有当全部产品是按必要的比例进行生产时，它们才能卖出去。社会劳动时间可分别用在各个特殊生产领域的份额的这个数量界限，不过是整个价值规律进一步发展的表现，虽然必要劳动时间在这里包含着另一种意义。"(第717页)

这种按比例生产的必要劳动与原来意义的必要劳动和剩余劳动的划分没有直接的联系，"只有在这种比例的破坏使商品的价值，从而使其中包含的剩余价值不能实现的时候，才会影响到必要劳动和剩余劳动之比"(第717页)。但是，剩余劳动和剩余价值本身的主观条件和客观条件，与剩余价值的实现和分配无关。这些条件适用于剩余价值本身，但它们不能说明地租。

第三，资本主义地租是资本主义商品生产和商品交换发展的结果，但不能把资本主义商品生产的一般特征，当作地租的特征。随着资本主义生产的发展，农产品越来越商品化。但是，农产品作为商品与其他商品相对立，并不是地租的特征。这里必须区别一般商品生产的特点，资本主义商品生产的特点和资本主义地租的特点。一般商品生产的特征是，随着社会分工和商品市场的日益扩大，生产劳动的分工使它们各自的产品互相变成商品，互相成为等价物，使它们互相成为市场。作为资本主义商品生产，是剩余价值和剩余产品的相应发展。但是，"随着后者的发展，土地所有权依靠它对土地的垄断权，也相应地越来越能攫取这个剩余价值中一个不断增大的部分，从而提高自己地租的价值和土地本身的价格"(第719页)。因此，"地租的特征是：随着农产品发展为价值(商品)的条件和它们的价值借以实现的条件的发展，土地所有权的权力也就发展起来，使它可以从这个不费它一点气力就创造出来的价值中占有一个日益增大的部分，剩余价值中一个日益增大的部分也就转化为地租"(第720页)。

第三十八章　级差地租：概论

地租主要有两种形式:级差地租和绝对地租。从第三十八章到第四十四章都是分析级差地租。

这一章是对级差地租总的论述,分析级差地租的形成和主要特征。

级差地租的形成（第721—728页）　级差地租是由于垄断劳动的自然生产力,使农产品的个别价格低于社会生产价格,所获得的超额利润转化而来的。这种超额利润产生的条件,是土地的资本主义经营的垄断;而土地的私有权则把这种超额利润转化为级差地租。

马克思的地租理论,是他的平均利润和生产价格理论的发展和应用。因此,在分析地租时,首先必须假设农产品是按照生产价格出售的。马克思在这里是以瀑布为例来说明级差地租是怎样形成的。

1. 特别有利的生产条件产生超额利润。假设,一个国家的绝大多数工厂是用蒸汽机为动力进行生产的。它们的商品的成本价格是100,利润率是15%,而且所用资本等于所费资本,那么,生产价格 ＝ 100＋15 ＝ 115,因为这些工厂占绝大多数,所以这里的利润率实际上就是平均利润率,这里的生产价格实际上就是社会生产价格。

另外,再假定有少数用自然瀑布为动力的工厂,其成本价格是90,按社会生产价格出售,可获利润115－90＝25。对他来说,成本价格是90,所以个别生产价格也只是103.5(100∶115＝90∶103.5)。他的个别生产价格和社会生产价格之间的差额,构成在特别有利条件下的生产者的超额利润。这个差额有两个界限:一是个别成本价格和一般成本价格之间的差额;二是一般生产价格的大小。所以,"这个差额是这样造成的:一方面,商品要按照它的一般市场价格,也就是按照竞争使个别价格平均化时形成的价格来出售;另一方面,他所推动的劳动的较大的个别生产力,使劳动者得不到好处,而和劳动的所有生产力一样,使他们的雇主得到好处,就是说,表现为资本的生产力"(第 724 页)。

2. 土地的资本主义经营垄断使超额利润固定化。利用瀑布的工厂所获得的超额利润,虽然是他使用的劳动生产力提高的结果,但是,它既不是资本和劳动本身单纯利用的结果,也不是已并入资本的自然力单纯利用的结果。它是来自劳动的某种较大的自然生产力。而这种自然生产力具有这样五个特点:第一,这是一种可以垄断的自然力。"这种自然力是一种可以垄断的自然力,就像瀑布那样,只有那些支配着特殊地段及其附属物的人能够支配它。"(第 726 页)第二,这种自然力是和土地分不开的。"能够这样被人垄断的这种自然力,总是和土地分不开的。"(第 727 页)第三,土地这种自然力是有限的。第四,这种自然条件在自然界只存在于某些地方,它是不能由一定的投资创造出来的。第五,这样的自然力,既不是该生产部门的一般条件,也不是该生产部门都能创造的条件。所以,由这种自然力带来的超额利润和其他条件下形成的超额利润不同,它具有固定的性质。总之,这种超额利润的产生,是土地的资本主义经营垄断的结果。

3. 土地私有权使这种超额利润转化为地租。如果瀑布连同它所在的土地,是属于土地所有者。那么,这种超额利润就转化为地租,落到土地所有者手里。"因此,利用瀑布而产生的超额利润,不是产生于资本,而是产生于资本对一种能够被人垄断并且已经被人垄断的自然力的利用。在这种情况下,超额利润就转化为地租,也就是说,它落入瀑布的所有者手中。"(第 727 页)如果这个资本家又是瀑布所在土地的所有者,作为资本家它获得 15 的平均利润,作为土地所有者它获得 10 的地租。

【级差地租的主要特征(第 728—732 页)】

根据以上分析,概括起来级差地租主要有以下五个特征。

第一,级差地租不参加商品的一般生产价格的形成,而是以一般生产价格为前提。级差地租的产生,是由于支配着一种垄断的自然力的个别资本的个别生产价格和投入该生产部门的一般资本的一般生产价格之间的差额。

第二,级差地租不是产生于所用资本或它所占劳动的生产力的绝对增加。而是由于一定的投入一个生产部门的个别资本,同那些没有可能利用有利生产条件的投资相比,相对来说具有较高的生产率。

第三,自然力不是形成级差地租的超额利润的源泉。而只是超额利润的一种自然基础。因为它是特别高的劳动生产力的自然基础。

第四,土地所有权,对于剩余价值的创造没有任何关系。所以,土地所有权不是超额利润创造的原因,而是使超额利润转化为地租形式并被土地所有者占有的原因。

第五,土地所有权使超额利润转化为地租,地租又产生了土地价格这个不合理的表现。土地和一切自然力一样,都不是劳动的产品,没有价值,也没有价格。土地价格不外是资本化的地租。

第三十九章 级差地租的第一形式（级差地租Ⅰ）

级差地租有两种形式：级差地租Ⅰ和级差地租Ⅱ。级差地租Ⅰ是等量资本投在不同的等量土地上，由于土地的肥力和土地的位置不同而形成的。级差地租Ⅱ是等量资本连续投入同一土地上，有不等的生产率而产生的。这一章分析级差地租Ⅰ。首先，分析了级差地租Ⅰ的两个形成原因：土地的肥力和土地的位置，并通过图例说明了土地耕种顺序与级差地租Ⅰ形成的关系；其次，论述了虚假的社会价值问题，还研究了地租总额、平均地租和地租率的变动情况；最后，对级差地租Ⅰ作了几点也大致适合于级差地租Ⅱ的补充说明。

> 级差地租Ⅰ形成的原因（第731—734页）

马克思在指出李嘉图地租理论的某些正确之点以后，接着就提出了自己的科学的级差地租理论。

级差地租Ⅰ是等量资本在等面积的各级土地上使用时所产生的不同结果。这些不同的结果，是由两个和资本无关的原因造成的：一是肥力；二是土地的位置。

土地的位置，就是土地离市场的远近。一般说来，土地的位置决定各级土地耕种的顺序。由于土地的位置和肥力这两个决定级差地租Ⅰ的因素，可以发生相反的作用。一块土地可能位置好，肥力差，也可能肥力好，位置差。所以，土地的耕作顺序可以先从优等地推进到劣等地，也可以由劣等地推进到优等地。整个社会生产的进步对土地位置起二重作用：一方面，由于地方市场的建立，交通运输工具的发展，对形成级差地租的位置发生拉平的作用；另一方面，由于农业和工业的分离，大的生产中心的形成，又会使土地位置的差别扩大。

至于土地的肥力,首先是土地的自然肥力。自然肥力的差别是指表层土壤的化学结构的差别,也就是由表层土壤所含植物养分的差别形成的。其次,土地还有经济肥力,这就是说,肥力虽然是土地的客观属性,但是同样的自然肥力能被利用到什么程度,与农业化学和农业机械的发展水平有关,并且随着这种发展水平的变化而变化。所以,土地的肥力并不是一成不变的,它是随着社会生产力的发展而变化的。

> 土地耕作顺序与级差地租I的形成(第734—744页)

由于土地的位置可以相对改变,土地的肥力也可以用人工改变,所以,土地耕作的顺序,就不是像李嘉图所说的,只能由优等地向劣等地推进。实际上,土地的耕作顺序,可以由优等地到劣等地,也可以由劣等地到优等地,还可以交替进行。马克思列举了以下三种图例来说明土地耕作顺序与级差地租I形成的关系。

第一例:假定有四级土地 A、B、C、D。A 级是最劣土地。各级土地的预付资本为 50 先令,平均利润率为 20%,则平均利润 $50 \times 20\% = 10$,生产价格为 $50 + 10 = 60$ (见下表所示)。

土地等级	产量		预付资本	利润		地租	
	夸特	先令		夸特	先令	夸特	先令
A	1	60	50	$\frac{1}{6}$	10	—	—
B	2	120	50	$1\frac{1}{6}$	70	1	60
C	3	180	50	$2\frac{1}{6}$	130	2	120
D	4	240	50	$3\frac{1}{6}$	190	3	180
合 计	10	600				6	360

在这里,级差地租 I 是由于各级土地肥力的不同而形成的,它由各种土地的肥力相对于劣等土地的肥力而定,实际上是以劣等地的产量为基础推算出来的。

如果是下降的序列,即由优等地向劣等地推进,由 D 到 A,则农产品的单位生产价格逐渐上涨,比如说由 1 夸特 15 先令上涨到 60 先令,随着价格的提高,地租就会增加。

如果是上升的序列,即由劣等地向优等地推进,由 A 到 D 则农产品的单位生产价格不变,比如说 1 夸特等于 60 先令,但由于肥力较高的土地加入耕种,地租同样提高得很快。

因此,无论价格不变还是上涨,无论是从劣等地到优等地还是优等地到劣等地,级差地租都可以增加。

第二例:假定谷物的需要由原来的 10 夸特增加到 17 夸特,又假定最劣等地 A 为另一块地 A 所代替而后者产量为 $1\frac{1}{3}$ 夸特,因此 1 夸特的生产价格为 45 先令,还假定 B、C、D 各级土地提供的产量不变,但有 A′、B′、B″ 加入耕种(见下表所示)。

土地等级	产量 夸特	产量 先令	投资	利润 夸特	利润 先令	地租 夸特	地租 先令	每夸特的生产价格(先令)
A	$1\frac{1}{3}$	60	50	$\frac{2}{9}$	10	—	—	45
A′	$1\frac{2}{3}$	75	50	$\frac{5}{9}$	25	$\frac{1}{3}$	15	36
B	2	90	50	$\frac{8}{9}$	40	$\frac{2}{3}$	30	30
B′	$2\frac{1}{3}$	105	50	$1\frac{2}{9}$	55	1	45	$25\frac{5}{7}$
B″	$2\frac{2}{3}$	120	50	$1\frac{5}{9}$	70	$1\frac{1}{3}$	60	$22\frac{1}{2}$
C	3	135	50	$1\frac{8}{9}$	85	$1\frac{2}{3}$	75	20
D	4	180	50	$2\frac{8}{9}$	130	$2\frac{2}{3}$	120	15
合计	17	—	—	—	—	$7\frac{2}{3}$	345	—

在这种情况下,小麦 1 夸特的生产价格,或它的起调节作用的市场价格,会由 60 先令下降到 45 先令,同时,耕种顺序是交替进行的,即由比较肥沃的土地转到比较不肥沃的土地和由比较不肥沃的土地转到比较肥沃的土地,这两种过程会同时出现。由于劣等地的产量提高,加入耕种的土地也增加了,但与劣等地的差距缩小了,所以实物地租由于总产量提高而增加了(由 6 增加到 $7\frac{2}{3}$),货币地租则下降了,由原来的 360 降为 345。

第三例:假定照旧只耕种 A、B、C、D 各级土地,但各级土地的产量都提高了,例如 A 由 1 提高到 2 等,因此生产价格也就下降。如果市场对这些新增加的农产品仍然是需要的,那就会产生如下的结果(见下表所示)。

在这种情况下,每夸特的价格由 60 先令下降到 30 先令,但随着各级土地肥力的绝对增长,较好土地 C 和 D 的较高的相对肥力同时也增长,因此投资相等时,产量的差额将增大,级差地租也将增大。

比较三个表,可以得出如下结论:

土地等级	产量		投资	每夸特的生产价格	利润		地租	
	夸特	先令			夸特	先令	夸特	先令
A	2	60	50	30	$\frac{1}{3}$	10	0	0
B	4	120	50	15	$2\frac{1}{3}$	70	2	60
C	7	210	50	$8\frac{4}{7}$	$5\frac{1}{3}$	160	5	150
D	10	300	50	6	$8\frac{1}{3}$	250	8	240
合计	23	—	—	—	—	—	15	450

第一,序列完成时,总好像是一个下降的序列。因为人们在考察地租时,总是从提供最高地租的土地出发,最后才谈到不提供地租的土地。

第二,一般说,不提供地租的劣等地的生产价格,总是起调节作用的市场价格。如果 B、C、D 的产量超过需求，A 就会失去调节的作用。

第三，撇开土地的位置不说，级差地租是由土地自然肥力的差别产生的，它是产生于优等地的数量有限，劣等地必须加入耕作。所以，级差地租是等量资本投在等量但不同等级的土地提供不等量的产品的结果。

第四，级差地租和级差地租的分等情况，可以在下降的序列、上升的序列或互相交错的序列中发生。

第五，级差地租在土地产品价格不变、上涨或下降时，都可以形成。

因此，威斯特、马尔萨斯、李嘉图等认为级差地租是由于土地耕种总是由优等地向劣等地推进而形成的假设是错误的。18 世纪以来，农产品时涨时跌，并不是一直是上涨的，也证明了土地耕种序列并不总是由优等地到劣等地。

关于虚假的社会价值（第 744—745 页）

1. 什么叫虚假的社会价值？由于农产品的市场生产价格是由最劣等地的个别生产价格决定的，因此，农产品市场生产价格的总和，从而市场价值的总和，总是大于农产品个别生产价格的总和。这个超过额，马克思称之为"虚假的社会价值"，也就是提供级差地租的那部分价值。例如，在第一例中，因为农产品的市场价格是按 A 的生产价格 60 先令出售的。所以总产量 10 夸特可以卖到 600 先令，而 10 夸特的实际生产价格是 240 先令，这个超过的部分 360 先令，就是虚假的社会价值。

2. 虚假社会价值形成的原因：关于虚假社会价值的形成，马克思指出："这是由在资本主义生产方式基础上通过竞争而实现的市场价值决定的；这种决定产生了一个虚假的社会价值。这种情况是由市场价值规律造成的。"（第 744—745 页）这就是说，虚假的社会价值是由资本主义生产方式和价值规律发生作用的结果。第一，因为在资本主义生产方式下，农产品的市场价格是由最劣等地的个别生产价格决定的。农业部门内部的竞争，使各级土地的农产品都按照和最劣等土地产品的个别生产价格决定的社会生产价格来出售。第二，是因为土地的资本主义经营垄断。由于土地有限特别是优等地更加有限，一旦优等地被某些资本家垄断经营后，其他资本就不能自由移入，致使他们的超额利润固定化。

3. 虚假社会价值的历史性：虚假的社会价值是由资本主义生产方式决

定的,如果推翻了资本主义社会,建立了共产主义社会,虚假的社会价值就不再存在,级差地租也不再存在。"如果我们设想资本主义的社会形式已被推翻,社会已被组成一个自觉的、有计划的联合体。10夸特就会只代表一定量的独立的劳动时间,而和240先令内所包含的劳动时间相等。因此,社会就不会按产品内所包含的实际劳动时间的二倍半来购买这种土地产品;这样,土地所有者阶级存在的基础就会消失。"(第745页)

4.虚假的社会价值,对社会来说,是对土地产品支付了过多的价值,所以是虚假的,是负数。但是,对土地所有者来说,它是获得级差地租的来源,所以是实在的,是正数。

{地租总额、平均地租和地租率的变动(第745—753页)} 地租总额是全部不同等级的级差地租的总和。平均地租就是地租总额除以耕地总数,地租率就是地租总额除以投资总额。这三者的变动往往是随着耕地面积的扩大,土地肥力的变化,各级土地相对肥力发生变动和耕地面积扩大的构成不同等等引起的。如果假定:最劣等地产量不变从而农产品价格不变,各级耕地肥力的差额不变,各同级土地等量资本带来产量,以及各级土地每亩地租额和每亩地租率不变。那么,第一,地租总额总是随着耕地面积的扩大,因而也随着投资量的增加而增加;第二,平均地租和平均地租率会发生很大变化,两者变化的方向相同,但是彼此比例不同。平均地租和平均地租率的变动还要取决于各级土地在总耕地面积中所占的比重。如果劣等地的比重增大,它们就会降低;如果优等地占的比重增大,它们就会相应地提高。

{级差地租Ⅰ的几点补充(等753—758页)} 对级差地租Ⅰ的以下四点补充说明,某些部分对级差地租Ⅱ也是适用的。

第一,未耕地的价格,是由具有相同质量和相同位置的已耕地的价格决定的。土地价格不过是资本化的地租。即使是已耕地的价格,人们支付的也只是未来的地租。未耕地的价格只是已耕地上的投资及其结果的一种反映。所以,未耕地一样可以当作商品买卖。并且,已耕地的地租是指平均地租,而平均地租"会随着资本总额以及和它相适应的耕作的集约化一起增加",它说明"为什么整个地区的土地价格,甚至未耕地的价格都会增长"(第754页)。所以,土地往往成为投机的对象。

第二，耕作顺序，总的说来，可以从优等地到劣等地，也可以从劣等地到优等地，或者交错进行。当然，必须指出：在资本主义条件下向劣等地扩大，一般说来，是农产品价格上涨的结果。但是，这并不是无条件的。劣等地由于位置好，可以比位置差的优等地被优先耕种。在资本主义发展较迟的国家，土地位置对耕地的扩大具有决定意义。

第三，认为殖民地和资本主义发展较迟的国家农产品的出口价格比较便宜，是由于那里的土地自然肥力较大的看法，是错误的。实际上，他们的农产品出口价格便宜，是由于农产品不仅在价值以下，而且是生产价格以下出卖的。

最后，耕种面积的扩大并不都是以农产品价格的上涨为前提，而是由于资本不断积累和不断扩大生产的要求。在资本主义条件下，农业资本家必须不断积累资本和不断扩大生产，才能在市场上占到尽可能大的地盘，从而获得巨额利润，所以它不断扩大耕地面积。

第四十章 级差地租的第二形式
(级差地租Ⅱ)

这一章分析级差地租Ⅱ,即分析等量资本连续投在同一土地上有不等的生产率而产生的级差地租。着重考察级差地租Ⅰ和级差地租Ⅱ的共同点、区别和相互关系等问题。

{级差地租Ⅱ和级差地租Ⅰ的共同点和区别(第759—761页)}

"级差地租实质上终究只是投在土地上的等量资本所具有的不同生产率的结果。"(第759页)我们知道,等量资本投在不同土地上,由于生产率不同,由劣等地生产的农产品的个别生产价格决定市场价格,从而投入优等地、中等地的资本就会获得一个超额利润,这个超额利润转化为级差地租就是级差地租Ⅰ。如果等量资本不是投在同一土地上,而是连续投在同一土地上,有不等的生产率,由生产率低的资本所生产的农产品的个别生产价格决定市场价格,从而生产率高的资本就会产生一个超额利润。这个超额利润转化为级差地租,就是级差地租Ⅱ。级差地租Ⅰ和级差地租Ⅱ具有这样一些共同点和区别:

第一,级差地租Ⅰ和级差地租Ⅱ都是等量资本投在土地上有不同生产率的结果,但又有区别。级差地租Ⅰ是等量资本投在不同土地上有不等生产率的结果;而级差地租Ⅱ是等量资本连续投在同一土地上有不同生产率的结果。

第二,级差地租Ⅰ和级差地租Ⅱ都是形成地租实体的超额利润的一种形式,而且这种超额利润形成的方式也是一样的。但是,超额利润转化为级差地租形式,明显表现出它们的区别。在级差地租Ⅰ的情况下,超额利润转化为地租是没有困难的。由于土地肥力的差别是显而易见的,在地主和资本家订立租约时,很容易确定下来。但是,形成级差地租Ⅱ的超额利润,是由于资本家在同一块土地连续投资的生产率不同的结果,事先很难确定。"这种转化限制在一方面更为狭小,另一方面更不稳定的界限内。"(第760页)因此,连续投资而产生的超额利润,在租约有效期间往往是归资本家所有。只有在改立租约时,地主才会用加租的办法,把这部分超额利润转化为地租。所以,在级差地租Ⅱ的形式上,地主和资本家之间围绕着租期长短存在着尖锐的矛盾和激烈的斗争。资本家要求有较长的租期,以便更多地获得追加投资的超额利润;而地主则力求缩短租期,以便把不断增长的级差地租Ⅱ早日拿回来。

总之,"具有不同结果的各个等量资本,不管是同时投在同样大的各块土地上,还是相继投在同一块土地上,都不会影响超额利润的形成规律,但是,这件事对于超额利润转化为地租,却具有重大的意义"(第760页)。

另外,由于在重新订立租地契约时,要提供包括级差地租Ⅱ在内的地租。因此,一国的平均地租水平就会提高。农业资本家必须持有足够的资本,才能够按同样集约化的方法来继续耕种。

<u>级差地租Ⅱ和级差地租Ⅰ的关系（第761—765页）</u>　第一,级差地租Ⅱ的基础和出发点是级差地租Ⅰ。首先,从历史上看,级差地租Ⅰ和级差地租Ⅱ反映着资本主义农业发展的两个不同阶段。在资本主义农业发展的初期,由于资本积累有限,可耕荒地又多,所以主要通过扩大耕地面积进行手工式的粗放经营。因此,这个阶段的级差地租主要采取第Ⅰ种形式。到了进一步的发展阶段上,农产品的生产满足不了日益增长的社会需要,可耕荒地也不多了,这时资本就采取集约经营的方式,在同一土地上连续追加投资,级差地租也就多采取第Ⅱ种形式。其次,从级差地租Ⅱ的运动来看,它总是以肥力和位置不同的各级土地同时并列的耕种为前提。在这个范围内,连续投资的结果还是要以劣等地为基础,要与劣等地的生产率进行比较,才能得出级差地租Ⅱ。所以,无论从历史上看还是从级差地租Ⅱ的运动来看,级差地租Ⅱ是以级差地租Ⅰ为基础和出发点的。

第二,级差地租Ⅱ是级差地租Ⅰ的不同表现,两者实质上是一致的。在级差地租Ⅱ上,除了肥力的差别,还要看农业资本家掌握资本的大小。在工业部门,资本家要掌握大于平均资本量的资本,才能获得超额利润。

在农业方面,由于市场价格决定于劣等地的农产品的个别生产价格,用较小的资本,就能够耕作。因此,只要有经营农业最低限资本量以上的资本,就能获得超额利润。这个资本量越大,它获得的超额利润就越多,转化为级差地租Ⅱ的量也就越多。

考察级差地租中的超额利润的形成,明显说明级差地租Ⅱ只是级差地租Ⅰ的不同表现,而实质上两者是一致的。因为,"在投资相等时,土地仍然显示出不同的肥力,不过,在这里一个资本的不同部分相继投在同一土地上所产生的结果,就是在级差地租Ⅰ的场合下社会资本各个相等部分投在各级土地上所产生的结果"(第763页)。

{批判李嘉图地租理论的错误(第765—769页)} 李嘉图是以土地报酬递减规律为根据来说明级差地租Ⅱ的形成的。他错误地认为,只有追加投资的生产率绝对地下降,从而在农产品价格上涨的条件下,级差地租Ⅱ才能形成。其错误在于:

第一,在级差地租Ⅱ的形成上,会产生复杂的各种组合,土地收益的增减变化情况是很复杂的。土地报酬并不总是递减的。

第二,农产品的市场价格是由最坏土地产品的个别生产价格决定的,因此追加投资的生产率只要不降低到这个最坏土地的生产率以下,农产品的价格就不会上涨。只有在连续投资的生产率下降,并且这些资本又是投在最劣等地上的场合,才会发生生产价格上涨和生产率的绝对下降。李嘉图把这种情况说成是农业中的普遍情况,他把级差地租Ⅱ的全部形成都归结为这种情况,这是极其片面的。

第三,连续投资往往是投在最有希望收益的优良土地上。所以,级差地租Ⅱ的形成,与土地收益递减率是没有关系的。

{级差地租的两种形式之间的本质区别(第769—771页)} 这个区别表现在平均地租和平均地租率的变动上。在级差地租Ⅰ的场合,生产价格和土地的级差丰度不变时,每亩的平均地租或按资本计算的平均地租率,可以随地租总额的增加而增加。但在相同的条件下,级差地租Ⅱ按每亩计算的平均地租额增加,而按资本计算的地租率可以保持不变。这是因为级差地租Ⅰ投资的增加是和土地面积的增加相一致的,而级差地租Ⅱ投资的增加和土地面积的增加不一致,它只是在同一地块上连续投资。

第四十一章　级差地租Ⅱ——第一种情况：生产价格不变

由于李嘉图忽视了级差地租Ⅰ与级差地租Ⅱ的联系，也就忽视了级差地租Ⅱ是以级差地租Ⅰ为基础条件下的各种组合。从这一章开始到四十三章分析了级差地租Ⅱ形成的三种主要情况，也就是在生产价格不变、生产价格下降、生产价格上涨这三种情况下，级差地租Ⅱ如何形成的问题。这一章先分析在生产价格不变的情况下，级差地租Ⅱ是怎样形成的。

> 在生产价格不变的情况下，级差地租Ⅱ的形成（第772—778页）

生产价格不变，就是仍然由最坏土地生产的农产品的个别生产价格调节市场价格，在这种条件下又有四种情况。

1. 如果投在任何一级提供地租的土地上的追加资本，只和投在最坏土地上的同量资本生产一样多的东西，也就是说，如果这个追加资本只按起调节作用的生产价格来提供平均利润，不提供超额利润。在这种情况下，不形成级差地租Ⅱ。

2. 如果在各级土地上追加投资，产量会依据各级土地特有的肥力，并按照追加资本的比例而增加。在这种情况下，形成级差地租Ⅱ，而且地租的增加和投资的增加是成比例的。在地租率＝地租／资本的公式中，由于分子分母同比例变动，所以地租率不变。

3. 如果追加投资带来超额产品，从而形成超额利润。不过，追加投资的生产率下降，但只要不下降到最劣等地的生产率水平的情况下，在所有各级土地上，地租都会绝对增加，但是地租的增加和投资的增加不成比例。也就是说，地租率会下降。

4. 如果在较好土地上追加投资,而且追加投资的生产率提高,在这种情况下,不但地租会增加,而且地租增加的比例大于追加资本。

总之,在生产价格不变的前提下,在较好土地上追加投资,无论生产率不变、提高或降低,都可以形成级差地租Ⅱ。但是,在最坏土地上追加投资,只有生产率提高时,才能形成级差地租Ⅱ。

<从平均地租看级差地租Ⅱ的特点（第778—780页）>　在生产价格不变的前提下,无论各追加投资带来的剩余产品是和它们的量成比例,还是不成比例,当资本增加时,无论资本的超额利润率是不变,还是变化,每英亩的剩余产品,超额利润都会增加,因而地租、谷物地租和货币地租也都会增加。也就是说,按每英亩计算的平均地租总是增加的,这种增加只是投在原有土地上追加资本的结果。因此,资本在较小的土地上的集中,就会增进每英亩的地租量。资本主义生产方式越是发展,资本就越是集中在同一土地上,所以平均地租也就越高,相应的土地价格也就越高。"这就是级差地租Ⅱ特有的,不同于级差地租Ⅰ的现象。"(第779页)

第四十二章　级差地租Ⅱ——第二种情况：生产价格下降

这一章分析在生产价格下降的情况下，级差地租Ⅱ如何形成的问题。"而当追加投资的生产率不变、降低或提高时，生产价格都可能下降。"（第781页）所以，生产价格下降对级差地租Ⅱ的形成可以分成三种情况来分析。

追加投资的生产率不变（第781—790页）

在追加投资的生产率不变时，生产价格为什么会下降？这是因为追加投资的追加产品足以满足需要，最坏土地就会被排除耕作。这时起调节作用的生产价格，不是最劣地的生产价格，而是比最坏土地高一级的土地产品的个别生产价格。在这种情况下，投资增加，地租总额就可能下降。但是，如果把追加的资本集中到优等地上，优等土地上的地租还是会增加。"所以，如果价格在生产率不变的情况下由于在提供地租的较好土地（……）上投入追加的货币资本而下降，总资本就会有一种不是同产量和谷物地租按同一比例增加的趋势；因此，价格下降所引起的货币地租的损失，又可以由谷物地租的增加而得到补偿。"（第789页）

追加资本的生产率降低（第791—792页）

在追加资本的生产率降低时，生产价格下降，对地租的影响，基本上与上一种情况相似。在这种情况下，最坏土地被排除耕作，每亩的谷物地租和货币地租可以增加、减少或者不变。

追加资本的生产率提高（第792—799页）

在追加资本的生产率提高时，对生产价格下降和级差地租Ⅱ形成的影响与第一节"的区别只在于：当需要一定数量的追加产品把 A 级土地排挤出去时,这种情况在这里可以更快地发生"(第793页)。

在考虑级差地租的形成时,要注意级差地租是在同一个总面积上连续投资产生,实际已化成一个平均数。在每个场合级差地租都是由该级土地提供的平均产量和最坏土地按一个已经增加、现在已经作为标准的投资提供的产量相比的差额决定的。因此,"在级差地租Ⅱ中,有一个要素必须加以考虑,这个要素在级差地租Ⅰ本身没有表现出来,……这个要素,一方面,是起调节作用的A级土地上的各个投资的结果混在一起;A级土地的产量,现在不过表现为每英亩的标准平均量。另一方面,是每英亩投资的标准最低限额或平均量发生变动,以致这种变动表现为土地的特性。最后,是超额利润转化为地租形式的方法上的差别"(第797页)。

通过分析表明,一般情况下,在生产价格因追加投资的生产率提高而下降时,也就是在生产率提高的比例大于预付资本增加的比例时,地租增加的倍数比投资增加的倍数大。但也有特殊情况,例如生产价格因劣等地的生产率提高得更快而下降得更低,地租也可能下降。也就是说,在较好的土地上比在较差的土地上投入更多的资本,地租就会提高。"但是,在所有情况下,如果增长的生产力是资本增加的结果,不单纯是投资不变时肥力提高的结果,那么,地租就会相对地提高。这是绝对的观点。"(第799页)

第四十三章 级差地租Ⅱ——第三种情况：生产价格上涨。结论

这一章是分析在生产价格上涨的情况下，级差地租Ⅱ如何形成的问题，以及对级差地租问题所作的结论。但是，关于在生产价格上涨情况下级差地租Ⅱ的形成问题，马克思的手稿上只有一个标题，是由恩格斯增补的。此外，在这一章恩格斯还根据级差地租包含的三种主要情况和九种派生情况，作了概括。最后的结论是马克思写的。

> 在生产价格上涨情况下级差地租Ⅱ的形成（第800—804页）

生产价格的上涨是以不支付地租的最坏土地的生产率的降低为前提的。在这种情况下，级差地租Ⅱ的形成可能有两种方式。

1. 最坏土地仍然不提供地租，但仍然以它的个别生产价格决定社会生产价格。这又有三种情况：(1)第一次投资生产率下降，第二次投资的生产率上升；(2)第一次投资生产率下降，第二次投资生产率不变；(3)第一次投资生产率不变，第二次投资生产率下降。在这里，由于最坏土地的生产率降低，实物地租就会下降，但由于生产价格上涨，货币地租却可能不变。因为"已提高的起调节作用的生产价格，恰好弥补减少了的产量"（第801页）。

2. 有一种比原最坏土地更坏的土地加入耕作，并且由这种土地调节价格。因此，原最坏土地也提供地租。在这种情况下，第二次投资的生产率不变、下降或提高，投资增加，级差地租会按更大的比例增加。

第 3 卷　资本主义生产的总过程(下)

> 级差地租 II 的各种组合（第805—818页）

恩格斯概括级差地租 II 的形成,有三种主要情况和九种派生情况。这就是生产价格不变、下降和提高的三种情况,以及在每一种情况下,又分为追加投资的生产率不变、下降和提高等三种情况,所以一共有九种派生情况。对这些情况的分析,马克思和恩格斯是用大量图表进行的。

通过这些分析可以得出如下结论:"把没有地租的起调节作用的土地作为零点,地租序列恰好与肥力差额序列成比例。对地租起决定作用的,不是绝对的收益,而只是收益的差额。"(第815页)具体表现为:

1. 追加投资增加1倍,级差地租总额也增加1倍。这包括六种情况:生产价格不变,第二次投资的生产率也不变;生产价格下降,第二次的投资的生产率提高;生产价格上涨,第二次投资的生产率下降;在最坏土地仍起调节作用下,第二次投资生产率不变、下降和提高的三种情况。

2. 追加投资增加1倍,级差地租增加一倍以上。这包括四种情况:生产价格不变,第二次投资的生产率提高;以及生产价格上涨,有新的更坏土地起调节作用下,第二次投资生产率不变、下降和提高的三种情况。

3. 追加投资增加1倍,但级差地租增加不到1倍。这就是在生产价格不变,第二次投资的生产率下降,但是比最坏土地高一级的土地不是完全没有地租的条件下出现的情况。

4. 追加投资增加1倍,地租总额不变。这包括以下几种情况:生产价格不变,第二次投资的生产率下降,最坏土地被排除耕作;生产价格下降,第二次投资的生产率不变或者下降,最坏土地被排除耕作,比最坏土地高一级的土地成为无租的土地。但是,在这种情况下,最好土地的地租还是会增加。

5. 追加投资增加1倍,地租总额下降。这只有在最坏土地和比最坏土地高一级的土地都被排除耕作的情况下才是可能的。

以上分析,一方面,说明了土地所有者阶级的可惊的生命力。这是因为"只要已耕种的土地仍有竞争能力,土地上使用的资本越多,一国的农业,一般地说,也就是一国的文明越发展,每英亩的地租和地租总额就增加得越多,社会以超额利润形式付给大土地所有者的贡献也就越多"(第

816—817页)。另一方面,也说明了为什么大土地所有者的这种生命力会逐渐枯竭。这是因为"一切都是要消逝的"(第817页)。

结 论
（第 819—831 页）

关于级差地租的分析,可以得出如下五个结论。

第一,超额利润可以按不同的方法形成。一方面,以级差地租Ⅰ为基础；也就是以全部农业资本投在由肥力不同的各级土地构成的土地面积上为基础。另一方面,作为级差地租Ⅱ,是以同一土地上的连续投资有不同的生产率为基础,也就是说,在这里,和最坏的、无租的,但调节生产价格的土地上的等量投资相比,具有较高的生产率。但是,不论这种超额利润是怎样形成的,它所以转化为地租,总是以各个连续投资的部分产品所具有不同的实际的个别生产价格,已经平均化为个别平均生产价格为先决条件。

第二,在较好土地上追加投资,当其产品的费用超过起调节作用的生产价格时,地租必然会减少。地租的减少,一方面和这种生产率较低的资本在总投资中所占的相应部分成比例地减少,另一方面要随着这种资本的生产率的降低成比例地减少。但是,如果这种资本的产品的平均价格还是低于起调节作用的价格。所以还是会留下可以转化为地租的超额利润。在这个范围内,地租不会消灭。

第三,如果追加投资可以获得超额生产率,即使这种生产率越来越下降,在这种情况下,虽然超额利润或地租会降低,但每亩的绝对的实物地租和货币地租还会增加。

第四,如果追加投资其超额生产率等于零,只生产平均利润,决不会改变现有的超额利润量,从而也不会改变地租量。

第五,如果追加投资的产品的个别生产价格,超过起调节作用的价格,也就是说追加投资的生产率不仅等于零,而且比零小,在这种情况下,每亩的地租将绝对下降。

由于超额利润转化为地租,是以土地所有权的存在为前提的,所以在土地所有权存在的条件下,追加投资就有一种人为的界限,这个界限就是追加投资必须依照社会生产价格来生产,超过这个界限,同一土地上的追加投资就会停止,因此从级差地租的分析中,我们可以看到,在资本主义制度下土地所有权是生产力发展的一种限制。

此外，还必须说明，级差地租Ⅰ虽然是级差地租Ⅱ的基础，但它们同时还会互为界限。因此，有时在同一块土地上连续投资，有时在新追加的土地上同时投资。

第四十四章　最坏耕地也有级差地租

如果把级差地租Ⅱ和级差地租Ⅰ联系起来考察，那么最坏土地也能提供级差地租。这一章主要讲了两个问题。

> 最坏土地也能提供地租的几种情况（第832—839页）

1. 较好耕地的连续投资的生产率低于最坏耕地的生产率。假设，原来在一亩最坏耕地上投资10元，生产粮食2吨，那么1吨粮食的市场生产价格为5元，它的个别生产价格与市场价格一致，没有超额利润。因此，这时最坏耕地不提供级差地租。如果社会对粮食的需要增长了，而在一亩较好土地上追加投资10元，只能增加粮食1吨，这时1吨粮食市场生产价格就是10元。因此，最坏耕地的粮食按照新的起调节作用的市场生产价格出售，它就可以获得10元的超额利润，从而提供10元的级差地租。所以，只要较好土地的连续投资的生产率低于最坏耕地的生产率，较好土地上的生产价格就会成为起调节作用的生产价格，而最坏耕地起调节作用的生产价格和追加资本在较好土地上提供的生产价格之间的一个差额，就形成最坏耕地的级差地租。马克思说："只要级差地租Ⅱ通过连续的投资而产生出来，上涨的生产价格的界限，就能够由较好土地来调节；这时，最坏土地（级差地租Ⅰ的基础）也能够提供地租。因此，单纯就级差地租来说，所有的已耕地都会提供地租。"（第833页）

2. 比调节价格的劣等地更坏的土地加入耕种。如果社会需求的增加所要求的追加产品，必须由比A级土地更坏的新地来提供，那么这种新地就代替A成为最坏的耕地，从而原来的最坏的A级土地也就会有级差地租。

3. 级差地租还可以通过劣等地的追加投资而产生,这又分两种情况。

第一,价格不变,在最坏土地上追加投资的生产率提高,也可以使最坏土地提供地租。仍按上例,原来在一亩最坏土地上投资 10 元,生产粮食 2 吨,每吨的价格为 5 元。如果现在这块土地上再追加 10 元投资,生产率提高一倍,生产 4 吨粮食,它的个别生产价格是 2.5 元。由于市场价格不变,它按起调节作用的 5 元价格出售,它就有 10 元的超额利润转化为级差地租。

第二,在最坏土地上连续投资的生产率降低,引起价格提高,最坏土地上投资 10 元,生产粮食 2 吨,每吨的价格为 5 元。如果社会需要增加了,现在这块土地上再追加 10 元投资,但生产率下降了,只能提供 1 吨粮食,那么,这时起调节作用的生产价格就不是 5 元,而是 10 元了。这样,每一次投资就会形成一个 10 元的超额利润,转化为级差地租。

所以,在资本主义制度下,由于级差地租 II 的存在,最坏土地也能够提供级差地租。

{关于级差地租理论的几点补充(第 839—842 页)}

在这一章的末尾有三个片断。马克思在这里对级差地租理论作了一些必要的补充。

第一个片断,马克思指出,在土地连续投资生产率下降的情况下,生产价格不变甚至下降,每亩的地租会不断增加。但是,一般地说,由于级差地租的存在,农产品价格会相对昂贵。

第二个片断,马克思指出,不能把连续投资所产生的级差地租看成是合并在土地内资本的利息。因为"土地在投资以后会提供地租,并不是因为已经在土地上进行了投资,而是因为这种投资已经使土地变成一个比以前有更高生产率的投资场所"(第 841 页)。

第三个片断,马克思批判了认为由于级差地租的存在,价值不是由劳动,而是由自然、土地位置、投入土地的资本利息决定的错误观点,他指出,商品的价值只能由它所包含的社会必要劳动时间决定。

第四十五章 绝 对 地 租

这一章分析绝对地租，也就是由土地所有权本身产生的地租。

资产阶级学者，以李嘉图为代表，只承认级差地租，否认有绝对地租。马克思批判了李嘉图的地租理论，在不违反价值规律的情况下，创立了绝对地租的理论。马克思在1862年8月9日写给恩格斯的信中说："我必须从理论上证明的唯一的一点，是绝对地租在不违反价值规律的情况下的可能性。这是从重农学派起直到现在的理论论战的中心点。李嘉图否认这种可能性；我断定有这种可能性。同时我还断定，他否认这种可能性，是基于一种理论上错误的、从亚当·斯密那里继承下来的教条，即假设商品的费用价格和价值是同一的。此外，我还断定，当李嘉图举例说明这个问题时，他总是以或者不存在资本主义生产，或者(事实上或法律上)不存在土地私有制为前提。而问题正是要在这些东西存在的条件下来研究这个规律。"①这也就是本章所要分析的主要内容。首先，分析土地所有权的存在是绝对地租产生的原因；其次，分析绝对地租的形成，它的来源是农产品价值超过生产价格部分的超额利润，它的形成不违反价值规律；最后分析绝对地租的发展趋势，等等。绝对地租理论是马克思的重要科学贡献，是马克思地租理论中的重要组成部分，对于指导社会主义建设有很大的现实意义。

---

① 《马克思恩格斯〈资本论〉书信集》，人民出版社，第167页。

土地所有权是产生绝对地租的原因（第843—852页）

在分析级差地租的时候，曾经假设最坏土地不支付地租。实际上，由于土地私有制的存在，不仅最坏土地而且所有各级土地都要支付绝对地租。所以，最坏土地产品的价格不是由它的生产价格来调节，而是包含着一个超过它的生产价格的余额，即 $= p + r$。但是，在这种情况下，级差地租的规律并不失去它的作用。

1. 只要土地所有权存在，农业资本家就得支付绝对地租。"租地农场主不支付地租就能按普通利润来增殖他的资本这一事实，对土地所有者来说，决不是把土地白白租给租地农场主并如此慈善地给这位营业伙伴以无息信贷的理由。这样一个前提，意味着土地所有权的取消，土地所有权的废除。而土地所有权的存在，正好是对投资的一个限制，正好是对资本在土地上任意增殖的一个限制。"（第846页）土地所有权的垄断，是地租的前提。如果没有这种垄断，超额利润就不会转化为地租。

2. 在资本主义制度下，不支付地租的现象只是在偶然的情况下才会发生。第一，当土地所有者就是资本家，或者资本家就是土地所有者的时候，资本投在土地上面就不会受到土地所有权的限制，可以不支付绝对地租。这种情况只是例外。第二，在一整片耕地中间，可能会有一些个别的地块，按照市场价格水平不能支付地租，因此实际上是无偿出租的。在土地所有者看来，这块土地的地租已经包括在整片土地的地租总额中了。第三，农业资本家在土地上追加投资，只能给他提供平均利润，而不能使他支付追加的地租。这一点不能说明土地所有权的问题，因为在租约未满期间，土地所有权对在它上面的投资，是不发生限制作用的。

3. 土地所有权本身产生地租。土地所有权对于绝对地租所起的作用，和它对于级差地租所起的作用是不同的。在级差地租场合下，土地所有权只是把商品价格中早已存在的超额利润转化为地租的原因，"在这里，土地所有权并不是创造这个价格组成部分的原因，也不是作为这个组成部分的前提的价格上涨的原因"（第851页）。但在绝对地租的场合，也就是在最坏土地必须支付地租才能被耕作的情况下，土地所有权就是引起价格上涨的原因。"土地所有权本身已经产生地租。"（第851页）

由此可见，只有最坏土地也能产生一个超额利润，从而为土地所有者提供绝对地租的时候,土地所有者才会把土地出租给农业资本家。那么,支付绝对地租的这个超额利润是怎样产生的呢?

> 绝对地租是农产品的价值大于生产价格的超额利润(第854—862页)

"单纯法律上的土地所有权,不会为土地所有者创造任何地租。"(第853页)因为土地不出租,土地所有权就没有任何收益,在经济上就没有价值。所以,土地所有者要把土地出租,但必须给他提供地租。

绝对地租是农产品的价值在它的生产价格以上的超过额。问题是农产品的价值为什么会大于它的生产价格,以及这个超过额为什么会转化为地租。马克思分析的顺序是这样的。

1. 一个商品的价值和生产价格的关系取决于资本有机构成。资本有机构成高,价值小于生产价格;资本有机构成低,价值大于生产价格。

2. 农业的资本有机构成低于社会资本平均构成。这是因为农业落后于工业是资本主义制度下的普遍现象。同时,撇开造成这种现象的制度因素不说,仅就技术因素而言,"机械学,特别是它的应用,同发展较晚而且部分地还十分幼稚的化学、地质学和生理学,特别是同它们在农业上的应用比较起来,发展得比较早,而且比较快"(第856页)。

3. 因此,农产品的价值就大于生产价格,投在农业上的资本有一个超额利润,那么,这个超额利润为什么会转化为地租呢?

4. 土地所有权的垄断阻碍和限制资本的转移,使农业部门中的剩余价值不参与利润的平均化。

5. 所以,绝对地租是农产品价值在生产价格以上的超过额。

6. 绝对地租量的数量,究竟是等于价值和生产价格的全部差额,还是仅仅等于这个差额的一部分,完全取决于供求状况和新加入的耕地。但是无论如何,农产品价格总是按高于生产价格的价格出售的。"在这种情况下,产品价格昂贵不是地租的原因,相反地地租倒是产品价格昂贵的原因。"(第860页)

由此可见,绝对地租是由于农业的资本有机构成低于社会平均资本构成,使得农产品的价值高于它的生产价格产生一个超过额成为农业的超额利润。然而,这个超额利润转化为地租,则是由于土地所有权的垄断限制着这个超额利润的平均化,使它固定地保留在农业之中,成为土地所有者的收入。

生产部门	资本有机构成		剩余价值率	剩余价值	商品价格	平均利润	生产价格	绝对地租
	C	V						
1	2	3	4	5=4×3	6=2+3+5	7	8=2+3+7	9=6−8
工业	80	20	100%	20	120	120	120	—
农业	60	40	100%	40	140	20	120	20

绝对地租的本质和发展趋势（第862—870页）

绝对地租的本质是剩余价值的一部分。马克思说:"绝对地租的本质在于:不同生产部门内的各等量资本,在剩余价值率相等或劳动的剥削程度相等时,会按它们的不同的平均构成,生产出不等量的剩余价值。"(第869页)"这样,地租就成了商品价值的一部分,更确切地说,成了商品剩余价值的一部分,不过它不是落入从工人那里把它榨取出来的资本家阶级手中,而是落入从资本家那里把它榨取出来的土地所有者手中。"(第870页)同时,在正常条件下,绝对地租也只能是微小的。而且,随着资本主义发展,绝对地租还有逐步缩小甚至消灭的趋势。

1. 随着农业的进步,绝对地租额会缩小。"按问题的本质来看,随着农业的进步,这个差额必然会缩小。"(第870页)

2. 如果农业资本的平均构成等于或高于社会平均资本的构成,那么,上述意义上的绝对地租就会消失。当农业有机构成提高以后,只要土地所有权存在,仍然要支付绝对地租,"而这种地租在这种情况下,只能来自市场价格超过价值和生产价格的余额,简单地说只能来自产品的垄断价格"(第863页)。

在考察这个问题时,必须注意:(1)农业资本的构成的特点。在农业上,资本的价值构成提高了,不等于技术构成也提高了。(2)农业生产率的特点。在农业上,问题不只是劳动的社会生产率,而且还有由劳动的自然条件决定的劳动的自然生产率;在农业上,有可能出现社会生产力的增长仅仅补偿或甚至补偿不了自然力的减少。所以，尽管技术发展，产品还是不会便宜，只是产品的价格不致上涨得更高而已。(3)畜牧业资本构成的特点。畜牧业在劳动的技术构成还较低时，由于牲畜本身也作为不变资本，因而资本有较高的价值构成。尽管如此，一块土地用作畜牧业的人工牧场，仍然要和一块质量相等的粮食耕地提供相等的地租，这个地租就会参加决定牧畜的价格。(4)森林采伐业的特点。如果是指天然形成的森林，那么"资本在这里几乎只是由投在劳动上的可变资本构成"（第866页）。因此，和那些构成较高的资本的产品相比，木材价值包含着剩余价值的一个更大余额以地租的形式归森林所有者所有。(5)采掘业的特点。采掘业的"不变资本的一个要素即原料是完全没有的；并且在那里，——除了那些很大一部分资本是由机器和其他固定资本构成的部门以外，——必然是最低的资本构成占统治地位"（第870页）。绝对地租在采掘业中起着更为重要的作用。

<u>新加入耕种的土地都会提供地租（第866—870页）</u>　新加入耕种的土地，会和质量相当的旧土地提供同样的地租。新加入耕种的土地有以下各种情况。

第一，由于土地的位置和肥力相互影响以及位置的可变性，使过去没有耕种的各类土地加入耕种。

第二，科学技术的进步和应用，会使原来的坏地变为好地。

第三，原来由于历史和传统的原因，而不能加入耕作的土地，会逐渐加入耕作。

第四，在资本增加和过剩时，会有大量资本涌到农业上来，从而扩大土地耕种。

第四十六章　建筑地段的地租。矿山地租。土地价格

这一章分析非农业用地,主要是建筑地段和矿山地租的特殊性,以及土地价格问题。最后,还批判了资产阶级经济学家关于土地收益递减的错误理论。

> 建筑地段的地租和矿山地租(第871—873页)

在非农业用地上,只要土地所有权存在,就会有级差地租和绝对地租。

关于建筑上使用的土地地租,和一切非农业用地地租的基础一样是由真正的农业地租调节的。但是,建筑地段的地租有其特殊性。

1. 建筑地租的特点。第一,土地的位置在这里对级差地租的形成有决定性的影响。例如,大城市建筑地段的地租特别高昂。第二,从建筑地租可以更明显地看出,土地所有者只是利用社会发展的进步,而对社会进步毫无贡献。第三,这种地租在许多情况下垄断价格占优势,特别是在利用房租对贫民进行最无耻的剥削方面占优势。"这种土地所有权,在和产业资本结合在一个人手里时,实际上可以使产业资本从地球上取消为工资而进行斗争的工人的容身之所。在这里,社会上一部分人向另一部分人要求一种贡赋,作为后者在地球上居住的权利的代价,因为土地所有权本来就包含土地所有者剥削土地,剥削地下资源,剥削空气,从而剥削生命的维持和发展的权利。"(第872页)

2. 建筑地租的趋势。建筑用地的地租,会随着人口的增加,住宅需要的增大和固定资本的发展而提高。因为,在这里土地所有权,从两个方面

都要求得到它的贡赋。一方面,为了再生产或采掘的目的利用土地而要求一个贡赋;另一方面,土地作为一切生产和一切人类活动的空间而要求一个贡赋。

3. 建筑地租是投机的对象。在城市中,建筑投机的真正对象是地租,而不是房屋。

真正的矿山地租的决定方法和农业地租是完全一样的。

地租和垄断价格（第873—874页）

关于地租与垄断价格的关系有两种情况,必须加以区别。

一种是垄断价格产生地租,因为产品或土地本身有一个与地租无关的垄断价格,这种垄断价格是指由购买者的购买欲和支付能力所决定的价格,而与一般生产价格或产品价格所决定的价格无关。例如,一个葡萄园只能生产少量特别好的葡萄酒时,就会提供一个垄断价格。由于这个垄断价格,葡萄种植者会实现一个相当大的利润。这种超额利润,由于土地所有权会转化为地租。在这里,就是垄断价格产生地租。

另一种是地租产生垄断价格,因为有地租存在,产品按垄断价格出售。这就是由于土地所有权对在未耕地上进行不付地租的投资造成限制,因此农产品不仅要高于它的生产价格出售,而且要高于它的价值出售,在这里就是地租产生垄断价格。

土地价格（第874—879页）

土地所有者由于土地所有权而对一部分社会剩余劳动愈来愈大地无偿占有,这个事实却被土地价格掩盖了。因此,对土地购买者即对土地所有者来说,他获得地租好像不是无代价,而是支付了它的等价物才得到的。这种假象,是由资本主义生产关系产生的。所以,"从一个较高级的社会经济形态的角度上来看,个别人对土地的私有权和一个人对另一个人的私有权一样,是十分荒谬的"(第875页)。

土地价格实质上是地租的资本化。但是,土地价格的变化和地租的变化并不完全一致,它的变化大体上有三种情况。

1. 土地价格可以在地租不增加的情况下提高,这又有两种情况:(1)是由于利息率的下降,使地租按更贵的价格出售,从而使土地价格提高;(2)是由于投入土地的资本的利息增长了,使租金增加,从而土地价格提高。

2. 土地价格可以因地租增加而提高,而地租的增加可以在农产品价格提高、不变、甚至下降的情况下发生。所以,土地价格可以在农产品价格提高、不变、甚至下降时提高。

3. 土地价格提高的不同条件,可以部分地互相竞争,部分地互相排斥,并且只能交替地发生作用。但是,不能从土地价格的增加,直接得出地租的增加,也不能从地租的增加,直接得出土地价格的增加。

批判"土地收益递减"论(第879—880页)　　主张"土地收益递减"的资产阶级经济学家,不去研究土地枯竭的现实的自然原因,而肤浅的以在一块空间有限的土地上,不能投入任何数量的资本为借口,甚至有人以不能靠耕种一块土地来养活一个国家的全部人口,来证明土地收益是递减的。这是一种错误的理论。

因为在农业中,土地本身是作为生产工具起作用的。所以,各个连续投资都是会有成果的。在工业上就不是这样,而且投在机器等上面的固定资本不会因为利用而得到改良,反而会由于使用受到磨损。在农业上,只要处理得当,土地就会不断改良。土地的优点是,各个连续的投资能够带来利益,而不会使以前的投资丧失作用。所以,土地收益绝不是递减的。

第四十七章 资本主义地租的产生

资产阶级政治经济学往往把资本主义地租和资本主义以前的地租混同起来。导论首先分析批判了资产阶级政治经济学各派的地租理论,然后在以下各节分析了资本主义以前地租的特征。最后分析资本主义以前地租演变到资本主义地租的历史过程。

(一) 导论

在资本主义地租的分析上,全部困难在于说明农业利润为什么会超过平均利润,不是说明剩余价值,而是说明农业生产部门所特有的超额的剩余价值。但是,资产阶级经济学家没有理解这一点。

1. 老一辈的资产阶级经济学家,例如像配第那样一些离封建时期比较近的著作家们,他们都把地租看成是一般剩余价值的正常形式。那时,第一,农业人口还占国民的绝大部分;第二,土地所有者凭对土地所有权的垄断,能够把直接生产者的剩余劳动直接占为己有,所以他们不可能分析超额利润转化为地租的问题。

2. 重农学派,把地租看做是剩余价值存在的唯一形式。在他们看来,提供地租的资本是唯一生产剩余价值的资本,农业劳动是唯一生产剩余价值的劳动,是唯一的生产劳动。他们的巨大贡献,首先在于对剩余价值生产的研究从流通领域转移到生产领域;其次,正确地认为农业劳动生产率是一切剩余价值生产的自然基础,也是一切资本发展的自然基础。"超过劳动者个人需要的农业劳动生产率,是一切社会的基础,并且首先是资本主义生产的基础。"(第885页)但是,重农学派归根到底把农业中的地租,也就是剩余价值,说成是土地的自然生产力的结果,这是非常错误的。

3. 至于后来的庸俗经济学家,如帕西之流,他们在地租早已被人阐明为剩余价值的一个特殊形式和特殊部分之后,仍然搬出:地租不是由农产品的价格产生,而是由它的总量产生;不是由社会关系产生,而是由土地产生的谬论。马克思说:"对于这些人,我们该说些什么呢?庸俗经济学的特征恰恰在于,当那种在历史发展阶段上是新颖的、创造性的、深刻的和正确的见解,已经变成平凡、陈旧和错误的东西的时候,又把它们重新拣起来。"(第885页)

(二) 劳动地租

<u>什么叫劳动地租</u>
<u>(第889—890页)</u>　　劳动地租是地租的最简单的形式。这种地租,是直接生产者以每月的一部分时间,用实际上或法律上属于他所有的劳动工具来耕种实际上属于他所有的土地,并以每周的其他几天,无代价地在地主的土地上为地主劳动。

<u>劳动地租和剩余</u>
<u>价值的关系(第</u>
<u>890—891页)</u>　　在这里地租和剩余价值是一致的,无酬剩余劳动所表现的形式就是地租,不是利润。在这里,地租不仅直接是无酬剩余劳动,并且也表现为无酬剩余劳动。在这里,直接生产者还占有自己的生产资料,他独立地经营他的农业和农村家庭工业,在这些条件下,要能够为名义上的地主从小农身上榨取剩余劳动,就只有通过超经济的强制。它和奴隶经济的区别在于,奴隶要用别人的生产条件来劳动,并且不是独立的。这里必须有人身的依附关系,必须有人身的不自由,必须有真正的依附农制度。所以,"在直接劳动者仍然是他自己生活资料生产上必要的生产资料和劳动条件的'所有者'的一切形式内,财产关系必然同时表现为直接的统治和从属的关系,因而直接生产者是作为不自由的人出现的;这种不自由,可以从实行徭役劳动的农奴制减轻到单纯的代役租"(第890页)。

> 生产关系决定经济制度的结构和政治制度的结构（第891—892页）

从直接生产者身上榨取无酬剩余劳动的独特经济形式,决定着统治和从属的关系这种关系是直接从生产本身产生的,而又对生产发生决定性的反作用。但是,这种由生产关系本身产生的经济制度的全部结构,以及它的独特的政治结构,都是建立在从直接生产者身上榨取无酬剩余劳动的独特形式上的。所以,任何时候总是要在生产条件的所有者同直接生产者的直接关系当中,为整个社会结构,为任何国家形式找出最深的秘密,找出隐蔽的基础。

> 劳动地租的特点（第892—895页）

劳动地租有以下三个特点：

1. 劳动地租是剩余价值的原始形式,它和剩余价值是一致的,并且直接表现为剩余劳动。在这里,直接生产者为自己的劳动和他为地主的劳动在空间和时间上是分开的,他为地主的劳动直接出现在为另一个人进行的强制劳动的野蛮形式上。所以,直接生产者必须：(1)有足够的劳动力;(2)有足够的自然劳动生产率,即首先土地要有足够的肥力;(3)存在对直接生产者的强制。

2. 在其他一切条件不变的情况下,直接生产者能在多大程度上改善自己的状况,完全取决于剩余劳动的相对量,也就是取决于为地主进行的剩余劳动的大小。

3. 劳动地租是建立在社会劳动生产力不发达,劳动方式原始的基础上的。所以,它与发达的资本主义生产相比,直接生产者的总劳动中被剥夺走的部分要小得多。并且,随着社会生产力的发展,他会在为自己从事农业和家庭工业的时间内,设法提高劳动生产率和劳动强度,所以在这里已经为经济的发展提供了可能性。

(三) 产品地租

1. 劳动地租转化为产品地租,并没有改变地租的本质。产品地租仍然是剩余价值的正常形式,从而也是剩余劳动的正常形式,也就是直接生产者向土地所有者提供全部剩余劳动的正常形式。

2. 产品地租的前提：(1)直接生产者已有较高的文明状态,从而他的劳动以及整个社会已处于较高的发展阶段;(2)仍然是自然经济,也就是经济条件的全部或绝大部分,还是在本经济单位中产生的,并直接从本经济单位的总产品中得到补偿和再生产;(3)农村家庭工业和农业相结合。形成地租的剩余产品,是这个农工合一的家庭劳动的产品。

3. 产品地租和劳动地租相比,有以下五个特点:第一,剩余劳动已经不再在地主的直接监督和强制下进行,已经是直接生产者自己负责来进行剩余劳动。"驱使直接生产者的,已经是各种关系的力量,而不是直接的强制,是法律的规定,而不是鞭子"(第895页)。第二,剩余生产是在直接生产者自己耕种的土地内进行,而不是在地主庄园中进行。在这种关系中,直接生产者或多或少可以支配自己的全部劳动时间。第三,生产者为自己的劳动和为土地所有者的劳动,在时间上和空间上已不再明显分开。第四,剩余劳动的产品地租,不一定能把农民家庭的全部剩余劳动榨得干干净净。第五,产品地租会使各个直接生产者的经济状况出现更大的差别。一方面已经存在一些直接生产者获得再去直接剥削别人劳动的手段的可能性。另一方面可以严重威胁劳动条件的再生产,生产资料本身的再生产,并且迫使直接生产者只能得到最低限度的维持生存的生活资料。

(四) 货币地租

{货币地租的特点（第897—898页）} 这里讲的货币地租仍然是前资本主义性质的地租。但是,货币地租具有一些新的特点:第一,直接生产者不是以产品,而是用货币支付地租;第二,直接生产者的产品,至少有一小部分转化为商品,当作商品来生产,因此整个生产方式已经不是完全的自然经济了;第三,生产费用中货币支出所占的比率有了决定性的意义。

{由产品地租转化为货币地租必须具备以下一些前提(第898—899页)}
1. 除土地以外的劳动条件,如农具和其他动产等,已经转化为直接生产者的所有权。

2. 商业、城市工业、一般商品生产,从而货币流通有了比较显著的发展。

3. 产品有一个市场价格,并且或多或少接近自己的价值出售。

4. 社会劳动生产力的一定程度的发展。

> 货币地租是资本主义的地租的最后形式,同时又是它的解体形式(第899—904页)

随着货币地租的进一步发展,必然或者使土地变为自由的农民财产,或者导致资本主义生产方式的形成,从而为过渡到资本主义地租创造了条件。一方面,货币地租会引起农业中生产关系的变化,实行货币地租会使地主和农民的关系变为纯粹的货币关系。因此,从事耕作的土地占有者实际上变成了单纯的租田者。这种转化,又会使旧式农民发生分化,从而产生独立农民、农业无产阶级、租地农场主。"从这些旧式的,亲自劳动的土地所有者中间,也就产生了培植资本主义租地农场主的温床。"(第900页)另一方面,城市中有部分资本家把资本转移到农业上,把资本主义经营方式带到农业上来。"一旦资本主义租地农场主出现在土地所有者和实际从事劳动的农民之间,一切从农村旧的生产方式产生的关系就会解体。租地农场主成了这种农业工人的实际支配者。成了他们的剩余劳动的实际剥削者,而土地所有者现在只和这种资本主义租地农场主发生直接关系,而且是单纯的货币关系和契约关系。"(第901页)因此,地租的性质发生了变化,由剩余价值的正常形式,变为剩余价值在平均利润以上的余额。

随着产品地租转化为货币地租,土地买卖也成为促进农业资本主义生产关系产生和发展的重要因素。这时城乡货币所有者都会购买土地,出租给农民或资本家,把地租当作他投资的利息来享受。因此,这就会促使以前的剥削方式发生变化,而代之为资本主义关系。

(五)分成制和农民的小块土地所有制

这一节分析从资本主义以前地租形式向资本主义地租过渡的形式。

> 分成制是过渡形式(第904—905页)

分成制是由原始形式的地租到资本主义地租的过渡形式。在这种形式下,租地农民除了提供劳动,还提供经营资本的一部分;土地所有者除了提供土地,还提供经营资本的另一部分;产品则按一定的、各国不同的比例,在租地人和土地所有者之间进行分配。在这里,地租不再表现为一般剩余价值的正常形式。一方面,租地人不是作为劳动者,而是作为一部分劳动工具的所有者,作为他自己的资本家,要求产品的一部分;另一方面,土地所有者也不只是根据他对土地的所有权,并且作为资本的贷放者,要求得到自己的一份。

【农民小块土地所有制的局限性(第905—910页)】小土地所有制是以农业生产力还不发达,资本主义农业还不大发展为前提的。在这里,农民既是劳动者又是所有者。"农民同时就是他的土地的自由所有者,土地则是他的主要生产工具,是他的劳动和他的资本的不可缺少的活动场所。"(第906页)在这里,存在着级差地租。在这种情况下,农产品价格一般是低于它的价值的。这种小农,在他出售产品的时候,既不计算平均利润,也不计算地租,只要能够收回生产资料的费用和补偿最低限度的工资,他就会耕作他的土地,所以没有必要使市场价格提高到同他的产品的价值或生产价格相等的水平。"这就是小块土地所有制占统治地位的国家的谷物价格所以低于资本主义生产方式的国家的原因之一。"(第909页)在最不利条件下劳动的农民他们的剩余劳动的一部分白白地送给了社会,它既不参与生产价格的调节,也不参与一般价值的形成。因此,这种较低的价格是生产者贫穷的结果,而决不是他们的劳动生产率的结果。

农民的小块土地所有制的农业发展的一种过渡形式,具有很大的局限性,是必然要走向灭亡的。小农经济灭亡的原因是多方面的:(1)大工业的发展会破坏与它结合在一起的农村家庭工业;(2)由于缺乏资本进行集约经营,土地已经逐渐贫瘠和枯竭;(3)作为小块土地所有制补充物的公有地,已经为大土地所有者所霸占;(4)无法与资本主义大农业竞争;(5)农业上的各种改良,一方面降低了农产品的价格,另一方面又要求更大的投资和更多的物质生产条件,这是小农无法办到的。"小块土地所有制按其性质来说就排斥社会劳动生产力的发展、劳动的社会形式、资本的社会积聚、大规模的畜牧和科学的不断扩大的应用。"(第910页)同时,"高利贷和税收制度必然会到处促使这种所有制没落。资本在土地价格上的支出,势必夺去用于耕种的资本,生产资料无止境地分散,生产者本身也无止境地分离。人力发生巨大的浪费。生产条件日趋恶化和生产资料日益昂贵是小块土地所有制的必然规律。对这种生产方式来说,好年成也是一种不幸"(第910页)。所有这些都说明小土地所有制对社会生产力的发展是一种障碍。

土地私有制对生产力的限制和破坏（第910—917页）

1. 在农业上，为购买土地而支出的货币资本，并不是投入农业的资本，而是农业经营上的一种限制。对小土地所有制来说，它相应地减少了小农在生产领域可以支配的资本，相应地减少了他们的生产资料的数量，从而缩小了再生产的经济基础。对大土地所有制来说，这种支出也是农业的一个障碍，它是和资本主义生产方式相矛盾的。

2. 作为土地所有权的形式和结果的土地价格，限制了农业生产的投资，造成了对地力的破坏和滥用。在小所有制的情况下，这是由于缺乏应用社会劳动生产力的手段和科学。在大所有制的情况下，是由于利用这些手段来尽快地增加租地农场主和土地所有者的财富。

3. 一切土地私有权都限制和阻碍农业生产和对土地本身的合理经营、维护和改良。

4. 土地私有制既滥用和破坏劳动力，使劳动者精力衰竭，又滥用和破坏土地的自然力，使土地日益贫瘠。

总之，土地私有权是和农业的合理经营不相容的，是一个历史的过渡性的制度。

第七篇

各种收入及其源泉

简　介

一、地　位

这一篇不仅是对第 3 卷的总结,而且是对《资本论》全书理论部分的总结。它是以批判的方式对资本主义生产的总过程进行总结的。遗憾的是这一篇没有最后完成,恩格斯在 1895 年 3 月 16 日给阿德勒的信中说:"第七篇很精彩,遗憾的是只有一个骨架,而且叙述还带有失眠症的明显痕迹。"①

二、对　象

由于在现象上,资本主义的生产关系表现为各种收入及其源泉的形式。因此,马克思在这一篇通过对庸俗经济学三位一体公式,即劳动创造工资、资本创造利润、土地创造地租的批判,通过对斯密教条,即商品价值最终分解为工资、利润和地租的批判,通过把分配关系看作是自然关系的批判,指出了资本主义社会的各种收入的真正来源是雇佣工人每年新创造的价值,论证了资本主义分配关系是由资本主义生产关系决定的,揭示了资本主义分配关系和生产关系一样都是历史的暂时的形式,从而必然要为一个更高级的社会生产关系和分配关系所代替。

---

① 《马克思恩格斯〈资本论〉书信集》,第 582 页。

三、结　　构

这一篇由第四十八章到第五十二章组成,大体上可以分为两大部分。

第一部分,是第四十八章到第五十章,主要是通过批判资产阶级经济学说,概括资本主义生产总过程。第四十八章,批判三位一体公式,并说明收入的源泉是雇佣工人所创造的新价值。第四十九章,从生产过程的分析,批判产生"三位一体公式"的斯密教条。第五十章,进一步批判斯密教条,并且指出,它的产生与竞争的假象有关。

第二部分,是第五十一章到第五十二章,对资本主义生产关系和分配关系做总结。第五十一章,分析了分配关系与生产关系的辩证关系。第五十二章,最后把问题归结到阶级上来。可惜的是,这一章只开了一个头,没有写完,恩格斯也没有补写。

四、意　　义

这一篇就马克思对资本主义生产方式废除以后,对共产主义社会的许多经济范畴作了重要的提示。这对于我们研究社会主义和共产主义建设中的经济问题,具有重大的理论意义和现实意义。

第四十八章 三位一体的公式

　　三位一体的公式,掩盖了资本主义生产关系的对抗性,是资产阶级庸俗经济学为资本主义制度辩护的公式。
　　这一章论述了三位一体的公式掩盖了新创造价值的源泉、各种收入的真正源泉是工人劳动创造的新价值,以及三位一体公式完成了资本拜物教。

> 三位一体的公式掩盖了新创造价值的源泉(第919—924页)

　　三位一体的公式就是:资本——利润(企业主收入＋利息)。土地——地租。劳动——工资。因为利息表现为资本所固有的、独特的产物。企业主收入表现为不以资本为转移的工资。所以,三位一体的公式可以更确切地归结为:资本——利息;土地——地租;劳动——工资。三位一体公式把作为资本主义生产方式特征的剩余价值排除了,表现在两个方面。
　　第一,三位一体公式,把各种收入的所谓源泉,即资本、土地、劳动,作为属于完全不同的领域,彼此之间毫无共同之处。从而,抹煞了各种收入源泉之间发生联系的社会形式。
　　什么叫资本?资本不是物,而是一定的、社会的,属于一定历史社会形态的生产关系。它体现在一个物上,并赋予这个物以特有的社会性质。资本不是物质的和生产出来的生产资料的总和。资本是已经转化为资本的生产资料,但生产资料本身不是资本。它虽然是活劳动力的产品和活动条件,但却和活劳动力相对立,并且正是由于这种对立。使它转化为资本。
　　什么是土地?土地是无机的自然界本身。价值是劳动创造的。土地当然不可能创造剩余价值。土地肥力的不同,不过把同量的劳动表现在不等量的土地产品上,从而这些产品会有不同的个别价值。这些个别价值会平均化为市场价值,促使耕种肥沃土地所获得的超额利润,转移到土地所有者手里。

什么是劳动?"劳动,这只是一种抽象,就它本身来说,是根本不存在的。"(第921页)如果就一般意义上来说,它只是人用来实现人和自然之间的物质变换的一般人类生产活动。

所以,资本、土地和劳动,就其一般意义来讲,彼此毫无关系。但是,如果把它们放在同一个资本主义社会经济形态上,就能够联系起来:资本——利息;土地所有权——地租;雇佣劳动——工资。各方凭借一种所有权,分别占有工人所创造的新价值。三位一体的公式,却把各种收入的源泉之间的发生联系的社会形式抹杀了。

第二,三位一体公式中,资本、土地和劳动分别表现为利息、地租和工资的源泉。利息、地租和工资,则是资本、土地和劳动的产物。我们知道,利息(代替利润)、地租和工资是价值产品($v+m$)分割的三个部分,显然,资本——利息这个公式是不合理的形式。但总还是从价值到价值。土地——地租那就更荒唐了,一方是使用价值(土地),另一方是价值(地租)。作为自然物的(土地)和作为社会关系的价值(地租)是根本不能通约。

但是,为资产阶级辩护的庸俗经济学,感觉不到这是问题。其实三位一体是三个显然不能综合在一起的部分。首先,使用价值的土地和交换价值的地租是两个不能通约的量。他们都认为可以互相保持一定比例。其次,资本——利息,说一个价值是比它的所值更大的价值。显然是无稽之谈。庸俗经济学家不安地感到,4不是5,因而又抛开作为价值的资本,而求助于资本的物质实体——生产资料。这样又抛出两个不可通约的量。一方是使用价值,另一方是价值。但这"正好达到了资产阶级观念上的'合理'"(第924页)。劳动——工资。我们知道工资作为劳动的价值是一个不合理的范畴,劳动创造价值,但它本身没有价值,从而也没有价格。总之,三位一体公式是与价值概念相矛盾的。它掩盖了各种收入的真正源泉。那么,真正的源泉是什么呢?

> 各种收入的真正源泉是工人劳动创造的新价值(第924—934页)

1. 资本主义生产过程是一般社会生产过程的一个历史规定的形式。社会生产过程既是人类生活的物质生存条件的生产过程,又是一个在历史上、经济上独特的生产关系中进行的过程。资本主义生产过程像它以前的所有生产过程一样,也是在一定的物质条件下进行的,但这些物质条件同时也是资本主义社会关系的承担者。这些条件和关系,是资本主义生产过程的前提,同时又是它的结果。它们是由资本主义生产过程生产和再生产的。

2. 资本主义生产过程的实质是占有剩余价值的过程,也就是榨取剩余劳动的过程。"一般剩余劳动,作为超过一定的需要量的劳动,必须始终存在。只不过它在资本主义制度下,像在奴隶制度等等下一样,具有对抗的形式,并且是以社会上的一部分人完全游手好闲作为补充。为了对偶然事故提供保险,为了保证必要的,同需要的发展以及人口的增长相适应的累进的扩大再生产……就需要一定量的剩余劳动。"(第925页)但是,同奴隶制和农奴制等形式相比,资本主义榨取剩余劳动的方式和条件,都更有利于生产力的发展,有利于社会关系的发展,有利于更高级的新形态的各种要素的创造。

3. 在资本主义社会中,这个剩余价值还会采取平均利润的形式。按照社会资本中每个资本应得的份额的比例,在资本家之间进行分配。这个平均利润又分为企业主收入和利息,但资本对于剩余价值的这种占有和分配,受到了土地所有权方面的限制。土地所有者凭借土地所有权,以地租的形式,从资本家那里瓜分一部分剩余价值。因此,利润和地租不过是剩余价值的两个特殊组成部分,它们加起来,就形成社会剩余价值的总和。最后,工人作为他个人的劳动力的所有者和出售者,在工资的名义下得到一部分产品,这部分产品体现着必要劳动,也就是维持和再生产这个劳动力所必需的劳动部分。所以,总的说来,工资、利润和地租,都不过是工人所进行的必要的劳动和剩余劳动的结果。也就是说,是工人劳动所创造的新价值。

4. 工资、利润、地租是一种分配关系,这种分配是以工人劳动所创造的新价值为前提的,也就是以必要劳动和剩余劳动的存在为前提的。但是,资产阶级经济学者却把事情颠倒过来。亚当·斯密认为土地所有权、资本和雇佣劳动是地租、利润和工资的源泉。罗雪尔则进一步认为,利润是由生产资料产生的,地租是由土地或自然产生的。

<三位一体公式完成了资本拜物教(第934—941页)>

在分析商品和货币时,已经论证了商品拜物教和货币拜物教。在资本主义生产方式和资本占统治的生产关系下,则进一步发展为资本拜物教。

首先,从直接生产过程考察。如果把资本看做是剩余劳动的吸收者,那还是非常简单的。但是,随着相对剩余价值生产的发展,劳动的一切社会生产力,都好像从资本自身生长出来的力量。因此,资本已经变成了一种非常神秘的东西。

其次,流通过程的加入,资本的神秘性质跟着发展了。在流通领域,原来价值生产的关系被掩盖了。好像价值和剩余价值不是单纯在流通中实现,而是从流通中产生的。特别是由于欺诈、狡猾、市场状况,以及流通时间这些要素的加入,资本的神秘性加强了。

最后,现实的生产过程作为直接生产过程和流通过程的统一,又产生出种种新的形式,使资本进一步神秘化了。第一,剩余价值转化为利润,使利润形式的剩余价值不再和它得以产生的投在劳动上的资本部分相比,而是和总资本相比,因而剩余价值的真正性质越来越隐蔽,从而也使资本的实际机构越来越隐蔽。第二,利润转化为平均利润,价值转化为生产价格就更加复杂了。这个过程使商品的相对平均价格同它们的价值相分离,使不同生产部门的平均利润同特殊资本对劳动的实际剥削相分离。第三,利润分割为企业主收入和利息,使利润的一部分企业主收入完全从资本关系本身中分离出来,好像它不是来自剥削雇佣劳动的职能,而是来自资本家本身从事的雇佣劳动。利润的另一部分(利息)则好像和工人的雇佣劳动无关,而是来自资本本身。"如果说资本起初在流通的表面上表现为资本拜物教,表现为创造价值的价值。那么,现在它又在生息资本的形式上,取得了它最异化最特别的形式。"(第937页)第四,超额利润转化为地租,在这里剩余价值的一部分好像不是直接和社会关系在一起,而是直接和一个自然要素(土地)联系在一起,所以剩余价值不同部分的内部联系被割断了。剩余价值的源泉就完全被掩盖起来了。

所以,三位一体公式完成了社会关系的物化,完成了资本拜物教。"三位一体中,资本主义生产方式的神秘化、社会关系的物化、物质生产关系和它的历史社会规定性直接融合在一起的现象已经完成,这是一个着了魔的、颠倒的、倒立着的世界。在这个世界里,资本先生和土地太太,作为社会的人物,同时又直接作为单纯的物,在兴妖作怪。"(第938页)三位一体公式是完全符合统治阶级利益的。因为它宣布统治阶级的收入源泉具有自然的必然性和永恒的合理性,并把这个观点推崇为教条。所以,庸俗经济学极力宣扬这个公式是不奇怪的。

第四十九章　关于生产过程的分析

本章在分析剩余价值的各种具体形式的基础上，进一步分析了资本主义生产和再生产过程，批判了亚当·斯密把商品的总价值分解为工资、利润和地租的错误教条，而且更深刻地揭露了庸俗经济学把总产品、总收入和纯收入混为一谈的错误，从而进一步批判了三位一体的公式。

> 对社会总资本再生产的进一步分析
> （第 941—950 页）

在分析社会总资本的产品价值时，生产价格和价值的区别是不存在的。

由于平均利润加上地租就等于剩余价值。工资总是等于工人用来再生产他自己的劳动力的价值的那部分商品价值。所以，在商品总价值中代表工人在一年内劳动所创造的总价值等于工资加利润加地租。因此很明显，在一年所创造的产品价值中没有再生产出不变资本部分的价值。这样，从社会再生产的角度来考察，就会有两个方面的困难：一是一年新创造的价值(等于工资＋利润＋地租)，怎么能够买到年产品的总价值(等于工资＋利润＋地租＋已消耗的不变资本部分的价值)呢？二是生产中消费掉的不变资本部分，都必须在实物形式上得到补偿。它要花费同以前一样多的劳动量来得到补偿，也就是说，必须用一个相等的价值来得到补偿。但是，谁应当去完成这种劳动，又是谁完成这种劳动的呢？这些困难归结到一点，就是每年消耗掉的不变资本，怎样才能从使用价值和价值两方面得到补偿。

其实，关于第一个困难的问题，已经在第 1 卷第五章解决了，在那里由于劳动具有两重性，同一劳动作为抽象劳动它创造了新价值 $v+m$，作为具体劳动它又转移了旧价值 c，这个不变资本的价值 c 转移到年劳动的总产品中去,并不需要任何劳动。但是,"为了在价值和使用价值两方面补偿过去一年已经消费的不变资本,当然需要新的追加劳动",因为"没有这种补偿,再生产就根本不可能继续进行"(第945页)。因此,还存在着第二个问题,但此问题已经在第2卷第三篇考察社会总资本的再生产时解决了。在那里,我们知道社会总资本的生产分为两大部类:在第Ⅰ部类投入的年劳动创造了新价值Ⅰ$(v+m)$和转移了旧价值Ⅰc;在第Ⅱ部类投入的年劳动创造了新价值Ⅱ$(v+m)$和转移了旧价值Ⅱc。其中,Ⅰc在自己的部类得到补偿,Ⅱc则在与Ⅰ$(v+m)$交换中得到补偿。所以,虽然年总劳动仍然只创造新价值Ⅰ$(v+m)$和Ⅱ$(v+m)$,并没有为Ⅰc和Ⅱc投入另外的劳动,但由于年总劳动中有一部分是投入第Ⅰ部类,一年中已经消费的不变资本还是能够从价值和使用价值两方面都得到补偿。那么,为什么现在又要再分析这个问题呢?马克思说:"我们在这里回过来谈这个问题,首先是因为在那里剩余价值还没有在它的收入形式上即利润(企业主收入加上利息)和地租形式上加以阐明,因而还不能在这些形式上加以研究。其次还因为正是在工资、利润和地租形式的分析上,包含一个从亚当·斯密以来贯穿整个政治经济学的令人难以置信的错误。"(第946页)

在第2卷第三篇中,把全部资本分成两大部类:第Ⅰ部类生产生产资料;第Ⅱ部类生产个人消费资料。每一类的商品价值又分解为不变资本＋可变资本＋剩余价值。在这里,商品价值的后两个部分又表现为三种收入,即工资、利润和地租。现在就根据这个原理,分析上边提出的困难。

先看第Ⅱ部类,它的产品是消费资料。从价值方面来看,它的产品由不变资本的价值、可变资本的价值和剩余价值(利润＋地租)三个部分构成。这里的第一部分,即不变资本的价值,既不能为第Ⅱ部类的资本家和工人所消费,也不能为土地所有者所消费。它不是他们的收入的部分,它必须在实物形式上得到补偿。而为了进行这种补偿,就必须把它卖掉。其他两个部分等于这个部类所创造的各种收入的价值,即＝工资＋利润＋地租。

再看第Ⅰ部类,它的产品是生产资料。从价值方面来看,它的产品也是由不变资本的价值、可变资本的价值和剩余价值(利润＋地租)三部分构成。但是,在这里形成收入的后两个部分,并不是在第Ⅰ部类产品的实物形式上消费,而是在第Ⅱ部类的产品上消费。因此,第Ⅰ部类各种收入的价值,必须消耗在第Ⅱ部类中待补偿的不变资本的那部分产品上。第Ⅱ部类中必须用来补偿自己的不变资本的那部分产品,会在它的实物形式上,被第Ⅰ部类的工人、资本家和土地所有者消费。另一方面,代表第Ⅰ部类收入的第Ⅰ部类的产品,也会在其实物形式上,由第Ⅱ部类用在生产消费上,最后,第Ⅰ部类消费掉的不变资本部分,会用本部类的产品来补偿。"这部分地由于第Ⅰ部类资本家互相之间进行交换,部分地是由于这些资本家中的一部分又可以把自己的产品直接当作生产资料使用。"

所以很明显,如果再生产要顺利进行,在撇开资本积累的条件下,"第Ⅰ部类的工资、利润和地租的价值总额就必须等于第Ⅱ部类的不变资本部分的价值。否则,不是第Ⅱ部类不能补偿它的不变资本,就是第Ⅰ部类不能把它的收入由不能消费的形式转化为可以消费的形式"(第948页)。

{总产品、总收入和纯收入的区别(第950—951页)}

总产品,即总收益,就是再生产出来的全部产品。总产品的价值,由不变资本的价值、可变资本的价值和剩余价值三部分构成,即 $W = c + v + m$。

总收入是总产品扣除不变资本价值余下的部分,即等于工资+利润+地租。

纯收入就是剩余价值,即利润+地租。

国民收入是从整个社会考察的收入,也就是总收入,它等于工资+利润+地租。

{斯密教条和它的进一步庸俗化(第951—957页)}

马克思关于社会资本再生产的理论,揭示了总产品、总收入和纯收入之间的区别。资产阶级的政治经济学从亚当·斯密以来就把这些不同的东西混为一谈。

庸俗经济学家萨伊认为全部收益、全部总产品,对一个国家来说都可以分解为纯收益。这样,总产品、总收入、纯收入就没有区别了。这种错误是斯密教条,即商品价值最终分解为工资、利润和地租三种收入的进一步庸俗化。那么,这种荒谬分析的原因是什么呢?

第一,他们不理解不变资本和可变资本的基本关系。因而,不理解剩余价值的性质,并且也不理解资本主义生产方式的整个基础。

第二,他们不理解生产商品的劳动具有二重性。也就不理解不变资本旧价值的转移。在生产商品时,劳动一方面加入新价值,另一方面把旧价值转移到新产品中去,而不是把这个旧价值重新生产出来。

第三,他们不能从社会总资本的观点上,来理解再生产过程的联系。因此,不懂得要从物质和价值两方面来补偿已经消耗掉的不变资本。

第四,他们不理解收入和资本之间的联系和区别。由于收入和资本会互相交换、互换位置,以致从单个资本家来看,它们好像只是相对的。而从整个生产过程来看,它们之间的差别就消失了。这种困难,在剩余价值的各个组成部分表现为互相独立的各种收入的形式时更会加剧。从而,使他们不能区分总产品与总收入。

第五,他们不理解价值决定和价值决定的规律与价值的分配关系。由于剩余价值转化为利润和地租,使他们忘记了商品的价值是基础。商品的价值会分解为各种收入,这丝毫不会改变价值决定和价值决定的规律本身。但是,这容易产生一种误解,好像这些价值组成部分不是由商品的价值分解而成,而是由这些组成部分结合在一起才形成了商品的价值。

总之,斯密教条和它的进一步庸俗化的原因,在于资产阶级经济学家,其阶级立场的局限性和认识论上的错误。

关于新追加的不变资本的问题(第957—963页)

"在再生产的正常状态下,只有一部分新追加的劳动用在不变资本的生产上,因而用在不变资本的补偿上,这就是用来补偿生产消费资料即收入的物质要素时用掉的不变资本的那部分。这种情况会由于这个不变部分不花费第Ⅱ部类的任何追加劳动而得到平衡。"(第957页)这就是说,从整个社会来说,在再生产按原有规模正常进行的条件下,由于 $Ⅰ(v+m) = Ⅱc$,所以,虽然 $Ⅰ(v+m)$ 花费了新追加劳动,但 $Ⅱc$ 却不花费任何新追加劳动,从而两者"得到平衡"。

但是,这个不变资本在再生产过程中,从物质方面来看,可能遭到意外的损失;在价值方面,由于劳动生产力的变化,可能发生贬值。"因此,利润的一部分,即剩余价值的一部分,从而只体现新追加劳动的剩余产品(从价值方面来看)的一部分,必须充当保险基金。"(第958页)这种保险基金,在资本主义生产方式消灭之后,仍然继续存在。"这也是在剩余价值,剩余产品,从而剩余劳动中,除了用来积累,即用来扩大再生产过程的部分以外,甚至在资本主义生产方式消灭之后,也必须继续存在的唯一部分。"(第958页)

在积累过程中,剩余劳动转化为产品的现象会不断发生。而一切新资本都来自剩余劳动这一事实,会使人产生一种错误的观点,好像商品的全部价值都来自收入。其实,不断地以收入形式表现出来的追加劳动,并不是用来再生产旧的资本价值,而是用来创造新的价值。工人新创造的价值既可以用于生产消费,也可以用于个人消费,既可以作为资本来用,也可以作为收入来用。因此,年追加劳动既创造资本,也创造收入。工人创造的剩余价值实际上要分为收入和资本,也就是说,要分为消费资料和追加的生产资料。但是必须注意:第一,新追加劳动的产品有一部分价值并不是这个新追加劳动的产品,而是已经消耗掉的不变资本。因此,代表这个价值部分的产品部分,也不能化为收入,而是以实物形式补偿这个不变资本的生产资料;第二,真正代表这个新追加劳动的价值部分,不是在实物形式上作为收入被消费,而是在另一个部门内补偿不变资本。在那里,不变资本被转化成了可以作为收入来消费的实物形式,但是这个实物形式不完全是新追加劳动的产品。此外,由于劳动生产力的变化,用来补偿不变资本的产品可以代表较多或较少的劳动。

总之,利润到资本的转化,说明劳动者不仅要用劳动来获得直接生活资料,而且还要用劳动来生产生产资料。利润转化资本,实际上就是把一部分剩余劳动用来形成新的追加的生产资料。这一过程会以利润转化为资本的形式出现,是因为支配剩余劳动的不是工人,而是资本家。

第五十章 竞争的假象

这一章马克思详尽分析批判了亚当·斯密认为商品的价值分解为工资、利润和地租三种收入,反过来,工资、利润和地租三者的总和构成商品价值的错误。并且指出,这种错误是和竞争的假象有关的。

> 新创造的价值不会因它分解为工资、利润和地租的比例变化而变化
> (第964—970页)

我们知道,商品的价值或生产价格可以分解为:(1)不变资本的价值;(2)可变资本的价值;(3)剩余价值(或平均利润)。第二部分和第三部分与第一部分不同,它们是新创造的价值,并不断转化为工资、利润和地租三种收入形式。所以,如果把不变价值部分撇开,说商品价值中新创造的价值会不断分解为工资、利润和地租三种收入,是正确的。但是反过来,说工资、利润和地租组成商品的价值,是错误的。新生产的价值分为工资、利润和地租的比例变化了,但这创造的价值量不会因此而有任何改变。所以,工资、利润和地租的变动,只能在新创造的价值所划定的界限内进行,见下表所示。

产品的价值	新价值	剩余价值率	总利润率
第一种情形:$400c+100v+150m=650$	250	150%	30%
第二种情形:$400c+150v+100m=650$	250	$66\frac{2}{3}\%$	$18\frac{2}{11}\%$

在上述两种情况下,剩余价值率和总利润率变化了,工资、利润和地租的比例变化了,但商品的总价值和新创造的价值都没有变。

> 新创造的价值是工资、利润和地租总和的绝对界限（第970—975页）

每年新创造的价值分解为工资、利润和地租这些不同收入的形式，不会改变价值本身的界限。相反，是新创造的价值规定了工资、利润和地租总和的界限。这是因为商品中分割为工资、利润和地租这几种收入的价值部分，和不变资本价值部分一样，是由商品的价值决定的，也就是由物化在商品中的劳动量决定的。因此，第一，分为工资、利润和地租的商品价值量是已定的，也就是说，商品各价值部分的总和的绝对界限是已定的；第二，工资、利润和地租本身平均的和起调节作用的界限也是已定的。

先说工资。工资本身的界限是已定的，而且它又是利润和地租界限的基础。工资的最低限度是由工人维持和再生产自己的劳动力时，身体上所必需的生活资料的价值量决定的。其他收入的价值，由工资形成了一个界限。那就是，其他收入的价值，只能是新创造的价值中减去工资的余额。"因此，形成剩余价值并分解为利润和地租的价值部分的绝对界限是已定的，是由工作日的有酬部分以外的无酬部分决定的，因而是由总产品中体现这个剩余劳动的价值部分决定的。"（第972页）

再说利润，它的界限也是已定的。我们知道，按全部预付资本计算的剩余价值就叫利润，那么，这个利润量按绝对量来说，就等于剩余价值量。因此，利润的界限和剩余价值的界限是一样的，都是按照规律来决定的。利润率的高度，也是一个要保持在确定的、由商品价值决定的界限以内的量。利润率是全部剩余价值对生产上预付的社会总资本的比率。如果资本＝500，剩余价值＝100，那么20%就是利润率的绝对界限。利润转化为平均利润，价值转化为生产价格，既没有使价值决定价格的性质消失，也没有取消利润的界限，只是改变了它在构成社会资本的各个不同的特殊资本之间的分配。

至于地租，也是有界限的。如果商品价值平均化为生产价格的过程没有遇到障碍，地租就是级差地租，它以超额利润的平均化为界限；如果土地所有权阻碍商品价值平均化生产价格，就会产生一个绝对地租。它以土地产品的价值超过它的生产价格而形成的余额为限制。所以，地租仍然只是已定的，商品中包含的剩余价值的确定部分。

最后垄断价格的存在,也不会使商品价值规定的界限消失。商品的垄断价格,不过是把其他商品生产者的一部分利润,转移到具有垄断价格的商品上。这时,剩余价值在不同生产部门之间的分配,会间接受到局部的干扰,但这种干扰不会改变剩余价值本身的界限。至于利润分为利息和企业主收入,也没有取消商品价值确定的界限。因为平均利润本身就是利息和企业主收入合在一起的界限。

所以,新创造的价值可以分解为工资、利润和地租三种收入,但决不能反过来说,工资、利润和地租构成商品的价值。商品价值是一个已定的量,不管工资、利润、地租的相对量如何,商品价值总是它们的全部价值的整体。

> 工资、利润、地租构成商品价值的错误及其原因(第975—991页)

按照亚当·斯密的错误见解,工资、利润、地租是三个独立的价值量,它们的总量产生、限制和决定商品价值量。这种见解不仅否认不变资本价值的存在,甚至连价值的概念也完全消失了。

1. 先拿工资来说。工资的价格是怎样决定的呢? 如果说,是由劳动力的需要和供给决定的,而劳动力的需求就是资本提出的需求。因此,对劳动的需求就等于资本的供给。资本又是由商品构成的。但是,按照假定,商品价值首先是由生产商品的劳动的价格即工资决定的。于是,资本本身的价格等于构成资本的商品的价格。资本对劳动的需求等于资本的供给。资本的供给等于有一定价格的商品量的供给,这个价格首先由劳动的价格调节。结果,劳动的价格,首先是由劳动的价格决定的。"因此,我们不能以资本为前提来决定工资,因为资本本身的价值是由工资参与决定的。"(第976页)

如果把竞争带到问题中也不能说明工资的价格是怎样决定的。因此,只有一个办法,就是说劳动的价格由工人的必要生活资料来决定,但这种生活资料也是有价格的商品。因此,劳动价格是由必要生活资料的价格决定的,而生活资料的价格,首先是由劳动价格决定的。因此,由生活资料价格决定的劳动价格,还是要由劳动价格决定的。劳动价格是由劳动价格决定的。所以,用这种方法我们不知道劳动价格是由什么决定的,不知道价格究竟是什么。

2. 再说利润。平均利润由平均利润率决定,平均利润率由资本家之间的竞争决定的。但是,这种竞争已经以利润的存在为前提。竞争只能使不等的利润率平均化。要使不等的利润率平均化,利润作为商品价格的要素必须已经存在。竞争不创造利润。竞争可以使等量资本获得等量利润,但利润本身的大小是与它无关的。所以,只有一个办法,就是把利润率,从而利润,解释为一个以无法理解的方式决定的,加到由工资决定的商品价格上去的加价。

3. 把这个荒谬的推论过程搬到地租上,是同样不能说明问题的。所以,无论怎样说明商品的价值,是由工资、利润和地租构成的,都是无法成立的。

实际上,新创造的价值就是可以用来分为工资、利润和地租三种收入的一切。但是,在工业家、商人和银行家的观念中,以及在庸俗经济学家的观念中,工资、利润和地租合在一起构成商品的价值量。这种混乱之所以必然产生,是因为:

第一,商品价值的各个组成部分是作为独立的收入互相对立的,并且它们作为独立的收入,是与劳动、资本和土地这三种不同的生产要素发生关系。因此,三种收入就好像是由三种不同的生产要素产生的。

第二,工资提高或降低,会使一般利润率发生方向相反的变动,改变不同商品的生产价格,按照各有关部门资本平均构成不同的情况,使一些部门商品价格上涨,另外一些部门商品价格下降。凭经验证明:工资上涨,商品的平均价格就上涨,工资下跌,因此商品的平均价格就下跌。其次,工资即劳动力的价值,是由必要生活资料的生产价格决定的。必要生活资料价格上涨,工资也上涨,必要生活资料价格下跌,工资也下跌。经验再次证明,工资和商品价格之间存在着联系。所以,好像决定商品价格的是工资、或工资加上利润,而商品价格的变化是由商品价值变化引起的事实却看不见了。

第三,假定社会价值产品的分割和生产价格的调节,都是在资本主义的基础上进行的,但在排除竞争这种情况下,商品的价值仍然好像是由工资、利润和地租的总和形成的。这种假象必然产生,是因为在单个资本及其商品产品的现实运动中,不是商品价值表现为分割成三种收入的前提,而是工资、利润和地租表现为商品价值的前提。先拿工资来说,工资在它相当的价值等价物被生产出来以前,已经由契约规定了。再说平均利润,它和工资有些相似,因为生产价格等于成本价格加平均利润,而平均利润和每个特殊生产部门所产生的剩余价值无关。所以,从现象上看,平均利润不是价值分割的结果,而是形成价值的要素。至于地租是事先契约规定好了的。总之,"由商品价值分割产生的产物之所以会不断表现为价值形成本身的前提这样一个秘密,简单说来就是:资本主义的生产方式,和任何别的生产方式一样,不仅不断再生产物质的产品,而且不断再生产社会的经济关系即再生产产品形成上的经济的形式规定性。因此,它的结果会不断表现为它的前提,像它的前提会不断表现为它的结果一样"(第985页)。

第四,商品是否按价值出售,因而价值决定本身,对单个资本家来说,是完全没有关系的。在他看来,工资、利息和地租,不仅对于他实现作为职能资本家所得的利润部分(即企业主收入)的那种价格来说,是起调节作用的界限,而且对于为使再生产能够继续进行而必须作为商品出售依据的那种价格来说,也是起调节作用的界限。因此,撇开不变资本部分不说,在资本家看来,工资、利息和地租是对商品价格起限定作用,因而起创造作用和决定作用的要素。至于企业主收入,则认为是由竞争决定的。

第五,在资本主义生产方式的基础上,新创造的价值会分割为工资、利润和地租这三种收入形式。这种方法,在资本主义不存在的情况下,也会被人应用。例如,小农他把自己当作雇佣工人支付给自己工资,把自己当作资本家支付给自己利润,把自己当作土地所有者支付给自己地租。正因为和资本主义生产方式不相适应的生产形式,可以包括在资本主义生产方式的几种收入形式中,所以,资本主义关系好像是每一种生产方式的自然关系的假象,就更加具有迷惑作用。

在未来的共产主义社会,工资、利润和地租这些具体形式不存在了,但它的一般基础,即必要劳动和剩余劳动依然存在。"如果我们把工资和剩余价值,必要劳动和剩余劳动的资本主义性质去掉,那么,剩下的就不再是这几种形式,而只是它们的为一切社会生产方式所共有的基础。"(第990页)

第五十一章　分配关系和生产关系

这一章作为第七篇,以及《资本论》第 3 卷,甚至整个《资本论》理论部分的总结,指出资本主义生产方式、生产关系、分配关系都具有历史的暂时的性质。

> 分配关系是属于
> 生产关系的范畴
> （第 992—994 页）

从前面的分析,我们知道,每年新追加的劳动新加进的价值分成三部分,它们采取三种不同的收入形式。一部分以工资形式归于劳动力的所有者,一部分以利润形式归于资本的所有者,一部分以地租形式归于土地所有者。这三种形式表示新价值在不同生产要素的所有者中间进行分配的关系,所以它是分配关系。

资产阶级政治经济学,通常把分配关系认为是自然的关系,抹杀它从属于生产关系的历史性质;或者,虽然承认分配关系的历史性质,但又认为生产关系本身是不变的,具有永恒的性质。

与此相反,马克思对资本主义生产方式的科学分析却证明:资本主义生产方式是一种特殊的历史的生产方式,与这种生产方式相适应的生产关系也具有特殊的、历史的、暂时的性质,从而从属于生产关系的分配关系也具有历史的暂时的性质。

资本主义的生产关系决定了与之相适应的分配关系。而且,资本主义的再生产不仅再生产物质产品,再生产资本主义生产关系,还会再生产资本主义分配关系。

> 资本主义生产方式的两个特征(第994—997页)

资本主义生产方式一开始就有两个特征。

第一,资本主义生产的产品是商品,资本主义生产方式的特征不在于生产商品,而在于商品生产占统治地位,特别是劳动力也成了商品。从而,工人成为雇佣工人,劳动表现为雇佣劳动。资本和雇佣劳动的关系决定着资本主义生产方式的全部性质。资本家和工人的对立是资本主义生产关系的产物。

产品作为商品,商品作为资本产品的性质,不仅已经包含着一切流通关系,而且会得出全部价值决定和全部生产由价值来进行调节。在这个十分独特的价值形式上:一方面,劳动只作为社会劳动起作用;另一方面,社会劳动的分配,以及产品的物质变换,却听任资本家个人盲目地去摆布。所以,"在这里,价值规律不过作为内在规律,对单个当事人作为盲目的自然规律起作用,并且是在生产的各种偶然变动中,维持着生产的社会平衡"(第995页)。

在商品中,特别是在作为资本产品的商品中,还已经包含着作为整个资本主义生产方式特征的生产关系的物化和物的人格化。

第二,资本主义生产的直接目的和决定动机是剩余价值的生产。资本本质上是生产资本的,但只有生产剩余价值,它才是生产资本。资本主义生产方式是劳动社会生产力发展的一个特殊形式,不过在这里劳动社会生产力的提高只是表现为资本生产力的不断提高。

资本家在直接生产过程中取得的权威,同建立在奴隶生产、农奴生产等基础上的权威,有重大的区别。资本家的权威,只是作为同劳动相对立的劳动条件的人格化,而不是像在以前的各种生产形式中那样,以政治的统治者或神权的统治者的资格得到这种权威的。但是,尽管资本家在工厂内部对工人实行严格的管理,生产是有组织的,从全社会来看,资本家之间作为商品所有者互相对立,却使社会生产处于极端无政府状态。在这种状态中,生产的社会联系只是表现为不顾个人自由意志而压倒一切的自然规律。

在资本主义生产方式里,两个基本的生产要素会采取独特的社会形式:劳动采取雇佣劳动的形式,生产资料采取资本的形式。所以,价值(产品)的一部分才表现为剩余价值,并转化为利润和地租。从而,整个再生产过程的扩大,才表现为资本主义的积累过程。

> 分配关系只是生产关系的表现(第997—999页)

一定的分配关系只是历史规定的生产关系的表现。它既表现为生产关系的结果,又反作用于生产关系。

1. 先谈利润。利润是资本主义生产的果实。但利润并不能全部当作收入消费掉,竞争迫使资本家不得不以利润一部分转化为追加资本,因而利润又是一种支配再生产的关系。并且,由于整个资本主义生产过程都是由平均利润来调节的。因此,"在这里,利润不是表现为产品分配的主要因素,而是表现为产品生产本身的主要因素,即资本和劳动本身在不同生产部门之间分配的因素"(第998页)。至于利润分割为企业主收入和利息,本来是同一收入的分配,这种分割之所以会发生,当然是资本主义生产方式发展的结果。但是,这样的分割又发展了信用和信用制度,出现了股份公司,因而也发展了生产形式。同样,"利息等等这些所谓分配形式,是作为决定的生产要素加入价格的"(第998页)。

2. 再说地租。由于土地所有权在生产过程中既不创造价值也不实现价值,地租就好像只是分配形式,实际上它也是资本主义生产关系的一种表现。首先,地租以平均利润以上的余额为界限,因而以资本主义生产为前提;另一方面,土地所有者从生产过程和整个社会生活过程的指挥者和统治者的地位,下降到单纯土地出租人、单纯收租人的地位,也是资本主义生产方式的一个特殊的历史产物。并且,土地所有权取得允许实行资本主义农业经营方式的形式,也是这个生产方式的特殊性质的一个产物。我们所讲的地租正是反映了资本主义生产关系。

可见,分配关系由生产关系产生并与之相适应。"这些分配关系的历史性质就是生产关系的历史性质,分配关系不过表示生产关系的一个方面。资本主义的分配不同于各种由其他生产方式产生的分配形式,而每一种分配形式,都会同它由以产生并与之相适应的一定的生产形式一道消失。"(第998—999页)

资产阶级经济学家虽然也有人看到分配关系的历史性质,但不把生产关系看作是历史的东西,这种错误见解是由于资产阶级的局限性和抛弃劳动过程的历史形式而产生的。"但劳动过程的每个一定的历史形式,都会进一步发展这个过程的物质基础和社会形式。这个一定的历史形式达到一定的成熟阶段就会被抛弃,并让位给较高级的形式。当一方面分配关系,因而与之相适应的生产关系的一定的历史形式,和另一方面生产力,生产能力及其要素的发展,这两者之间的矛盾和对立扩大和加深时,就表明这样的危机时刻已经到来。这时,在生产的物质发展和它的社会形式之间就发生冲突。"(第999页)总之,资本主义生产关系与生产力之间矛盾的加剧,必然导致资本主义的死亡。

第五十二章 阶　　级

　　这一章分析阶级,是对资本主义生产关系分析必然得出的政治结论。可惜这一章只开了一个头,没有写完,恩格斯也没补写。未完稿原因,在恩格斯写的第3卷序言中指出:"最后一章只有一个开头。在这一章,同地租、利润、工资这三个主要收入形式相适应的发达资本主义社会的三大阶级,即土地所有者、资本家、雇佣工人,以及由它们的存在所必然产生的阶级斗争,应该当作资本主义时期的实际产物加以论述。这种结论性的总结,马克思通常总要留到快付印的时候再作最后的校订,因为那时最新的历史事件会按照必然的规律性为他的理论阐述提供最现实的例证。"(第11页)

关于阶级主要提到三个观点(第1000—1001页)

　　1. 资本主义社会的三大阶级,就是雇佣工人、资本家和土地所有者。

　　2. 在一个社会里阶级结构不可能是纯粹的。即使在英国这样一个典型的资本主义高度发展的国家里,这种阶级结构也还没有以纯粹的形式表现出来。在那里,还有各种中间和过渡的阶层。不过,这种情况无关紧要。因为,随着资本主义的发展,各种中间阶层会逐步分化,分别归于三个基本阶级。

　　3. 阶级是怎样形成的? 马克思提出了这个问题:什么事情形成阶级? 什么事情使雇佣工人、资本家、土地所有者成为社会三大阶级? 初看起来,好像工资、利润、地租三种收入是形成三大阶级的要素,但这个观点是完全错误的。

　　那么,正确的应该是什么呢? 马克思在他要给阶级下定义的地方原稿中断了。

关于什么是阶级,列宁在《社会革命党人所复活的庸俗社会主义和民粹主义》一文中指出:"从收入来源寻找社会不同阶级的基本特征,这就是把分配放在首位,而分配关系实际上是生产关系的结果。这个错误马克思早已指出过,他把看不见这种错误的人称为庸俗的社会主义者。阶级差别的基本标志,就是它们在社会生产中所处的地位因而也就是它们对生产资料的关系。占有这部分或那部分社会生产资料,把它们用于私人的经济,用于出卖产品的经济,——这就是现在社会的一个阶级(资产阶级),同没有生产资料、出卖自己劳动力的无产阶级的基本不同点。"① 在《伟大的创举》一文中又指出:"所谓阶级,就是这样一些集团,这些集团在历史上一定社会生产体系中所处的地位不同,对生产资料的关系(这种关系大部分是在法律上明文规定了的)不同,在社会劳动组织中所起的作用不同,因而领得自己所支配的那份社会财富的方式和多寡也不同。所谓阶级,就是这样一些集团,由于它们在一定社会经济结构中所处的地位不同,其中一个集团能够占有另一个集团的劳动。"② 关于阶级与阶级斗争的学说,是马克思主义的一个重要组成部分,在马克思和恩格斯的许多其他著作中,也都有很大的补充和发展。

---

① 《列宁全集》第 6 卷,第 233 页。
② 《列宁全集》第 29 卷,第 382 页。

《资本论》第 3 卷增补

恩格斯的这个增补是在《资本论》第 3 卷出版以后的第 2 年(1895 年)写的。恩格斯在 1895 年 5 月 21 日写给考茨基的信中说,他打算在《新时代》杂志上发表《资本论》第 3 卷增补,共两篇论文。第一篇论文《价值规律和利润率》是针对资产阶级经济学家围绕《资本论》第 1 卷和第 3 卷之间的所谓矛盾掀起的喧闹而写的。这篇论文在恩格斯逝世后不久,发表在德国社会民主党机关报《新时代》上。关于第二篇论文,恩格斯只是就所要讨论的最重要的问题,写了一个七点的提纲。

在增补序言中,恩格斯说明自己编辑《资本论》的原则是:把它"编成一个尽可能真实的版本,尽可能用马克思自己的话来表述马克思得出的各种新成果"(第 105 页),而不是把马克思的遗稿变成一本系统整理好的书。这是因为:第一,像马克思这样伟大的人物有权要求人们听到他的原话,让他的科学发现完全按自己的叙述传给后世;第二,恩格斯不愿意失信于马克思的信任和托付;第三,对于那些不能读或不愿意读的人来说,任你把它整理得再好也是徒劳无益的,而对于真正希望理解它的人来说,最重要的却正好是原著本身。

恩格斯还指出,对于第 3 卷这样一部包含许多新东西,但又是匆忙写成,有些地方还不完全的初稿的著作来说,发生许多理论争论,这是很自然的。为了既忠实于原著,又对一些重要的观点加以自己的说明,所以有必要写这个增补。

(一) 价值规律和利润率

> 价值规律及其历史回顾(第1006—1019页)

1. 资产阶级经济学家对马克思第3卷理论的评述。

意大利庸俗经济学家洛里亚攻击马克思在价值规律和平均利润率上存在矛盾。他认为根本不存在总价值这个概念,因而否定马克思关于总价值和总生产价格相等的结论。

桑巴特对马克思体系的理解,大体是成功的,但是理解太空泛,因此桑巴特的理解并没有包括价值规律对于那些受这个规律支配的社会经济发展的全部意义。

施米特在一篇论文中论证了马克思怎样从剩余价值中引出平均利润,从而第一次回答了平均利润率的形成和决定,但施米特对价值规律有形式主义的见解。他把价值规律称作为说明实际交换过程而提出的科学假说,是一种理论上必要的虚构。

恩格斯指出,这种理解是错误的,其实,价值规律对于资本主义生产远比单纯的假说具有更重要、更确定的意义,它不仅是纯粹逻辑的过程,而且是历史过程和对这个过程加以说明的思想反映。

2. 价值规律在商品交换上的作用。恩格斯引了马克思关于这个问题的一段有决定意义的话,然后用历史事实对此进行解释和论证。

马克思的这段话是:"全部困难是由这样一个事实产生的:商品不只是当作商品来交换,而是当作资本产品来交换。这些资本要求从剩余价值的总量中,分到和它们各自的量成比例的一份,或者在它们的量相等时,要求分到相等的一份。"……"因此,商品按照它们的价值或接近于它们的价值进行的交换,比那种按照它们的生产价格进行的交换,所要求的发展阶段要低得多。"(第196—198页)

恩格斯对此较为详细地加以分析。增补了大量经济史料,具体地说明了商品生产从而商品流通的历史进程以及在这个进程中价值规律的支配作用,说明了商业利润率向产业利润率的转化过程以及价值向生产价格的转化过程。

恩格斯指出,由于生产力的发展,使产品有了剩余,于是原始公社之间就发生了交换行为。这些交换起先只是发生在各个不同的原始公社之间,后来在公社内部也实行起来,于是促进了公社分解为大小不等的家庭。

在农民的自然经济中,只有一小部分必需品是用自己的剩余产品同外界交换来的。但是,由于交换范围的狭小,"中世纪的农民相当准确地知道,要制造他换来的物品需要多少劳动时间"、"在农民自然经济的整个时期内,只可能有这样一种交换,即互相交换的商品量趋向于越来越用它们所体现的劳动量来计量"(第1016页)。

但是,在这种以劳动量为尺度的交换中,对于那些需要较长时间、劳动又不规则的情况下,按劳动量交换只有通过一个漫长的、往往是暗中不断的探索,经过曲折才逐渐接近的过程。

当货币产生以后,价值由劳动时间决定这一事实,从此在商品交换的表面上再也看不出来了,货币已经成了决定性的价值尺度。这样,关于劳动是价值尺度这种属性的意识就变得十分模糊。

恩格斯指出,马克思揭示的价值规律实际上对整个简单商品生产时期都是普遍运用的。商品交换在有文字记载的历史以前就开始了。在埃及,至少可以追溯到公元前3500年,也许5000年。在巴比伦,可以追溯到公元前4000—前6000年。因此,价值规律已经在长达5000—7000年的时期内起支配作用,而洛里亚却否认这样一种事实,认为商品从未按照价值来出售,也不能按照它来出售。

商业利润率向产业资本利润率的历史转化(第1019—1028页)

1. 商业利润率。中世纪的商人组成经营海外贸易的商人公会,来对付竞争者和顾客。它们往往按照互相商定的价格来出售商品,并共同规定了向当地居民购买产品时许可支付的价格。违反规章的人就会受到商人公会的惩罚。在商人公会中,第一次出现了利润和利润率。在商业公会中,利润率对所有的人来说都是均等的。因此,"相等的利润率,在其充分发展的情况下本来是资本主义生产的最后结果之一,而这里在其最简单的形式上却表明是资本的历史出发点之一"(第1021—1022页)。

当时的商业利润率很高。因为经商所冒的风险非常大,利润率中包含一笔很高的保险金。此外,周转迟滞,营业又是获得垄断利润的垄断贸易。当时通行的利息率也很高,这证明利润率平均是很高的。因为一般说利息率总要低于商业利润率。

但是,这种均等的高利润率,只是在一个商会的范围内才有效,各个商会则有自己特殊的利润率。恩格斯指出:"这些不同团体的利润率的平均化,是通过竞争来实现的。"首先,同一个商业民族在不同市场上的利润率得到平均化;然后,在同一市场输出的同种或类似商品的各商会之间,也会逐渐发生利润率的平均化。

随着15世纪末的地理大发现,国家对远征商人提供支持,这就使对自己的成员实行武装保护的商会成为多余。同时,由于单个商人资本的积累和积聚,商会一方面在国家的庇护下成为武装的殖民扩张团体,另一方面则让位于单个商人的贸易,这样,利润率的平均化就会越来越成为竞争的结果。

2. 产业利润率的形成。商业资本在开始的时候只能从本国产品的外国购买者那里,或者从外国产品的本国购买者那里赚取利润。当时,在国内各生产者之间的交换中,商品平均来说是按照价值出售的,但在国际贸易中则不是这样。

在价格形成上逐渐引起变革(即由按价值出售转化到按生产价格出售)的是产业资本。产业资本的萌芽早在中世纪就已经形成,它存在于三个领域:航运业、采矿业、纺织业。航运业和矿业公司都开始雇佣工人,而在纺织业中,商人通过供给小织造者原料和付给固定工资,这样商人转变为包买商。包买商成了超过他原来的商业利润以上的剩余价值化的占有者。为了加快周转和扩大销售,他会把剩余价值的一小部分赠给买者,从而价格比别人便宜。但是,竞争者也会逐渐变成包买商,这时超额利润就会消失,利润率的均等再一次形成。这是产业从属于资本的第一步。

接着是工场手工业的出现,它使充当出口商人的工场手工业者有可能比他的竞争者按较大的规模从事生产,从而可以减少商品的个别价值。在竞争中比别人卖得便宜一些。直到新的生产方式得到普遍推广,这时在局部的地区内,利润再次实现了平均化。

机器大工业的出现,不断更新技术,"使商品的生产费用越降越低,并且无情地排挤掉以往的一切生产方式。它还由此最终地为资本征服了国内市场,使自给自足的自然经济走上绝路。它使不同商业部门和工业部门的利润率平均化为一个一般的利润率。最后,它在这个平均化过程中保证工业取得应有的支配地位,因为它把一向阻碍资本从一个部门转移到另一个部门的绝大多数障碍消除掉。这样,对整个交换来说,价值转化为生产价格的过程就大致完成了"(第1027页)。

(二) 交易所

恩格斯就他打算在这篇论文中考察的最重要的问题,写了一实际情况恰恰相反,证券交易所的独立作用在这个时代反而衰落了。

在当代资本主义社会,由于银行的垄断资本与工业垄断资本的互相融合以及由此产生的银行证券业务的创业活动的发展,使有价证券的交易大部分集中在少数大银行手中。大银行直接在自己的顾客中处理大量的有价证券,并通过证券的信用交易控制交易所。不过,证券交易所在资本主义经济中仍然保持着经济行情的晴雨表的作用,仍然是资本集中和资本主义经济各部门之间进行资本再分配的工具。

第 4 卷
剩余价值理论

《资本论》第4卷介绍

马克思曾经对他的亲近的朋友说过:我创立一个历史法庭,对每个人论功行赏。马克思在《资本论》第4卷中,对17世纪中期到19世纪中期主要资产阶级经济学家的功过,几乎都一一作了评述,给我们勾画了一幅资产阶级经济学说史的图画。马克思把《资本论》的前三卷称为理论部分,把第4卷称为历史部分。在第4卷中,马克思围绕政治经济学理论的核心问题——剩余价值理论,对资产阶级各派经济理论进行了系统的历史的分析和批判。同时,他又以论战的形式阐述了自己的关于政治经济学的许多重要原理。所以,要深入地掌握马克思主义的政治经济学,在学习和研究《资本论》前3卷的同时,还必须学习和研究《资本论》第4卷。

一、关于《资本论》第4卷的标题

关于《资本论》第4卷的标题,现在国内外有两种,一种为《剩余价值学说史》,另一种为《剩余价值理论》。我们认为,称为《剩余价值学说史》较好。

马克思总是把《资本论》的前3卷称为理论部分,把第4卷称为历史部分。马克思在《资本论》第一版序言中指出:"这部著作的第2卷将探讨资本的流通过程(第二册)和总过程的各种形式(第三册),第3卷即最后一卷(第四册)将探讨理论史。"(第1卷,第12页)1865年7月31日马克思给恩格斯的信中说:"至于说到我的工作,我愿意把全部真情告诉你。再写三章就可以结束理论部分(前三册)。然后还得写第四册,即历史文献部分。"①1866年10月13日马克思在给路德维希·库格曼的信中说："全部著作分为以下几部分：第一册 资本的生产过程。第二册 资本的流通过程。第三册 总过程的各种形式。第四册 理论史。"②1867年4月30日马克思在给齐格弗里特·迈耶尔的信中说："我希望全部著作能够在明年这个时候出版。第2卷是理论部分的续篇和结尾,第3卷是17世纪中叶以来的政治经济学理论史。"③1877年11月3日,写给肖特的信中谈到："实际上,我开始写《资本论》的顺序同读者将要看到的顺序恰恰是相反的(即从第三部分——历史部分开始写)。"④

可见,按照马克思的原意《资本论》第4卷是历史部分,是剩余价值理论史或政治经济学理论史。所以,把第4卷称为《剩余价值学说史》是符合马克思原意的,而称为《剩余价值理论》容易引起误解。似乎《资本论》第4卷才是讲剩余价值理论,而前3卷反而不是讲剩余价值理论了。实际上,我们知道,整个《资本论》都是以剩余价值为中心的,前3卷讲剩余价值生产,实现和分配的理论,而第4卷是讲剩余价值理论史,是批判资产阶级政治经济学的有关理论。

二、《资本论》第4卷的出版情况

马克思从19世纪40年代就开始研究政治经济学。经过长期系统研究,于1857—1858年写了一部经济学手稿,在这个手稿的基础上于1859年出版了《政治经济学批判》。从1861年8月至1863年7月又写了一部篇幅很大的手稿,这部手稿的大部分,也就是整理得最细致的部分,构成《剩余价值学说史》。

大家知道,马克思本人没有来得及把《剩余价值学说史》这一部手稿整理出来付印。恩格斯到临终前一直没有放弃把《资本论》第4卷整理出版的愿望。恩格斯读完了这一庞大的手稿,并且改正了马克思手稿中许多明显的笔误。但是,恩格斯也没有来得及完成第4卷的付印工作。

---

① 《马克思恩格斯〈资本论〉书信集》,第196页。
② 同上书,第204页。
③ 同上书,第210页。
④ 《马克思恩格斯〈资本论〉书信集》,第352页。

马克思的这一部分手稿第一次由考茨基于1905—1910年间分3卷四册出版,其中的第2卷又分上、下两册。由于有了这个版本,马克思的这一部分手稿,才能与读者见面,并译成不同文字,在许多国家传播。但是,考茨基所编版本,存在以下一些问题:第一,考茨基认为《剩余价值学说史》不是《资本论》第4卷,而是一部与《资本论》并行的著作。所以,他把《剩余价值学说史》当作一部独立的著作出版。第二,考茨基改变了马克思手稿的结构,任意把一些部分重新作了安排,特别是第2卷完全是按他自己的想法重新安排的。据考茨基说,第2卷是依据《资本论》第3卷的体系对原稿"系统地加以编裁的结果"。第三,考茨基删去了一些内容。考茨基说,第2卷,虽然"必须颠倒的地方更少",但"要在这一卷涂去的地方比较多"。

1954—1961年苏联按马克思的手稿次序编辑出版了《剩余价值理论》俄文新版本,1956—1962年出版了该书德文新版本,1962—1964年则作为《资本论》第4卷列入《马克思恩格斯全集》俄文第二版第26卷,分Ⅰ、Ⅱ、Ⅲ三册出版。新版本基本上以马克思的亲笔手稿为依据,在编排方面利用了马克思写在各本笔记封面上的目录。但是,新版各章节的标题大部分是由俄文版编者自己加的。

三、关于《资本论》第4卷在中国的传播

《资本论》第4卷在20世纪40年代就开始在中国传播。最早是郭大力同志翻译的由考茨基整理的版本,70年代又出了中共中央马恩列斯编译局的译本和郭大力同志的新译本。所以,《资本论》第4卷在我国国内一共有三个译本,现将三个译本作点简要的介绍和比较。

一是郭大力译的1949年5月版。这个译本是郭大力同志以1923年柏林出版的考茨基编本的第五版翻译的,题目《剩余价值学说史——政治经济学批判遗稿》,也是分3卷四册出版。

二是中共中央马恩列斯著作编译局翻译本。这个译本是根据《马克思恩格斯全集》俄文第二版第26卷,并参考德文版译出的。第一册1972年6月出版,第二册1973年7月出版,第三册1975年4月出版。

三是郭大力新译本。这个译本是郭大力同志根据新版本的德文本和英译本翻译的。题名仍叫《剩余价值学说史》,分为3卷。第1卷1975年

12月出版,第2卷1978年5月出版,第3卷1978年10月出版。郭大力同志在新译本第1卷出版后不久,心脏病突然爆发,于1976年4月9日逝世。他没有看到第2卷、第3卷的出版。

所以,现在我们国内除了郭大力同志的老译本以外,新译本有两种在国内同时发行。这两个新译本都是根据新版本翻译的,所以体系和内容基本上一样。但是,还存在一些差别。

① 郭大力新译本主要是根据德文本,参考英文本翻译的,编译局主要根据俄文本,参考德文本翻译的。

② 郭大力新译本题名《剩余价值学说史》;编译局本题名《剩余价值理论》。

③ 郭大力新译本似乎仍作为一部独立著作分3卷;编译局本作为《资本论》第4卷,分三册。

④ 郭大力新译本和编译局本在翻译的名词、人名上也有差别。例如:郭本译重农主义者,编译局本译重农学派;郭本译价值决定,编译局本译价值规定;郭本译林格(人名),编译局本译兰盖,等等。

这两个版本,各有千秋,在阅读时可以相互对照,相互补充。我们书中的引文是以编译局本为准的。

四、《资本论》第4卷的体系

《资本论》第4卷,即《马克思恩格斯全集》第26卷,由Ⅰ、Ⅱ、Ⅲ三册组成。第一册论述李嘉图以前的政治经济学;第二册论述李嘉图;第三册论述李嘉图以后的经济学家。

第一册主要是批判地分析重农学派和亚当·斯密的观点。

马克思指出了重农学派在经济学说史的两大功绩。①他们最早把剩余价值的来源从流通领域转移到生产领域中来;②他们最早尝试把一国范围的资本再生产和流通的整个过程作一描述。马克思在研究重农学派的经济观点时,也揭示了他们和以后所有资产阶级经济学家具有的局限性。①他们认为资本主义生产方式是永恒的、自然的;②揭示了他们对剩余价值理解的两面性,他们有时把剩余价值看作是纯粹自然的赏赐,时而又把它看作是来源于农业劳动的特殊生产性而被土地所有者占有。

马克思也指出亚当·斯密的学说在解释最重要的经济范畴——价值、剩余价值、生产劳动等中的矛盾和两面性,斯密在价值和剩余价值的源泉问题上有时非常接近于正确的科学的看法,但又有肤浅的一面,从而为庸俗经济学大开方便之门。

马克思不仅揭示了重农学派和亚当·斯密各种观点的方法论,而且揭示了它们的阶级根源。

学习第一册值得注意的一个理论问题是生产劳动与非生产劳动。这个问题可结合第1卷第五章和第十四章来学习。

第二册中心是分析批判李嘉图。李嘉图的经济观点是资产阶级古典经济学的顶点。李嘉图企图以劳动价值论为基础来理解和说明整个资本主义经济。李嘉图的观点中,地租理论起着很大的作用,而这个理论的基本前提之一,是把价值同生产价格错误地等同起来。马克思指出了李嘉图的巨大理论功绩,同时也着重指出他的方法的原则性的缺点,指出李嘉图未能把平均利润率同价值规律联系起来,指出他的利润学说中的庸俗因素,指出他把剩余价值规律同利润规律混淆起来,等等。总之,马克思既批判了李嘉图的理论错误,又揭示了他的观点的阶级局限性。

第三册论述李嘉图以后的经济学家。所讲的是李嘉图的观点从右面和从左面所遭到的批判。从右面批判的是马尔萨斯,他代表地主贵族和最大的资产阶级分子的利益。从左面批评的,是英国李嘉图派的空想社会主义者。这一册也探讨了李嘉图学派解体的过程,表明了随着无产阶级和资产阶级之间阶级斗争的尖锐化,资产阶级经济学庸俗化的过程,如何扩展到政治经济学的基础,基本原理及其重要的范畴。

第三册的最后部分是批判地分析拉姆赛、舍尔比利埃和琼斯。马克思除了指出他们对资本和利润来源的庸俗观点外,还认为他们具有关于资本主义生产方式历史性看法的某种萌芽。

在这一册里马克思还卓越地分析了资产阶级古典政治经济学和庸俗政治经济学的本质区别。

五、《资本论》第 4 卷的方法

《资本论》第 4 卷和《资本论》前 3 卷不同,它不是专门分析经济规律本身,而是分析资产阶级政治经济学产生、发展和衰落的历史过程。因此,它主要采取的是历史叙述的方法,也就是基本上按照历史的顺序分析批判资产阶级政治经济学。第 4 卷的第一册是分析李嘉图以前的经济学家,主要是评价重农学派和亚当·斯密;第二册分析李嘉图的经济学说;第三册分析李嘉图以后的经济学家,说明李嘉图学派的解体和资产阶级政治经济学的庸俗化。

但是,马克思在《资本论》第 4 卷中分析资产阶级政治经济学发展过程时,并不是单纯地按照历史方法来叙述的,而是采取了历史和逻辑相统一的方法,既考虑历史的顺序,又考虑理论史的逻辑发展。例如,第 4 卷第一册如果完全按照历史的顺序应该先分析重农学派主要代表魁奈的经济表,然后分析亚当·斯密。但是,马克思在第一册却是在第三章先分析亚当·斯密,然后到第六章才分析魁奈的经济表。马克思为什么这样处理呢?这是因为斯密在资产阶级政治经济学说史上虽然总的说来比重农学派前进了很多,但是,在社会再生产理论方面,斯密与魁奈的经济表相比,不是前进,而是倒退了。由于魁奈的经济表比斯密的再生产理论要先进,所以,按照理论史的发展逻辑,魁奈的经济表应在斯密之后。马克思之所以这样安排是考虑了理论史的逻辑顺序。这种历史和逻辑相统一的方法是科学的正确的方法,它更准确、更本质地反映了历史发展的顺序。

六、《资本论》第 4 卷的理论意义

《剩余价值理论》又译《剩余价值学说史》,是马克思主要著作《资本论》的第 4 卷。马克思把《资本论》的前 3 卷称为理论部分,把第 4 卷称为历史部分。在第 4 卷中,马克思围绕政治经济学理论的核心问题——剩余价值理论,对资产阶级各派经济理论进行了系统的历史的分析和批判。同时,以论战的形式阐述了自己的关于政治经济学的许多重要原理,具有重大的理论意义。

1.《剩余价值学说史》完成了政治经济学史的革命变革。这本巨著深刻地揭示了各种经济学说的阶级实质,以及它们之间批判、继承的关系;全面系统地论述了资产阶级古典政治经济学的产生和发展、它的科学成分和庸俗成分;正确地判明了 19 世纪中叶以前各个经济学家在经济学史中的地位、功绩和缺点。如果说《资本论》前3卷在政治经济学中完成了革命变革,那么,《资本论》第4卷则在政治经济学史中完成了革命变革。《资本论》第4卷和第2卷、第3卷一样,虽然还不是最后的定稿,但它仍然是一部基本上完整的科学巨著。

2.《剩余价值学说史》最后落成了《资本论》这座宏伟的大厦。马克思所建立起来的《资本论》这座宏伟的大厦是以剩余价值理论的历史批判而最后落成的。没有这样一个组成部分,《资本论》就不是一个完整的体系,这个大厦就不能算是最后建成了。《剩余价值学说史》是《资本论》的红线——剩余价值理论不可缺少的一个组成部分。

3.《剩余价值学说史》是对《资本论》前3卷理论的重要补充。马克思在批判资产阶级政治经济学的过程中,同时进一步阐述了自己关于政治经济学的许多重要理论,特别是关于生产劳动的理论、关于地租的理论、关于经济危机的理论等,是《资本论》前3卷的重要补充。

七、《资本论》第4卷对社会主义的科学预见

马克思在《资本论》第4卷中,对社会主义和共产主义也有许多直接的科学预见,这对社会主义的发展具有重大指导意义。这方面的内容是很多的,择其要者,归纳为三条。

1. 社会主义必须在资本主义物质基础上通过革命实现。马克思首先告诉我们资本主义是一个历史暂时的制度。马克思说:"只有把资本看作一定的社会生产关系的表现,才能谈资本的生产性。但是如果这样来看资本,那么这种关系的历史暂时性质就会立刻显露出来,对这种关系的一般认识,是同它的继续不断的存在不相容的,这种关系本身为自己的灭亡创造了手段。"(第4卷Ⅲ,第291—292页)

但是,要废除资本主义制度,使劳动者占有生产资料。一是生产力已经发展到能够发生革命的高度。马克思说:"是这些生产资料使用他们工人,还是工人作为主体使用生产资料这个客体来为自己生产财富。当然这里要以资本主义生产一般说来已把劳动生产力发展到能够发生这一革命的必要高度为前提。"(第4卷Ⅱ,第661页)二是只有工人阶级通过革命才能实现。马克思说:"劳动者和劳动条件之间原有的统一……的恢复,只有

在资本创造的物资基础上,并且只有通过工人阶级和整个社会在这个创造过程中经历的革命,才有可能实现。"(第 4 卷Ⅲ,第 465—466 页)

2. 社会主义生产必须直接根据社会需要按比例地进行。马克思用反证的办法说过这样一句话:"这里假定:1. 是资本主义生产,其中每一个别行业的生产以及这种生产的增加,都不是直接由社会需要调节,由社会需要控制,而是由各个资本家离开社会需要而支配的生产力调节的;2. 尽管如此,生产却是这样按比例地进行,好像资本直接由社会根据其需要使用于各个不同的行业。按照这个自相矛盾的假定,即假定资本主义生产完全是社会主义的生产,那么,实际上就不会发生生产过剩。"(第 4 卷Ⅲ,第 126 页)这句话是什么意思呢?这就是资本主义生产是不可能根据社会需要按比例进行的,因此不可避免地要发生生产过剩。然而,只有社会主义生产是直接根据社会需要按比例地进行的,因此不会发生生产过剩。

马克思还说过:"如果工人居于统治地位,如果他们能够为自己而生产,他们就会很快地,并且不费很大力量地把资本提到(用庸俗经济学家的话来说)他们自己的需要的水平。"(第 4 卷Ⅱ,第 661 页)这里所说的"资本"就是指生产资料。马克思在这里是告诉我们,社会主义社会生产资料的生产也是按照需要来进行的。

3. 社会主义必须有剩余劳动。为什么呢?

一是人口的增长需要发展基金。马克思说:"剩余劳动时间,即使没有资本存在,社会也必须不断地完成这个剩余劳动时间,以便能支配一个所谓发展基金——仅仅人口的增长,就已使这个发展基金成为必要的了。"(第 89 页)

二是社会主义扩大再生产需要积累基金和补偿基金。马克思说:"即使劳动条件归工人所有,他自己也必须用总产品的一部分补偿这些劳动条件,以便按原有的规模继续再生产或者扩大再生产(而后者由于人口的自然增长也是必需的)。"(第 4 卷Ⅲ,第 388 页)

三是为了防止意外事故需要保险基金。马克思说:"工人当然不可能提供比他的剩余劳动更多的东西。他不可能再另外付给资本家一笔钱,为资本家占有这种剩余劳动的果实保险,至多可以说,即使不谈资本主义的生产,生产者在这方面也会有一定的支出,就是说,他们必须支出自己的一

部分劳动或者说一部分劳动产品,以防自己的产品、财富和财富的要素遇到意外等等。"(第4卷Ⅲ,第394页)

马克思甚至认为,在社会主义社会能够提供剩余劳动的劳动才算生产劳动,能够提供剩余劳动的工人才算生产工人。马克思说:"假定不存在任何资本,而工人自己占有自己的剩余劳动,即他创造的价值超过他消费的价值的余额。只有在这种情况下才可以说,这种工人的劳动是真正生产的,也就是说,它创造新价值。"(第143页)

所以,社会主义社会是不能没有剩余劳动的。那种否认社会主义存在剩余劳动的观点在理论上是毫无根据的,在实践上是有害的。

八、《资本论》第4卷对社会主义政治经济学体系的启示

马克思经常把《资本论》前3卷称为理论部分,把第4卷称为历史部分。这是因为,马克思的《资本论》还是在批判地继承英国古典政治经济学,以及与资产阶级庸俗经济学作斗争中创立的。马克思在创立马克思主义政治经济学的同时,还研究了资产阶级古典政治经济学的产生发展和瓦解的过程。因此,马克思著作的正标题是《资本论》,副标题是《政治经济学批判》。在《资本论》的前3卷,马克思按理论顺序,对资产阶级有关经济学说作了分析和批判,最后,又按历史顺序系统地编写了剩余价值学说史,作为《资本论》的第4卷。

由此看来,社会主义政治经济学也应该像《资本论》那样"论"和"史"结合。除了前面按生产关系四个环节组成的理论部分之外,也应该有一个社会主义政治经济学理论形成和发展史。关于社会主义政治经济学,马克思在《资本论》以及马、恩、列其他许多著作中已经揭示了不少经济规律,但是并没有形成体系。苏联十月革命胜利后,曾有人否认社会主义社会还有政治经济学。因此,从苏联十月革命胜利到1952年斯大林《苏联社会主义经济问题》发表以前,基本上没有出现社会主义政治经济学的体系。1953年,苏联科学院编出社会主义政治经济学教科书,也可以说有了苏联一国经验的社会主义政治经济学体系。20世纪60年代以后,许多国家包括我们中国,编了一些以本国为主初步概括不同类型社会主义国家共同经验的社会主义政治经济学教科书,对社会主义政治经济学体系的建立都作出了一定的贡献。但是,现有的社会主义政治经济学体系都不够理想。不成熟的理论体系,是和不成熟的社会经济条件相适应的。这些政治经济学理论,有的着重于党和政府的路线、方针、政策的汇编;有的主要是一些经济规律的堆积;有的是按照斯大林生产关系三方面的排列;也有按照《资本论》的体系作了初步尝试。不管怎样,它们都积累了社会主义政治经济学史的一些材料,而且,社会主义政治经济学也应该反映这些材料。一部完整的社会主义政治经济学,不能没有社会主义政治经济学史。马克思主义的经济学说,"和任何新的学说一样,它必须首先从已有的思想材料出发,虽然它的根源深藏在物质的经济的事实中"①。

4卷《资本论》这个完整的艺术整体,不仅在理论上论述了资本主义的发展规律,而且给我们以启示:社会主义政治经济学能否按照这样一个体系来建立呢?

第一部分,社会主义生产关系的建立。

第二部分,社会主义的生产过程。

第三部分,社会主义的流通过程。

第四部分,社会主义的分配过程。

第五部分,社会主义的消费过程。

第六部分,社会主义向共产主义的过渡。

第七部分,社会主义政治经济学史。

这只是一个设想,很可能是不科学的,但拿出来的目的是为了抛砖引玉。

---

① 《马克思恩格斯选集》第3卷,第404页。

《资本论》第4卷第一册简介

《资本论》第4卷第一册是评述李嘉图以前的资产阶级政治经济学。这主要是指重农学派和亚当·斯密。第4卷第一册由《总的评论》,第一章至第七章和一个附录组成。

总的评论

"所有经济学家都犯了一个错误:他们不是就剩余价值的纯粹形式,不是就剩余价值本身,而是就利润和地租这些特殊形式来考察剩余价值。"(第4卷,第7页)这段话可以说是第4卷的序言,也为后面分析批判资产阶级政治政治学提供了基础。

货币主义和重商主义体系的合理的表达者

马克思在第4卷第一册第一章,首先评述英国资产阶级经济学家詹姆斯·斯图亚特关于利润的观点。斯图亚特是晚期重商主义的主要代表。他的利润理论的主要特点,是把"让渡利润",也就是把商品高于它的价值出售而获得的利润和"绝对利润"即财富的绝对增加区别开来。由于他基本上复述了重商主义的观点,所以,马克思说他是"货币主义和重商主义体系的合理的表达者"。(第4卷,第13页)

最早对资本作系统解释的人——重农学派

马克思用很大的篇幅分析了重农学派。所谓重农学派,就是认为农业是唯一生产劳动的一种经济理论。它出现于18世纪50—70年代。

重农学派最主要的代表是弗朗斯瓦·魁奈,而把重农学派体系发展到最高峰的是罗伯尔·雅克·杜尔哥。马克思在第4卷第一册第二章很详细地考察了杜尔哥的经济观点,指出:杜尔哥对重农学派理论有进一步发展。例如,重农学派一般把社会分为三大阶级:租地农场主、土地所有者、"不生产阶级"。杜尔哥对此作了重要补充,他又划分出了工人和资本家。把农业中创造的收入又分解为归雇佣劳动者所得的工资和土地所有者所获得的利润。"因此,我们看到,重农学派在农业劳动范围内是正确地理解剩余价值的。他们把剩余价值看成雇佣劳动者的劳动产品,虽然对于这种劳动本身,他们又是从它表现为使用价值的具体形式来考察的。"(第4卷Ⅰ,第32页)

马克思认为,重农学派主要有两大功绩:一是重农学派把剩余价值起源的研究从流通领域转到生产领域,"这样就为分析资本主义生产奠定了基础"(第4卷Ⅰ,第19页);二是重农学派创立了社会资本再生产的理论。"正是这个功绩,使他们成为现代政治经济学的真正鼻祖"(第4卷Ⅰ,第15页)。早在《资本论》第二卷中马克思说过:"实际上,重农主义体系是对资本主义生产的第一个系统的理解。"(第2卷,第399页)

但是,马克思也指出,重农学派有重大的理论缺陷。一是他们只承认农业劳动是唯一的生产劳动,农业是唯一的生产部门。在他们看来,工业也不是生产部门,工人也是不生产的阶级。二是他们对剩余价值理解的两面性。他们有时把剩余价值看作是纯粹自然的赏赐,时而又把它看作是来源于农业劳动的特殊生产性而被土地所有者占有。

<u>工场手工业时期集大成的政治经济学家——亚当·斯密</u>　　马克思在第4卷第一册第三章,集中分析了亚当·斯密的经济理论。所谓资产阶级古典政治经济学,简称古典经济学,是在资本主义上升时期代表新兴资产阶级利益的经济理论,具有一定科学性。产生于17世纪中叶,到19世纪初期终结。它的主要代表人物就是亚当·斯密和大卫·李嘉图。

斯密的代表作是《国民财富的性质和原因的研究》,简称《国富论》。他写这本书前后经历了9年时间,于1776年付印。在《国富论》中,他摘要叙述了一百多个经济学家的主要思想。当时,对理论感兴趣的人在《国富论》中可找到许多崭新的思想。新兴资本家们在《国富论》中找到了代表他们利益的经济政策。例如,国家不干预经济、废除贸易限制等等。因此,18世纪最后几十年,《国富论》成了当时资产阶级的圣经。甚至有人说《国富论》

的问世,使较早的一些著作几乎立即被人遗忘了。

马克思称斯密是"工场手工业时期集大成的政治经济学家"。(第1卷,第386页)

亚当·斯密在价值理论方面大大超过了前人。马克思认为,斯密确认价值是由一般社会劳动创造的,而且完全是由一定量的必要劳动创造的,这比重商主义和重农主义都前进了一大步。但是,他的劳动价值理论并不完整彻底。他一方面认为劳动决定价值,但又说工资、利润、地租构成商品价值。"应当注意亚当·斯密书中的奇怪的思路:起先他研究商品的价值,在一些地方正确地规定价值,而且正确到这样的程度,大体上说,他找到了剩余价值及其特殊形式的源泉——他从商品的价值推出工资和利润。但是后来,他走上了相反的道路,又想倒过来从工资、利润和地租的自然价格的相加数来推出商品价值(他已经从商品价值推出了工资和利润)。"(第78页)

斯密把剩余价值推广到社会劳动的一切领域,这比重农学派把剩余价值只表现为地租形式,也是一大进步。但是,斯密把剩余价值同利润混淆起来,使他的经济理论也包含着庸俗成分。"亚当·斯密把剩余价值……理解为一般范畴,而本来意义上的利润和地租只是这一般范畴的分支。然而,他并没有把剩余价值本身作为一个专门范畴同它在利润和地租中所具有的特殊形式区别开来。斯密尤其是李嘉图在研究中的许多错误和缺点,都是由此而产生的。"(第4卷Ⅰ,第60—61页)

斯密在价值和剩余价值的源泉的问题上有时非常接近于正确的科学的看法,但又有肤浅的一面,从而为庸俗经济学大开方便之门。

> 评资产阶级经济学关于生产劳动和非生产劳动的理论

第4卷第一册第四章,马克思首先指出,重农学派认为农业劳动是唯一的生产劳动的看法是错误的。然后,他集中分析了斯密关于生产劳动与非生产劳动区分的两种不同解释,即把生产劳动看成同资本交换的劳动,又把生产劳动看作是生产商品的劳动。最后,他批判了某些庸俗经济学家在反对斯密所作的区分时,提出的一些谬论。并且,着重揭露了庸俗经济学家为资本主义社会的非生产劳动进行辩护的阶级实质。"把反对斯密关于生产劳动和非生产劳动的区分的所有胡说八道总括一下,可以说,……对奴仆、仆役的颂扬,对征税人、寄生虫的赞美,贯穿在所有这些畜生的作品中。和这些相比,古典政治经济学粗率嘲笑的性质,倒显得是对现有制度的批判。"(第4卷Ⅰ,第312页)

> 试图把资本主义制度下的阶级对立描绘成贫富对立的奈克尔

第4卷第一册第五章,马克思简述了奈克尔的观点。奈克尔在他的《论立法和谷物贸易》和《论法国财政的管理》这两部著作中指出,劳动生产力的发展只不过使工人用较少的时间再生产自己的工资,从而用较多的时间无代价地为自己的雇主劳动。而且,指出了这种不劳动的富和为生活而劳动的贫之间的对立,又造成了知识的对立。

> 魁奈的经济表

第4卷第一册第六章,马克思分析了魁奈的经济表。

魁奈的经济表是对社会总资本的再生产和流通探讨的第一次天才的尝试。魁奈的经济表最早作于1758年,1766年魁奈又重新画了一个简要图式(见下图所示)。

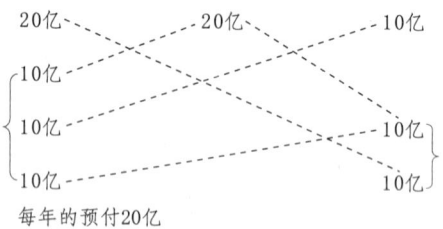

"这是一种尝试:把资本的整个生产过程表现为再生产过程,把流通表现为仅仅是这个再生产过程的形式;把货币流通表现为仅仅是资本流通的一个要素;同时,把收入的起源、资本和收入之间的交换,再生产消费对最终消费的关系都包括到这个再生产过程中,把生产者和消费者之间(实际上是资本和收入之间)的流通包括到资本流通中;最后,把生产劳动的两大部门——原料生产和工业——之间的流通表现为这个再生产过程的要素,而且把这一切总结在一张《表》上,这张表实际上只有五条线,连结着六个出发点或归宿点。这个尝试是在18世纪30—60年代政治经济学幼年时做出的,这是一个极有天才的思想,毫无疑问是政治经济学至今所提的一切

思想中最有天才的思想。"(第4卷Ⅰ,第366页)

> 抨击资产阶级自由主义观点的兰盖

第4卷第一册第七章,马克思简述了最早批判资产阶级自由主义的兰盖。他是从维护封建专制制度的立场出发,抨击资产阶级自由主义观点的,但是,他的批判是深刻的。他曾深刻地指出:"他们只能靠出租自己的双手来生活。可见,他们必须找到一个雇佣他们的人,要不就饿死。难道这就是自由了吗?"(转引自第4卷Ⅰ,第372页)"然而兰盖并不是社会主义者。他反对他同时代的启蒙运动者资产阶级自由主义理想,反对资产阶级刚刚开始的统治,他的抨击半是认真半是嘲弄地采取反动的外观。他维护亚洲的专制主义,反对文明的欧洲形式的专制主义,他捍卫奴隶制,反对雇佣劳动。"(第4卷Ⅰ,第367页)

> 马克思关于生产劳动与非生产劳动的理论

第4卷第一册附录中,马克思论述了他自己关于生产劳动与非生产劳动的理论。

1. 生产劳动是生产剩余价值的劳动,或者说生产劳动是直接同资本交换的劳动。"我们所说的生产劳动,是指社会地规定了的劳动,这种劳动包含着劳动的买者和卖者之间的一个十分确定的关系。"(第4卷Ⅰ,第426页)

2. 非生产劳动是提供服务的劳动。所谓服务,是因为劳动不是作为物,而是作为活动提供服务的。"凡是货币直接同不生产资本的劳动即非生产劳动相交换的地方,这种劳动都是作为服务被购买的。"(第4卷Ⅰ,第435页)

3. 在资本主义社会,农民和手工业者是商品生产者,但是他们既不属于生产劳动者的范畴,又不属于非生产劳动者的范畴。因为"他们是自己的生产不从属于资本主义生产方式的商品生产者"(第4卷Ⅰ,第439页)。

4. 生产劳动还应该是生产物质财富的劳动。"生产工人即生产资本的工人的特点,是他们的劳动物化在商品中,物化在物质财富中。"(第4卷Ⅰ,第442页)

5. 运输业是物资生产领域,运输业的劳动都是生产劳动。"除了采掘工业、农业和加工工业外,还存在着第四个物资生产领域,……这就是运输业,不论它是客运还是货运。在这里,生产劳动对资本家的关系,也就是说,雇佣工人对资本家的关系,同其他物质生产领域是完全一样的。"(第4卷Ⅰ,第444页)

《资本论》第4卷第二册简介

　　李嘉图是资产阶级古典政治经济学的完成者,集古典政治经济学的大成。马克思在《资本论》第4卷第二册,从第八章开始到第十八章,共十一章,中心就是评论李嘉图的经济学说,特别着重分析了他的地租理论。在这十一章中,有关地租的有第八章、第九章、第十一章、第十二章、第十三章、第十四章,几乎占了一半的篇幅。

{洛贝尔图斯的地租理论}　　马克思在第4卷第二册的最初一章即第八章,是分析批判洛贝尔图斯的地租理论。

　　洛贝尔图斯自称他的地租理论是新的地租理论。他曾经试图说明有可能存在绝对地租。但是,他的论证是完全错误的。"洛贝尔图斯先生由于他的'材料价值'观念,认为地租存在于事物的永恒本性中,至少存在于资本主义生产的永恒本性中。"(第111页)所以,马克思在第八章用了很大篇幅来批判洛贝尔图斯的地租理论,在第九章对所谓李嘉图地租规律的发现史中,又对洛贝尔图斯的若干观点作了补充评论。

{古典政治经济学的完成者——李嘉图}　　李嘉图的父亲是交易所的经纪人。他自己也有卓越的经营天才。他25岁时就从交易所投机买卖中发了一笔估计有200万英镑的巨财,成为百万富翁。

　　李嘉图于1799年接触到了《国富论》,这唤起了他对政治经济学的兴趣。他最初研究的是货币问题。1817年发表了他的主要著作《政治经济学和赋税原理》。这使他成为著名的经济学家,资产阶级古典政治经济学的完成者。

马克思高度赞扬了李嘉图主要著作《政治经济学和赋税原理》的前六章，特别是前两章。"李嘉图的理论完全包括在他这部著作的前六章中。"（第184页）"李嘉图的全部著作已经包括在它头两章里了。……李嘉图著作的这两章包含着他对以往政治经济学的全部批判，……这头两章给人以高度的理论享受，因为它简明扼要地批判了那些连篇累牍，把人引入歧途的老观念，从分散的各种各样的现象中吸取并集中了最本质的东西，使整个资产阶级经济体系都从属于一个基本规律。这头两章由于其独创性，基本点一致、简单、集中、深刻、新颖和洗炼而给人以理论上的满足。"（第186页）

李嘉图的价值理论 第4卷第二册第十章，马克思对李嘉图的价值理论进行了评述。

李嘉图在价值理论上的主要功绩在于，他坚持劳动时间决定商品价值的原理，并且以劳动价值论作为研究资本主义生产关系的出发点。"资产阶级制度的生理学——对这个制度的内在有机联系和生活过程的理解——的基础、出发点，是价值决定于劳动时间这一规定。李嘉图从这一点出发，迫使科学抛弃原来的陈规旧套，要科学地讲清楚：它所阐明和提出的其余范畴——生产关系和交往关系——同这个基础、这个出发点适合或矛盾到什么程度；……李嘉图揭示并说明了阶级之间的经济对立——正如内在联系所表明的那样，——这样一来，在政治经济学中，历史斗争和历史发展过程的根源被抓住了，并且被揭示出来了。"（第183页）

但是，李嘉图却给"价值"一词许多不同的含义。有时他把价值称为交换价值，有时称为绝对价值，有时称为实际价值，而其要害是他只注意价值量的研究，而不注意价值所体现的人与人之间的社会关系。李嘉图"完全不是从形式方面，从劳动作为价值实体所采取的一定形式方面来研究价值，而只是研究价值量，就是说，研究造成商品价值量差别的这种抽象一般的，并在这种形式上是社会的劳动的量。"（第190页）

李嘉图的地租理论 马克思在第4卷第二册以很大的篇幅分析李嘉图的地租理论，第九章、第十一章、第十二章、第十三章、第十四章都是直接评价李嘉图地租理论的。李嘉图只承认级差地租,否认绝对地租的存在。他的地租理论的根本缺点之一,就在于没有绝对地租的概念。

李嘉图否认绝对地租是因为:第一,他认为最坏的土地不能提供地租,最初耕种的土地不能提供地租;第二,他以工业和农业的资本有机构成相同为前提。

马克思认为,只要存在土地所有权的垄断,就会产生绝对地租。"土地所有权的垄断也使土地所有者能从资本家那里榨取那部分能够形成经常的超额的剩余劳动。"(第97页)而李嘉图"实际上否认土地所有权有任何经济影响"(第190页)。

"李嘉图否定绝对地租,这是因为他以工业和农业的资本有机构成相同为前提,从而他也就否定了农业生产力同工业相比处于只是历史地存在的较低发展阶段。"(第271页)

所谓土地肥力递减规律,就是认为对土地投入劳动和资本所取得的产量,一次比一次减少。马克思在第4卷中不止一次地指出,这种论断是错误的。"但是并不是每一笔追加资本都生产出较少量的产品。"(第362页)"如果农业改良对于各级土地肥沃程度的差别的影响不一样,地租就可能提高。"(第364页)

李嘉图的剩余价值理论和利润理论

在第4卷第二册第十五章和第十六章,马克思分析了李嘉图的剩余价值理论和利润理论。

李嘉图并没有剩余价值概念,他认为,他研究的是利润,而不是剩余价值。马克思指出:他"考察的是剩余价值,而不是利润,因而才可以说他有剩余价值理论"(第424页)。

实际上,李嘉图把利润和剩余价值是混淆起来的。他到处都把利润和剩余价值直接等同起来。"在李嘉图正确叙述剩余价值规律的地方,由于他把剩余价值规律直接说成是利润规律,他就歪曲了剩余价值规律。另一方面,他又想不经过中介环节而直接把利润规律当作剩余价值规律来表述。因此,当我们谈李嘉图的剩余价值理论时,我们谈的就是他的利润理论,因为他把利润和剩余价值混淆起来了。"(第424页)

李嘉图的剩余价值理论的主要缺点,就是没有分析剩余价值的起源。马克思在《资本论》第1卷就说过:"李嘉图从来没有考虑到剩余价值的起源。……这些资产阶级经济学家实际上具有正确的本能,懂得过于深入地研究剩余价值的起源这个爆炸性问题是非常危险的。"(第1卷,第563—564页)

李嘉图的积累理论

第4卷第二册第十七章,马克思分析李嘉图的积累理论。

马克思主要指出,李嘉图的资本积累只是指可变资本积累,而忽视了不变资本。"认为资本积累是收入转化为工资,就是可变资本的积累,这种见解从一开始就是错误的,也就是片面的。这样,对整个积累问题就得出了错误的解释。"(第537页)"李嘉图认为总收入就是补偿工资和剩余价值(利润和地租)的那一部分产品;他认为纯收入就是剩余产品,剩余价值。李嘉图在这里就像在他自己的全部经济理论中一样,忘记了总产品中有一部分应该补偿机器和原料的价值,简单地说,就是补偿不变资本的价值。"(第644页)这一章实际上马克思主要阐述了自己关于资本积累和经济危机的理论。

在第十八章,马克思还评述了李嘉图关于资本主义使用机器对工人阶级影响的看法,着重批判了工人被机器排挤会得到补偿的理论。

马克思关于地租的理论

马克思在第4卷第二册评价李嘉图经济理论,特别是地租理论的同时,着重阐述了他自己的地租理论。

李嘉图地租理论的一个重大缺陷,就是只承认级差地租而否认绝对地租。马克思论证了土地所有权是绝对地租存在的必要条件,这是对政治经济学的一大贡献。"十分简单:一定的人们对土地、矿山和水域的私有权,使他们能够攫取、拦截和扣留在这个特殊生产领域即这个特殊投资领域的商品中包含的剩余价值超过利润……的余额,并且阻止这个余额进入形成一般利润率的总过程。"(第30页)

资本主义国有化并不能取消级差地租,只有土地所有权归人民所有才能取消级差地租。"如果土地所有权被废除而资本主义生产保存下来,这种由肥力不同引起的超额利润也不会消失。如果国家把土地所有权据为己有,而资本主义生产继续存在,Ⅱ、Ⅲ、Ⅳ的地租就会支付给国家,但地租本身还是存在。如果土地所有权归人民所有,资本主义生产的整个基础,

使劳动条件变成一种独立于工人之外并同工人相对立的力量的基础,就不再存在了。"(第108页)

绝对地租是一个历史范畴,它是农业的一定发展阶段的产物,最后是会消失的。"正是那个证明绝对地租可能存在的论据也证明,绝对地租的现实性、绝对地租的存在仅仅是一个历史事实,是农业的一定发展阶段所特有的,到了更高阶段就会消失的历史事实。"(第271页)

同时,马克思还十分注意关于各种地租量的决定及其相互关系。"绝对地租等于个别价值和费用价格之间的差额。

级差地租等于市场价值和个别价值之间的差额。

实际地租,或者说,总地租,等于绝对地租加级差地租;换句话说,等于市场价值超过个别价值的余额加个别价值超过费用价格的余额,即等于市场价值和费用价格之间的差额。"(第329页)

《资本论》第 4 卷第三册简介

《资本论》第 4 卷第三册是评述李嘉图以后的经济学家,主要讲李嘉图学派的解体和资产阶级经济学的庸俗化。这一册从第十九到第二十四章共六章组成,最后还有一个附录。

> 李嘉图理论体系不可克服的两大矛盾

在李嘉图的理论体系中,有两个无法克服的矛盾。"李嘉图体系的第一个困难是,资本和劳动的交换如何同价值规律相符合。第二个困难是,等量资本,无论它们的有机构成如何,都提供相等的利润,或者说,提供一般利润率。"(第 192 页)

李嘉图理论体系的第一个矛盾就是价值规律与利润存在的矛盾。因为按照价值规律资本和劳动的交换应该是等价交换的,既然是等价交换就不可能产生利润。但是,资本家进行生产的目的是为了利润,而且事实上存在着利润,这是一个矛盾。李嘉图无法解决这个矛盾,这是李嘉图体系的第一个难题。

李嘉图理论体系的第二个矛盾,就是价值规律与平均利润的矛盾。由于资本有机构成不同,不同资本推动不等量的劳动,有不等量的剩余价值,从而有不等量的利润。按照价值规律,两个资本等量交换,每个资本家应该是获得不等量的利润。但是,在资本主义社会,等量资本大致获得等量的平均利润,这也是一个矛盾。李嘉图也无法解决这个矛盾,这是李嘉图体系的第二个难题。

李嘉图发现了这两个矛盾,但是他及其学派无法解决这两个难题,从而导致了李嘉图学派的解体。

马克思解决了这两个矛盾。第一,马克思区分了劳动和劳动力。作为商品出卖的是劳动力,而不是劳动。工人出卖劳动力是按照等价交换原则进行的,没有违背价值规律。资本家获得的利润是在生产过程中劳动力的使用,即劳动所创造的价值大于劳动力本身的价值,而产生的剩余价值转化而来的。第二,马克思分析了价值转化为生产价格。生产价格就是产品成本加平均利润。在资本主义社会商品实际上是按生产价格出卖的,而不是按价值出卖的。但是,价值是生产价格的基础,剩余价值是平均利润的基础。"一切商品的这些费用价格加在一起,其总和将等于这一切商品的价值。同样,总利润将等于这些资本加在一起比如说在一年内提供的总剩余价值。"(第4卷Ⅱ,第210页)所以,价值规律与平均利润也不矛盾。

{统治阶级的辩护士——马尔萨斯}

《资本论》第4卷第三册是从第十九章批判了马尔萨斯开始的。

从右的方面来反对李嘉图理论的主要就是马尔萨斯。马克思在《资本论》第4卷中用相当的篇幅批判了马尔萨斯。马克思以轻蔑和愤怒的语言指出,马尔萨斯在科学上是伪造者,在理论上是剽窃者,在政治上,他对统治阶级无耻献媚,对被压迫阶级残酷无情。

关于马尔萨斯的反动本质,马克思有一段比较长但极其深刻的揭示,"他在科学领域内伪造自己的结论。这就是他在科学上的卑鄙,他对科学的犯罪。更不用说他那无耻的熟练的剽窃手艺了。马尔萨斯在科学上的结论,是看着统治阶级特别是统治阶级的反动分子的'眼色'捏造出来的;这就是说,马尔萨斯为了这些统治阶级的利益而伪造科学。相反,对于被压迫阶级他的结论却是毫无顾忌的。残酷无情的,……因此,英国工人阶级憎恨马尔萨斯——……为'江湖牧师'……对马尔萨斯的这种憎恨是完全正当的;人民凭着真实的本能感觉到,在这里反对他们的不是一个科学的人,而是一个被他们的敌人收买的统治阶级的辩护士,是统治阶级的无耻的献媚者"(第4卷Ⅱ,第127页)。

{从托伦斯、詹姆斯·穆勒、麦克库洛赫看李嘉图学派的解体}

马克思在第4卷第三册的第二十章,通过对托伦斯、詹姆斯·穆勒、麦克库洛赫的观点说明李嘉图学派的解体和古典经济学的进一步庸俗化。

罗伯特·托伦斯是李嘉图经济学说的庸俗化者,他否认劳动价值论适合于资本主义生产方式。

托伦斯提出了价值规律与资本有机构成不同的资本可以获得等量利润的矛盾,但是他没有解决这个矛盾。"托伦斯这个论点的功绩不在于他在这里也只是再次把现象记录下来而不加解释,而是在于,他确定了资本之间的差别是等量资本推动不等量的活劳动,尽管他把这说成特殊情况而又事情弄糟了。……结论是,在这里,在资本主义生产中,价值规律发生了一个突变,就是说,由资本主义生产中抽象出来的价值规律同资本主义生产的现象相矛盾。而他用什么来代替这个规律呢?什么也没有,他只不过对应该解释的现象作了粗浅的缺乏思考的文字上的表述。"(第74页)

詹姆斯·穆勒是第一个客观地阐述李嘉图理论的人。他试图解决李嘉图体系的矛盾,但他自己也陷入了矛盾,并把李嘉图的学说庸俗化了:"穆勒一方面想把资产阶级生产说成是绝对的生产形式,并且从而试图证明,这种生产的真实矛盾不过是表面上的矛盾。另一方面,他力图把李嘉图的理论说成是这种生产方式的绝对的理论形式,并且同样用形式上的理由把有些已为别人所指出的,有些是摆在他本人眼前的理论上的矛盾辩解掉。"(第87—88页)

约翰·雷赛姆·麦克库洛赫,是李嘉图经济理论庸俗化者,同时又是使这个经济理论的解体的最可悲的样板。"麦克先生在这样抛弃了李嘉图政治经济学的基础以后,还更进一步破坏了这个基础的基础。"(第192页)

莱文斯顿、霍吉斯金等李嘉图学派社会主义者 马克思在第4卷第三册第二十一章,分析了李嘉图学派社会主义者莱文斯顿、霍吉斯金等人的经济学观点,指出了他们学说中的正确方向,同时也指出他们无法克服李嘉图理论上的缺点。马克思认为,他们的主要功绩在于:他们坚决强调指出资本家是剥削工人的。

皮西尔·莱文斯顿是李嘉图主义者。他维护无产阶级利益,指责资本主义是工人灾难的源泉,反对马尔萨斯主义。"莱文斯顿的主要思想是:劳动生产力的发展创造了资本,或者说,财产,即为'有闲者'——游手好闲者、非劳动者——创造剩余产品、同时劳动还生出了它的寄生赘瘤;劳动生产力越发展,这个寄生赘瘤就越把劳动的骨髓吸尽。非劳动者获得占有这种剩余产品的权利,或者说,获得占有别人劳动产品的权力,是由于他已拥有财富,还是由于他有土地、土地所有权,这并不会使事情发生变化。两者都是资本,即都是对别人劳动产品的支配权。"(第286页)马克思指出:莱文斯顿的《论公债制度及其影响》"是一部非常出色的著作"。(第283页)

托马斯·霍吉斯金从空想社会主义的立场出发,维护无产阶级的利益和批判资本主义。他利用李嘉图的理论推出社会主义的结论。所以,霍吉斯金是杰出的激进社会主义者。他写了两本重要的著作,一本叫《保护劳动反对资本的要求,或资本非生产性的证明,关于当前雇佣工人的团结》;一本叫《通俗政治经济学,在伦敦技术学院的四次演讲》,马克思高度赞扬了这两本书。马克思说:"霍吉斯金的这两部著作,特别是第一部著作,却引起了强烈的反映,至今仍然可算是……英国政治经济学方面的重要著作。"(第289页)

拉姆赛、舍尔比利埃和理查·琼斯发挥李嘉图理论的个别正确思想

马克思在《资本论》第4卷第三册的最后部分即第二十二章至第二十四章,对古典经济学的一些代表人物,例如,拉姆赛、舍尔比利埃和理查·琼斯等人,在发挥李嘉图的理论中提出的一些个别正确的思想作了分析和介绍。

乔治·拉姆赛,是资产阶级古典政治经济学的后期代表之一。马克思认为,拉姆赛的主要功绩在于:试图区分不变资本和可变资本。"他事实上区分了不变资本和可变资本。……他所理解的固定资本,不仅是机器和工具,劳动用或保护劳动成果用的建筑物、役畜和种畜,而且包括各种原料(半成品等等)、土地耕种者的种子和制造业者的原料。"(第360页)"他所谓的'流动资本',无非是归结为工资的那部分资本。"(第361页)

乔治·拉姆赛已经接近于正确理解剩余价值。实际上他已经指出:"资本家用较少的物化劳动同较多的活劳动相交换,这个无酬的活劳动余额,构成产品价值超过产品生产中消费掉的资本价值的余额,换句话说,构成剩余价值(利润等等)。"(第363页)

乔治·拉姆赛反驳了商品价值分解为各种收入的错误观点,"他反驳了自亚当·斯密以来广为流行的错误观点,既认为总产品的价值分解为各种名称不同的收入"。

乔治·拉姆赛更接近于正确理解利润率。"他以双重方式,通过工资率即剩余价值率和通过不变资本的价值,决定利润率。但是,他犯了一个正好和李嘉图相反的过错。"（第373页）李嘉图试图强行把利润率归结为剩余价值率，而拉姆赛试图把剩余价值归结为利润。

安都昂·埃利泽·舍尔比利埃把西斯蒙第的理论同李嘉图的基本原理结合在一起。马克思认为，舍尔比利埃的观点是西斯蒙第和李嘉图的互相排斥的见解的奇怪混合物。但是，他也模模糊糊地提出了接近正确的观点。例如，他注意到随着资本主义生产的发展，接在机器和原料上的资本部分在增加，花在工资上的资本部分在减少。他也猜测利润率必然下降，等等。他"在某种程度上接触到了利润率下降的原因；但是，有了先前的歪曲以后，这只能导致混乱和自相抵触的矛盾"（第413页），"舍尔比利埃关于一般利润率的平均化所说的，倒很中肯"（第415页），"对雇佣劳动和资本的关系，他的理解在一定程度上也是正确的"（第415页）。在舍尔比利埃的著作中，还有一点是重要的，就是他"实际上把可变资本和不变资本相对应，而不是停留在从流通中得出的固定资本和流动资本的区分上"（第410页）。

在《资本论》第4卷第三册的最后一章，马克思评述了琼斯的三本书，即《论财富的分配和税收的源泉》、《1833年2月27日在伦敦皇家学院讲述的政治经济学的绪论附工资讲座大纲》、《国民政治经济学教程》后指出，琼斯的书中有一些可取之处。例如，琼斯理解到各种生产方式的历史区别，琼斯反驳了"土地肥力递减规律"，等等。"琼斯的这第一部论地租的著作就已经有一个特点，那是詹姆斯·斯图亚特爵士以来一切英国经济学家所没有的，这就是：对各种生产方式的历史区别有了一些理解。"（第439页）"琼斯直截了当地宣称，他把资本和资本主义生产方式只'看作'社会生产发展中的一个过渡阶段。从社会劳动生产力的发展来看，这个阶段同一切过去的形式相比是一个巨大的进步，但是这个阶段决不是最终的结果，而是相反，在它固有的对抗形式中，即在'积累的财富的所有者'和'实际的劳动者'之间的对抗形式中，包含着它灭亡的必然性。"（第472页）

{庸俗经济学的实质} 第4卷第三册的最后部分是一个篇幅较大的附录，标题是《收入及其源泉。庸俗经济学》。着重揭示了庸俗经济学的实质是辩护论的经济学。

关于庸俗经济学的特点，马克思指出：是"阉割一切体系，抹去它们的一切棱角,使它们在一本摘录集里和平相处"(第558页)。

关于庸俗经济学的产生和发展,马克思指出:"正当政治经济学本身由于它的分析而使它自己的前提瓦解、动摇的时候,正当政治经济学的对立面也已经因此而多少以经济的、空想的、批判的和革命的形式而存在的时候,庸俗政治经济学开始嚣张起来。……随着李嘉图的出现和由他而起的政治经济学的进一步发展,庸俗经济学也得到了新的营养。"(第556—557页)

关于庸俗经济学的实质,马克思指出:"随着政治经济学的深入发展,它不仅自己表现出矛盾和对立,而且它自身的对立面,也随着社会经济生活中的现实矛盾的发展而出现在它的面前。与这种情况相适应,庸俗政治经济学也就有意识地越来越成为辩护论的经济学,并且千方百计力图通过空谈来摆脱反映矛盾的思想。"(第557页)

关于庸俗经济学的阶级本质,马克思指出:"庸俗经济学家……实际上只是[用政治经济学的语言]翻译了受资本主义生产束缚的资本主义生产承担者的观念、动机等,在这些观念和动机中,资本主义生产仅仅在其外观上反映出来。他们把这些观念、动机翻译成学理主义的语言,但是他们是从[社会的]统治部分即资本家的立场出发的,因此他们的论述不是朴素的和客观的,而是辩护的。"(第499页)

附录1 《资本论》第1—3卷阅读重点

第1卷阅读重点：第1章,第3章,第4章,第5章,第6章,第7章第1节,第8章第1节,第9章结束语,第10章,第11章,第12章第4、5节,第13章第1、2、3、4、6、10节,第14章,第15章,第17章,第20章,第21章,第22章第1、4节,第23章第1、2、3、4节,第24章第1、7节

第2卷阅读重点：第1章,第4章,第6章,第7章,第8章,第9章,第12章,第13章,第14章,第16章,第18章,第20章,第21章

第3卷阅读重点：第1章,第2章,第5章,第8章,第9章,第10章,第13章,第14章,第15章,第16章,第17章,第18章,第21章,第22章,第23章,第25章,第27章,第29章,第36章,第37章,第38章,第39章,第40章,第45章,第46章,第48章,第51章

附录2 《资本论》第1—3卷复习题

《资本论》第1卷复习题
1. 《资本论》的对象、中心、体系、方法及其意义。
2. 马克思劳动价值论的主要内容及其发展。
3. 商品二因素与劳动二重性的关系。
4. 货币的起源、本质、职能及其流通规律。
5. 价值规律及其展开。
6. 概述货币转化为资本。
7. 马克思在《资本论》第1卷是怎样分析剩余价值生产理论的?剩余价值生产的理论应包括哪些主要内容?
8. 概述资本主义劳动过程和价值增殖过程。
9. 相对剩余价值的生产与劳动生产率的关系。
10. 生产劳动的涵义由简单到复杂的展开。
11. 剩余价值规律及其在市场经济中的地位与作用。
12. 剩余价值规律与价值规律的关系。
13. 概述工资的本质、形式与变化规律。
14. 概述简单再生产。
15. 剩余价值与扩大再生产。
16. 积累与发展生产力。
17. 马克思在《资本论》中关于无产阶级贫困的理论有哪些主要论述?怎样理解马克思关于无产阶级贫困的理论?
18. 从《资本论》第1卷的总结构,分析劳动价值论,剩余价值论和资本积累论之间的关系。

《资本论》第2卷复习题

1. 概述产业资本的循环和周转。
2. 资本循环过程、形式及其条件。
3. 资本循环所经历的时间和消耗的费用。
4. 资本循环与提高经济效率。
5. 试述流通费用的分类及其节约。
6. 商业流通费用的来源及其节约。
7. 交通对生产力,对劳动耗用量、占用量,对价值决定的作用。
8. 试述产业资本运动形态变化的内容及其速度。
9. 资本周转与扩大再生产的关系。
10. 资本周转与资本价值增殖的关系。
11. 固定资本更新与发展生产力的关系。
12. 流动资本与流通资本的区别,以及固定资本和流动资本与不变资本和可变资本的区别。
13. 再生产的连续性与资本预付量。
14. 再生产类型及其区分。
15. 扩大再生产的不同方式及其区分。
16. 扩大再生产与国民经济按比例发展规律的关系。
17. 再生产的基本实现条件。
18. 马克思社会资本再生产理论的基本内容。
19. 概述资本再生产和经济危机的关系。
20. 试述货币在资本主义再生产中的重要作用。

《资本论》第3卷复习题

1. 概述"资本主义生产的总过程"。
2. 马克思通过哪些中介环节分析资本主义社会中剩余价值所采取的各种分配形式?
3. 试述剩余价值分配规律。

4. 两种涵义的社会必要劳动时间与价格决定和价值决定的关系。
5. 供求与市场价格和市场价值的关系。
6. 商品价值转化为生产价格,剩余价值转化为利润的必然性及其过程。
7. 从影响利润率的因素及其变动来看一般利润率的发展趋势。从而说明"一般利润率日益下降的趋势,只是劳动的社会生产力日益发展在资本主义生产方式下所特有的表现"。
8. 资本主义生产的基本矛盾集中表现为利润率下降的规律,并具体展开为总过程的各种矛盾,它们与经济危机的关系。
9. 试述商业资本周转及其价值增殖。
10. 商业资本周转对平均利润、商业利润和商业价格的影响。
11. 资本所有权和经营权的分离与平均利润的分割。
12. 试述生息资本周转及其价值增殖的特点。
13. 试述生息资本、银行资本、股份资本、虚拟资本及其内在联系。
14. 试析股份资本的性质与作用。
15. 试述信用在资本主义生产中的作用。
16. 概述马克思的利息理论。
17. 概述马克思地租理论的主要内容。
18. 级差地租与虚假的社会价值。
19. 绝对地租与垄断价格。
20. 地租、租金与房地产价格。
21. 马克思是如何联系生产力和生产关系的矛盾运动来分析平均利润、商业利润、利息、地租等各种分配形式的?
22. 试析农业及其基础作用。
23. 简述生产关系与分配关系。
24. "三位一体"公式与按生产要素分配。
25. 经济发展与环境经济规律。

《资本论》第1—3卷综合复习题

1. 《资本论》的研究对象和目的。
2. 《资本论》的方法与体系。

3. 联系资本主义生产方式的两个特征谈谈《资本论》全书的研究对象。
4. 《资本论》各卷的内在联系。
5. 《资本论》中关于价值和价值决定理论的主要内容。
6. 价值规律在生产、流通、分配中的作用。
7. 试述剩余价值生产规律,剩余价值流通规律和剩余价值分配的规律。
8. 试述消费在马克思理论体系中的地位和作用。
9. 概述马克思的货币信用理论。
10. 《资本论》揭示了哪些主要的客观经济运动规律?
11. 《资本论》的经济危机理论。
12. 《资本论》对社会主义经济有哪些科学的预见。
13. 资本主义生产方式及其与之相适应的生产关系。交换关系和分配关系有哪些基本特征?
14. 概述《资本论》中的价格理论。
15. 《资本论》对生产力运动及其规律作了哪些阐述?
16. 生产力源泉、要素及其相互关系。
17. 科学技术与生产力。
18. 生产力与人口发展规律。
19. 《资本论》是怎样论证资本主义生产方式产生、发展和必然灭亡的客观历史规律的?
20. 《资本论》与市场经济。

附录3 《资本论》第1—3卷研究参考题

《资本论》第1卷研究参考题
1. 关于《资本论》以及政治经济学的研究对象问题。
2. 关于《资本论》的研究方法问题。
3. 关于资本主义发展阶段能不能跳跃问题。
4. 关于作为《资本论》研究起点的商品的属性。
5. 关于使用价值在政治经济学中的地位和作用。
6. 为什么说劳动二重性学说是理解政治经济学的枢纽?
7. 简单劳动和复杂劳动的折合和计算问题。
8. 关于商品生产产生和存在的条件。
9. 商品的二因素、二重性、二重形式的关系。
10. 商品、价值、抽象劳动是永恒范畴还是历史范畴?
11. 价值规律的含义及其内容。
12. 商品拜物教是生产关系还是意识形态?
13. 劳动价值论的主要内容及其在现代社会的发展。
14. 关于社会主义劳动和劳动价值理论。
15. 关于两种涵义的社会必要劳动时间问题。
16. 劳动生产率与商品价值量的关系。
17. 关于货币流通规律的问题。
18. 关于纸币的基础及其发展趋势。
19. 试论价值规律在社会主义经济中的作用。
20. 什么是资本总公式的矛盾?

21. 关于资本主义社会中劳动力所有制问题。
22. 生产力的要素及其在社会生产中的作用。
23. 生产二重性学说及其应用。
24. 必要劳动和剩余劳动划分的理论意义。
25. 划分社会经济形态的标志是什么？
26. 货币所有者转化为产业资本家的数量界限。
27. 如何理解"生产特别高的劳动起了自乘的劳动的作用"？
28. 关于资本主义企业管理的二重性。
29. 提高劳动强度属于相对剩余价值生产还是绝对剩余价值的生产？
30. 关于生产力及其源泉问题。
31. 划分生产劳动和非生产劳动的标准是什么以及在现代社会的变化？
32. 剩余价值和自然条件的关系？
33. 马克思的工资理论。
34. 关于国际价值问题。
35. 资本主义工资是生产还是分配问题。
36. 简单再生产和扩大再生产的划分标志。
37. 积累率的确定与经济规律的关系。
38. 社会主义的积累与消费问题。
39. 积累和扩大再生产的关系。
40. 马克思的资本有机构成理论及其在经济学理论中的地位和作用。
41. 资本集中和垄断的关系。
42. 马克思人口理论的基本观点。
43. 现代资本主义的生产自动化与马克思的劳动价值论和剩余价值理论。
44. 论劳动力价值及工资的变动趋势。
45. 论剩余价值率的实际计算。
46. 马克思的相对过剩人口理论与现代资本主义的失业问题。
47. 社会主义市场经济条件下的就业问题。
48. 关于无产阶级贫困理论的问题。
49. 暴力是不是经济力？
50. 为什么说社会主义是"重建个人所有制"？

51. 论资本主义积累的一般规律在当代的表现。
52. 马克思关于剥削的理论与社会主义私营企业主的收益问题。
53. 马克思论资本主义的历史发展趋势。

《资本论》第2卷研究参考题

1. 怎样理解生产资料和劳动力的结合形式是划分经济时期的标志。
2. 交通运输经济理论问题。
3. 流通费用的分类,纯粹流通费用的补偿问题。
4. 关于簿记费用的属性。
5. 马克思的资本循环理论和社会主义资金循环问题。
6. 如何划分外延的扩大再生产和内含的扩大再生产。
7. 折旧基金的性质及其与扩大再生产的关系。
8. 固定资本更新与经济危机的关系。
9. 论现代社会固定资本更新的特点。
10. 马克思的资本周转理论与提高企业的经济效益。
11. 关于简单再生产的实现条件和平衡公式。
12. 关于扩大再生产的实现条件和平衡公式。
13. 论国民经济军事化条件下的社会资本再生产。
14. 第三产业的发展与马克思的再生产图式。
15. 关于生产资料较快增长的规律。
16. 论证两大部类发展相互制约的关系。
17. 马克思再生产理论的主要内容和现实意义。
18. 社会总资本再生产与经济增长理论。
19. 产业部类的划分和"第三产业"。

《资本论》第3卷研究参考题

1. 马克思的成本理论、利润理论问题。
2. 从影响利润的因素分析提高企业微观经济效益的各种途径。
3. 有关价值转形的理论。
4. 市场价值的决定和计算。

5. 供求与价值的关系。
6. 社会主义价格形成的理论问题。
7. 论一般利润下降趋势规律在当代的表现和作用。
8. 关于资本过剩和资本输出的问题。
9. 商业纯粹流通费用的属性。
10. 商业劳动的性质和商业利润的来源。
11. 为什么说信用是上层建筑？
12. 利息率与现实再生产和现实货币运动的内在联系。
13. 监督劳动的二重性以及经理阶级的阶级属性。
14. 利息是不是生息资本的价格。
15. 试论国家银行的地位和作用。
16. 为什么说中央银行是信用制度的枢纽，而准备金又是中央银行的枢纽？
17. 马克思论股份公司的发展和资本主义生产关系的新变化。
18. 如何理解资本主义生产方式在一定限度内的自我扬弃？
19. 马克思的信用、利息理论和发挥社会主义银行的经济杠杆作用。
20. 两种含义的社会必要劳动时间与价值决定的关系。
21. 农业是基础的理论和社会主义国民经济的综合平衡。
22. 土地和自然资源的价格及其经济利用。
23. 社会主义的级差地租问题。
24. 马克思的地租理论与现代资本主义农业的发展。
25. 绝对地租和垄断地租的区别。
26. 马克思地租理论与社会主义农产品价格的形成。
27. 生产关系与分配关系的内在联系。
28. 马克思的危机理论与当代资本主义的经济危机和金融危机。
29. 关于阶级划分的标准。
30.《资本论》与大力发展社会主义商品经济。
31.《资本论》与社会主义市场经济。

附录4 《新编〈资本论〉教程》(1—4卷) 编写单位和编写成员

编写成员(按卷次顺序)

洪远朋	钟禄俊	王弘远	王心恒	程恩富	李福生	孙志诚	陈忠明
相养谋	陈年榜	马志鹏	陈扬	周之美	韩光裕	戴文标	唐曼程
陈书生	曾天章	鲍敦全	闫革	温端云	陈乃圣	宗平	马江生
周元吉	陈宗祥	吕金章	刘厚福	李维华	姚海金	陈文开	曹子勤
宋全夫	周治平	徐敬君	许柏年	宋运肇	陈富德	袁士刚	刘汉文
白暴力	倪秀生	汪斌	杨伟文	周明生	任明多	王岩	陈承明
张胜旺	陈素文	赵文绪	郑文哲	颜邦英	张弓	唐曼程	严法善
韩学瑜	王拴乾	刑燕霞	肇晓枫	刘庆森	高明久	蔡国建	胡晓地
余杰	马艳	王社	邓立芝				

编写单位(以笔画为序)

上海财经大学	广西大学	广西师范大学	上海第二教育学院
山东大学	山西大学	云南大学	云南民族学院
云南财贸学院	中南工业大学	内蒙古大学	内蒙古财经学院
兰州大学	北京财贸学院	四川大学	江西大学
江苏省委党校	江南大学	江西财经学院	吉林财贸学院
西北工业大学	西北大学	苏州大学	河北大学
河北财经学院	空军政治学院	武汉大学	杭州大学
国防大学	延安大学	郑州大学	南京大学

贵州省委党校	复旦大学	浙江大学	浙江师范大学
海南大学	桂林市委党校	湘潭大学	黑龙江大学
新疆大学	暨南大学		

图书在版编目(CIP)数据

《资本论》教程简编/洪远朋主编. —2 版. —上海：复旦大学出版社，2020.3（2022.6 重印）
（复旦博学. 经济学系列）
ISBN 978-7-309-14667-7

Ⅰ.①资… Ⅱ.①洪… Ⅲ.①《资本论》-马克思著作研究-高等学校-教材 Ⅳ.①A811.23

中国版本图书馆 CIP 数据核字(2019)第 225939 号

《资本论》教程简编
洪远朋　主编
责任编辑/谢同君

复旦大学出版社有限公司出版发行
上海市国权路 579 号　邮编：200433
网址：fupnet@fudanpress.com　http://www.fudanpress.com
门市零售：86-21-65102580　团体订购：86-21-65104505
出版部电话：86-21-65642845
上海新艺印刷有限公司

开本 787×960　1/16　印张 39.5　字数 558 千
2022 年 6 月第 2 版第 3 次印刷

ISBN 978-7-309-14667-7/A·42
定价：78.00 元

如有印装质量问题，请向复旦大学出版社有限公司出版部调换。
版权所有　侵权必究